行政判例硏究 XXVI-2

社團法人 韓國行政判例硏究會 編

2021

博英社

Studies on Public Administration Cases

Korea Public Administration Case Study Association

Vol. XXVI-2

2021

Parkyoung Publishing & Company

刊 行 辭

계속되는 COVID-19 펜데믹 상황으로 사회 모든 영역이 어려움을 겪고 있습니다. 이러한 가운데 2021년 하반기 연구 활동을 마무리하면서 행정판례연구 제26-2집을 발간하게 되어 다행스럽고 기쁘게 생각합니다.

우리 연구회는 올해 하반기에도 5차례 월례발표회를 Zoom프로그램을 통하여 온라인 화상세미나 방식으로 진행하였습니다. 회원님들과 대면하여 활발한 토론의 장을 만들어가지 못한 아쉬움은 크기만 합니다. 그럼에도 많은 회원님들께서 월례발표회마다 적극적으로 참여해주셔서 늘 활발한 화상세미나가 되었습니다. 사회자로 발표자로 그리고 참여해주신 모든 회원여러분께 진심으로 감사말씀을 드립니다.

지난 12월 16일에는 한국행정판례연구회의 오랜 전통이 된 "외국의 최근 행정판례"를 주제로 대법원 사법정책연구원과의 공동학술대회를 개최하였습니다. 특히 전 세계적으로 이슈가 되고 있는 COVID-19 상황과 관련된 미국, 독일, 프랑스, 일본의 행정판례를 중점적으로 다루어, 학계는 물론 실무에도 중요한 시사점을 제공해줄 수 있었습니다. 4분의 발제자와 토론을 풍성하게 해주신 4분의 지정토론자께 특별한 감사를 드립니다. 또한 이 자리를 빌려 우리 연구회의 오랜 협력기관인 사법정책연구원의 홍기태 원장님께 다시 한 번 깊은 감사를 드립니다.

한국행정판례연구회의 학술지 "행정판례연구"는 한국연구재단 등재 학술지로 공정하고 엄격한 심사절차를 거쳐 수록논문을 선정해왔습니다. 이번 제26－2집에서는 월례발표회 발제문과 일반논문을 엄정히 심사하여 총 8편의 훌륭한 연구논문을 싣게 되었습니다. 옥고를 보내주신 회원님들께 깊은 감사 말씀을 드립니다. 또한 이번 제26－2집이 출간되기까지 수고를 아끼지 않으신 김중권 간행편집위원회 위원장님을 비롯한 여러 위원님, 계인국 출판이사님과 이진수 출판이사님, 이재훈, 이채영, 강상우 출판간사님께 감사드립니다. 또한 어려운 출판업계의 사정에도 불구하고 "행정판례연구"의 출판을 기꺼이 맡아주고 계신 박영사의 안종만 회장님과 조성호 이사님, 편집을 도와주시는 전채린 차장님께도 감사말씀을 전합니다.

코로나19백신접종과 치료제의 개발로 코로나와 함께하는 일상의 회복을 기대했으나 변종바이러스의 확산으로 그 끝이 아직은 보이지 않는 것 같습니다. 다가오는 2022년 壬寅年은 귀하고 강한 검은 호랑이의 해라고 합니다. 회원님들 모두 검은 호랑이처럼 활력이 넘치고 기쁨이 가득한 새해를 맞으시길 기원합니다. 회원님들의 건강과 평안을 축원합니다.

2021. 12. 31.
사단법인 한국행정판례연구회
회장 김 선 욱

차　례

Table of Contents

行政立法

조정반 지정대상에서 법무법인을 제외한 시행령조항의 위법판단에 관한 소고 (鄭南哲)

조정반 지정대상에서 법무법인을 제외한 시행령조항의 위법판단에 관한 소고

鄭南哲*

대상판례: 대법원 2021. 9. 9. 선고 2019두53464 전원합의체 판결

Ⅰ. 사실관계 및 소송경과

(1) 원고는 세무사로 등록한 변호사 2인이 구성원으로 포함되어 있는 A 법무법인으로, 2017. 11. 28. 피고(광주지방국세청장)에게 법인세법과 소득세법 등에 따라 조정반 지정 신청을 하여 2017. 12. 15. 조정반으로 지정되었다(지정번호: 4－0244, 효력기간 2018. 12. 31.).

* 숙명여자대학교 법과대학 교수

(2) 그러나 피고는 2018. 2. 19. 법인세법 제60조 제9항, 같은 법 시행령 제97조의3, 같은 법 시행규칙 제50조의3, 소득세법 제70조 제6항, 같은 법 시행령 제131조의3, 같은 법 시행규칙 제65조의3에 의하여 원고에 대하여 한 조정반 지정을 취소(이하 '이 사건 처분'이라 한다)하였다. 이에 원고는 조세심판원에 심판청구를 하였으나 기각되었고, 이후 제1심법원에 이 사건 처분의 취소를 구하는 소를 제기하였으나 제1심법원[1] 및 원심[2]에서 승소하였다.

(3) 한편 피고는 이 사건 소송 계속 중인 2019. 7. 9. 행정절차상 하자를 이유로 직권으로 이 사건 처분을 취소하였다.

【관련 조문】

법인세법 제60조(과세표준 등의 신고)

① ~ ⑧ <생 략 >

⑨ 기업회계와 세무회계의 정확한 조정 또는 성실한 납세를 위하여 필요하다고 인정하여 대통령령으로 정하는 내국법인의 경우 세무조정계산서는 다음 각 호의 어느 하나에 해당하는 자로서 대통령령으로 정하는 조정반에 소속된 자가 작성하여야 한다.

1. 「세무사법」에 따른 세무사등록부에 등록한 세무사
2. 「세무사법」에 따른 세무사등록부 또는 세무대리업무등록부에 등록한 공인회계사
3. 「세무사법」에 따른 세무사등록부에 등록한 변호사

법인세법 시행령 제97조의3(조정반) ① 법 제60조제9항에서 "대통령령으로 정하는 조정반(이하 이 조에서 '조정반'이라 한다)"이란 대표자를 선

1) 광주지방법원 2018. 10. 11. 선고 2018구합10682 판결.
2) 광주고등법원 2019. 9. 5. 선고 2018누6187 판결.

임하여 지방국세청장의 지정을 받은 다음 각 호의 어느 하나에 해당하는 자를 말한다. 이 경우 세무사 등은 하나의 조정반에만 소속되어야 한다.

1. 2명 이상의 세무사등
2. 세무법인
3. 회계법인

② 제1항에 따른 조정반의 신청, 지정, 지정취소 및 유효기간 등 그 밖에 필요한 사항은 기획재정부령으로 정한다.

소득세법 제70조(종합소득과세표준 확정신고)

① ~ ⑤ <생 략 >

⑥ 소득금액의 계산을 위한 세무조정을 정확히 하기 위하여 필요하다고 인정하여 제160조제3항에 따른 복식부기의무자로서 대통령령으로 정하는 사업자의 경우 제4항제3호에 따른 조정계산서는 다음 각 호의 어느 하나에 해당하는 자로서 대통령령으로 정하는 조정반에 소속된 자가 작성하여야 한다. <신설 2015. 12. 15.>

1. 「세무사법」에 따른 세무사등록부에 등록한 세무사
2. 「세무사법」에 따른 세무사등록부 또는 세무대리업무등록부에 등록한 공인회계사
3. 「세무사법」에 따른 세무사등록부에 등록한 변호사

소득세법 시행령 제131조의3 제1항

제131조의3(조정반) ① 법 제70조제6항에서 "대통령령으로 정하는 조정반(이하 이 조에서 "조정반"이라 한다)"이란 대표자를 선임하여 지방국세청장의 지정을 받은 다음 각 호의 어느 하나에 해당하는 자를 말한다. 이 경우 세무사등은 하나의 조정반에만 소속되어야 한다.

1. 2명 이상의 세무사등

2. 세무법인
3. 회계법인

② 제1항제2호 또는 제3호의 법인은 법 제70조제4항제3호에 따른 조정계산서를 작성할 때에 2명 이상의 소속 세무사등을 참여시켜야 한다.

③ 제1항에 따른 조정반의 신청, 지정, 지정취소 및 유효기간 등 그 밖에 필요한 사항은 기획재정부령으로 정한다.

Ⅱ. 판결요지

[다수의견]

(1) 법인세법 제60조 제9항과 소득세법 제70조 제6항(이하 '모법 조항'이라 한다)의 문언, 규정 체계 및 취지, 다른 규정과의 관계, 관련 법리를 종합하여 보면, 법인세법 시행령 제97조의3 제1항, 소득세법 시행령 제131조의3 제1항(이하 '각 시행령 조항'이라 한다)은 모법인 법인세법 제60조 제9항과 소득세법 제70조 제6항의 위임범위를 벗어나고, 세무사 등록을 한 변호사 또는 이들이 소속된 법무법인의 직업수행의 자유를 부당하게 침해하며 헌법상의 평등원칙에 위배되어 무효이다.

(2) 그 구체적인 이유는 다음과 같다. 위 각 시행령 조항은 모법 조항이 세무조정계산서 작성 주체로 규정한 세무사 등에게 세무조정 업무를 허용하는 것을 전제로, 모법 조항의 위임 취지에 따라 이들로 구성된 조직으로서 정확한 세무조정계산서 작성에 필요한 전문성과 능력의 정도, 이에 필요한 전문가의 규모 등을 고려하여 '조정반'의 요건을 구체화할 것으로 예상할 수 있다. 이와 같은 모법 조항의 위임 목적 및 취지와 달리 모법 조항에서 세무조정 업무를 수행할 수

있는 주체로 규정된 자에 대하여 세무조정 업무수행 자체를 못하게 하거나 그 수행 범위를 제한하는 것은 모법 조항의 위임범위를 벗어난 것으로 보아야 한다.

(3) 모법 조항이 시행령에 '정확한 세무조정계산서 작성'을 확보할 수 있는 '세무사 등으로 구성된 조직'으로서의 조정반에 관한 요건을 정하도록 위임하였고, 세무사 자격을 가진 변호사는 세무조정 업무에 전문성과 능력이 인정되고 법무법인을 조정반으로 지정하더라도 부적격자의 세무조정 업무 관여로 인한 전문성의 저하가 문제 되지 않을 것임을 고려한다면, 시행령에서 모법 조항에 따라 세무조정 업무의 담당 주체로 규정된 전문 직역으로 구성된 조직 또는 단체 중 변호사로 구성된 법정 단체인 법무법인을 조정반 지정 대상에서 일률적으로 제외하여 결과적으로 법무법인의 구성원이거나 구성원 아닌 소속 변호사를 세무조정 업무에서 전면적으로 배제하는 내용이 규율될 것이라고는 예상할 수 없다. 따라서 위 각 시행령 조항은 모법 조항의 위임범위를 벗어난 것이다.

(4) 세무조정계산서 작성의 정확성을 확보하기에 적합한 전문성과 규모를 가진 조정반에 소속된 세무사 등에 한하여 세무조정 업무를 수행하도록 하는 위 각 시행령 조항의 입법 목적은 정당하다. 그러나 세무사 자격을 부여받아 세무조정 업무를 수행할 수 있는 변호사는 외부세무조정 업무를 수행할 수 있는 다른 전문 직역과 비교하더라도 세무조정 업무를 수행하기에 충분한 전문성과 능력을 가지고 있다. 또한 법무법인에 세무사 자격이 없는 변호사가 구성원이거나 소속되어 있을 가능성이 있다고 하더라도 그중 세무사법상 세무대리 업무를 수행할 수 있는 변호사만이 세무조정 업무에 관여할 수 있다. 따라서 세무조정 업무를 수행할 수 있는 변호사가 구성원으로 되어 있거나 소속된 법무법인을 조정반 지정 대상에서 제외하는 것은 '세무조정 업무의 정확성 확보'라는 목적을 달성하는 데 적합

한 수단이라고 할 수 없다. 따라서 위 각 시행령 조항은 비례의 원칙에 위반되어 세무사법, 법인세법과 소득세법에 따라 세무조정 업무를 수행할 수 있도록 허용된 변호사와 이들이 구성원이거나 소속된 법무법인의 직업수행의 자유를 침해한다.

(5) 위 각 시행령 조항은 세무사 자격이 부여된 변호사와 세무사 또는 공인회계사, 법무법인의 구성원이거나 소속 변호사로서 세무조정 업무를 수행할 수 있는 변호사와 법무법인에 소속되지 않은 변호사, 법무법인과 세무법인, 회계법인을 각각 합리적 이유 없이 차별하여 평등원칙에도 위반된다.

[대법관 김재형의 별개의견]

세무사 자격을 가지고 세무조정 업무를 수행할 수 있는 변호사가 구성원이거나 소속된 법무법인을 조정반 지정 대상에서 제외한 처분이 위법하다는 점에서는 다수의견에 찬성한다. 그러나 위 각 시행령 조항을 무효로 선언할 것이 아니라 법령의 해석·적용을 통하여 위와 같은 법무법인이 조정반 지정 대상에 해당한다는 이유로 처분을 취소하는 것이 타당하다.

Ⅲ. 평 석

1. 사건의 배경과 관련 법령의 개정 경위

이 사건에서는 세무조정 업무를 수행할 수 있는 변호사가 구성원이거나 소속된 법무법인을 조정반 지정 대상에서 제외하고 있는 시행령 조항이 위법·무효인지가 중요한 쟁점이다. 세무조정은 대체로 세무회계상의 과세소득을 적절히 계산하기 위하여 당기순이익에 세법상의 가감조정을 하는 것을 말하며, 기업회계와 세무회계의 차이를 조정하기 위한 것이다.[3] 여기에는 결산조정과 신고조정이 있다. 이처럼 세무조정은 장부나 증빙서류, 제무제표 등의 자료를 근거로 법인세나 소득세의 과세표준을 계산하기 위해 조정하는 업무를 말한다.

구 법인세법 시행령(2016. 2. 12. 대통령령 제26981호로 개정되기 전의 것) 제97조 제9항, 제10항, 구 소득세법 시행령(2016. 2. 17. 대통령령 제26982호로 개정되기 전의 것) 제131조 제2항과 제4항에서는 기획재정부령으로 정하는 법인 또는 사업자의 경우에 세무조정계산서의 작성을 외부전문가에게 맡기도록 하는 강제규정을 두고 있었다. 그러나 이러한 외부세무조정제도와 관련하여 위 각 시행령 조항의 위임에 따라 세무조정계산서를 작성할 수 있는 세무사 등의 요건을 정한 구 법인세법 시행규칙(2016. 3. 7. 기획재정부령 제544호로 개정되기 전의 것) 제50조의3 제1항, 제2항, 구 소득세법 시행규칙(2016. 3. 16. 기획재정부령 제556호로 개정되기 전의 것) 제65조의3 제1항, 제2항은 세무조정계산서는 지방국세청장의 지정을 받은 '조정반'에 속한 세무사가 작성할 수 있다고 규정하였다. 그러나 여기서 조정반의 지정 대상을 2명 이상의 세무사, 세무법인 또는 회계법인으로 한정하였다. 이에 S법무법인은 조정반 지정 신청을 하였지만, 지방국세청장은 S법무법인을 조정반으로 지정할 법적 근거가 없음을 이유로 조정반 지정 신청을 거부하였다. 이에 S법무법인은 그 거부처분의 취소를 구하는 소를 제기하였다. 대법원은 외부세무조정제도에 관하여 규정하고 있는 법인세법과 소득세법의 각 시행령 조항이 모법 조항의 위임 없이 규정된 것이거나 모법 조항의 위임범위를 벗어난 것으로서 무효이며, 그 시행령 조항의 위임에 따른 시행규칙 조항도

3) 임승순, 조세법, 제19판, 박영사, 2019, 72면; 이태로·안경봉, 조세법강의, 신정4판, 410면.

무효라고 판단하였다.[4] 대법원은 외부세무조정제도를 채택하는 법률에서 적어도 그 적용 대상 및 세무조정업무를 맡게 될 '외부'의 범위 등에 관한 기본적인 사항을 직접적으로 규정하여야 하는데, 위 각 시행령 조항의 모법 조항인 법인세법과 소득세법 관련 조항이 이와 같은 외부세무조정제도를 규정하고 있지 않다고 보고 있다.

이러한 대법원 전원합의체의 판결에 따라 개정된 법인세법(2015. 12. 15. 법률 제13555호로 개정된 것) 제60조 제9항과 소득세법(2015. 12. 15. 법률 제13558호로 개정된 것) 제70조 제6항(이하 위 두 조항을 합쳐 '이 사건 모법 조항'이라 한다)에서는 세무조정계산서를 '세무사법상 세무사등록부에 등록한 세무사(제1호), 세무사등록부 또는 세무대리업무등록부에 등록한 공인회계사(제2호), 세무사등록부에 등록한 변호사(제3호) 중 어느 하나에 해당하는 자(이하 '세무사 등'이라 한다)로서 대통령령으로 정하는 조정반에 소속된 자'가 작성하여야 한다고 규정하여 외부세무조정제도의 근거를 법률에 마련하였고, 조정반에 관한 사항을 대통령령에 위임하였다. 이에 신설된 법인세법 시행령 제97조의3 및 소득세법 시행령 제131조의3에서는, 조정반은 2명 이상의 세무사 등(제1호), 세무법인(제2호), 회계법인(제3호) 중 어느 하나에 해당하는 자가 대표자를 선임하여 지방국세청장의 지정을 받아야 한다고 규정하고 있다(제1항). 또한 조정반의 신청, 지정, 지정취소 및 유효기간 등 그 밖에 필요한 사항을 기획재정부령에 다시 위임하고 있다(법인세법 시행령 제97조의3 제2항, 소득세법 시행령 제131조의3 제3항).

그러나 이러한 개정에도 불구하고 세무조정 업무를 수행할 수 있는 변호사가 구성원이거나 소속된 법무법인을 조정반 지정 대상에서 제외하고 있다. 이 사건의 원고인 A법무법인에는 세무사로 등록한 변호사 2인이 구성원으로 포함되어 있다. 이에 2017. 11. 28. 피고인 광주지방

4) 대법원 2015. 8. 20. 선고 2012두23808 전원합의체 판결.

국세청장에게 법인세법과 소득세법 등에 따라 조정반 지정 신청을 하여 2017. 12. 15. 조정반으로 지정되었다. 그러나 피고는 2018. 2. 19. 법인세법 제60조 제9항, 같은 법 시행령 제97조의3, 같은 법 시행규칙 제50조의3, 소득세법 제70조 제6항, 같은 법 시행령 제131조의3, 같은 법 시행규칙 제65조의3에 의하여 원고에 대하여 한 조정반 지정을 취소(이하 '이 사건 처분'이라 한다)하였다.

이 사건에서는 조정반 지정취소에 대한 취소를 구할 법률상 이익(협의의 소익)이 있는지, 이 사건 처분의 근거 조항인 법인세법 시행령 제97조의3 제1항, 소득세법 시행령 제131조의3 제1항(이하 '이 사건 각 시행령 조항'이라 한다)이 헌법과 법률에 위반되어 무효인지가 핵심쟁점이다. 나아가 법무법인을 조정반 지정 대상에서 제외하고 있는 위 시행령 규정이 부진정 행정입법부작위에 해당하는지를 검토할 필요가 있다. 별개의견(김재형 대법관)은 조정반 지정 대상에서 제외한 처분이 위법하다는 점에서 다수의견과 동일하나, 해당 시행령 조항을 무효로 선언할 것이 아니라 법령의 해석·적용을 통하여 법무법인이 조정반 지정 대상에 해당한다는 이유로 이 사건 처분을 취소하는 것이 타당하다고 보고 있다. 헌법합치적 해석을 하는 점에는 공감하지만, 시행령에 규정되지 아니한 사항에 대해 유추적용을 하거나 확대적용을 통해 법무법인을 조정반 지정 대상에 속한다고 볼 수 있는지가 검토되어야 한다.

2. 협의의 소익을 인정하는 대상판결 논증의 문제점

(1) 문제의 소재

원심판결의 이유와 기록에 따르면, 피고는 이 사건의 소송 계속 중인 2019. 7. 9. 행정절차상의 하자를 이유로 이 사건 처분을 직권으로 취소하였고, 이 사건 처분의 취소 대상이었던 원고에 대한 조정반 지정의 효력기간(2018. 12. 31.)도 경과하였다. 이와 관련하여 대법원은 직권으로 협의의 소익이 있는지를 검토하고 있다. 즉 대법원은 "동일한 사유로 이 사건 처분과 같은 처분이 반복될 위험성이 있어 이 사건 처분의 위법성을 확인할 필요가 있으므로 원고가 이 사건 처분의 취소를 구할 소의 이익이 인정된다"고 판시하고 있다. 대법원은 이러한 주장의 논거로 선행판례를 인용하고 있다. 즉 학교법인 임원취임승인의 취소처분 후 그 임원의 임기가 만료되고 구 사립학교법 제22조 제2호 소정의 임원결격사유기간마저 경과한 경우 또는 위 취소처분에 대한 취소소송 제기 후 임시이사가 교체되어 새로운 임시이사가 선임된 사례이다. 이 사건에서 대법원은 "제소 당시에는 권리보호의 이익을 갖추었는데 제소 후 취소 대상 행정처분이 기간의 경과 등으로 그 효과가 소멸한 경우, 동일한 소송 당사자 사이에서 동일한 사유로 위법한 처분이 반복될 위험성이 있어 행정처분의 위법성 확인"이 필요한 경우에는 그 처분의 취소를 구할 법률상 이익이 있다고 판시하고 있다.[5)]

협의의 소익과 관련된 위 대법원판결의 논증은 타당한가? 이 판결에서는 "불분명한 법률문제에 대한 해명이 필요하다고 판단되는 경우", "하자승계의 경우에 선행처분의 위법성을 확인하여 줄 필요가 있는 경우"에도 법률상 이익이 있다고 보고 있다. 먼저 후자의 경우에는 "선행처분과 후행처분이 단계적인 일련의 절차로 연속하여 행하여져 후행처분이 선행처분의 적법함을 전제로 이루어짐에 따라 선행처분의 하자가 후행처분에 승계된다고 볼 수 있어 이미 소를 제기하여 다투고 있는 선행처분의 위법성을 확인하여 줄 필요가 있는 경우 등에는 행정의 적법성 확보와 그에 대한 사법통제, 국민의 권리구제의 확대 등의 측면에서 여전히 그 처분의 취소를 구할 법률상 이익이 있다"고 판시하고 있다. 그러나 이는 전술한 바와 같이 하자승계의 경우에 선행처분의 제소기간이 경과하여 후행처분에 대한 소송을 제기하면서 선행처분의 하자를 승

---

5) 대법원 2007. 7. 19. 선고 2006두19297 전원합의체 판결.

계할 수 있는지에 관한 문제이다. 원고적격이나 협의의 소익과는 관련이 없다. 또한 전자에서 "불분명한 법률문제에 대한 해명이 필요한 경우"에도 법률상 이익을 인정하는 것이 무엇을 의미하는지가 불명확하다. 이러한 내용은 헌법소원에서 인정되는 '권리보호이익'의 예외를 연상시킨다.[6] 그러나 행정소송의 협의의 소익과 헌법소원의 권리보호이익은 구별되어야 한다.

(2) 행정소송의 협의의 소익과 헌법소원의 권리보호이익

헌법소원은 기본권 침해의 마지막 보루(堡壘)이므로 권리보호의 이익이 있는 경우에 제기될 수 있다. 권리보호이익이 없으면 헌법소원심판의 청구는 부적법 각하된다. 그러나 헌법재판소는 기본권 침해행위가 반복될 위험이 있거나 해당 분쟁의 해결이 헌법질서의 수호와 유지를 위해 헌법적 해명이 중요한 의미가 있는 경우에도 예외적으로 심판청구의 이익을 인정하고 있다.[7] 헌법소원에서 권리보호이익의 예외를 인정하는 것은 헌법소원이 헌법질서의 수호라는 기능도 수행하기 때문이다. 반복위험이나 헌법적 해명의 필요성 등의 내용은 대법원판결에서 협의의 소익을 인정하는 논거와 유사하다. 그러나 헌법질서의 수호·유지라고 하는 특수한 목적을 위해 인정되는 권리보호이익의 예외에 관한 내용을 개인의 권익구제를 목적으로 하는 항고소송의 협의의 소익에 대입(代入)하는 것은 타당하지 않다. 헌법재판소법에는 권리보호이익에 관한 명문의 규정은 없다. 그러나 권리보호이익은 헌법재판소법 제40조 제1항에 따라 헌법소원심판에 '행정소송법'이 준용되어 도출되는 것이다. 그러나 취소소송의 협의의 소익에서 헌법소송의 권리보호이익에 관한 논거를 차용하고 있는 것은 역설적이다. 이는 본말(本末)이 전도(傳導)된

6) 헌법재판소, 헌법재판실무제요, 제2개정판, 350면.
7) 헌재 1997. 11. 27. 94헌마60, 판례집 9-2, 675; 헌재 2001. 7. 19. 2000헌마546, 판례집 13-2, 103; 헌재 2004. 12. 16. 2002헌마478, 판례집 16-2하, 548 등.

것이다. 헌법소원의 권리보호이익은 불필요한 청구를 차단하고 헌법소원 청구의 남용을 방지하기 위해 인정되며, 주로 기본권 침해의 상황이 종료된 경우에 문제가 된다.[8] 이처럼 헌법소원에서 문제가 되는 '권리보호이익'을 행정소송법 제12조 후문의 '협의의 소익'에 그대로 적용하는 것은 바람직하지 않다.

한편, 헌법소원에서 인정되는 권리보호이익은 독일의 헌법소원에서 인정되는 권리보호필요(Rechtsschutzbedürfnis)에 상응하는 것이다. 독일에서도 기본권을 침해한 조치가 종료된 경우에 이러한 권리보호필요가 문제이지만, 연방헌법재판소는 계속확인소송에 관한 연방행정법원의 판례에 상응하여 이를 인정하고 있다. 독일에서는 특별히 중요한 기본권 침해, 특별히 중대한 침해, 반복위험 등의 경우에 인정하고 있다.[9] 독일에서도 헌법소원에서 일반적인 권리보호필요에 대한 명문 규정은 없으며, 불문의 본안판단 요건으로 이해하고 있다.[10] 한편, '권리보호이익(Rechtsschutzinteresse)'이라는 용어를 사용하는 견해도 있다.[11] 이 견해는 권리보호이익이 소송에 따라 다양하게 사용된다고 보면서, 헌법소원에는 "직접성", "현재성", "자기관련성"이라는 특별한 형식이 발전된 것이라고 보고 있다.[12] 그 밖에 이러한 권리보호필요가 모든 소송에 인정되는 것은 아니라고 보는 견해도 있다.[13]

(3) 협의의 소익과 독일의 계속확인소송상 확인의 정당한 이익

대법원판결에서는 "그 행정처분과 동일한 사유로 위법한 처분이 반복될 위험성이 있어 행정처분의 위법성 확인이 필요한 경우"를 협의

---

8) 김하열, 헌법소송법, 제3판, 551면.
9) 이에 대해서는 Schlaich/Korioth, Das Bundesverfassungsgericht, 9. Aufl., Rn. 256.
10) Sachs, Verfassungsprozessrecht, 3. Aufl., Rn. 546.
11) Lechner/Zuck, BVerfGE, 7. Aufl., Vor § 17 Rn. 23.
12) Zuck, Das Recht der Verfassungsbeschwerde, 5. Aufl.,
13) Benda/Klein, Verfassungsprozessrecht, 3. Aufl. § 12 Rn. 268.

의 소익을 인정하는 논거로 사용하고 있지만, 이 내용은 독일의 계속확인소송에서 말하는 '확인의 정당한 이익'의 해석에 관한 것이다. 외국의 소송이론을 면밀히 검토하지 않고, 이를 행정소송법 제12조 후문의 해석에 그대로 대입하는 것은 매우 위험하다. 독일 행정법원법 제113조 제1항 제4문에는 "행정행위가 판결의 선고 이전에 직권취소나 다른 방법에 의해 종료된 경우에 원고가 그 확인에 정당한 이익을 가지는 한, 법원은 신청에 의해 판결로써 행정행위가 위법하다고 선고한다"고 규정하고 있다. 이 규정은 독일의 계속확인소송(Fortsezungsfeststellungsklage)에 관한 것이다. 독일 행정법원법에는 일반적인 권리보호필요에 관한 규정이 없다. 그러나 이러한 권리보호필요는 모든 소에서 인정되는 본안심리 내지 본안판단을 위한 소송요건이지만, 소의 종류에 따라 달리 해석된다.[14] 독일에서는 원고적격 외에 이러한 '권리보호필요'가 심사되어야 하는지에 대해 논란이 있는 것이 사실이다.[15]

독일 행정법원법 제41조 제1항에 확인소송에서 "즉시확정의 정당한 이익"을, 그리고 독일 행정법원법 제113조 제1항 제4문에 계속확인소송에서 "확인의 정당한 이익"을 규정하고 있다. 이는 '특별한 권리보호필요'에 해당한다.[16] 특히 독일 행정법원법 제113조 제1항 제4문에서 말하는 "확인에 정당한 이익"이란 반복위험 방지의 이익이 있는 경우, 원상회복의 이익이 있는 경우, 손해배상소송에 대한 선결적 효력의 이익이 있는 경우 등을 의미한다고 해석하고 있다.[17] 그러나 이러한 계속확인소송의 법적 성질에 대하여는 통일된 의견이 없다. 즉 취소소송의 하위유형이나 절단된(절취된) 취소소송으로 보는 견해도 있지만, 확인소

14) 한편, 행정소송법 제12조 후문의 협의의 소익을 독일의 (일반적) 권리보호필요성과 계속확인소송에서의 특수적 권리보호필요성을 포괄하는 의미로 이해하는 견해도 있다(박정훈, 행정소송의 구조와 기능, 323면).

15) 이에 대해서는 Hufen, Verwaltungsprozessrecht, 7. Aufl., § 23 Rn. 10 참조.

16) Schmitt Glaeser/Horn, Verwaltungsprozeßrecht, 15. Aufl., Rn. 117.

17) Würtenberger, Verwaltungsprozessrecht, 3. Aufl., Rn. 653 ff.

송의 특수한 형태나 특수한 소송 등으로 분류하는 견해도 있다.[18] 따라서 독일의 계속확인소송에 관한 내용을 취소소송의 협의의 소익에 그대로 투영하여 해석하는 것은 타당하지 않다.[19]

독일의 계속확인소송은 오히려 '확인소송'에 가까운 것으로 보는 견해가 유력하다. 행정소송법 제12조 후문의 규정에 적합한 해석을 발전시켜야 한다. 여기에는 첫째, 해당 처분 등의 효과가 "기간의 경과", "처분 등의 집행", "그 밖의 사유" 등으로 인하여 소멸하여야 한다. 둘째, 그 처분 등의 취소로 인하여 회복되는 법률상 이익이 있어야 한다. 이 사건에서는 소송계속 중에 조정반 지정의 효력기간이 경과하였고, 이 사건 처분(조정반 지정 취소)도 소송계속 중에 피고에 의해 직권으로 취소되었다. 따라서 이 소송에서는 취소소송의 대상이 소멸한 것이다. 이러한 경우에도 행정소송법 제12조 후문의 요건을 충족한다고 볼 수 있을까? 이 사건 처분인 조정반 지정 취소처분에 대한 취소로 인하여 회복되는 법률상 이익은 모호하고 불명확하다. 대상판결에서 제시하고 있는 논거인 "동일한 사유의 처분이 반복될 위험성"은 거부처분에 대한 취소소송에서 대부분 인정될 수 있다. 이러한 사유를 행정소송법 제12조 후문의 회복되는 '법률상 이익'에 해당하는 경우로 인정하는 것은 적절하지 않다. 대상판결에서는 그 밖의 사유로 소멸되어 회복되는 법률상 이익이 있는지를 검토해야 한다. 다수의 대법원판결에서는 행정소송법 제12조 전문과 후문을 명확히 구별하지 못하고 있으며, 후문에 대해서도 "취소를 구할 법률상 이익이 있는 자"로 해석하는 오류를 범하고 있다.[20] 이는 명문의 규정에 반하는 해석이다.

---

18) 정남철, 행정구제의 기본원리, 제1전정판, 387면; 동인, "행정소송법 제12조 후문의 해석과 보호범위", 행정판례연구 제14집(2009), 320면 이하.

19) 국내 학설 중에도 행정소송법 제12조 후문의 소송은 '취소소송'에 관한 것이며, 위법성의 확인을 구하는 독일의 '계속확인소송'과 구별해야 한다는 견해가 유력하다 (김동희, 행정법 I, 제21판, 746면).

20) 학설 중에는 행정소송법 제12조 전문과 후문의 '법률상 이익'을 동일하게 보면서,

행정소송법 제12조 후문에는 "회복되는 법률상 이익"을 규정하고 있으며, 이러한 개념이 무엇을 의미하는지를 규명해야 한다. 이는 행정소송법 제12조의 원고적격에서 말하는 법률상 이익, 즉 법적으로 보호되는 이익과 구별되어야 한다. 처분이 소멸된 이후에도 그 취소를 다툴 원고의 '권리보호필요'가 있어야 한다는 것을 의미한다.[21] 임기 만료로 계쟁 처분이 소멸한 경우에 명예·신용 등 인격적 이익이나 재직 중의 보수청구권 등이 여기에 속한다고 보는 견해도 유력하다.[22] 여기서 말하는 '권리보호필요'란 구체적 사례를 통해 좀더 자세히 살펴볼 필요가 있다.[23] 대법원은 처분의 집행으로 처분 등의 효과가 소멸된 후에도 그 집행 이후의 법률관계에 영향을 미치는 경우에 협의의 소익을 인정한 바 있다. 현역의무부과처분 취소소송에서 원고가 현역병으로 입영을 한 경우에도 관할 지방병무청장을 상대로 한 처분을 취소해야 할 권리보호

"법질서 전체의 관점에서 정당한 것으로 인정되는 이익"또는 "법적으로 정당한 이익"이라고 보는 견해도 있다(박정훈, "취소소송에서의 협의의 소익", 행정법연구 제13호(2005), 7면). 그러나 이러한 통합적 해석 또는 일원적 해석에 의할 경우 취소소송의 원고적격과 관련된 행정소송법 제12조 전문의 '법률상 이익'의 개념은 모호하게 될 수 있으며, "법적으로 정당한 이익" 개념은 또 다시 해석되어야 한다. 취소소송의 목적은 위법성의 확인이 아니라, 행정행위의 폐지, 즉 행정행위의 효력을 제거하는 데 있다. 이점이 바로 취소소송의 허용성에 관한 것이다. 행정소송법 제12조 본문에서도 "처분 등의 취소를 구할 법률상 이익"이라고 규정하여, 처분 등의 취소가 바로 취소소송의 목적임을 명확히 밝히고 있다. 이는 적합한 소송형식 내지 소의 종류(Klageart)의 문제이며, 소의 이익과는 관련이 없다(Hufen, a.a.O., § 13 Rn. 1). 따라서 소의 허용성(Statthaftigkeit der Klage), 즉 적합한 소의 종류에 관한 문제를 대상적격의 문제로 오해해서는 아니된다.

21) 협의의 소익을 "분쟁을 재판에 의하여 해결할 만한 현실적 필요성"으로 보는 견해도 있다(김남진·김연태, 행정법 I, 제24판, 832면). 그 밖에 기본적인 법률상 이익뿐만 아니라 부수적 이익도 포함된다고 보는 다수설에 서 있으면서 "소송에 의해 보호될 수 있는 현실적 이익"으로 해석하는 견해도 있다(박균성, 행정법론(상), 제15판, 1211－1212면).

22) 김도창, 일반행정법론(상), 제4전정판, 785면.

23) 민사소송에서도 소송의 유형에 따라 권리보호이익 내지 권리보호필요에 관한 논의가 있다. 이는 확인의 대상이 필요한 확인의 소에서 중요한 의미를 가진다. 이에 대해서는 이시윤, 신민사소송법, 제12판, 229면 이하.

필요가 인정되는 것이다.[24] 또한 가중적 제재처분이 부령(시행규칙)에 규정된 경우 그 제재처분의 기간이 경과하여도 이후에 가중될 수 있는 부수적 효과나 파생적 효과를 제거하기 위해서는 협의의 소익이 인정될 수 있다.[25] 즉 소멸된 처분을 다투어서 회복되는 법률상 이익이 있어야 한다.

(4) 회복되는 법률상 이익의 존부

대상판결에서는 직권취소로 조정반 지정 취소처분이 소멸된 것이다. 이러한 취소처분으로부터 회복되는 법률상 이익이 무엇인지를 규명해야 한다. 그러나 위 대상판결에서 대법원은 그러한 점을 밝히고 있지 않다. 다만, 피고가 직권으로 이 사건 처분을 취소하였고, 이 사건 처분의 취소 대상이었던 원고에 대한 조정반 지정의 효력기간이 경과한 사실을 인정하고 있다. 그러나 여기서 문제가 되는 소멸된 처분은 피고의 조정반 지정의 취소처분이다. 협의의 소익은 주로 소멸된 처분의 위법을 다툴 법률상 이익이 인정되는 경우에 인정된다. 그러나 대상판결에서는 피고에 의해 이 사건 처분(조정반 지정의 취소처분)이 직권으로 취소되었는데, 이로부터 회복되는 법률상 이익이 있거나 이를 취소해야 할 권리보호필요가 없다. 법인세법 시행령 제97조의3(조정반) 제1항 및 소득세법 시행령 제131조의3 제1항에 따라 지방국세청장으로부터 조정반 지정을 행정처분으로 보더라도 이러한 조정반 지정의 효력기간이 종료된 것은 협의의 소익과 관련이 없다. 이 사건 처분에 해당하는 피고의 조정반 지정 취소의 소멸이 중요하고, 이러한 이 사건 처분의 소멸에도 불구하고 취소를 통해 회복되는 법률상 이익이 있는지가 검토되어야 한다.

대법원은 피고가 직권으로 이 사건 처분을 취소한 뒤 다시 이 사건 각 시행령 조항을 근거로 원고에 대한 2018년도 조정반 지정을 취소하

24) 대법원 2003. 12. 26. 선고 2003두1875 판결.
25) 대법원 1993. 12. 21. 선고 93누21255 판결.

였고, 이후 원고가 2019년과 2020년에도 조정반 지정신청을 하였으나 피고는 여전히 원고가 이 사건 각 시행령 조항에서 조정반 대상에 해당하지 않는다는 이유로 원고가 조정반 지정에서 제외됨을 통지하였다고 지적하고 있다. 이러한 내용은 동일한 사유의 처분이 반복될 위험성이 있어 위법성 확인의 필요성이 있다는 점을 강조하기 위해 언급한 것이다. 그러나 이러한 논거는 시행령에서 위헌·위법을 심사하기 위한 논거일 뿐, 협의의 소익과는 별개의 문제이다. 대상판결에서 문제가 되는 조정반 지정 취소처분은 피고의 직권취소에 의해 소멸하였고, 또한 해당 조정반 지정의 유효기간은 이미 종료되었다. 2018년, 2019년 그리고 2020년 조정반 지정신청에 대한 거부처분에 대한 문제는 별도로 다투어야 한다.

전술한 바와 같이 이러한 대상판결의 논거는 독일의 계속확인소송과 관련이 있을 뿐 행정소송법 제12조 후문의 해석에 그대로 적용될 수 없다. 처분이 소멸한다는 전제는 유사하지만, 확인의 정당한 이익과 회복되는 법률상 이익은 달리 해석되어야 한다. 설사 반복되는 위험성이 있어 위법성 확인이 있다는 논리를 펼치더라도 이 사건 처분이 소멸되었는데 이 처분으로부터 반복되는 위험성이 있다고 보는 것은 논리의 비약(飛躍)이다. 반복되는 위험성은 조정반 지정에 관한 규정에 있다. 이는 시행령이나 시행규칙에 대한 주위적 규범통제제도를 보장하지 않는 사법시스템에서 발생하는 것이지, 이 사건 처분에서 연유하는 것이 아니다.

이러한 문제점은 다른 대법원판결에서 여실히 드러나고 있다. 즉 세무사 자격을 보유한 변호사 K가 세무사등록부에 등록되지 않아 2015년도 조정반 구성원으로 지정되지 않았는데, K가 그 거부처분의 취소를 구하는 소를 제기한 바 있다. 이에 대해 대법원은 이러한 거부처분을 취소하더라도 K가 2015년도 조정반으로 지정되고자 하는 목적을 달성할 수 없을 뿐만 아니라 장래의 조정반 지정신청에 대하여 동일한 사유로 위법한 처분이 반복될 위험성이 있거나 행정처분의 위법성 확인이나 불분명한 법률문제의 해명이 필요한 경우가 아니라고 보아 소의 이익을 부정하였다.[26] 이처럼 시행령 규정이 근본적으로 개정되어 법무법인을 포함하지 않으면, 원고가 다시 조정반 지정을 신청하더라도 거부될 수 있고, 또 조정반 지정을 받더라도 취소될 수 있는 것이다. 위에서 제시한 반복위험의 방지라는 대법원의 논거는 시행령의 심사를 위한 논거일 뿐, 협의의 소익과 직접적인 관련이 없다.

(5) 협의의 소익의 연원과 일본의 입법례

협의의 소익에 관한 행정소송법 제12조 후문은 주지하는 바와 같이 일본 행정사건소송법 제9조 제1항의 규정에서 연유하고 있다. 즉 "처분 또는 재결의 효과가 기간의 경과 그 밖의 사유로 인하여 소멸된 후에도 처분 또는 재결의 취소로 인하여 회복되는 법률상 이익이 있는 자"도 법률상의 이익을 향유하는 자에 포함된다고 규정하고 있다. 특히 '협의의 소의 이익'이라는 용어도 그러하다. 이러한 용어를 사용하는 시오노 히로시(塩野宏) 교수는 민사소송에서 원고가 청구로 본안판결을 구할 필요성이나 그 실효성이 소의 이익의 문제로서 논해지고 있는데, 행정소송에서도 이를 인정할 수 있다고 보고 있다. 이러한 필요성이 없으면, 각하된다는 것이다. 처분성이나 원고적격을 제외한 것이 협의의 소의 이익이라고 하고, 이를 간단히 '소의 이익'이라고 부른다고 설명한다.[27] 이러한 이론은 한국의 학설에 큰 영향을 미치고 있다. 그러나 일본의 학자들이 모두 이러한 협의의 소의 이익이라는 표현을 사용하는 것은 아니다. 원고적격 외에 "그 밖의 소의 이익"이라고 부르는 견해[28], 재판소가 재판을 할 가치가 있는 객관적 사정이 있어야 한다는 점에서

26) 대법원 20920. 2. 27. 선고 2018두67152 판결.

27) 塩 野宏, 行政法 II, 第6版, 有斐閣, 2019, 150-155면.

28) 藤田宙靖, 行政法 I(總論), 第4版, 423면 이하.

"소의 객관적 이익"이라고 부르는 견해[29] 등도 있다. 협의의 소의 이익을 재판소가 해당 청구의 당부에 대해 판단을 해야 할 구체적 필요성을 의미한다고 보면서, 원고적격을 포함해서 광의의 소익으로 이해하는 견해도 있다.[30] 이러한 논의를 전체적으로 종합하면, 일본에서 말하는 협의의 소의 이익은 원고적격과 명확히 구별됨을 알 수 있다.

한편, 일본에서는 원상회복이 불가능한 경우에도 협의의 소의 이익을 인정하는 사례가 있다. 예컨대 공유수면매립면허를 다투는 도중에 매립이 완료된 경우[31], 토지개량공사가 완료된 후에도 사업시행인가에 대한 소의 이익을 인정한 경우[32] 등이 그러하다.[33] 대법원 2007. 7. 19. 선고 2006두19297 판결에서 "그 처분이 취소되어도 원상회복이 불가능하다고 보이는 경우라 하더라도 무효 확인 또는 취소로써 회복할 수 있는 다른 권리나 이익이 남아 있는 경우"도 소익이 있다고 판시하고 있다.

(6) 소결

이처럼 행정소송법 제12조 후문의 규정이나 협의의 소익에 관한 논의는 일본의 학설로부터 직접적인 영향을 받았으며, 독일의 계속확인소송에서 인정되는 '확인의 정당한 이익'에 관한 논의를 협의의 소익에 관한 논의에 그대로 적용하는 것은 행정소송법 제12조 후문의 규정에 반한다. 독일에서는 '일반적인 권리보호필요'가 항고소송의 소송요건에서 중요한 역할을 하지 않는다. 일반적인 권리보호필요는 적극적인 소송요건이 아니며, 소송의 남용을 방지하기 위해 필요한 요건이다. 그러나 제한된 소송형식을 가진 우리의 현실에서는 협의의 소익에 관한 논

29) 芝池義一, 行政救濟法講義, 第3版, 54면 이하.
30) 南 博方, 條解行政事件訴訟法, 第4版, 310면.
31) 名古屋地判 昭和五三·一〇·二三 行裁例集 제29권 10호, 1871면.
32) 最判 平成四·一·二四, 民集 제46권 제1호, 54면.
33) 이에 대한 상세는 塩 野宏, 前揭書, 153－154면.

의가 국민의 권익구제를 위해 실천적 의미를 가진다. 행정소송법 제12조 후문의 협의의 소익에 관한 문제는 조문의 규정에 적합한 새로운 해석이 필요하며, 독일 행정소송에서 말하는 '권리보호필요'에 관한 논의를 그대로 따를 이유는 없다. 또한 일본 행정사건소송법의 해석을 그대로 답습할 필요도 없다. 한국 행정소송법 제12조 후문의 규정에 근거하여 고유한 '권리보호필요'의 개념을 확립해야 한다. 그런 점에서 행정소송법 제12조 후문의 '법률상 이익'은 처분 등의 효과가 기간의 경과나 처분 등의 집행으로 소멸되는 경우에 인정되는 것이며, 독일에서 말하는 '특수한 권리보호필요'에 해당한다고 볼 수도 있다. 향후 협의의 소의 이익이라는 일본식 법률 용어도 극복될 필요가 있다. 이러한 용어가 함축하는 의미가 명확히 전달되지 않기 때문이다.

3. 시행령 조항의 위헌·위법 판단 기준

대상판결에서 대법원이 이 사건 각 시행령 조항의 위법을 주장하면서, 세 가지 논거를 제시하고 있다. 첫째, 각 시행령 조항은 모법 조항의 위임범위를 벗어난 것이라고 보고 있다. 둘째, 각 시행령 조항은 비례의 원칙에 위반되어 세무사법, 법인세법과 소득세법에 따라 세무조정 업무를 수행할 수 있도록 허용된 변호사와 이들이 구성원이거나 소속된 법무법인의 직업수행의 자유를 침해한다고 보고 있다. 마지막으로 각 시행령 조항은 세무사 자격이 부여된 변호사와 세무사 또는 공인회계사, 법무법인의 구성원이거나 소속 변호사로서 세무조정 업무를 수행할 수 있는 변호사와 법무법인에 소속되지 않은 변호사, 법무법인과 세무법인, 회계법인 각각을 합리적 이유 없이 차별하여 평등원칙에도 위반된다고 보고 있다.

그러나 두 번째 논거와 세 번째 논거는 기본권 침해와 관련된 헌법소원의 논증방식과 관련된 것이다. 대법원은 시행령이나 시행규칙의 위헌성을 논증하면서 이러한 방식을 사용하고 있다. 특히 세무사 자격증을 가진 변호사와 이들이 구성원이거나 소속된 법무법인의 직업수행의 자유가 비례의 원칙에 위배되는 것은 헌법소원으로 다투어야 한다. 이 사건에서는 시행령 조항이 법률을 위반하였는지를 검토하여야 하며, 법률유보의 원칙이나 포괄위임금지원칙 등을 위반하는지를 심사하여야 한다. 그런데도 기본권 침해와 관련된 헌법소원의 방식을 적용한 것은 적절한 접근 방식이 아니다. 직업수행의 자유라는 기본권이 비례의 원칙을 위반하였다는 논거는 부적절하다. 물론 시행령 조항이 헌법의 기본권 조항을 위반하는지를 심사할 수는 있다. 예컨대 사유재산권을 전면적으로 부정하는 조항은 재산권 제23조 제1항에 위반되며, 시행령 조항으로 기본권의 본질적인 내용을 침해하는 규정을 둘 경우에는 헌법 제37조 제2항의 규정을 위반한다. 이는 기본권 침해의 문제가 아니라, 헌법에 규정된 기본권 조항의 내용을 위반하는 것을 심사하는 것이다. 그런 맥락에서 해당 시행령 조항이 헌법 제11조의 평등원칙을 위반하였는지도 심사할 수 있다. 시행령 조항의 내용이 성별·종교 또는 사회적 신분 등에 의한 차별이 있는지를 심사하는 것이다.

따라서 대상판결에서 시행령 조항이 비례의 원칙에 위반되어 법무법인의 직업수행의 자유를 침해한다고 논증한 것은 타당하지 않다. 이는 시행령의 위헌·위법 판단 기준을 오해한 것이다. 시행령 조항은 헌법 제15조를 직접 침해한 것이 아니며, 이러한 논증방식은 기본권 침해를 전제로 하는 '헌법소원'의 심사기준을 적용할 때 사용되어야 한다. 시행령의 위헌·위법은 헌법이나 상위법령을 위반하거나, 법률유보원칙 또는 포괄위임금지원칙을 위반하였는지 등을 심사해야 한다. 시행령은 대통령령으로서 법규명령이며, 또한 법규범이다. 대상판결은 부수적 규범통제와 관련된 것이며, 헌법소원의 심사기준을 적용하여서는 아니된다. 이는 법규범에 대한 통제의 문제이며, 기본권 침해의 문제를 심사하는 것이 아니다. 설사 이러한 심사를 통해 해당 시행령이 개정되지 않으면, 행정청은 이를 근거로 다시 처분을 할 수 있다. 이는 부수적 규범통제의 한계에서 발생하는 것이다. 이러한 문제를 개선하기 위해서는 주위적 규범통제의 제도가 도입될 필요가 있다. 그러나 이러한 부수적 규범통제의 제도적 한계를 이유로 처분이 반복될 위험이 있다고 보는 것은 타당하지 않다.

대상판결에서 각 시행령 조항이 모법 조항의 위임범위를 벗어난 것이라고 보는 부분도 수긍하기 어렵다. 법인세법 제60조 제9항 및 소득세법 제70조 제6항에는 세무사, 공인회계사, 변호사로서 "조정반에 소속된 자"를 규정하도록 대통령령에 위임한 것이다. 이에 따라 법인세법 시행령 제97조의3 제1항 및 소득세법 시행령 제131조의3 제1항에 "2명 이상의 세무사등", "세무법인", "회계법인"을 규정한 것이다. 각 시행령의 규정은 조정반에 소속될 수 있는 범위를 규정한 것이다. 여기에 변호사가 구성원으로 되어 있거나 소속된 법무법인이 조정반 지정 대상에서 제외되어 있다. 대상판결은 정확한 세무조정계산서 작성에 필요한 전문성과 능력의 정도, 이에 필요한 전문가의 규모 등을 감안하여 조정반의 요건을 구체화하여야 한다고 보고 있다. 이러한 논거에 바탕을 두고 모법 조항에서 세무조정 업무를 수행할 수 있는 주체로 규정된 자에 대하여 세무조정 업무수행 자체를 할 수 없게 하거나 그 수행 범위를 제한하는 것이 모법 조항의 위임범위를 벗어난 것으로 보고 있다. 그러나 위에서 살펴본 바와 같이 법인세법 제60조 제9항 및 소득세법 제70조 제6항에는 조정반에 소속될 수 있는 자격을 규정하고 있을 뿐, 조정반의 구성이나 이에 소속될 수 있는 범위를 구체적으로 위임하고 있지 않다. 그런 점에서 이를 모범의 위임범위를 벗어난 것으로 판단하는 것은 이해하기 어렵다. 이 문제는 후술하는 바와 같이 법무법인이 조정반의 수혜대상에 속할 수 있는 범위에서 배제된 것이고, 이는 부진정 행정입법부작위에 해당한다. 또한 각 시행령의 조정반 규정은 세무조정

업무를 수행할 수 있는 주체로 규정된 자에 대하여 세무조정 업무 수행 자체를 못하게 하거나 그 수행 범위를 제한한 것이 아니라, 조정반에 속할 수 있는 범위를 규정한 것일 뿐이다. 이러한 시행령의 규정은 조정반에 속할 수 있는 범위를 정한 것으로서 수익적 내용이며, 다수의견이 이를 침익적 규정으로 이해한 것은 타당하지 않다. 그런 점에서 이 사안의 특수성이 존재하며, 부진정 행정입법부작위에 관한 문제를 검토할 필요성이 제기된다.

4. 부진정 행정입법부작위에 대한 별개의견의 검토

대상판결의 별개의견은 2명 이상의 세무사 등, 세무법인, 회계법인을 조정반 지정 대상으로 정하고 법무법인에 관해서는 아무런 규정을 두지 않는 것이 '부진정 행정입법부작위'에 해당한다고 주장한다. 별개의견은 입법부작위의 유형을 설명하면서, 부진정 행정입법부작위를 "이 사건과 같이 행정청이 제정한 행정법규에 결함이 있는 경우"를 말한다고 보고 있다. 국내에서도 법률의 부작위(입법부작위)가 아닌, 행정입법의 부작위에 대한 행정소송의 가능성에 대해 오래 전부터 논의가 있었다. 전자는 헌법소원의 대상이다. 그러나 행정입법부작위의 문제는 헌법소송의 문제가 아니라 행정소송의 문제이다. 행정입법부작위에 대한 행정소송의 형식에 대하여 국내에서도 학설상 논의가 있으며, 항고소송설과 당사자소송설이 대립하고 있다.[34] 이와 달리 현행 행정소송법상으로는 행정입법의 부작위를 행정소송으로 다툴 수 없고, 입법정책론으로 이러한 소송을 마련해야 한다는 견해도 있다.[35] 독일에서는 행정입법부

34) 이에 대해서는 정남철, "행정입법부작위에 대한 사법적 통제: 당사자소송에 의한 규범제정요구소송의 실현가능성을 중심으로", 저스티스 통권 제110호(2009. 4), 194면 이하 참조.

35) 홍정선, 행정법원론(상), 제27판, 259-260면.

작위에 대해 행정소송을 제기하고 있다. 진정 행정입법부작위는 법률이 위임한 사항을 행정입법으로 정하지 아니한 것을 말하며, 부진정 행정입법부작위란 그러한 위임사항을 불완전하게 규정하여 개정이나 보충이 필요한 것을 말한다. 독일에서는 이를 진정 규범제정요구소송(echte Normerlassklage)과 부진정 규범제정요구소송(unechte Normerlassklage)으로 구분하고 있으며, 후자를 규범보충소송(Normergänzungsklage)이라 부른다.[36] 특히 규범보충소송에 대한 적합한 소송형식에 대하여 견해 대립이 있다. 규범통제소송으로 다투어야 한다는 견해[37], 일반이행소송을 제기할 수 있다는 견해[38], 그리고 확인소송으로 제기할 수 있다는 견해[39] 등이 있다.[40] 독일 연방행정법원은 확인소송설의 입장이다.[41] 이전에는 헌법소송으로 다투어야 한다는 견해도 있었다.[42] 그러나 이러한 견해는 비판을 받아 오늘날에는 포기된 상태이다.[43] 부진정 행정입법부작위는 공법상의 법률관계의 존부에 관한 문제로 이해되고 있다. 연방행정법원은 행정법원법 제47조 제1항에 따른 규범통제소송으로 법률하위규범(하위법령)의 보충필요성을 목적으로 하는 소송을 실현할 수 없다고 보고 있다.[44]

한편, 대상판결의 별개의견은 이러한 불완전한 시행령 조항을 무효로 선언할 것이 아니라 법령의 해석·적용을 통하여 원고와 같은 법무법

36) 정남철, 행정구제의 기본원리, 제1전정판, 488면.
37) Hufen, a.a.O., § 20 Rn. 1.
38) Happ, in: Eyermann, VwGO, 14. Aufl., § 42 Rn. 63.
39) Schmitt Glaeser/Horn, a.a.O., Rn. 332; Würtenberger, a.a.O., § 39 Rn. 705.
40) 이에 대해서는 정남철, "명령·규칙 등의 부진정행정입법부작위에 대한 법원의 규범통제", 행정판례연구 제22집 제2호(2017), 127면 이하.
41) 이에 대해서는 정남철, "명령·규칙 등의 부진정행정입법부작위에 대한 법원의 규범통제", 134면.
42) Schenke, Verwaltungsprozeßrecht, 12. Aufl., Rn. 347.
43) Pietzcker, in: Schoch/Schmidt-Aßmann/Pietzner, Verwaltungsgerichtsordnung, Kommentar, § 42 Abs. 1 Rn. 160.
44) BVerwG, Urteil vom 16. April 2015 - 4 CN 2.14.; BVerwGE, ZUR 2016, 120.

인이 조정반 지정 대상에 해당한다고 보아 이 사건 처분을 취소하는 것이 타당하다고 보고 있다. 나아가 “수익적 행정처분의 근거가 되는 행정법규에 대해서는 헌법이나 법률에 위반되거나 불합리한 결과를 막기 위하여 유추나 목적론적 확장을 하는 것이 좀 더 수월하게 허용되어야 한다”고 보고 있다. 그러나 부진정 행정입법부작위는 유추해석이나 유적적용을 통해 해결할 문제는 아니며, 해석론에 의한 해결방식은 권력분립원리에 비추어 입법권을 침해할 우려도 있다. 별개의견은 헌법합치적 해석을 통한 법규의 공백 보충이 법관에 의한 ‘법형성’의 일환이라고 보고 있지만, 법관은 법을 해석하고 적용할 뿐 법창출을 하거나 법제정을 하여서는 아니된다. 법의 해석을 통해 법을 창출하는 것은 법원의 해석권을 넘어서는 문제이다.[45)]

한편, 대법원은 초등학교 때 운동 틱과 음성 틱 증상이 모두 나타나는 ‘뚜렛증후군(Tourette’s Disorder)’ 진단을 받고 10년 넘게 치료를 받아왔으나 증상이 나아지지 않아 오랫동안 일상 및 사회생활에서 상당한 제약을 받던 갑(甲)이 장애인복지법 제32조에 따른 장애인등록신청을 하였으나, 갑이 가진 장애가 장애인복지법 시행령 제2조 제1항 [별표 1]에 규정되지 않았다는 이유로 관할 군수가 갑의 장애인등록신청을 거부하는 처분을 한 사안에서, 해당 처분이 위법하다고 판단하였다.[46)] 즉 행정청은 갑의 장애가 위 시행령 조항에 규정되어 있지 않다는 이유만을 들어 갑의 장애인등록신청을 거부할 수는 없으므로 관할 군수의 위 처분은 위법하고, 관할 군수로서는 위 시행령 조항 중 갑이 가진 장애와 가장 유사한 종류의 장애 유형에 관한 규정을 유추 적용하여 갑의 장애등급을 판정함으로써 갑에게 장애등급을 부여하는 등의 조치를 하여야 한다고 판시하였다. 이는 부진정 행정입법부작위에 해당하는 사안이다.[47)] 이러한 대법원의 해석은 법제정기관의 결정의 자유와 행정의

45) 정남철, 한국행정법론, 제2판, 20면.
46) 대법원 2019. 10. 31. 선고 2016두50907 판결.

독자적 판단권을 침해하는 것이다. 이와 관련하여 위 시행령 규정은 예시적 열거가 아니라 한정적 열거에 해당하며, 이러한 대법원판결의 논증은 급부행정에서 공무원의 자의적 법적용과 복지행정의 임의적용 가능성이 있다고 비판하는 견해가 있다.[48] 타당한 지적이다.

그러한 점에서 독일의 규범제정요구소송을 정확히 이해하는 것이 중요하다. 독일에서는 부진정 규범제정요구소송 또는 규범보충소송의 위법을 평등원칙에 따라 심사하고 있다. 부진정 행정입법부작위는 규율이 필요한 생활영역에서 행정입법의 제정의무를 위반하여 일정한 사항을 규율하지 않는 것을 말한다. 수익에서 배제된 집단에 대한 차별이 문제가 되는 것이다. 부진정 행정입법부작위에서는 유추해석이나 유추적용의 방식이 아니라 공법상 법률관계에서 배제된 집단에 속하는 원고가 규정에 편입될 수 있는지를 심사해야 한다. 대상판결에서는 배제된 법무법인이 각 시행령 조항에서 배제되는 것이 평등원칙에 위배되고, 그 조정반에 관한 규정에 속할 수 있는지가 관건이다. 대상판결에서 A 법무법인은 부진정 행정입법부작위가 평등원칙을 위반하여 조정반에 속하지 아니하는 것이 위법이라는 것을 확인하고, 원고인 A법무법인이 규범(시행령)의 보충을 요구할 공권을 가지고 있어야 한다. 대법원이 법무법인을 제외하고 있는 것이 위법이라고 보면서, 2명 이상의 세무사 등, 세무법인, 회계법인과 같이 다른 수혜자를 규정한 각 시행령 규정을 무효로 선언하는 것은 이해하기 어렵다. 이는 시행령의 보충 내지 개정을 통해 해결될 문제이다. 부진정 행정입법부작위에 대한 행정소송은 법규명령의 무효를 선언하는 소송이 아니라, 법규명령의 제정권자(명령제정권자)에게 수권법률에 근거하여 규범을 보충할 의무가 있다는 점을 선언하는 소송이어야 한다.

---

47) 동지견해: 김중권, 행정법, 제4판, 427-428면.

48) 이은상, "입법 미비를 이유로 한 장애인등록 거부처분에 대한 사법심사 - 대법원 2019. 10. 31. 선고 2016두50907 판결 -", 법률신문 2021. 9. 13. 자 참고.

Ⅳ. 맺음말

법무법인을 조정반 지정 대상에서 제외한 법인세법 시행령 제97조의3 제1항, 소득세법 시행령 제131조의3 제1항의 위헌·위법 판단에 대한 대상판결의 논증에는 몇 가지 문제점이 있음을 알 수 있다. 해당 시행령 조항은 모법 조항의 위임범위를 벗어난 것이 아니라, 수혜의 대상이나 범위에 대해 불완전한 규범을 제정한 것이다. 따라서 이 문제는 부진정 행정입법부작위와 밀접한 관련이 있다. 그런 점에서 별개의견의 관점은 적절하고 신선하다. 그러나 조정반에 소속될 자를 법률에서 직접 규율해야 할 사항인지는 별개의 문제이다. 이는 법률유보의 원칙과 관련이 있다. 대상판결에서는 이 문제를 특별히 논하고 있지 않다. 법률의 부작위, 즉 입법부작위에 대한 통제는 규범통제에 관한 것이며, 헌법 문제에 해당한다. 따라서 법률 그 자체의 위헌 문제는 위헌법률심판을 제청하는 것이 바람직하다. 또한 각 시행령 조항이 비례의 원칙에 위반되어 직업수행의 자유를 침해한다고 논증한 것은 적절한 접근방식이 아니다. 이는 헌법소원의 심사에 적용되는 것이며, 시행령의 위법을 판단하는 기준이라고 볼 수 없다. 평등원칙의 위반에 관한 심사기준은 고려될 수 있지만, 부진정 행정입법부작위의 문제와 연결해서 심사하지 않은 것은 아쉬움으로 남는다. 별개의견은 부진정 행정입법부작위의 문제로 접근한 것은 타당하지만, 이 문제는 법령의 해석·적용이나 법형성을 통해 해결될 문제는 아니다. 부진정 행정입법부작위는 공법상 법률관계의 존부(存否)에 대한 확인을 통해 규범의 보충을 요구할 수 있는 원고의 공권을 인정하는 것이 중요하다. 따라서 이는 취소소송을 통해 해결되는 것이 아니라, 확인소송이나 일반이행소송의 성질을 가지는 공법상 당사자소송의 방식으로 실현되어야 한다. 독일의 규범제정요구소송이나 규범보충소송과 같이 적극적으로 규범의 제정이나 보충을 요구하기는 쉽지 않지만, 공법상 당사자소송은 적어도 원고에게 이러한 공권이 있음을 확인할 수 있다.

협의의 소익에 관한 대상판결의 논증은 독일의 입법례에 근거한 것이며, 행정소송법 제12조 후문의 해석에 적합하지 않다. 협의의 소익을 인정하는 논거는 헌법소원에서 인정하고 있는 권리보호이익의 예외에 관한 내용을 차용한 것이다. 그러나 이러한 논증은 부적절하다. 본래 헌법소원에서 인정되는 권리보호이익에 관한 논의는 독일의 헌법소송에서 유래된 것이며, 독일의 계속확인소송에서 인정된 것이다. 그러나 독일의 계속확인소송의 법적 성질에 대해서는 논란이 있을 뿐만 아니라, "확인에 정당한 이익"이라는 규정의 해석에 관한 것이다. 행정소송법 제12조 후문의 '회복되는 법률상 이익', 즉 협의의 소익에 관한 해석은 독창적으로 재구성되어야 한다. 예컨대 정년이 경과한 자가 제명(除名)처분이나 해임처분 등을 다투어 수당이나 연금 등의 재산상 이익을 받을 수 있을 경우가 여기에 해당한다. 여기에 정신적 명예나 신용 등도 회복되는 법률상 이익에 포함시킬 수 있다.[49] 또한 기간이 종료한 제재처분이나 불이익처분을 취소하지 않으면 법령에 따라 가중된 제재나 불이익을 받을 수 있는 경우도 여기에 해당한다. 기간이 종료된 처분의 취소로 인하여 더 큰 불이익을 받지 않을 수 있을 이익을 얻을 수 있다. 이처럼 처분의 취소를 통해 장래에 발생할 수 있는 가중된 불이익을 피할 수 있는 것은 결국 상실할 수 있는 법률상 이익을 회복하는 것과 같다고 볼 수 있다.

이상의 논의에서 협의의 소익에 관한 대상판결의 논증에는 중대한 결점이 있다는 점을 알 수 있다. 피상적으로 선례를 그대로 답습할 것이 아니라 구체적 사례에 적용될 수 있는 법령의 해석과 적용을 깊이 고민해야 한다. 대상판결에서는 피고에 의해 이 사건 처분(조정반 지정

49) 명예나 신용 등과 같은 인격적 이익도 행정소송법 제12조 후문에서 정한 '법률상의 이익'에 포함될 수 있다는 견해도 있다(백윤기, 주석 행정소송법(편집대표: 김철용·최광률), 398면).

의 취소)이 직권으로 이미 취소되었으므로 이로부터 회복될 수 있는 법률상 이익이 없으며, 또한 이 사건 처분을 취소해야 할 권리보호필요도 없다. 또한 지방국세청장으로부터 조정반 지정을 행정처분으로 보더라도 그 효력기간이 종료된 것은 협의의 소익과 관련이 없다. 소멸된 조정반 지정의 취소를 통해 회복되는 법률상 이익이 있다고 보기 어렵기 때문이다. 대상판결에서는 조정반 지정 취소처분의 취소를 통해 회복할 법률상 이익이 있는지가 협의의 소익과 관련이 있을 뿐이다. 피고 행정청의 2019. 7. 9.자 직권취소에 의해 처음으로 소급하여 조정반 지정처분은 유효하다. 또한 처분시를 기준으로 본다면, 이 사건 처분인 조정반 지정처분의 취소 당시의 위법 여부를 검토하면 충분하다. 이 경우 이 사건 처분의 수권 근거인 시행령의 위법을 심사할 수 있으며, 그 위헌·위법 심사기준도 '평등원칙'이 관련이 있다고 판단된다. 이러한 심사방식은 간명하다. 그러나 급부행정이나 사회복지행정의 특성에 비추어 포괄적 성격의 평등원칙만 가지고 일정한 집단을 수혜대상에 포함하지 않음을 이유로 시행령 조항이 위법하다고 판단하는 것은 설득력이 약하다. 대상판결은 취소소송으로 제기된 사안이지만, 이 소송의 핵심은 부진정 행정입법부작위에 있다는 점에서 공법상 당사자소송의 형식으로 제기하는 것을 고려할 필요가 있다. 입법정책적으로는 행정소송법에 공법상 당사자소송을 대체하는 '확인소송', '일반이행소송' 등을 적극적으로 도입하는 것도 고려될 수 있다. 일본 행정사건소송법에서 확인소송의 성질을 강조하는 공법상 당사자소송을 명확히 규정한 것은 참고할 점이다. 항고소송 중심의 행정소송의 체계에 집착하기보다 새로운 행정소송의 유형을 발전시키는 것이 중요하다. 행정소송의 유형이 제한적인 것은 국민의 권리구제에 취약성을 노출하고 있으며, 기본권 보장의 정신을 담은 헌법 제37조의 규정에도 반한다. 또한 독일에서 일본을 거쳐 도입된 공법상 당사자소송도 개선되어야 한다. 행정소송의 개혁은 표류하고 있다. 낡은 포대에 새 술을 담을 수 없다. 행정소송의 지체와 낙후는 국민의 불이익으로 돌아갈 수밖에 없음을 상기할 필요가 있다.

참고문헌

[국내문헌]

1. 교과서 및 단행본

김남진·김연태, 행정법 I, 제24판, 법문사, 2020.
김도창, 일반행정법론(하), 제4전정판, 청운사, 1992.
김동희, 행정법 I, 제21판, 박영사, 2015.
김중권, 행정법, 제4판, 법문사, 2021.
김하열, 헌법소송법, 박영사, 2018.
박균성, 행정법론(상), 제15판, 박영사, 2016.
박정훈, 행정소송의 구조와 기능, 박영사, 2006.
백윤기, 주석 행정소송법(편집대표 김철용/최광률), 박영사, 2004, 392－422면.
이시윤, 신민사소송법, 제12판, 박영사, 2018.
이태로·안경봉, 조세법강의, 신정4판, 박영사, 2002.
임승순, 조세법, 제19판, 박영사, 2019.
정남철, 한국행정법론, 제2판, 법문사, 2021.
______, 행정구제의 기본원리, 제1전정판, 법문사, 2015.
홍정선, 행정법원론, 제27판, 박영사, 2019.
헌법재판소, 헌법재판실무제요, 제2개정판, 2015.

2. 논문

박정훈, “취소소송에서에서의 협의의 소익 － 판단여지와 판단기준시 및 헌법소원심판과의 관계를 중심으로 －”, 행정법연구 제13호(2005),

1－18면.

이은상, “입법 미비를 이유로 한 장애인등록 거부처분에 대한 사법심사 － 대법원 2019. 10. 31. 선고 2016두50907 판결 －”, 법률신문 2021. 9. 13. 자.

정남철, “명령·규칙 등의 부진정행정입법부작위에 대한 법원의 규범통제”, 행정판례연구 제22집 제2호(2017. 12), 청담최송화교수희수기념논문집, 111－167면.

______, “행정입법부작위에 대한 사법적 통제: 당사자소송에 의한 규범제정요구소송의 실현가능성을 중심으로”, 저스티스 제110호(2009. 4), 194－217면.

______, “행정소송법 제12조 후문의 해석과 보호범위”, 행정판례연구 제14집(2009), 307－336면.

[일본문헌]

南 博方, 條解行政事件訴訟法, 제4판, 有備閣, 2016.

芝池義一, 行政救濟法講義, 제3판, 有備閣, 2008.

塩野 宏, 行政法 II, 제6판, 有備閣, 2019.

藤田宙靖, 行政法 I, 제4판, 靑林書院, 2005.

[독일문헌]

Benda/Klein, Verfassungsprozessrecht, 3. Aufl., Heidelberg u.a. 2012.

Eyermann, VwGO, Kommentar, 14. Aufl., München 2014.

Hufen, Verwaltungsprozessrecht, 7. Aufl., München 2008.

Lechner/Zuck, BVerfGG, Kommentar, 7. Aufl., München 2015.

Sachs, Verfassungsprozessrecht, 3. Aufl., Tübingen 2010.

Schenke, Wolf－Rüdiger, Verwaltungsprozessrecht, 12. Aufl., Heidelberg 2009.

Schlaich/Korioth, Das Bundesverfassungsgericht, 9. Aufl., München

2012.
Schmidt Glaeser/Horn, Verwaltungsrprozeßrecht, 15. Aufl., 2000.
Schoch/Schmidt－Aßmann/Pietzner, Verwaltungsgerichtsordnung, Kommentar, München 2003
Würtenberger, Verwaltungsprozessrecht, 3. Aufl., 2011.

국문초록

대상판결에서는 법무법인을 조정반 지정 대상에서 제외하고 있는 시행령 조항이 위법인지가 중요한 쟁점이다. 대법원은 직권으로 소의 이익이 있는지를 검토하면서, 독일의 계속확인소송에서 인정되는 '확인의 정당한 이익'에 관한 해석을 행정소송법 제12조 후문에 그대로 적용하고 있다. 이러한 입장은 다른 판결에서도 확인될 수 있다. 위법한 처분이 반복될 위험성이 있어 행정처분의 위법성 확인이 필요한 경우에 소의 이익을 인정하고 있다. 독일의 계속확인소송의 법적 성질에 대해서는 여전히 논란이 있으며, 이를 취소소송의 협의의 소익에 그대로 적용할 수 없다. 이는 명문의 규정에 반한다. 대법원은 다른 사건에서 불분명한 법률문제에 대한 해명이 필요한 경우에도 협의의 소익을 인정하고 있지만, 이는 헌법소원에서 권리보호이익의 예외를 인정하는 것을 연상시킨다. 이러한 내용은 헌법질서의 수호·유지를 위해 헌법적 해명이 중요한 경우에 심판청구의 이익을 인정하는 것과 유사하다. 그러나 행정소송의 협의의 소익과 헌법소원의 권리보호이익은 구별되어야 한다. 행정소송법 제12조 후문의 규정에 적합한 해석이 필요하다. 대상판결에서는 조정반 지정의 효력이 종료되었지만, 이는 협의의 소익과 관련이 없다. 대상판결에서 문제가 된, 이 사건의 처분은 조정반 지정에 대한 취소처분이다. 이 사건 처분은 직권취소에 의해 소멸되었음에도 불구하고, 그 취소로 인하여 회복되는 법률상 이익이 있는지가 명확하지 않다. 대상판결에서 주장하는 반복되는 위험성은 시행령이 개정되지 않는 한 계속될 수밖에 없고, 이는 부수적 규범통제에서 파생하는 문제이다. 협의의 소익에 관한 논의는 일본의 입법례에서 유래된 것이며, 독일의 계속확인소송과는 관련이 없다. 행정소송법 제12조 후문의 규정에 따른 독창적인 이론구성과 판례 형성이 필요하다. 협의의 소익이라는 용어도 일본에서 유래한 것이지만 그 함축하는 의미가 명확히 전달되지 아니한다. 권리보호필요는 모든 소송에서 일반적으로 사용되는 요건이다. 행정소송법 제12조 후문의 내용은 기간의 경과나 처분 등의 집행 그 밖의 사유로 인하여 처분이 소멸된 경우에 인정되는 '특수한' 권리보호필요에 관한 것이다. 시행령의 위헌·위법 판단기준으로 비례의 원칙에 위반되어 법무법인의 직업수행의 자유를 침해한다고 논증하는 것은 타당하지 않다. 이는 헌법소원의 심사기준이다. 각 시행령 조항이 모법 조항의 위임범위를 벗어난 것이라는 논증도 인정하기가 어렵다. 행정입법의 실체적 위법성을 판단하면서 법률우위의 원칙이나 법률유보의 원칙, 그리고 포괄위임금지의 원칙 등을 위반하였는지를 검토해야 한다. 시행령 조항이 평등원칙을 위반하는지를 심사할 수는 있지만, 평등원칙 위반만을 이유로 시행령의 위헌이나 위법을 곧바로 도출하기는 쉽지 않다. 이 문제는 별개의견이 적절히 지적하고 있는 바와 같이 부진정 행정입법부작위에 관한 것이다. 불완전한 시행령 조항이 문제이다. 그러나 취소소송에서 시행령의 해석·적용을 통해 이 문제를 해결할 수 있다고 보는 것은 타당하지 않다. 이는 법원의 해석을 넘어서는 것이다. 독일에서는 이러한 부진정 행정입법부작위에 대해 부진정 규범제정요구소송 또는 규범보충소송의 방식으로 접근하고 있으며, 대체로 확인소송이 적합한 소송형식이라고 보고 있다. 이 문제는 공법상의 법률관계에 관한 분쟁이다. 그러한 점에서 공법상 당사자소송이 이에 유사한 소송형식이며, 이를 통해 원고의 공권을 확인할 수도 있다. 부수적 규범통제의 방식으로 – 평등원칙을 매개로 – 시행령의 위헌·위법을 논증하는 방식도 가능하지만, 그 위헌·위법의 논증은 추상적이고 막연하다. 독일의 규범보충소송은 구체적 사안에서 평등원칙을 통해 공권을 확인하고, 그 불완전한 규범(법률하위규범)의 보충을 구하는 소송이다. 행정소송의 개혁을 통해 새로운 분쟁에 대응할 수 있는 행정소송 유형의 확충이 필요한 시점이다. 이러한 변화의 전기(轉機)를 마련할 수 있는 대법원판례의 변화를 기대해 본다.

주제어: 세무조정반, 협의의 소의 이익, 권리보호필요, 원고적격, 헌법소원의 권리보호이익, 독일의 계속확인소송, 확인의 정당한 이익, 부진정 행정입법부작위(규범보충소송)

Abstract

A Study on the Judgment of Illegality of the Provisions of the Enforcement Decree, excluding law firms from the tax settlement team designation

Prof. Dr. Nam－Chul Chung*

In the target judgment, an important issue is whether the provisions of the Enforcement Decree, which exclude law firms from the designation of the settlement team, are illegal. In addition, the Supreme Court examines ex officio whether there is an interest in the lawsuit, and applies the interpretation of the 'legitimate interest in confirmation' recognized in the German continuous confirmation litigation to the second sentence of Article 12 of the Korean Administrative Litigation Act. This position can also be confirmed in other cases. In cases where it is necessary to confirm the illegality of administrative measures because there is a risk of repeated illegal measures, the interests in litigation are recognized. There is still controversy about the legal nature of Germany's continuous confirmation litigation, and it cannot be directly applied to the interest in the cancellation litigation. This is against the provision of Article 12 of the Korean Administrative Litigation Act. In addition, the Supreme Court recognizes the interest in litigation even when clarification of unclear legal issues in other cases is required, but this is reminiscent of the exception of rights protection interests in constitutional complaints.

* Sookmyung Women's University College of Law

These contents are similar to recognizing the interest of a request for adjudication in cases where constitutional explanation is important for the protection and maintenance of constitutional order. However, the interests in administrative litigation and the interests of right protection of constitutional complaints must be distinguished. A proper interpretation is required in accordance with the provisions of the second sentence of Article 12 of the Korean Administrative Litigation Act. The effect of the designation of the settlement team was terminated in the target judgment, but this has nothing to do with the interest in the cancellation litigation. The disposition in this case, which became a problem in the target judgment, is a disposition to cancel the designation of the settlement team. Although the disposition in this case was extinguished by ex officio cancellation, it is not clear whether there is any legal benefit to be restored by the revocation. The repeated risk asserted in the target judgment will inevitably continue unless the Enforcement Decree is amended, and this is a problem derived from the indirect control of norms. The discussion on the benefits of the consultation is derived from Japanese legislation and has nothing to do with Germany's continuous confirmation litigation. In accordance with the provisions of the second sentence of Article 12 of the Korean Administrative Litigation Act, it is necessary to form an original theory and precedent. The term "interest in cancellation litigation in the narrow sense" is also derived from Japanese theory, but its connotation is not clear. The need for protection of rights is a requirement commonly used in all litigation. The contents of the second sentence of Article 12 of the Administrative Litigation Act relate to the "special" need to protect rights recognized when the disposition is extinguished due to the elapse of a period, execution of disposition, etc. or other reasons. It is not reasonable to argue that the law firm's freedom to performance of occupation is infringed by violating the principle of proportionality as the criteria for determining the unconstitutionality and illegality of the Enforcement Decree. This is the standard for reviewing constitutional complaints. It is also difficult to accept the argument that each of the provisions of the Enforcement Decree is outside the scope of the mandate of the parent law. In judging the substantive illegality of administrative legislation, it is necessary to examine whether or not it violates the rule of law and the principle of prohibition of general delegation etc. Although it is possible to examine whether a provision of the Enforcement Decree violates the principle of equality, it is not easy to immediately derive the unconstitutionality or illegality of the Enforcement Decree based solely on the violation of the principle of equality. As the separate opinion properly points out, this issue relates to untrue administrative legislative omissions. Incomplete enforcement decree provisions are a problem. However, it is not reasonable to assume that this problem can be resolved through the interpretation and application of the enforcement decree in the cancellation litigation. This is beyond the court's interpretation. In Germany, it is approached in the form of a norm supplementary litigation. This issue is a dispute concerning legal relations under public law. In that respect, the party litigation under the public law is a similar form of litigation, and through this, the right of the plaintiff can be confirmed. It is possible to argue for the unconstitutionality and illegality of the Enforcement Decree through the method of indirect norm control – through the principle of equality –. But this kind of argument for unconstitutionality and illegality is abstract and vague. The German norms supplement litigation is a litigation that confirms civil right through the principle of equality in specific cases and seeks to supplement the incomplete norms (delegated legislation). It is time to expand the various types of administrative litigation that can respond to new disputes through administrative litigation reform. Finally I look forward to changes in Supreme Court precedents that can provide a turning point for these changes.

Key Words: tax settlement team, interest in litigation, the need for protection of rights, standing to sue, the interests of the right protection of the constitutional complaint, the continuous confirmation litigation in Germany, the legitimate interests of the confirmation, untrue administrative legislative omission (norm supplementary litigation)

투고일 2021. 12. 6.
심사일 2021. 12. 22.
게재확정일 2021. 12. 27.

行政行爲의 槪念과 種類

公企業의 內部規定 및 私法上 契約에 의한 供給者登錄
制限措置의 處分性 (金裕煥)
사회복지법인 이사임면(任免) 보고수리와 사법(私法)
관계 형성적 행정행위 (金鉉峻)

公企業의 內部規定 및 私法上 契約에 의한 供給者登錄 制限措置의 處分性

金裕煥*

-대법원 2020.5.28. 선고 2017두66541 판결에 대한 법이론적 검토-

Ⅰ. 문제의 제기

1. 근래 대법원은 처분성의 인정 범위를 확장시키면서 심지어 당사자가 사법상의 계약관계에 근거한 제재조치라고 주장하는 행위에 까지 처분성 인정의 범위를 확대하여 왔다. 이러한 처분성 인정의 확대는 공공계약과 관련된 실무에 상당한 변화 그리고 그에 따른 혼란을 초래하고 있다. 이와 같은 대법원의 판례이론으로 인하여 항고소송을 통한 권리구제의 폭이 확대되어가고 있지만 이것이 반드시 바람직한 현상인지에 대해서는 견해가 엇갈리고 있다. 견해의 차이는 대법원의 처분성 확장이론이 전통적인 공법이론의 입장과 법해석론의 관점에서 문제점은 없는가 하는 것과 민사소송이 아닌 항고소송을 통한 구제가 이러한

---

* 이화여자대학교 법학전문대학원 교수

이론적 법해석적 난점에도 불구하고 추구되어야 할 필요가 있는가[1] 라는 측면에서 비롯되고 있다.

대상판결은 위와 같은 일련의 대법원 판례 가운데 하나를 이루는 것으로서 기본적으로 행정소송법 제2조의 처분은 '법집행행위'라는 점을 간과하고 있다. 그런가 하면 같은 류의 판례[2]에 비해 처분성의 논증을 위하여 행정청 개념에 대한 설시를 하고 있다는 점에 특징이 있다. 한편 대상판결에서 보여준 공공계약의 주체의 행정청의 지위 인정 여부에 대한 입장은 위와 같은 사법상 계약에 근거하는 제재조치의 처분성 인정 여부에 대한 공법이론의 여러 측면을 논의함에 있어서 중요한 의미를 가지고 있어서 대상판결을 검토하여야 할 필요가 더욱 크다고 본다.

한편 대상판결은 일련의 대법원의 판례이론에 입각하여 판단하고 있는 만큼 대상판결이 의지하고 있는 대법원의 판례이론이 처분성과 공공계약에 대한 분쟁 처리에 적절한 것인지도 차제에 한번 검토할 필요가 있다고 생각한다.

이러한 점을 감안하여 이하에서는 대상판결이 가지는 좁은 범위의 법리적, 실무적 의미만이 아니라 대상판결이 전제하고 있고 우리 대법원 판례이론이 취하고 있는 이 문제에 대한 기본적인 공법이론에 대한 관점을 폭넓게 점검해 보기로 한다.

2. 늘 그렇지만 법원은 판결을 통해 구체적 타당성을 추구한다. 대상판결도 눈앞에 보이는 문제를 나름대로 해결하였다고 본다. 그러나 국민들이 대법원에게 기대하는 것은 단순한 하나의 문제 해결만이 아니다. 그 문제 해결이 가져올 후속적인 파장에 대한 면밀한 검토 하에 문

---

1) 예컨대, 구정택, 공공계약에서 공기업·준정부기관의 거래제한조치의 처분성 인정 여부 - 대법원 2020.5.28. 선고 2017두66541 판결 - 대한변협신문 제792호(2020.7.13.)
2) 대법원 2018.11.29. 선고 2015두52395 판결; 대법원 2018.11.29. 선고 2017두34940 판결; 대법원 2019.5.10. 선고 2015두46987 판결 등.

제도 해결하지만 그것이 효율적이고 전체적인 법질서 속에서 조화로운 문제 해결인가 하는 점을 검토해 주기를 바란다. 이런 관점에서 바라보면 대상판결의 문제 해결이 전체법질서와 조화를 이루고 적절한가 하는 점에 대해서 반성할 점이 없지 않다. 더구나 대상판결이 전제로 하는 일련의 대법원 판례가 제시하는 이론 까지 고려하면 대법원이 문제를 바라보는 전반적 시각과 논리가 큰 틀에서 바람직한 것인지 의심이 간다. 이하에서 대법원의 판례이론이 가지는 전반적 문제의 배경 하에서 대상판결에 대해 행정법이론의 관점에서 검토하여야 할 쟁점을 살펴보기로 한다.

Ⅱ. 사안의 개요

처분의 경위

원고(엘에스전선 주식회사)는 2004년 경 부터 2010년 경 사이에 피고(한국수력원자력주식회사)가 실시한 원자력 발전용 케이블 구매입찰에서 다른 업체들과 물량배분비율을 정하고, 투찰가격을 공동으로 결정하는 등 담합행위를 하여 이를 이유로 2014.1.10. 경 공정거래위원회로부터 과징금부과처분을 받았다.

피고는 '공공기관의 운영에 관한 법률' 제5조 제3항 제1호에서 정하고 있는 공기업으로서 2014.4.15. 원고에게 위와 같은 담합행위를 이유로 '공공기관 운영에 관한 법률' 제39조 제2항에 따라 피고에게 2년의 입찰참가자격제한처분을 하였고, 나아가 내부적으로 제정·운영하고 있는 공급자관리지침에 근거하여, 부정당업자제재처분을 받았다는 이유로 2014.9.17. 원고에게 공급자등록취소 및 10년의 공급자등록제한을 하였다. 공급자등록을 하지 못하면 당연히 입찰에 참가할 수 없게 된다.

피고는 이 사건 공급자등록제한조치는 거래 당사자간 합의에 근거한 계약에 따른 제재조치라고 주장하였으나 대상판결은 이 사건 공급자등록제한조치를 처분으로 판단하였다.

1. 소송의 경과

(1) 원고의 소송제기와 피고의 항변

원고는 이 사건 공급자등록제한이 처분이라는 것을 전제로 이러한 처분은 '공공기관의 운영에 관한 법률' 제39조 제2항에 반하는 근거 없는 것으로 무효라고 주장하면서 이에 대하여 무효확인소송을 제기하였다.

피고는 본안 전 항변으로 '공공기관의 운영에 관한 법률'에 의한 공공계약은 사법관계에 해당하므로 공급자등록제한조치는 사법상 통지행위에 불과하며, 그것은 당사자 간 문제로서 입찰참가자격제한과 달리 대세효가 없는 것이므로 처분으로 볼 수 없다고 하였다.

나아가 상고심에서는 원고가 피고에게 등록 또는 등록갱신을 하면서 제출한 '청렴계약 및 공정거래 이행각서'에서 입찰에서 담합 등 행위를 할 때 불이익조치를 감수하겠다는 의사표시를 하는 등 이 사건 거래제한조치는 거래 당사자 간 합의에 근거한 계약에 따른 제재조치라고 주장하였다.

(2) 제1심 법원의 판결[3)]

① 처분성에 대한 판단

서울 행정법원은 대법원 2012.9.27. 선고 2010두3541 판결을 인용하여 처분성 판단이 일반적·추상적인 결정사항이 아니라 구체적 상황

3) 서울행정법원 2017.2.10. 선고 2016구합71447 판결

에서 행정청이나 이해관계인의 이익상황이나 태도 등 주관적 요소까지 고려하여 개별적으로 결정하여야 할 사항이라는 점을 전제하면서 이 사건 공급자등록제한의 처분성을 인정하였다.

그런데 서울행정법원은 이러한 처분성 인정의 논거로서 한국수력원자력주식회사가 공기업으로서 '공공기관의 운영에 관한 법률' 제39조 제2항에 의거하여 행정권한을 수여받은 공공단체로서 행정청의 지위에 있다는 점을 강조하고 있다. 그러나 입찰참가자격제한을 수권한 것이 어떻게 그보다 훨씬 광범위한 효력을 가지는 별도의 행위인 공급자등록제한의 권한을 준 것으로 되는지에 대해서는 선명한 판단을 제시하지는 않았다.

② 본안에 대한 판단

서울행정법원은 '공공기관의 운영에 관한 법률'에 의한 입찰참가자격제한의 상한은 2년인데 10년의 공급자등록제한을 할 수 있는 공급자등록제한의 근거가 되지 못하므로 이 사건 공급자등록제한은 법률상 근거가 없고 공급자관리지침은 상위 법률에 반하는 것을 규정하여 상위 법률에 반하는 공급자관리지침에 근거한 이 사건 처분은 하자가 중대하고 명백하여 무효라고 판단하였다.

그러나 서울행정법원의 처분의 위법성에 대한 이러한 판단은 법률에 근거가 없어서 법률유보원칙 위반이어서 위법인지 아니면 법률에 근거는 있으나 그 법률에 위반해서 무효라는 것인지에 대해서 다소 애매한 부분이 있다. 그것은 서울행정법원이 피고의 행정청의 지위를 인정하는 근거로서 '공공기관운영에 관한 법률' 제39조의 입찰참가자격제한에 관한 수권 조항을 거론하였기 때문에 법률에 근거가 없다는 것을 인식하였지만 법률유보원칙 위반을 위법사유로 단독으로 제시하기 어려웠기 때문이 아닌가 한다.

(3) 원심 법원의 판결

① 처분성에 대한 판단

서울고등법원은 기본적으로 제1심의 판단을 인용하면서 추가 판단을 하였다 추가판단에서 이 사건 공급자등록제한에 대한 것이 공공조달계약의 내용으로 합의된 바가 없으며 더구나 낙찰자 결정과정은 계약체결 이전에 이루어지는 별개의 차원에 있는 것이므로 이를 사법상계약인 공공조달계약에서 파생된 법률관계라고 보기 어렵다고 하였다.

또한 원심 법원은 이 사건 공급자등록제한의 효력이 통상적인 입찰참가자격제한의 경우와 다르게 원·피고 사이의 입찰에만 한정된다고 하더라도 이 사건 공급자등록제한의 처분성을 인정하는데 문제가 되지 않는다고 판시하였다. 왜냐하면 피고는 국내 모든 원자력발전소를 관리하는 공기업으로서 사실상의 독점적 수요자이고 피고의 공급자등록제한조치가 피고의 일방적인 의사표시이기 때문이라는 것이다.

② 본안에 대한 판단

제1심 법원과 같이 법률상의 근거가 없거나 상위 법률에 반하는 공급자관리지침에 근거한 것이어서 하자가 중대하고 명백하다고 판단하였다.

(4) 대법원의 판결

항목을 바꾸어 '대상판결의 주요 쟁점에 대한 판단'에서 서술한다.

Ⅲ. 대상판결의 주요 쟁점에 대한 판단

1. 처분성에 대한 판단

(1) 처분성 판단기준

대법원의 대상판결은 처분성 판단의 기본방향에 있어서 제1심 및 원심법원과 기본적으로 의견을 같이 하였다.

대상판결은 먼저 대법원 2010. 11. 18. 선고 2008두167 전원합의체 판결을 인용하면서 "행정청의 행위가 항고소송의 대상이 될 수 있는지는 추상적·일반적으로 결정할 수 없고, 구체적인 경우에 관련 법령의 내용과 취지. 그 행위의 주체·내용·형식·절차, 그 행위와 상대방 등 이해관계인이 입는 불이익 사이의 실질적 견련성, 법치행정의 원리와 그 행위에 관련된 행정청이나 이해관계인의 태도 등을 고려하여 개별적으로 결정하여야 한다"고 하였다.

또한, 대법원 2018. 10. 25. 선고 2016두33537 판결을 인용하면서 "행정청의 행위가 '처분'에 해당하는지가 불분명한 경우에는 그에 대한 불복방법 선택에 중대한 이해관계를 가지는 상대방의 인식가능성과 예측가능성을 중요하게 고려하여 규범적으로 판단하여야 한다."고 하였다.

이러한 대법원의 입장은 처분성 판단이 객관적이고 명확한 기준에 의해 이루어지지만은 않는다는 것을 자인하고 있다는 점에서 대상적격의 판단에 기본적으로 혼선이 있을 수 있음을 시인하는 것이라 할 것이다.

대법원은 또한 대법원 2016. 8. 30. 선고 2015두60617 판결을 인용하면서 "어떠한 처분에 법령상 근거가 있는지, 행정절차법에서 정한 처분 절차를 준수하였는지는 본안에서 당해 처분이 적법한가를 판단하는 단계에서 고려할 요소이지, 소송요건 심사단계에서 고려할 요소가 아니다."라고 하여 처분성 개념이 법치주의와 적법절차의 이념을 직접 반영하지는 않은 기술적 개념으로 이해하고 있다.

(2) 피고의 법적 지위

대상판결은 피고 한국수력원자력주식회사가 '공공기관의 운영에 관한 법률'에 의한 공공기관으로서 같은 법 제39조 제2항에 의하여 입찰참가자격제한처분을 할 수 있는 공기업에 해당하므로 '법령에 따라 행정처분 권한을 위임받은 공공기관'으로서 행정소송법 및 행정절차법의 행정청에 해당한다고 하였다.

(3) 피고의 공급자관리지침의 법적 성질

대상판결은 피고가 이 사건 처분을 함에 있어서 피고가 일방적으로 제정·운용하고 있는 '공급자관리지침'에 근거하고 있다는 점을 주목하여 이 공급자관리지침의 법적 성격과 법적 효력에 대하여 해명하고 있다. 대법원은 먼저 이 공급자관리지침이 행정규칙이라고 한다. 일단 피고의 법적 지위를 행정청이라고 판단하였으므로 이러한 입론은 이에 따라 당연히 이루어진 것이라고 본다.

한편 이 공급자관리지침의 법적 효력과 관련해서는 대법원은 이 지침이 '공공기관 운영에 관한 법률' 제39조 제2항 및 '공기업、준정부기관 계약사무규칙' 제15조에서 정한 범위를 뛰어넘어 추가적인 제재조치를 취할 수 있도록 하고 있으므로 "피고의 공급자관리지침 중 등록취소 및 그에 따른 일정 기간의 거래제한 조치에 관한 규정들은 공공기관으로서 행정청에 해당하는 피고가 상위 법령의 구체적 위임 없이 정한 것이어서 대외적 구속력이 없는 행정규칙이라고 보아야 한다."고 판시하였다.

(4) 이 사건 공급자등록제한이 계약에 따른 제재조치라고 할 수 있는지의 여부

대상판결은 대법원 2014. 12. 24. 선고 2010다83182 판결을 인용하면서 "계약당사자 사이에서 계약의 적정한 이행을 위하여 일정한 계약상 의무를 위반하는 경우 계약해지, 위약벌이나 손해배상액 약정, 장래 일정 기간의 거래제한 등의 제재조치를 약정하는 것은 상위법령과 법의 일반원칙에 위배되지 않는 범위에서 허용되며, 그러한 계약에 따른 제재조치는 법령에 근거한 공권력의 행사로서의 제재처분과는 법적 성질을 달리 한다."고 하여 '공공기관 운영에 관한 법률' 제39조 제2항에 따른 입찰참가자격제한과는 별도로 사법상의 거래제한조치를 계약상 약정에 의하여 할 수 있다고 판시하였다.

그러나 대법원은 이러한 사법상의 거래제한조치가 효력을 가지기 위해서는 그 제한 내용이 계약에 편입되어 있을 것이 요구된다고 하고 그 편입을 위해서는 '약관의 규제에 관한 법률' 제3조에서 정한 바와 같이 계약 상대방에게 그 중요내용을 미리 설명하여야 한다고 한다. 그러나 이 사건 공급자등록제한 조치는 계약특수조건이나 '청렴계약 및 공정거래 이행각서" 등에 포함되어 있지 않은 것이므로 이를 계약에 따른 제재조치라고 할 수 없다고 판시하였다.

2. 본안에 대한 판단

대상판결은 역시 공급자등록제한이 법률상 근거가 없다는 점을 설시하면서도 '공공기관의 운영에 관한 법률' 제39조 제2항이 정한 입찰참가자격제한의 상한인 2년을 초과하여 10년간의 거래제한을 한 공급자등록제한은 이 법률에 정면으로 반한다고 하여 무효판단을 하였다.

Ⅳ. 평석

1. 서론

대상판결은 여러 선행판결의 이론적 숙고의 연장선상에 나온 판결이다. 그런 까닭에 대상판결은 일련의 대법원 판결을 인용하면서 판결이유를 설시하고 있다. 따라서 대상 판결에서 이론적으로 검토되어야 할 사항은 대상판결이 직접 문제 삼고 있는 쟁점의 범위를 넘어서 대상판결의 논리를 가능하게 하는 일련의 판례이론에 미쳐야 할 것으로 본다. 그러므로 이하에서 대상판결이 문제되는 주요쟁점에 대해 내린 판단의 내용에 대한 검토와 함께 대상 판결이 전제하거나 함축하고 있는 쟁점들에 대한 입장의 타당성도 함께 검토해 보기로 한다.

2. 대상판결의 주요쟁점에 대한 이론적 입장과 법해석

(1) 이 사건 조치의 법적 근거와 '법집행 행위로서의 처분'이라는 대상판결의 취지

대상판결은 공급자등록제한조치가 법적 근거가 없음을 분명히 하고 있다. 즉 공급자관리지침 중 등록취소와 그에 따른 일정한 거래제한조치에 관한 규정들은 상위법령의 구체적 위임 없이 정한 것이어서 대외적 구속력이 없다고 하고 있다. 그러면서도 대상판결은 이 사건 등록취소와 거래제한조치는 "행정청이 행하는 구체적 사실에 관한 법집행으로서의 공권력의 행사"인 처분이라고 한다. 그러나 법 없는 법집행행위가 어떻게 존재할 수 있는가? 행정규칙을 구속력있는 법으로 인정할 수 없을진대 행정규칙에 근거한 공급자등록제한조치는 법집행행위라고 할 수 없는 것이다. 그러므로 법집행행위라고 할 수 없는 행위를 법집행행위로서의 처분이라고 판시한 것은 논리적으로 모순에 해당한다. 대상판결은 이 사건 공급자등록제한조치가 법적 근거가 없다는 것을 인정하면서도 그것을 법집행행위라고 하는 모순에 빠져있는 것이다. 법률유보원칙에 위배되는 조치는 법집행행위라고 할 수 없다는 것을 간과한 것이다[4].

(2) 처분성 판단에 있어서 주관적 사유의 고려

대상 판결은 지난 10여 년간 대법원 판례이론이 발전시켜온 처분성 판단의 기준을 제시하고 있다. 먼저 대상 판결은 먼저 대법원 2010.10.18. 선고 2008두167 전원합의체 판결을 인용하면서 항고소송의 대상적격에 대한 판단이 구체적인 경우의 복합적 상황을 헤아린 종합판단임을 말한다. 그래서 처분성은 심지어 그 행위와 이해관계인이 입는 불이익 사이의 견련성, 법치행정의 원리와 그 행위에 관련된 행정청이나 이해관계인의 태도 등을 고려하여 개별적으로 결정하여야 한다고 한다. 대법원의 이러한 기준을 자칫 잘못 해석하면 처분성의 판단은 행위의 성질이라고 하는 객관적 요소에 대한 판단만이 아니라 행위와 관련되는 법주체들의 주관적 입장 까지 고려하여 판단하여야 하는 주관적 요소에 대한 판단이 될 수 있다는 의미로 받아들일 수 있을 것 같아서 우려스럽다. 이러한 우려는 대상판결이 인용하고 있는 대법원 2018.10.25. 선고 2016두33537 판결에 이르러 더욱 증폭된다. 이 판결에서는 심지어 처분성 판단에서 처분에 대한 "불복방법 선택에 중대한 이해관계를 가지는 상대방의 인식가능성과 예측가능성을 중요하게 고려하여야" 한다고 한다. 대상판결이 이 판결을 다 인용하지는 않았지만 사실 이 판결은 처분성 판단에 있어 더 논란의 소지가 될 표현을 내포

4) 우리나라와 달리 독일의 경우 법집행성이 직접적인 처분성 인정요소라고 할 수 있는지는 의문의 여지가 있다. 그러나 여전히 공법 관련이어야 한다는 점은 고권성과 관련하여 처분성(독일의 경우 행정행위성: Verwaltungsakt) 인정의 요소로 파악되고 있다. Maurer/Waldhoff, Allgemeines Verwaltiungsrecht,(19 Auflage), 2017, SS. 212－213.

하고 있다. 이 판결은 "계약 상대방에 대한 입찰참가자격제한 조치가 법령에 근거한 행정처분인지 아니면 계약에 근거한 권리행사인지는 원칙적으로 의사표시의 해석문제이다."라고 판시하고 있다.

처분인지 아닌지가 의사표시의 해석에 달려 있도록 한다는 것은 국가공권력 행사인지 아닌지가 당사자의 의사표시 해석 여하에 의해 결정된다는 의미이다. 그러나 이것은 행정법의 근본이념에 대한 재해석에 해당한다. 행정법은 법치행정을 이념으로 하며 당사자의 의사자치를 원칙적으로 인정하지 아니한다. 여기서 원칙적이라 함은 공법상 계약에서 당사자 의사 합치를 중요시하는 경우의 예외를 전제한 것이다. 공권력 행사에 해당하는 처분성 인정에 있어서 당사자 의사자치라는 개념은 받아들이기 어렵다. 법치주의 이념과 모순되기 때문이다. 공권력행사인 처분인지의 여부 자체가 당사자의 의사표시의 해석여부에 달려 있다고 한다면 행정청의 고권적 행위와 관련된 법적 안정성의 훼손을 어떻게 할 것인지 걱정이 된다.

대법원이 이렇게 까지 처분성 판단에 주관적 사정을 고려하여야 한다는 이론을 제시하게 된 것은 물론 국민의 권익구제의 편의의 측면을 고려한 점이 크다고 할 것이다. 어차피 행정쟁송법상의 처분 개념이 강학상의 행정행위개념과는 달리 "그 밖에 이에 준하는 행정작용"을 포괄하는 개념인 만큼 대법원의 이러한 판례이론의 진전이 근거 없다고 말하기는 어렵다.

그러나 대법원의 의도와는 달리 이러한 처분성 판단기준에 대한 수사법이 엉뚱한 결과를 가져올 가능성이 있음에 유의하여야 한다. 사법상계약에 근거한 제재조치와 관련하여 대법원이 잇따라 처분성을 인정하는 일련의 판례를 내어 놓음으로 인하여 이미 다소간의 혼란이 발생하고 있다. 이해당사자들은 도대체 무슨 소송을 제기하여야 할지 갈팡질팡하여 민사소송과 항고소송을 동시에 제기하는 것이 보통이다. 경우에 따라서는 민사소송에서 법원의 판단과 항고소송에서의 법원의 판단이 다른 경우도 발생하는 모양이다.

대법원 2010.10.18. 선고 2008두167 전원합의체가 이미 말하였듯이 처분성 판단의 또 하나의 고려요소는 법치행정의 원리이다. 법치행정의 원리는 법적 안정성을 중요 가치로 삼는데 처분성 판단에서의 주관적 요소의 고려가 결국 처분 개념을 객관적인 것이 아니라 주관적·상대적인 개념으로 전환하는 계기가 된다면 처분개념의 불명확성을 초래하게 되고 이것은 법적 안정성을 해치고 행정작용에서 요구되는 명확성의 원칙에 위배되는 것은 아닌지 염려스럽다. 또한 법적 근거 없는 행위의 처분성을 인정하는 것은 바로 이 법치행정의 원리에 위배된다고 할 수 있다. 법적 근거 없는 행위에 대한 처분성 인정은 행정기본법 제15조에 의해 처분으로 인정되는 순간 공정력이 발생할 수 있는 행위가 되므로 그 자체 법치행정의 원리와 모순되는 것이다.

이런 까닭에 대법원 판례이론의 수사법이 다소 보수적으로 되었으면 좋겠다. 처분 개념에 대한 판단이 객관적이라는 점을 그다지 해치지 않으면서 국민권익구제의 편의를 도모할 수 있는 융통성을 가지는 방식으로 판례이론의 레토릭이 변화될 것을 제안한다.

(3) 피고의 행정청으로서의 지위와 공급자관리지침의 법적 성격

① 한국수력원자력주식회사의 행정청으로서의 지위

대상 판결은 피고 한국수력원자력주식회사는 '공공기관의 운영에 관한 법률' 상의 공기업에 해당하여 같은 법 제39조 제2항의 규정에 의하여 권한을 위임받은 행정청으로서의 지위를 가진다고 보았다. 이러한 입론을 하게 된 사정은 분명히 있다고 하겠으나 여전히 이론적인 문제점이 있음은 지적하지 않을 수 없다.

공공기관이 행정청으로서의 지위를 가질 수 있음은 행정소송법, 행정절차법의 규정상 분명하다. 다만 공공기관이 행정청으로서의 지위를 가지는 것은 본원적인 것이 아니라 국가나 지방자치단체가 가지는 고권을 위임받은 범위에 한한다고 하여야 한다.[5] 따라서 공공기관 내부의 징계행위 같은 내부권력적 행위조차도 처분성을 인정받지 못하는 것이다[6]. 그러므로 이 사건 공급자등록제한이 '공공기관의 운영에 관한 법률' 제39조 제2항의 위임범위 내에 있는지 아니면 위임범위 밖에 있는지의 판단은 피고의 행정청의 지위를 인정함에 있어서 논리적인 관건이 된다.

그런데 대상판결은 피고의 공급자등록제한이 '공공기관의 운영에 관한 법률' 제39조 제2항의 수권의 범위를 벗어나고 있다는 점을 인식하고 있으면서도 그것이 피고의 행정청의 지위에 문제를 일으킬 수 있다는 점은 별로 의식하지 않았다[7]. 행정청의 지위 인정과 관련하여 공공기관은 국가와 달리 공권력을 시원적으로 보유하고 있는 주체가 아니다. 지방자치단체의 경우 공권력의 시원적 주체인가 여부가 다투어지기는 하고 있으나 공공기관의 경우에는 헌법기관도 아니므로 이런 이론적 다툼도 없다. 공공기관은 그저 공권력의 수임자에 불과하다고 볼 것이다. 따라서 공공기관의 행정청의 지위는 공권력을 위임받은 범위 안에서 인정되어야 할 것이다[8]. 이렇게 볼 때 과연 피고가 공급자등록제한 조치를 할 공권력을 위임받았는가 하는 점은 의문의 여지가 있다.

대상판결이 문제 삼고 있는 처분은 입찰참가자격제한처분이 아니다. 대상판결의 판단대상은 피고의 공급자등록제한이다. 대상판결은 공

5) 공공기관의 행정청의 지위를 광범위하게 인정해 주지 못하는 이유 중의 하나는 공공기관의 지정이 기획재정부장관에 의해 이루어지며 그것이 매년 달라질 수 있다는 지위의 불안정성에 있다. '공공기관의 운영에 관한 법률' 제4조 제1항 참조.

6) 대법원 1989.9.12. 선고 89누2103 판결

7) 이 점에 대하여 계쟁처분 자체에 한정하여 법령상 처분권한의 존재를 따지는 현재의 판례에 동조하지 않고 계쟁처분과 직간접적으로 관련되는 사항에 대하여 처분권한이 존재하면 그것으로 행정청의 지위를 인정할 수 있다는 견해도 있다. 박정훈, "공공기관과 행정소송-공공기관의 행정청 자격에 관한 대법원 판례의 극복을 위해.「행정법연구」 제60호, 행정법이론실무학회, 2020.

8) 물론 위임의 범위를 어디까지로 볼 것인가가 분명하지 않은 경우에는 다소 광범위한 해석이 가능할 여지가 있다는 점은 부인하기 어렵다.

급자등록제한 조치를 입찰참가자격제한과 동일시하여 '공공기관 운영에 관한 법률' 제39조 제2항 등이 피고의 법적 지위를 행정청으로 인정할 수 있는 근거가 된다고 하지만 그것은 다소 무리한 입론이라고 본다. 입찰참가자격제한은 입찰에 들어올 수 없도록 하는 조치라고 한다면 공급자등록제한은 입찰에 응할 수 있는 자로서 해당 기관에 등록하는 제도이다. 대법원은 공급자등록제한이 곧 입찰참가자격제한과 동일한 것으로 보고 있으나 과연 그렇게 볼 수 있을지 의문이다.

첫째로, 행위의 양태가 다르고 요건이 반드시 같지 않다. 공급자등록제한의 요건은 입찰참가자격제한의 요건과 완전히 동일하다고 말할 수 없다. 또한 전자는 공급자로 등록되어 있는 것을 취소하고 향후 10년간 등록을 하지 못하도록 하는 것이지만 후자는 입찰에 참가하지 못하도록 하는 것이다.

둘째로, 법률효과가 다르다, 공급자등록제한은 그 효과가 상대방에게만 미치고 향후 10년간 등록을 못하게 할 수 있지만, 입찰참가자격제한의 경우 '공공기관의 운영에 관한 법률' 제39조와 공기업·준정부기관 계약사무규칙 제15조 및 '국가를 당사자로 하는 계약에 관한 법률' 제27조에 따라 대세효가 인정되어 입찰참가자격제한이 된 당사자는 상대방 뿐 만아니라 다른 기관에도 입찰을 할 수 없게 된다. 그리고 그 기간도 2년을 상한으로 한다.

셋째로 판결문이 인용하고 있는 공급자관리지침의 구체적인 내용을 보면 공급자등록제한을 입찰참가자격제한과 동일시 할 수 없는 분명한 규율들을 가지고 있다. 우선 동 지침 제31조 제1항은 1년 이내에 취소사유를 없앨 수 있는 경우에는 1년 이내의 기간을 정하여 등록의 효력을 정지할 수 있도록 하고 있으며, 또한, 제31조 제3항은 등록취소가 피고 운영상 심각한 영향을 초래할 우려가 있다고 판단한 경우 특수계약심의위원회를 통해 제한적으로 등록취소기간을 조정할 수 있도록 하고 있다. 이러한 규정들은 공급자등록제한과 입찰참가자격제한을 동일시 할 수 없게 만드는 중요한 또 다른 요인이라고 할 수 있다.

이렇게 보면 '공공기관 운영에 관한 법률' 제 39조 제2항의 권한위임이 곧 공급자등록제한에 대한 수권으로 이해될 수 있는지에 대해서는 의문의 여지가 있다고 하겠다. 따라서 대상판결이 피고의 법적 지위를 행정청으로 본 판례이론의 입지는 매우 불안정하다고 본다.

② 공급자관리지침의 법적 성격

대상판결은 이 사건 공급자등록제한의 근거가 된 공급자관리지침의 법적 성격을 행정규칙으로 보았다. 만약 피고인 한국수력원자력주식회사를 행정청이라고 본다면 이러한 입론은 전혀 문제가 없고 전적으로 동의할 수 있다. 그러나 만약 피고를 행정청으로 볼 수 없다면 그 대 전제가 깨어지고 만다. 따라서 공급자관리지침은 단순한 내부 규율에 불과한 것이 된다.

(4) 거래제한에 있어서 행위형식의 선택의 자유

대상판결은 대법원 2014.12.24. 선고 2010다83182 판결을 인용하면서 피고와 같은 공기업은 '공공기관의 운영에 관한 법률' 제39조 제2항에서 정하는 입찰참가자격제한과는 별도로 사법상의 거래제한조치를 계약상 약정에 의하여 할 수 있다고 판시하고 있다.

이렇게 대법원의 판례이론이 법률에 의한 입찰참가자격제한과 계약에 의한 거래제한을 모두 인정함에 따라 공기업이나 준정부기관의 어떠한 거래제한조치가 있는 경우 그것이 법률상의 것인지 계약상의 것인지를 구별하여야 하고 그것이 결국 위에서 언급한 처분성 판단의 문제가 계약상 의사표시의 해석이라는 판례이론을 배태한 원인이 되었다.

대법원의 이러한 판례이론은 공기업이나 준정부기관이 가지는 이중적 지위와 관련이 있다고 본다. 한편으로는 고권을 위임받은 주체로서 행정청의 지위를 가지면서 다른 한편으로는 자유로운 사법상 계약의 주체로서의 지위를 겸유하는 공공기관의 입장에서는 양쪽의 거래제한 수단을 모두 가지도록 하는 것이 일응 의미가 있다.

그러나 이처럼 거래제한에 있어서 한편으로 처분으로 또 다른 한편으로 계약으로 할 수 있게 하는 것은 법치행정에 대한 중대한 도전이 된다. 물론 법률상의 입찰참가자격제한과 계약상의 거래제한의 법적 효과가 다르다는 점은 인정할 수 있지만 대상판결은 이미 대세효(확장제재효력)가 없는 공급자등록제한을 처분으로 인정하고 있으므로 계약상 거래제한이 대세효가 없다고 하는 것은 처분성 판단에 있어서 중요한 고려요소에서 벗어나고 있다고 본다.

공법상의 권리구제수단과 사법상의 권리구제수단이 함께 존재할 때 대법원은 원칙적으로 공법적인 수단만을 인정하여 왔다. 그래서 대집행이 인정될 때에는 공법상 의무의 이행을 위해 민사상의 강제집행수단을 동원할 수 없다고 하였고[9] 심지어 그 본질이 사법관계일지라도 간이하고 경제적인 (공법적) 특별구제절차가 마련되어 있는 경우에는 특별한 사정이 없는 한 민사소송으로 다투는 것을 허용하지 않는다고 하였다[10][11].

한편 공법상의 법률유보의 대상인 공법상의 행위를 처분으로 하지 아니하고 계약의 형식으로 하는 것은 원칙적으로 법률유보의 원칙 위반으로 보는 것이 행정법학계의 통설이다[12]. 물론 법률의 근거를 가지는 공법상계약으로 법률유보의 대상인 행정행위를 대체하는 계약행위를 선택하는 것은 법률유보의 원칙 위반이 아니다.

---

9) 대법원 2000.5.12. 선고 99다18909 판결

10) 대법원 2017.4.13. 선고 2013다207941 판결

11) 다만 부당이득반환청구권과 변상금부과징수권의 경우 변상금부과징수권을 행사할 수 있는 경우에도 민사상 부당이득반환청구권을 행사할 수 있다고 하였다. 그러나 이 경우 변상금 부과징수권은 일종의 징벌적 성격을 가지고 있음이 고려될 수 있다. 대법원 2014.7.16. 선고 2011다76402 전원합의체 판결.

12) 졸저, 「현대 행정법」, 전정판, 2021,247면 참조.

그러나 멀쩡한 법률유보의 대상이 되는 행위를 별다른 법적 근거도 없이 공법상계약 또는 사법상계약의 형태로 한다는 것은 명백히 법률유보의 원칙 위반이라고 할 것이다. 이러한 점에 비추어 보면 이미 법률유보가 되어 있는 입찰참가자격제한을 사법상계약의 형태로도 할 수 있다고 인정하는 것은 위험한 행위형식 선택의 자유를 인정하는 것으로써 법률유보의 원칙에 비추어 용납될 수 없다고 할 것이다.

공기업과 준정부기관에게 입찰참가자격제한을 하는 범위 안에서 권한을 주고 행정청의 지위를 인정한 이상 법률유보의 회피를 가능하게 하는 일체의 다른 행위를 계약을 통해 할 수 없다고 하여야 할 것이지 두 가지 행위형식의 선택의 자유를 인정한다는 것은 법률의 유보의 원칙에 위반될 뿐만 아니라 고권의 주체에게 너무나 많은 편의재량의 여지를 주게 된다. 한편으로는 공법적 권한 행사와 사법적 권리행사의 요건과 존재의 방식이 모두 다름으로 인해 상대방에게 불측의 법적 불안을 안겨주어 커다란 법적 불안정성을 야기하는 것으로서 용납하기 어렵다 할 것이다[13].

또한 이미 공익적 사항으로 판단되어 법률유보의 대상으로 한 것을 여전히 계약자유의 대상으로 삼는 것도 공법과 사법의 구별을 근간으로 하고 있는 우리 법체제의 정신에 비추어 문제가 있다고 본다.

(5) 처분성 판단과 법률유보원칙 그리고 행정절차법

대상판결은 대법원 2016.8.30. 선고 2015두60617 판결을 인용하면서 "어떠한 처분에 법령상 근거가 있는지, 행정절차법에서 정한 처분절차를 준수하였는지는 본안에서 당해 처분이 적법한가를 판단하는 단계

13) 구제절차에 대한 혼란 등을 이유로 입찰참가자격제한행위에 대한 소송방식을 항고소송으로 통일할 필요를 언급한 견해로 임성훈,"행정법과 민법의 경계영역으로서의 공공계약법", 「행정법과 사법, 그 경계와 서로에 대한 이해」(제45회 한국행정법학회 정기학술대회 자료집), 2020,61-62면.

에서 고려할 요소이지 소송요건 심사단계에서 고려할 요소가 아니다." 라고 하였다.

이러한 설명은 이 사건 공급자등록제한에 대해 피고가 이를 사법행위로 주장하였으므로 법령에 근거도 없고 따라서 행정절차법을 준수할 여지도 없었는데 사후적으로 이를 처분으로 볼 수 있을까 하는 점에 대한 해명이라고 할 것이다.

그러나 처분성의 판단에서 법률유보의 원칙과 행정절차법의 규율을 완전히 단절해 낼 수 있을지는 의문이다. 왜냐하면 법적 근거도 없고 행정절차법을 지킬 여지도 없는 행위의 처분성을 인정하면 결국 실질적으로 법률유보의 원칙과 적법절차의 원칙에 대한 훼손이 될 수 있기 때문이다. 즉 처분에 해당하는 행위를 하면서 행정절차법과 법률유보원칙을 회피할 수 있는 가능성을 허용하는 것이 되는 것이다. 또한 법적 근거가 없는 행위의 처분성을 인정한다는 것은 행정소송법상 처분개념이 "법집행행위"로 규정되어 있는 것과도 모순된다.

그리고 이 사건의 경우에는 이 사건 공급자등록제한행위를 무효로 보았으므로 그나마 문제가 축소되었지만 만약 문제되는 행위의 하자가 예컨대 법적 근거가 있는지의 여부가 외부적으로 분명하지 않아 명백성을 결여하여 무효판단을 받지 못할 때에는 공정력이라는 처분의 효력이 발생하게 된다(행정기본법 제15조). 행정기본법은 처분 개념을 행정소송법과 동일하게 하고 있으므로 대법원이 처분으로 인정한 경우에는 그 행위의 원래 성격이 어떠하든 공정력에 관한 행정기본법 규정이 그대로 적용된다고 보아야 한다. 절차위반의 경우 대체로 취소사유에 불과하므로 당연히 절차 위반의 처분은 공정력이 발생한다. 그리고 법률유보의 원칙의 경우 그를 위반한 처분의 경우 하자의 중대성은 인정될 것이지만 명백성이 없는 경우에는 무효가 되지 않아 공정력이 발생할 수 있다.

이러한 여러 가지 사정에 비추어 행정절차 위반과 법률유보원칙을 처분성 판단에서 완전히 배제한다는 것은 타당하지 않다.

만약 처분성 판단에서 법률유보원칙이나 행정절차 규율의 측면을 고려하여 이 사건 공급자등록제한행위의 처분성을 부인하고 이를 사법행위로 본다면 공정력 발생의 문제는 염려할 필요가 없다.

그리고 이것을 처분으로 보는 것의 실익이 무엇인지 의심스럽다. 처분으로 보지 않아도 계약상의 행위가 아니므로 효력이 없는데 무리하게 처분으로 보아 항고소송을 허용할 실익이 무엇인가? 법치주의나 적법절차와 태생적으로 절연된 행위는 그 처분 또는 공권력행사로서의 자격을 부인하여 그 자체로서 위법하고 무효인 행위로 만드는 것이 타당하지 않은가 생각한다.

3. 대상판결에 함축된 판례이론의 쟁점에 대한 검토

(1) 개설

위에서 대상판결이 인용하거나 직접 판시한 법리에 대하여 검토해 보았지만 이 사건 판결의 쟁점은 이에 그치지 않는다. 대상판결이 직접 거론하지는 않았으나 전제하고 있거나 입법상황의 변화에 따라 새롭게 문제가 된 쟁점과 판례의 법이론적 입장에 대한 검토가 이루어져야 대상판결의 의미에 대한 충분한 검토가 이루어졌다고 볼 수 있을 것이다. 이하에서 이에 대하여 살펴보기로 한다.

(2) 행위에 대한 처분성 판단의 법적 의미

이미 앞에서 시사한 바와 같이 처분성의 판단은 단순히 항고소송의 대상적격의 판단의 문제라고 치부할 수는 없다. 처분성 개념은 대상적격의 판단의 의미 보다 더욱 넓은 법질서에서의 영향을 가지고 있으며 실체법적 의미관련을 완전히 도외시할 수 없다. 처분개념의 실체법적 의미관련은 행정소송법의 처분 개념을 그대로 채택한 행정기본법의 제정 이후에는 더욱 분명해 졌다.

따라서 처분성의 판단에서 법률유보의 원칙이나 행정절차의 규율과 관련된 쟁점을 완전히 배제하는 것은 위험하다고 본다.

처분성 판단이 가지는 대상적격 판단 이외의 법적 의미를 다음과 같이 생각해 볼 수 있다.

첫째로, 처분 개념을 객관적으로 명확하게 하지 않으면 법적 안정성에 문제가 생긴다. 어떤 분쟁 사태에 어떤 소송을 하여야 하는지가 불분명하면 국민의 권익구제에 오히려 역효과를 가져오고 처분성이 인정될지를 몰라 민사소송과 항고소송을 함께 제기하는 비효율을 야기할 수밖에 없다.

둘째로 처분성을 인정하면 그 행위에 단순 위법사유가 있을 때 공정력을 인정하게 되므로 실체적인 의미를 창출하게 된다. 그러므로 법적 근거 없이 처분성을 인정하게 되면 근거 없는 공정력의 창출이 이루어질 위험이 있는 것이다. 이러한 처분성의 인정은 결국 법률유보와 적법절차의 회피가 가능한 유효한 처분이 존재할 수 있게 하고 결국 법률유보의 원칙이나 명확성의 원칙, 적법절차의 원칙에 대한 훼손을 야기할 수 있다.

셋째로, 행정기본법 제22조는 제재처분의 근거가 되는 법률에는 제재처분의 주체, 사유, 유형 및 상한을 명확히 규정하도록 하고 있는데 법률에 근거 없는 처분으로서의 제재처분을 인정하게 되면 제재처분의 법률유보와 명확성의 원칙을 규정하고 있는 행정기본법 제22조와 정면으로 충돌하게 되는 문제가 있다.

(3) 대세효(확장제재효력) 없는 제재조치의 처분성 인정

이 사건 공급자등록제한 조치는 '공공기관의 운영에 관한 법률'에 근거한 입찰참가자격제한 행위 자체는 아니므로 같은 법 제39조 제2항, 공기업·준정부기관 계약사무규칙 제15조 및 '국가를 당사자로 하는 계약에 관한 법률' 제27조에 의한 확장제재의 효력(대세적 효력)을 가지지 못한다. 따라서 공급자등록제한은 한국수력원자력주식회사에 대한 거래에서만 적용되고 다른 국가기관이나 공공기관 등과의 거래에는 효력을 미치지 못한다. 그런데 종래 대세적 효력의 존재(구법[14]상으로는 그 가능성)가 사법상의 입찰참가자격 제한 행위와 공법상의 입찰참가자격 제한 행위 사이의 뚜렷한 구별점이 되어 왔기 때문에 대세적 효력이 없는 이 사건 공급자등록제한조치를 처분이라 볼 수 있느냐는 의문이 제기될 수 있다. 그러나 대상판결은 원심 판단을 그대로 받아들여 대세적 효력이 없이 당사자 간 효력만을 가진 제재조치에 대해서도 처분성을 인정하였다.

대상 판결과 관련된 대법원의 일련의 판례의 이러한 태도는 타당하다고 본다. 행위가 처분인가 아닌가 하는 것은 행위의 고권성 내지 공권력성에 달려있는 것이지 그 효력의 범위가 당사자 이외에 미치는 것이어야 하는지 여부와 직접 관련되는 것은 아니다. 더구나 실질적으로 공공계약에서 공공기관과 입찰참가자 사이는 움직일 수 없는 갑과 을의 관계로서 그 실체는 권력적인 성격을 가지고 있다는 점을 부인하기 어렵다. 그리고 그 계약의 전 단계인 입찰참가와 관련하여 적용되는 법률의 집행과 관련되는 제재조치는 실질적으로 권력성을 가진다고 말할 수 있다. 따라서 대세효 또는 확장제재효가 있다 없다고 하는 것을 처분성의 지표로 삼는 것은 현실과 너무 동떨어진 일이 된다.

(4) 공공계약의 법적 이해

대상판결은 공공계약을 사법상의 계약으로 이해하는 전제 위에 서 있다. 대법원 판례이론은 조달계약의 법적 성격을 사법상 계약으로 본다. 대법원은 국가나 지방자치단체 등이 당사자가 되는 "공공계약은 사경제의 주체로서 상대방과 대등한 위치에서 체결하는 사법상의 계약으

14) 구법 하에서는 확장제재 조항은 입찰참가자격제한처분의 근거 규정이 될 수 없다고 보았다. 대법원 2017.4.7. 선고 2015두50313 판결

로서 그 본질적 내용은 사인 간의 계약과 다를 바가 없다."[15]고 하고 있다.

그러나 이 사건에서 여실히 나타나듯이 국가나 지방자치단체 그리고 공공기관이 체결하는 조달계약에서 실질적인 당사자 사이의 관계는 결코 대등하다고 할 수 없다[16]. 공기업이나 준정부기관은 대개 독점적 지위를 가지고 계약의 특수조건을 포함한 모든 계약 내용은 합의와 협상의 대상인 경우 보다는 부동문자로 인쇄되어 제시될 뿐인 경우가 대부분이다. 이런 상황에서 거래제한의 대세효는 그다지 의미가 없다. 거래대상인 공기업이나 준정부기관으로 부터의 배제만으로도 엄청난 불이익이 초래되기 때문이다. 이처럼 조달계약 자체에 실질적으로 존재하는 권력성[17]은 도외시하여 이를 사법상의 계약으로 보고 사적 자치의 원칙과 계약자유의 원칙이 적용된다고 하면서[18] 한편으로는 법률의 근거도 없는 제재행위의 처분성을 인정하는 것은 나름대로의 불균형을 바로잡기 위한 것인지는 몰라도 일관성을 결여한 법해석이며 행정소송법상 처분 개념에 부합하지 않는 것이라 할 수 밖에 없다. 오히려 조달계약에 존재하는 균등하지 못한 협상력에 바탕하여 그 가운데 일부는 법률유보의 원칙의 대상이 되는 처분 개념으로 파악하고, 한편 처분성을 인정하지 못하는 법률관계에서는 그를 공법상계약으로 보든지 또는 백보를 양보하여 그것을 사법상계약으로 보아왔던 전통을 고수하고 싶으면 적어도 비례의 원칙, 평등의 원칙 등 공법원리의 적용을 인정하여야 할 것으로 본다.[19] 그러나 대법원은 이러한 공공계약에 대해서 심지어

---

15) 대법원 2006.6.19. 선고 2006마117 판결.

16) 이 사건에 대한 제1심, 원심 및 대법원의 판결문을 읽어보면 공공계약에 존재하는 이러한 권력성을 분명히 인정하고 있다고 보여진다.

17) 공공조달계약을 행정권한의 행사로 보고 공법적 특수성을 인정하여야 한다는 견해로 김대인, "행정법과 민법의 경계영역으로서의 공공계약법에 대한 토론문", 「행정법과 사법, 그 경계와 서로에 대한 이해」(제45회 한국행정법학회 정기학술대회 자료집), 2020,70－71면.

18) 대법원 2020.5.14. 선고 2018다298409 판결

"'국가를 당사자로 하는 계약에 관한 법률' 및 같은 법 시행령과 세부심사기준은 계약 일방당사자의 내부규정에 불과하므로 계약담당공무원이 이를 준수하지 않았더라도 그 사유만으로 계약이 무효가 되지 않는"다고 판시함으로써[20)21)] 공공계약에 포함된 공공성과 권력성을 도외시하고 있다.

요컨대 대법원이 공공계약에 존재하는 엄연한 권력성을 도외시하고 이를 한편으로 완전한 사적자치의 영역에 놓으면서도 어떤 경우에는 법률적 근거도 없고 행정절차법의 적용도 없는 행위를 처분이라고 판단하는 일관되지 못한 법해석을 하고 있는 점에 대해서는 재검토가 필요하다고 본다.

(5) 공법과 사법의 구별과 분쟁해결

이 사건에서 피고는 계속적으로 이 사건이 사법적 성격을 가진 것으로 민사소송의 대상임을 주장하고 있다. 그러나 앞에서 살펴본 여러 가지 문제점에도 불구하고 대상판결은 이를 공법적 사건으로 보고 항고소송의 대상적격이 있는 것으로 판단하였다.

실무적으로 이러한 사건에 대해 민사소송과 항고소송이 다 제기되는 것이 보통이다. 그것은 처분성 인정에 있어서 대법원이 보이는 모호성 때문으로서 이로 인하여 커다란 비효율과 낭비가 발생하고 있다. 그러면 앞으로 대법원은 법률적 근거가 없이 행하는 공공기관의 갑질에 대해 모두 처분성을 인정할 것인가? 앞에서 언급한 것처럼 계약 내용에 대해서는 이를 공법상계약으로 보든지 또는 사법상계약으로 보더라도 조달계약의 특성을 고려하여 행정기본법이나 행정절차법상의 공법원리

---

19) 유사한 견해로, 임성훈, "행정법과 민법의 경계영역으로서의 공공계약법", 「행정법과 사법, 그 경계와 서로에 대한 이해」(제45회 한국행정법학회 정기학술대회 자료집), 2020,44면 참조.

20) 대법원 2001.12.11. 선고 2001다33604 판결.

21) 이에 대한 대안적 비판으로 임성훈, 앞의 글,38면 이하.

가 적용되는 것으로 보아 문제를 해결함이 옳다고 본다. 이렇게 하면 공공기관이 계약내용으로 주장하는 모든 행위에 대해 행정기본법 등이 정하고 있는 법치행정의 원칙과, 비례원칙과 평등원칙 심사가 가능하므로 약관규제법이나 선량한 풍속 기타 사회질서를 운운한 필요도 없이 공공기관의 부당한 권력적 행위를 규율할 수 있다.

더구나 이 사건과 같은 경우에 항고소송이 당사자소송이나 민사소송 보다 국민 권익구제에 유리하다고 단정할 수도 없다[22]. 항고소송의 경우, 제소기간의 제한이 있을 수 있으며 당사자소송이나 민사소송에서는 임시의 지위를 정하는 가처분으로 가구제가 가능하다.[23]

더구나 이미 언급한 것처럼 피해자들은 처분성 인정의 모호성 때문에 민사소송과 항고소송을 모두 제기하는 불편을 가지고 있고 경우에 따라서는 민사법원과 항고소송법원이 상반된 결론이 나오기도 하는 상황을 고려할 때 이러한 분쟁을 굳이 항고소송사건으로 처리하여야만 하는지 의문이다.

(6) 입법론

공공기관의 입찰참가자격제한 행위에 존재하는 공권력성은 이미 '공공기관의 운영에 관한 법률'이 이를 인정하여 공법적 문제로 만들었다.

우선 일반적으로 공공계약의 법률문제를 더 이상 사법만의 문제로 두어서는 안 된다고 생각한다. 공공계약의 법률관계를 공법상계약으로 보든지 아니면 최소한 조달계약에 대한 공법원리의 적용을 인정하여야 할 것이다.

또한 이미 입찰참가자격제한을 공법의 문제로 편입한 이상 이와

---

22) 구정택, "공공계약에서 공기업·준정부기관의 거래제한조치의 처분성 인정 여부－대법원 2020.5.28. 선고 2017두66541 판결－". 대한변협신문 제792호(2020.7.13.)

23) 안철상, "정부투자기관의 입찰참가자격제한의 법적 성질", 「행정판례평선」, 한국행정판례연구회,2016,1150면 참조.

유사한 거래제한 행위를 사법의 영역에 방치하는 것은 적절하지 않다고 생각한다. 공권력성이 강한 거래제한행위 등 제재조치들은 입법을 통하여 법률유보의 대상으로 하고 행정절차법의 규율을 받도록 하여야 할 것이다. 이러한 입법적 조치 등은 더 이상 미루기 어렵게 되었다. 행정기본법 제22조는 제재처분을 의회유보의 대상으로 하면서 구체적으로 제재조치에 관한 규율에서 무엇이 명확히 규정되어야 하는가 하는 점을 분명히 하고 있다.

2021년 9월 이후 행정기본법 제22조가 시행되고 있는 상황 하에서는 대상판결과 같은 판결이 나오면 그 대상이 되는 행위는 바로 행정기본법 제22조에 위반한 행위가 되어버린다. 그러니 공공계약과 관련된 각종의 제재조치의 요건과 한계를 정하여 법률로 규정하여야 한다. 행정기본법 제22조의 효력에 대해서는 논란이 있으나 행정기본법 제22조의 규율이 터 잡고 있는 법률유보의 원칙은 헌법상의 원칙이다. 다른 논의가 필요 없이 대상판결에서 공급자등록제한 조치는 법률유보의 원칙에 위반되어 위법한 것이다. 따라서 이와 같은 법률유보원칙의 위반이 더 이상 문제되지 않게 하기 위해서라도 법령의 정비가 필요하다고 본다.

공공조달계약에 공법원리가 적용된다는 해석을 하고 법령 정비를 하고 난 이후에, 법적 근거도 없고 행정절차법의 규율 대상도 현실적으로 되지 않는 공공기관의 실질적인 권력적 행위가 있어서 이에 대해 불복하고자 할 때에는 민사소송이나 당사자소송을 활용할 수 있다고 본다. 민사소송이나 당사자소송을 활용하여도 가처분이 인정되고 더구나 단기 제소기간의 제한도 없다. 또한 단순히 그 권력적 행위의 법률유보원칙 위반만으로 위법, 무효판단을 받아낼 수 있다.

Ⅴ. 요약 및 결론

대상판결은 대법원이 처분성의 인정범위를 확장시켜 나가는 가운데 특별히 대법원 스스로가 사법상 계약이라고 판단하여 왔던 부분과 관련하여 실질적으로 공권력적 행위가 이루어진 점에 착안하여 또 하나의 처분성 개념 확장의 논리를 적용한 사례라고 할 수 있다. 구체적 타당성의 관점에서 이 사건 원고의 문제를 해결하는데 있어 대상판결이 의미가 없다고 할 수 없다. 그러나 대상판결과 같은 처분성 확장이론은 처분 개념의 객관성에 의심을 불러 일으켜 국민들의 혼란을 초래하여 피해자들은 항고소송과 동시에 민사소송을 함께 제기하고 있는 실정이다. 더구나 대상판결이 법적 근거가 없는 이 사건 공급자등록제한조치를 '법집행행위로'보고 처분성을 인정한 것은 그 자체로 모순이라고 할 수 있다. 또한 대상판결이 공급자등록제한처분의 처분성을 도출하기 위하여 입찰참가자격제한과 공급자등록제한을 동일시한 것도 논리적으로는 문제가 없지 않아 보인다.

또한 대상판결이 법률상의 입찰참가자격제한과 아울러 사법상의 거래제한을 허용하고 있는 점도 문제이다. 대법원은 공법적 구제수단이 있는 경우 사법적 구제수단을 함께 허용하지 않는 것을 원칙으로 하여 왔다. 그럼에도 불구하고 두 수단을 모두 허용하는 것은 상대방의 입장에서는 요건과 존재기간, 권리행사 방식이 다른 2가지의 법적 공격에 대비하여야 하는 부담을 안게 되는 위험을 야기한다. 더구나 실질적으로 공공계약에서 공공기관과 사업자의 지위는 대등하지 않음이 현실인데도 공법적 수단과 함께 사법적 제재수단을 함께 허용하는 것은 행위형식 선택의 자유가 법률유보원칙의 형해화를 가져올 위험을 안고 있다는 점에서도 타당하지 않다. 또한 대상판결은 법률유보원칙과 행정절차법 위반 여부가 처분성 판단에서는 의미가 없다고 하였으나 법률유보원칙 위반의 행위는 '법집행행위'라고 볼 수 없으므로 처분개념에 대한 행정소송법 규정에 비추어 이를 처분이라 판단하기 어렵다고 할 것이다. 특히 단순위법의 경우 처분에 해당하는 행위는 공정력을 가지기 때문에 이러한 대법원의 입장도 반드시 옳다고 말하기 어렵다. 처분성을 인정하게 되면 단순위법의 경우 공정력이 발생하므로 법적 근거 없는 행위의 처분성을 인정하는 것이 타당한지 의심스러운 것이다.

대상판결에 이처럼 많은 문제가 있다면 대안은 무엇인가? 우선 공공기관 등이 체결하는 조달계약 등 공공계약에 비례원칙, 평등원칙, 법치행정의 원리 등 공법원리가 적용되는 것으로 법을 해석할 필요가 있다. 공공기관과 그와 거래하는 사업자의 관계는 실질적으로 공권력성이 이미 개재되고 있다고 보여지기 때문이다. 그리고 그 가운데 공권력성이 강한 거래제한조치 등 다양한 제재조치에 대해서는 행정기본법 제22조의 취지를 고려하여 입법적으로 재정비하여 법적 근거를 가진 처분으로 의율하여야 할 것이다.

한편 공공조달계약에 대한 현재의 대법원의 입장에 서더라도 이 사건의 경우 민사소송으로 문제를 해결하여도 무방하다. 가처분이 가능하기 때문이다. 또한 법률의 근거를 결여하면서 공권력적 행위를 하였으니 위법이고 무효라고 판단하였다면 민사소송에서의 결론이 항고소송의 결론과 달라질 것도 없다고 할 것이다.

향후 대법원이 처분성 인정에 있어서 눈앞에 놓인 권리구제의 필요만이 아니라 그 인정으로 인한 다른 법원칙의 훼손이나 실질적 권익구제에 어떤 문제점을 야기하는가 하는 점에 대해서도 검토를 하여 다소 신중한 행보를 보여주기를 기대한다.

참고문헌

〈논문〉

안철상, “정부투자기관의 입찰참가자격제한의 법적 성질”, 「행정판례평선」, 한국행정판례연구회,2016,1150면 참조.

박정훈, “공공기관과 행정소송－공공기관의 행정청 자격에 관한 대법원 판례의 극복을 위해”. 「행정법연구」 제60호, 행정법이론실무학회, 2020.

임성훈, ”부정당업자에 대한 입찰참가자격제한과 법률유보원칙: 입찰참가자격제한 범위 확장을 중심으로, 「행정법연구」 제51호, 행정법이론실무학회, 2017.

임성훈, “행정법과 민법의 경계영역으로서의 공공계약법”, 「행정법과 사법, 그 경계와 서로에 대한 이해」(제45회 한국행정법학회 정기학술대회 자료집), 2020.

구정택, “공공계약에서 공기업·준정부기관의 거래제한조치의 처분성 인정 여부－ 대법원 2020.5.28. 선고 2017두66541 판결－” 대한변협신문 제792호(2020.7.13.)

김대인, “행정법과 민법의 경계영역으로서의 공공계약법에 대한 토론문”, 「행정법과 사법, 그 경계와 서로에 대한 이해」 (제45회 한국행정법학회 정기학술대회 자료집), 2020.

〈단행본〉

Maurer/ Waldhoff, Allgemeines Verwaltungsrecht,(19 Auflage), 2017.

Wolff, Hans J./ Bachof, Otto/ Stober, Rolf, Verwaltungsrecht 1, 1994.

국문초록

대상판결은 대법원 스스로가 사법상 계약이라고 판단하여 왔던 부분과 관련하여 실질적으로 공권력적 행위가 이루어진 점에 착안하여 또 하나의 처분성 개념 확장의 논리를 적용한 사례라고 할 수 있다. 구체적 타당성의 관점에서 이 사건 원고의 문제를 해결하는데 있어 대상판결의 문제해결이 잘못되었다고 할 수 없다.

그러나 대상판결과 같은 처분성 확장이론은 행정법이론의 관점에서 여러 가지 문제를 가지고 있다. 먼저 대상판결은 법집행행위라고 할 수 없는 공기업 내부규정에 의한 행위를 법집행행위로서의 공권력행사로 보고 처분성을 인정하였다. 그리고 대상판결이 인용한 처분개념에 대한 대법원의 판시는 처분 개념의 객관성에 의심을 불러 일으켜 국민들의 혼란을 초래하여 피해자들은 항고소송과 동시에 민사소송을 함께 제기하고 있는 실정이다. 또한 대상판결이 공급자등록제한처분의 처분성을 도출하기 위하여 입찰참가자격제한과 공급자등록제한을 동일시한 것도 논리적으로는 문제가 없지 않아 보인다.

그리고 대상판결이 법률상의 입찰참가자격제한과 아울러 사법상의 거래제한을 허용하고 있는 점도 문제이다. 대법원은 공법적 구제수단이 있는 경우 사법적 구제수단을 함께 허용하지 않는 것을 원칙으로 하여 왔다. 그럼에도 불구하고 두 수단을 모두 허용하는 것은 상대방의 입장에서는 요건과 존재기간, 권리행사 방식이 다른 2가지의 법적 공격에 대비하여야 하는 부담을 안게 되는 위험을 야기한다. 더구나 실질적으로 공공계약에서 공공기관과 사업자의 지위는 대등하지 않음이 현실인데도 공법적 수단과 함께 사법적 제재수단을 함께 허용하는 것은 행위형식 선택의 자유가 법률유보원칙의 형해화를 가져올 위험을 안고 있다는 점에서도 타당하지 않다. 또한 대상판결은 법률유보원칙과 행정절차법 위반 여부가 처분성 판단에서는 의미가 없다고 하였으나 법률유보원칙의 위반인 행위는 법집행행위라고 할 수 없어 처분성을 인정하기 어렵다. 또한 특히 단순위법의 경우 처분에 해당하는 행위는 공정력을 가지기 때문에 법률유보원칙 위반인 처분의 존재를 인정한다는 것은 위험하다.

대상판결에 이처럼 많은 문제가 있다면 대안은 무엇인가? 우선 공공기관 등이 체결하는 조달계약 등 공공계약에 비례원칙, 평등원칙, 법치행정의 원리 등 공법원리가 적용되는 것으로 법을 해석할 필요가 있다. 공공기관과 그와 거래하는 사업자의 관계는 실질적으로 공권력성이 이미 개재되고 있다고 보여지기 때문이다. 그리고 그 가운데 공권력성이 강한 거래제한조치 등 다양한 제재조치에 대해서는 행정기본법 제22조의 취지를 고려하여 입법적으로 재정비하여 법적 근거를 가진 처분으로 의율하여야 할 것이다.

한편 공공조달계약에 대한 현재의 대법원의 입장에 서더라도 이 사건의 경우 민사소송으로 문제를 해결하여도 무방하다. 가처분이 가능하기 때문이다. 또한 법률의 근거를 결여하면서 공권력적 행위를 하였으니 위법이고 무효라고 판단하였다면 민사소송에서의 결론이 항고소송의 결론과 달라질 것도 없다고 할 것이다.

주제어: 처분, 거래제한, 계약상의 제재조치, 행정청, 공공계약, 조달계약

Abstract

Should the Restriction on Supplier Enrollment based on the Internal Regulation of a Public Corporation or Private Law Contract be an Administrative Disposition? −Review on the supreme court 2020.5.28., 2017du 66541 decision−

Yoo Hwan Kim*

The court decision of this case have extended the concept of administrative disposition which could be the target of lawsuits by a complaint litigation according to the administrative litigation act.

However, the court theory on the concept of administrative disposition has raised a lot of theoretical problems and practical confusions about the complaint litigation system.

Firstly, the court decision presents a significantly subjective concept of administrative disposition. However the concept of administrative disposition should not be subjective but objective.

Secondly, the court decision has put the restriction on supplier enrollment and disqualification for tender participation in the same category. But, they are conceptually different from each other.

Thirdly, according to the administrative litigation act, an administrative disposition should be 'the execution of laws'. However, the restriction on supplier enrollment has not been taken on any basis of

---

* Professor, Ewha Womans University

valid law but has been based on the internal regulation of the public corporation or private law contract.

Fourthly, the court decision allow not only the disqualification for tender participation based on public law but also the transaction restriction based on private law by the public corporation. But this theory could bring about great inequity between the public corporation and the plaintiff(supplier).

If the court decision bring about these theoretical and practical problems, we need some solutions. I present the solutions as follows.

Firstly, procurement contracts by public corporations should be reinterpreted as not private law contracts but public law contracts in order to apply public law doctrines on them.

Secondly, we should make effective regulations on transaction restrictions by public entities in the light of Clause 22 of the framework act of public administration.

Thirdly, the concept of administrative disposition in the court decisions should be changed so as to be more objective and consistent with the text of the administrative litigation act.

Key Words: administrative disposition, transaction restriction, contractual sanction, administrative agency, public contract, procurement contract

투고일 2021. 12. 6.

심사일 2021. 12. 22.

게재확정일 2021. 12. 27.

사회복지법인 이사임면(任免) 보고수리와 사법(私法)관계 형성적 행정행위*

金鉉峻**

대법원 2020. 10. 29. 선고 2017다269152 판결

I. 대상판결의 개요

1. 사안

재가노인 복지사업 등을 목적으로 설립된 피고 사회복지법인의 이사회는 총 8명의 이사로 구성되어 있는데, 2006년 9월, 11월, 12월 개최된 이사회에서 이사 선임·해임의 결의를 했지만, 그 이전(2006. 8.)에 이미 사임한 이사 3명이 출석한 이사회 구성이 문제가 되었다.

* 이 연구는 2020년도 영남대학교 학술연구조성비에 의한 것임.
** 영남대학교 법학전문대학원 교수

이에, 원고들(①, ②)은 관련 민사소송을 제기하였고, 법원의 직무집행정지 가처분결정과 그 본안소송 확정(이사회 결의 무효)이 있었는데, 관할 행정청(서울 강북구청장)은 위 가처분결정이 내려진 후 (2)[1], (3), (4), (5), (6)을 임시이사로 선임하였다.

〈그림 1〉 임시이사 선임까지의 경과[2]

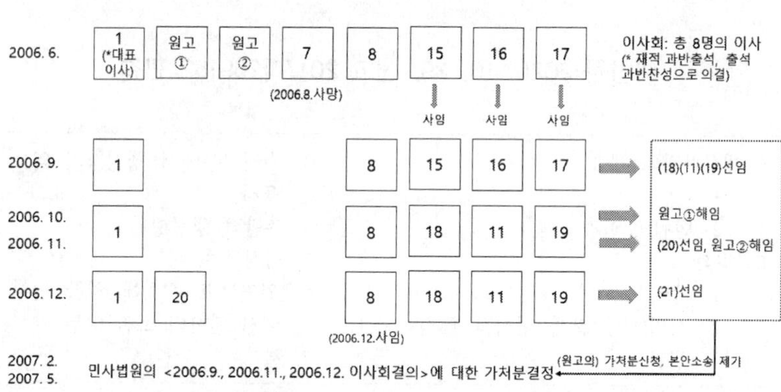

피고는 2007. 8. 이미 사임한 이사가 출석한 이사회 결의로 4명의 이사를 선임했지만, 직무집행정지 가처분결정과 그 본안판결을 거쳐 그 4명의 이사는 지위를 상실하였다.

그 후 2008. 12. 및 2009. 1. 개최된 이사회는 다시 '연임, 연임 부결, 일부 임시이사(2, 3, 4)의 정식이사 선임, 새로운 이사 선임 등'을 결의한 후, 관할 행정청에 정식이사 선임 및 이사임면 보고(이하 '이 사건 보고'라 한다)를 하였고, 이에 강북구청장은 2009. 2. 임면보고 수리(이하

1) 판결문에서의 '소외 2'를 '(2)'로 표시하며, 이하 같은 방식으로 소외인들을 표시함.
2) 여기서의 <그림 1>, <그림 2>, <그림 3>은 복잡한 사실관계의 이해를 돕기 위하여 필자가 만든 것임.

‘이 사건 수리’라 한다)를 한 다음, 관할 등기소에 임시이사 퇴임등기를 촉탁하였다.

그런데 2012. 3. 민사소송에서 2008. 12. 및 2009. 1. 개최된 이사회 결의는 소집절차의 하자로 무효라는 판결이 확정되었다.

〈그림 2〉 행정청의 보고수리와 민사법원의 무효확인판결

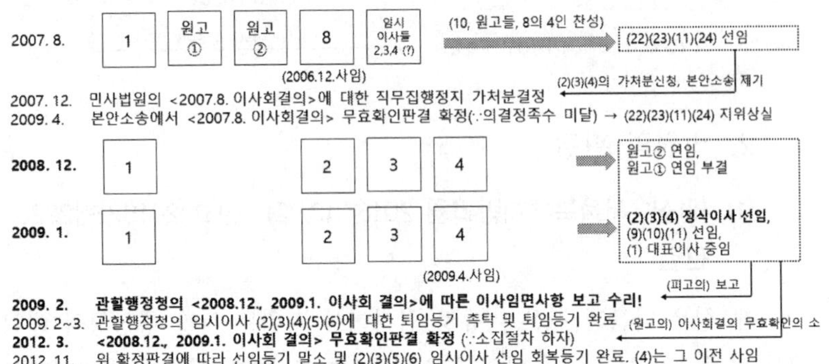

피고는 종전 임시이사의 지위가 자동적·소급적으로 부활했다고 보고, 2012. 7. 종전 임시이사들이 출석한 이사회에서 다시 정식이사를 선임하는 결의(제1차 이사회결의)를 하였고, 2012. 12. 이렇게 선임된 이사들이 포함된 제2차 및 제3차 이사회결의가 이루어졌다.

원고 ①, ②는 제1차, 제2차, 제3차 이사회결의의 무효를 구하는 민사소송을 제기했는데, 피고가 제2차 이사회의 절차 하자를 우려하며 제3차 이사회를 소집했고, 피고 스스로 제2차 이사회결의의 하자를 인정하고 있어 제2차 이사회결의는 심판범위 밖이며, 제1차 및 제3차 이사회결의의 효력이 쟁점이다.

〈그림 3〉 쟁점인 이사회결의

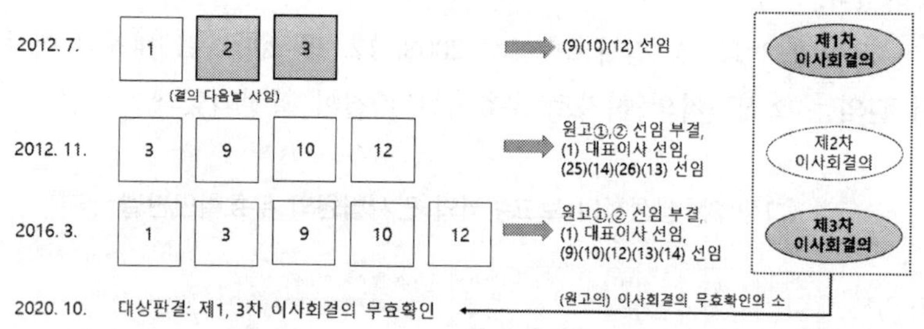

2. 법원의 판결

(1) 제1심: 서울북부지방법원 2016. 12. 21. 선고 2016가합22251 판결

제1심은 다음과 같은 이유로 임시이사 지위는 관할 행정청의 해임처분의 존부와 무관하게 당연히 소멸되었다고 보고, 이들이 참석한 제1차 이사회결의가 무효이며, 그에 따라 제3차 이사회결의도 무효라고 판시한다.

"구 사회복지사업법(2011. 8. 4. 법률 제10997호로 개정되기 전의 것, 이하 '구 사회복지사업법'이라 한다)은 현행 사회복지사업법과 달리 임시이사들의 재임기간 및 해임 등에 관한 명시적인 규정을 두고 있지 않으나, 법률의 취지상 구 사회복지사업법에 의하여 선임된 임시이사는 선임 사유가 해소될 때까지 재임한다고 보는 것이 타당하고, 현행 사회복지사업법과 달리 해임처분이 없더라도 선임 사유가 해소될 경우 당연히 그 지위가 소멸된다고 해석하여야 할 것이다."

(2) 원심: 서울고등법원 2017. 8. 23. 선고 2017나2005431 판결

원심은 다음과 같은 이유로 일단 소멸한 임시이사의 권한이 회복되지는 않는다고 본 뒤, 마찬가지로 제1차 및 제2차 이사회결의가 무효라고 판시한다.

"임시이사의 후임 정식이사를 선임하는 이사회결의가 존재하고, 관할 행정청이 사회복지법인으로부터 그 이사 선임을 보고받아 임시이사 선임사유가 해소되었다고 판단하여 그에 따라 임원임면사항보고의 수리나 임시이사 선임등기 말소신청 등의 후속조치를 하였다면 별도의 행정처분 없이도 종전 임시이사 선임처분의 효력에 의하여 임시이사의 권한은 소멸하는 것이고, 이후 정식이사 선임이 무효로 확정되더라도 일단 소멸한 임시이사의 권한이 회복되지는 않는다고 봄이 타당하다."

(3) 대상판결: 대법원 2020. 10. 29. 선고 2017다269152 판결

– 임시이사 선임권한이 있는 관할 행정청은 해임권한도 있다고 판시한다.

"구 사회복지사업법은 임시이사의 선임사유와 절차(제20조 제2항, 제3항)에 관해서만 정하고 있을 뿐 직무범위, 임기, 해임절차 등을 정하고 있지 않다. 그러나 관할 행정청은 임시이사를 선임할 권한을 가지고 있으므로, 임시이사 선임사유가 해소되거나 해당 임시이사로 하여금 업무를 계속하도록 하는 것이 적절하지 않다고 판단할 경우 언제든지 임시이사를 해임할 수 있다고 보아야 한다. 구 사회복지사업법상 관할 행정청의 임시이사 선임행위는 행정처분에 해당한다. 따라서 임시이사 선임에 하자가 존재하더라도 그 하자가 중대ㆍ명백하지 않은 이상 이를 당연무효라고 볼 수는 없고, 임시이사 해임처분이 있기 전까지는 임시이사의 지위가 유효하게 존속한다."

– 관할 행정청의 임시이사 선임처분에 붙인 부관을 '법정부관'으로 본다.

"임시이사를 선임하면서 임기를 '후임 정식이사가 선임될 때까지'로 기재한 것은 근거 법률의 해석상 당연히 도출되는 사항을 주의적·

확인적으로 기재한 이른바 '법정부관'일 뿐, 행정청의 의사에 따라 붙이는 본래 의미의 행정처분 부관이라고 볼 수 없다. 후임 정식이사가 선임되었다는 사유만으로 임시이사의 임기가 자동적으로 만료되어 임시이사의 지위가 상실되는 효과가 발생하지 않고, 관할 행정청이 후임 정식이사가 선임되었음을 이유로 임시이사를 해임하는 행정처분을 해야만 비로소 임시이사의 지위가 상실되는 효과가 발생한다."

– 행정청의 추단적 의사표시에 의한 처분(추단적 행정처분)의 가능성을 인정한다.

"처분서의 문언만으로는 행정청이 어떤 처분을 하였는지 불분명한 경우에는 처분 경위와 목적, 처분 이후 상대방의 태도 등 여러 사정을 고려하여 처분서의 문언과 달리 처분의 내용을 해석할 수 있다. 특히 행정청이 행정처분을 하면서 논리적으로 당연히 수반되어야 하는 의사표시를 명시적으로 하지 않았다고 하더라도, 그것이 행정청의 추단적 의사에도 부합하고 상대방도 이를 알 수 있는 경우에는 행정처분에 위와 같은 의사표시가 묵시적으로 포함되어 있다고 볼 수 있다."

– 이 사건 수리에 추단적 행정처분인 임시이사 해임처분이 포함된 것으로 보며, 그에 따라 자격이 없는 임시이사가 참석한 이 사건 제1차 및 제3차 이사회결의는 무효로 보게 된다.

"임시이사는 이사의 결원을 보충하기 위하여 정식이사가 선임될 때까지만 재임하는 것이 원칙이므로, 정식이사의 선임과 종전 임시이사의 해임은 동시에 이루어져야 한다. 따라서 새로 선임된 정식이사와 종전 임시이사가 일시적으로라도 병존하여야 하는 다른 특별한 사정이 없는 한, 관할 행정청이 사회복지법인의 정식이사 선임보고를 수리하는 처분에는 정식이사가 선임되어 이사의 결원이 해소되었음을 이유로 종전 임시이사를 해임하는 의사표시, 즉 임시이사 해임처분이 포함된 것으로 보아야 한다."

II. 평석

1. 서

대상판결의 사안에서는 공법과 사법, 더 구체적으로 말하면 행정법과 민법이 교착(交錯, Verschränkung)되어 있다.[3] 최근 공·사법이 결합된 다양한 문제들이 새로이 등장하곤 하지만,[4] 이 사안에서 문제되는 이른바 '사권(私權)형성적 행정행위' 또는 '사법(私法)관계 형성적 행정행위'(der privatrechtsgestaltende Verwaltungsakt)[5]는 일찍부터 공·사법이 교차하는 영역으로서 특히 비영리법인의 설립행위에 대한 허가의 법적 성질을 두고 행정법[6]과 민법학[7]의 논의대상이 되어왔다. '비영리법인 재

---

3) 따라서 이러한 문제에 무관심한 대상판결의 입장은 본고와는 출발점을 달리하며, 본고와 대상판결이 결론을 달리하게 됨은 논리필연적 귀결일 것이다. 대상판결의 입장에서 본 사안에 대한 상세한 검토로는 이상덕, "사회복지법인 임시이사 해임처분의 방식", 대법원판례해설 제126호, 2021, 81－105쪽.

4) 김현준, "행정법과 사법(私法)", 저스티스 통권 제181호, 2020.12, 80－108쪽 참조.

5) 이에 관한 선행연구로는 선정원, "인가론의 재검토", 행정법연구 9, 2003, 171쪽 이하; 김중권, "사권형성적 행정행위 - 행정행위에 의한 직접적 사권형성, 공법학연구 10－3, 2009, 229쪽 이하. 여기서 'Privatrecht'는 주관적·객관적 의미를 병유하는 독일어 'Recht'의 의미상 '사권'(私權)으로도, '사법(관계)'으로도 새길 수 있지만, 대상판결의 사안은 후자의 의미이어서 이하에서는 'der privatrechtsgestaltende Verwaltungsakt'를 '사법관계 형성적 행정행위'로 번역한다.

6) 그 법적 성질을 행정법학에서는 인가로 보는 것이 일반적이다. 김동희, 행정법I, 박영사, 2018, 297쪽; 김철용, 행정법, 고시계사, 2021, 206쪽; 정하중/김광수, 행정법개론, 법문사, 2021, 204쪽.

7) 민법학계의 통설적 견해는 민법 제32조의 허가를 비영리 법인설립에 관한 입법주의(자유설립주의, 준칙주의, 인가주의, 허가주의, 특허주의, 강제주의) 중 허가주의를 취한 것으로 보며(곽윤직, 민법총칙, 박영사, 2002, 197쪽; 김상용, 민법총칙, 화산미디어, 2009, 221쪽; 이은영, 민법총칙, 박영사, 2009, 260쪽), 여기서 허가의 의미를 주무관청의 자유재량에 속하는 의미로 파악하고 있다. 같은 취지로 보이는 대법원 1996. 9. 10. 선고, 95누18437 판결("(민법) 제32조에서 ...... 비영리법인의 설립에 관하여 허가주의를 채용하고 있으며, 현행 법령상 비영리법인의 설립허가에 관한 구체적인 기준이 정하여져 있지 아니하므로, 비영리법인의 설립허가를 할

단법인 설립행위'와 대상판결에서의 '사회복지법인의 임원임면행위'는 둘 다 사법(私法)관계 형성적 행정행위라는 점에서 유사한 맥락으로 이해될 수 있다.

이하에서는 (대상판결에서와는 달리) '사법관계 형성적 행정행위'가 이 사안과 어떠한 관련이 있는지에 우선 초점을 맞춘다(II.2.), 이어서, 민사사건인 이 사안에서 중요한 역할을 하는 이 사건 수리에서의 '의사표시'를 검토하면서, 이와 불가피하게 관련된 '준법률행위적 행정행위 해체론'도 함께 살펴본다(II.3.), 나아가, '추단적 행정행위'와 '법정부관'에 대한 대상판결의 논지를 분석하고, 이들을 각각 재검토한다(II.4., II.5.). 끝으로, 정리된 쟁점들을 적용하여 대상판결의 결론부분인 임시이사 권한의 소멸 여부를 돌아본 후(II.6.), 논의를 맺는다(II.7.).

2. 공·사법이 교착된 사법(私法)관계 형성적 행정행위

(1) 사회복지법인의 법률행위에서의 '사적 자치'와 '공적 제어'

사인(私人)으로서 피고 사회복지법인은 헌법상 결사의 자유를 향유하는 기본권의 주체이며, 그의 법률행위는 사적 자치를 바탕으로 한다. 따라서 피고의 기관인 이사회의 이사 임면행위 역시 민사법상 원칙에 따라 자율적으로 행해지는 것이 원칙이다. 그러나, 법인이 가지는 공익목적상 일정한 제어를 하는 경우가 있는데, 사회복지사업법[8]은 피고와 같은 사회복지법인의 임원을 선임하는 경우 관할 행정청에 보고하도록 하는 형태로 일종의 '공적 제어'를 하고 있다. 이처럼 사적 자치와 공적 제어(öffentliche Steuerung)가 조화를 이루는 비영리법인의 임원임면행위가 예외적으로 관할 행정청의 강한 공적 제어가 작동하는 임시이사제도

것인지 여부는 주무관청의 정책적 판단에 따른 재량에 맡겨져 있다.") 참조.

8) 현행 사회복지법 제18조 제6항, 처분시 법률인 사회복지사업법 제18조 제5항 등 관련 법령에는 보고에 대한 '수리'에 관하여 아무런 명문규정이 없다.

로 운영되는 상황도 나타난다. 피고 법인의 임시이사 지위는 사회복지사업법의 관련규정 해석문제에 귀착되지만, 개별법상 다양한 임시이사에 대해서는 해당 법령에 따라 차별성 있는 해석론이 전개되어야 함은 물론이다.[9)]

사적 자치를 바탕으로 하는 사회복지법인의 설립은 관할 행정청의 '허가'를 통하여 완성되는데,[10)] 이는 민법 제32조에 따라 비영리법인이 주무관청의 '허가'[11)]를 얻어 이를 법인으로 할 수 있는 것과 동일한 법적 구조로 보인다. 이 허가의 법적 성질에 대해서는 '인가'로 보아야 할 것이다.

사회복지법인 임원임면행위의 경우 과거 "임원은 주무관청의 승인을 얻어 취임한다."[12)]라는 규정에 의하여 법인 설립행위에서처럼 '인가'를 통한 공법상 제어가 이루어진 적이 있지만, 1999. 4. 30. 동 규정은 "법인은 임원을 임면하는 경우에는 보건복지가족부령으로 정하는 바에 의하여 지체 없이 이를 보건복지가족부장관에게 보고하여야 한다."로 개정되면서, 공적 제어의 강도가 외형상으로는 다소 약해졌음을 알 수 있다. 이는 그 당시 행정규제기본법이 제정되는 등[13)] 규제 완화의 흐름이 있었던 점과 무관하지 않지만, 이러한 보고에 대한 '수리'[14)]가 종래

---

9) 사회복지사업법상 임시이사제도와 비교될 수 있는 민법 제63조에 따른 임시이사, 상법에 따른 임시이사 및 이사의 직무대행자, 사립학교법에 따른 임시이사에 관해서는 이상덕, 앞의 논문, 86-88쪽 참조.

10) 사회복지사업법 제16조(법인의 설립허가) ① 사회복지법인(이하 이 장에서 "법인"이라 한다)을 설립하려는 자는 대통령령으로 정하는 바에 따라 시ㆍ도지사의 허가를 받아야 한다.

11) 그 법적 성질에 관한 민법 및 행정법에서의 입장에 대해서는 앞의 각주 6과 각주 7 참조.

12) 1999. 4. 30. 법률 제5979호로 동법이 개정되기 이전의 구 사회복지사업법 제18조 제5항.

13) 행정규제기본법은 1997. 8. 22. 법률 제5368호로 제정되어 1998. 3. 1.부터 시행되었다.

14) 보고에 대한 '수리'에 대해서는 사회복지사업법에 아무런 명문규정은 없지만, 대상처분은 '수리처분'으로 인정하고 있다. 이에 대한 상세는 후술하는 II.2.(2) 참조.

의 승인과 별 차이가 없이 운영된다면 실질적으로 공적 제어가 약화되었다고 볼 수 없다고 할 것이다. 이와 같이 '승인'과 '(보고)수리'는 그 실질적인 심사강도가 얼마나 차이가 있을지는 판단하기 어렵기도 하지만,[15] 분명한 것은 종래의 '사적 자치'와 '공적 제어'가 결합되어 있는, 즉 ('인가'를 통하여 익숙한 용어로 표현하자면) '기본행위'와 '보충행위'가 결합되어 있는 법적 구조를 그대로 유지하고 있다는 점이다. 헌법상 결사의 자유를 누리는 사회복지법인은 그 이사회 임원의 임면을 사적 자치에 따라 일단 할 수 있지만, 이와 함께 사회복지사업법이 지향하는 공익목적상 관할 행정청에 보고해야 하는 공적 제어가 함께 작동하고 있다. 이러한 공적 제어의 역할을 하는 행정행위가 사법(私法)관계 형성적 행정행위이다.[16] 우리나라 행정행위 분류에서 '인가'가 전형적으로 여기에 해당하며, 구체적으로 민법상 재단법인의 정관변경 허가,[17] 국토계획법상 토지거래허가, 도시 및 주거환경정비법상 주택재개발정비사업조합이 수립한 사업시행계획에 대한 관할 행정청의 인가[18] 등을 예로 들 수 있다. 그런데, 이와 같이 이미 그 법리가 어느 정도 정착된 인가가 아니라, 이 사건 수리를 이러한 범주의 행정행위로 볼 수 있을지 여부에는 의문이 있을 수 있다. 이하에서 이를 자세히 살펴본다.

---

15) 이는 '허가'와 그 완화된 형태로서 '(신고)수리'가 실질적으로 어떠한 차이가 있는가의 문제와 마찬가지일 것이다.

16) 독일에서 이러한 법제도에 대한 관심은 제1차 세계대전 이후에야 학문적으로 논의되었다고 한다(Tschentscher, "Der privatrechtsgestaltende Verwaltungsakt als Koordinationsinstrument zwischen öffentlichem Recht und Privatrecht", DVBl. 2003, 1425-1426 및 동 문헌 각주 10에서의 문헌 참조).

17) 대법원 1996. 5. 16. 선고 95누4810 전원합의체 판결 [법인정관변경허가처분무효확인].

18) 대법원 2021. 2. 10. 선고 2020두48031 판결 [총회결의무효].

(2) '이 사건 보고' 및 '이 사건 수리'의 법적 성질

1) 이 사건 보고는 자체완성적인가, 행정요건적인가?

(1999년 법률개정 이후) 사회복지사업법에 규정된 '이 사건 보고'부터 살펴보자.

우선, 사인의 공법행위로서 이 사건 보고가 '자체완성적'인지, '행정요건적'인지를 밝혀야 하는데, 이 사건 보고를 자체완성적 신고(=수리를 요하지 않는 신고)로 볼 여지도 없지 않다. 그 이유로는 동법에서 이러한 보고에 대한 '수리'에 관한 명문규정을 두고 있지 않는 점,[19] 동법의 연혁상 '승인'이 '보고'로 된 경위에는 그 당시 '행정규제기본법'이 새로이 제정된 상황에서 규제완화의 입법자의 의지를 읽을 수 있는 점 등을 들 수 있다.

그러나 종래 '승인'에 대한 규제 완화가 이루어졌다고 하더라도, 이 사건 보고를 '수리를 요하지 않는 신고'의 수준이 아닌 '수리를 요하는 신고'의 정도로 볼 여지가 많고, 사회복지사업법 제20조에 따른 임시이사는 민법 제63조에 따른 임시이사와 비교할 때 '이사 결원으로 인한 손해발생의 염려'를 임시이사 선임요건으로 규정하고 있지 않고 관할

---

19) 대상판결은 "구 사회복지사업법 제18조 제5항, 구 사회복지사업법 시행규칙 제10조 등에 따르면, 관할 행정청은 사회복지법인으로부터 정식이사 선임에 대한 보고를 받으면 첨부하여 제출된 이사회 회의록, 이력서, 특수관계 부존재 각서 등을 기초로 해당 임원이 적법한 이사회결의를 통해 선임되었는지 여부와 출연자와 특수한 관계가 있는지 등을 심사한 다음 이를 수리하는 처분을 하게 된다."라고 하여, 마치 구 사회복지사업법 제18조 제5항, 동법 시행규칙 제10조 등이 이 사건 수리의 처분성을 인정할 수 있는 근거가 되는 것처럼 판시하고 있지만, 앞서 본 구 사회복지사업법 제18조 제5항은 단지 '보고'에 대해서만, 그리고 동법 시행규칙 제10조는 "법 제18조제5항의 규정에 의하여 법인이 임원의 임면보고를 하고자 하는 때에는 별지 제10호서식의 법인임원임면보고서에 다음 각 호의 서류(* 1. 당해임원의 선임 또는 해임을 결의한 이사회 회의록사본 1부, 2. 제7조제2항제8호 및 제9호의 서류 각 1부)를 첨부하여 주무관청에 제출하여야 한다."고 하여 보고시 함께 제출해야 하는 서류 및 보고절차만을 규정할 뿐이다.

행정청이 직권으로도 임시이사를 선임할 수 있는 등[20] 공적 제어를 더욱 강하게 인정하고 있는 점 등을 볼 때 임원임면행위를 사적 자치의 영역으로만 해석하는 것은 사회복지사업법의 체계적·목적적 해석상 맞지 않는 면이 있다고 할 것이다. 이러한 점들을 종합적으로 고려할 때 이를 '수리를 요하는 신고'로 보아야 하며, 사인의 권리·의무에 직접적인 영향을 주는 구체적 사실에 대한 법집행행위로 볼 수 있는 이 사건 수리는 항고소송의 대상인 '처분'의 성질을 가진다고 할 것이다. 따라서 대상판결이 이 사건 수리를 두고 '수리처분'이라고 하는 점은 타당하다고 생각된다.

2) 이 사건 수리는 명령적 행위인가, 형성적 행위인가, 확인적 행위인가?

이 사건 수리가 처분으로서 강학상 행정행위라면, 관련되는 법률관계를 규명하기 위하여 구체적으로 어떠한 유형의 행정행위인지, 특히 '명령적 행정행위', '형성적 행정행위', '확인적 행정행위' 중 어디에 해당하는지를 살펴보아야 할 것이다.[21]

일단 이 사건 수리가 확인적 행위가 아님은 어렵지 않게 이해할 수 있어 명령적 행위와 형성적 행위만을 두고 보자면, '명령적'이 되기 위해서는 강학상 허가와 같이 자연적 자유에 대한 금지의 해제의 성격이 있어야 하는데, 법인의 임원임면행위를 자연적 자유의 회복으로 보기는 어렵다. 오히려 행정청의 행위를 통하여 일정한 권리·능력 또는 법률관계를 새로이 형성한다는 점에 착안할 때, 이는 '형성적'인 성질이 있다고 할 것이다. 대상판결이 이 사건 수리에서 형성적 행위의 일종인

20) 이상덕, 앞의 논문, 92쪽 참조.

21) 이러한 분류는 후술하는 바와 같이 준법률행위적 행정행위론이 해체될 경우 그 대안으로 제시되는 것이다. 이에 대해서는 김남진, "준법률행위적 행정행위의 문제점 - 그의 해체를 주장하며", 고시연구 제19권제5호(1992), 45-46쪽 참조. 독일 행정법에서는 일반적으로 채택되고 있는 기본적인 행정행위의 분류이기도 하다. Mauer/Waldhoff, Allgemeines Verwaltungsrecht, 2020, §9 Rn. 44 ff.

'해임처분'을 (후술하는 추단적 의사표시의 도출을 통하여) 인정한 것도 '명령적(금지해제적)'이 아닌 '형성적' 성격을 인정한 것으로 보이며, 이 점에 관한 한 사견도 같은 입장이다.

3) 이 사건 수리는 특허적 형성행위인가, 보충적 형성행위인가?

그런데, 형성적 행정행위로 보더라도 그 수리가 특허행위의 성격인지, 아니면 보충행위의 성격인지까지 파악해야 하는데, 다음과 같은 이유로 후자로 이해해야 할 것이다.

첫째, 사인의 사적 자치와 헌법상 결사의 자유가 존중되어야 한다. 사안의 내용을 보자면, 특히 법인 대표이사(1)이 파행적으로 이사회를 운영한 것으로 보이기도 하고, 이러한 파행적 운영을 통제하기 위하여 강한 공적 제어가 필요해 보일 수도 있지만,[22] 사인의 기본권이나 사적 자치는 여전히 존중되어야 한다. 그리고 이에 대한 공적 제어는 사적 자치를 적절하게 코디네이션(조절, 조율, Koordination)하는 정도에 머물러야 한다. 따라서 기본행위를 전제로 하는 행정행위로 보는 차원에서 이 사건 수리는 보충행위로 보아야 할 것이다.

둘째, 사회복지사업법의 1999년 개정으로 법인의 임원임면행위가 '승인'사항에서 '보고'사항으로 변경되었는데, 이 보고에 대한 수리처분을 인정한다면 동법상 임원임면행위의 법적 구조는 거의 동일하게 유지되고 있다고 할 수 있다. 종래 '승인'행위는 강학상 인가로 보는데 무리가 없다고 생각되는데, (최소한 외형상으로는) 다소 강도의 차이는 있지만 종래 승인의 틀은 그대로 유지하고 있다고 할 것이다. 따라서 '기본행위'와 '보충행위'가 결합된 법적 구조에서 이 사건 수리는 다름 아닌 '보충행위'이다. 우리는 그간 수리를 '허가의 완화된 형태'로서 주로

---

22) 이러한 취지로 보이는 이상덕, 앞의 논문, 98쪽("만약 2012. 7. 17. 및 2016. 3. 22. 이사회결의가 유효하다고 보는 경우, 이는 김△△이 공동설립자인 원고들을 배제하고 사회복지법인의 경영권을 독차지하려는 시도를 정당하다고 추인해 주는 셈이어서 바람직하지도 않다").

보았지만, 수리를 반드시 그에 한정할 이유는 없다. 즉 이 사건 수리는 '인가의 완화된 형태'로서 보충행위의 성격을 가진다.

셋째, 이 사건을 다투는 소송방법에도 주목할 필요가 있다. 이 사건 수리가 특허적이라면 당사자들은 기본행위를 민사소송으로 다툴 것이 아니라 이 사건 수리를 항고소송으로 다투었어야 한다. 그런데, 여러 차례에 걸쳐 이사선임에 관한 다툼은 이 사건 수리(보충행위)에 대한 항고소송이 아니라, 이사선임에 관한 이사회 결의의 무효확인을 구하는 민사소송(가처분 포함)으로 이루어졌고, 대상판결 역시 이 사건 수리처분 취소소송이 아니라 이사회 결의에 대한 무효확인을 구하는 민사소송에 대한 판결이다. 이는 이 사건 수리가 보충행위임을 보여준다. 주지하는 바와 같이, 기본행위의 효력을 완성시켜 주는 보충적 행위의 경우 그 기본행위 자체에 흠(불성립·무효·취소원인)이 있을 때에는 보충행위(인가)가 있더라도 기본행위의 흠이 치유되지 않고,[23] 보충행위 당시에는 유효한 기본행위를 대상으로 유효하게 성립된 보충행위라도 그 후 기본행위가 취소되거나 효력을 상실하게 되면 그 보충행위는 존재의 바탕을 잃어 그 효력이 소멸한다.[24] 기본행위에 흠이 있는 경우 기본행위의 효력을 다툴 수 있지만, 기본행위의 흠을 내세워 그에 대한 보충행위인 처분의 취소나 무효확인을 소구할 수도 없다.[25] 이러한 보충행위에 관한 판례의 확립된 법리에 비추어 볼 때, 소송방법의 측면에서도 이 사건 수리의 보충행위성을 알 수 있다고 할 것이다.

---

23) 대법원 2001. 5. 29. 선고 99두7432 판결 참조

24) 대법원 1979. 2. 13. 선고 78누428 전원합의체판결 참조.

25) 대법원 1996. 5. 16. 선고 95누4810 전원합의체 판결; 대법원 2002. 5. 24. 선고 2000두3641 판결 등 참조.

3. 수리처분에서 행정청의 의사표시

(1) 수리처분과 의사표시

강학상 행정행위는 의사표시를 요소로 하는 법률행위적 행정행위와 그렇지 않은 준법률행위적 행정행위로 나누고 있다.26) 독일 행정법, 그리고 이를 계수한 일본 행정법학의 영향을 받은27) 이러한 분류방식에 대해서는 일찍이 비판이 가해졌고,28) 최근 일부 교과서에서 이러한 비판론을 수용하고 있지만,29) 학계의 일반적인 경향은 전통적인 분류체계를 여전히 유지하고 있다고 볼 수 있다.30) 이 전통적인 분류에 따르

---

26) 김남진/김연태, 행정법I, 2020, 법문사, 246쪽 이하; 김동희, 앞의 책, 286쪽 이하; 김철용, 앞의 책, 196쪽 이하; 박균성, 행정법개론, 박영사, 2021, 226쪽 이하; 정하중/김광수, 앞의 책, 190쪽 이하; 홍정선, 행정법특강, 박영사, 2020, 182쪽.

27) 행정행위를 법률행위와 준법률행위로 구분한 Karl Kormann의 분류는 일본의 美濃部達吉, 田中二郎에 의해 일부 수정을 거쳐 일본과 우리나라에서 전통적인 준법률행위적 행정행위(확인, 공증, 통지, 수리)론으로 자리잡게 된다. 이에 대한 상세한 연구로는 송시강, "행정행위 유형론에 대한 재검토", 홍익법학 12-1, 2011, 494-500쪽. 그러나, 오늘날 독일의 Karl Kormann의 분류를 따르는 독일 행정법 교과서는 찾아보기 어렵고, 일본 행정법 교과서에서도 찾아볼 수 없거나 비판론의 검토와 함께 이를 볼 수 있지만(塩野広, 行政法I, 2015, 131頁 참조), 대부분의 우리나라 행정법 교과서에서는 1950년대의 田中二郎의 분류론을 원형 그대로 유지하고 있다.

28) 김남진, 앞의 논문, 45-46쪽은 행정행위의 특질에서 볼 때 그것은 민법상 법률행위는 차이가 있고, 법률행위적 행정행위와 준법률행위적 행정행위의 구분 실익이었던 '부관의 부가가능성'에 관한 이론이 흔들리고 있다는 문제점을 지적한다. 그에 따라 공증의 독자적 행정행위성은 의문스럽고, 통지는 하명 등으로, 수리는 형성적 행정행위 등으로 재구성될 수 있으며, '확인'만이 독립한 행정행위로 의미를 가질 수 있기에 '준법률행위적 행정행위'라는 카테고리는 유지할 필요가 없다고 한다. 또한 같은 문제의식을 바탕으로 법률행위적 행정행위와 준법률행위적 행정행위로 나누는 단계를 생략하고 바로 명령적 행정행위, 형성적 행정행위, 확인적 행정행위로 나눌 것을 주장하는 최영규, "행정행위의 내용상 분류: 통설적 분류의 비판과 대안", 경남법학 15, 1999, 133쪽 참조.

29) 김중권, 행정법, 법문사, 2021, 232쪽; 정남철, 한국행정법론, 법문사, 2020, 119쪽.

30) 김동희, 앞의 책, 286쪽; 김유환, 현대행정법, 박영사, 2021, 134쪽. 그 밖에 비판론을 소개 또는 지적을 하면서도 여전히 전통적인 분류를 취하는 김남진/김연태, 앞

면 이 사건 수리는 준법률행위적 행정행위(확인, 공증, 통지, 수리)에 해당하며, 그에 따라 이 사건 수리와 관련하여 '의사표시'를 논할 수 없다고 해야 한다.

그런데, 대상판결은 이 사건 수리의 의사표시를 매우 심층적으로 다루고 있는바, 그간 행정법학에서 거의 다루지 않았던 묵시적(추단적) 의사표시의 관념까지 동원하며 수리의 의사표시를 논하고 있다. 수리는 '의사표시'가 아닌 '의사의 통지' 또는 '관념의 통지'로서 그 법률효과가 의사표시가 아닌 법률규정에 의해 발생한다는, 전통적인 준법률행위적 행정행위 도그마틱은 여기서 아예 작동하지 않는다. '실무차원의 법적용과 학문으로서 법학의 교집합'으로서 법도그마틱의 가장 중요한 기능이 안정화, 부담경감, 방향설정(Orientierung) 등이라고 본다면,[31] 전통적인 준법률행위적 행정행위 도그마틱은 쓸모없게 되었나 하는 근본적인 의문을 가질 수밖에 없다.

(2) 기타 준법률행위적 행정행위와 의사표시

수리 이외의 준법률행위적 행정행위(확인, 공증, 통지)는 어떠한가?

우선, 확인에 관한 대법원 2008. 11. 13. 선고 2008두13491 판결은 준법률행위적 행정행위론을 기초로 처분성을 인정하고 있지만, 여기서 확인으로서 '국가귀속결정'에서 행정청의 의사표시성을 인정할 여지도 있지 않나 생각된다. 그러나, 대법원 1988. 3. 8. 선고 87누156 판결은 '준법률행위적 행정행위로서의 확인이라고는 할 수 없는 것'을 이유로 처분성을 부인하지만, 처분성 부인을 위하여 반드시 준법률행위적 행정행위론이 필요한 것도 아닌 사안으로 보인다.

'통지'의 경우 그 통지가 '관념의 통지'이면 곧바로 그 처분성을 부

의 책, 219쪽; 김철용, 앞의 책, 197쪽; 박균성, 앞의 책, 195쪽; 정하중/김광수, 앞의 책, 190쪽 이하; 홍정선, 앞의 책, 182쪽 등도 전통적인 입장으로 보아야 할 것이다.

31) Schmidt-Aßmann/김현준 역, 행정법 도그마틱, 2020, 7쪽.

인한다.[32] 그러나 '관념의 통지'는 준법률행위 전반에서 인정될 수 있는 외부적 용태(Verhalten)의 일종이어서 준법률행위적 행정행위를 인정하면서 '관념의 통지'라는 이유로 처분성을 부인하는 것은 준법률행위적 행정행위론의 관념에서는 혼란스러운 상황이 될 수 있다. 그에 반하여, 그 관념에서 벗어날 경우 오히려 자연스러운 논리 전개가 될 수 있다.

'공증'의 경우 종래 처분성이 잘 인정되지 않았지만, 판례의 변화에 따라 처분성이 인정되는 것들이 나타나고 있다.[33] 이러한 판례 변화를 두고 공증이 '규율적 성격'을 갖는 경우 행정행위(처분)의 성질을 가지게 보는 견해가 있다.[34] 이처럼 규율(Regelung)성을 처분 판단기준으로 삼는 것은 이미 규율의 전제로서 '의사표시성'을 인정한 것이라고 생각된다. 결국 공증의 준법률행위적 성격도 무너지고 있는 것이다.

(3) 준법률행위적 행정행위 해체론과 대상판결

이상과 같이 준법률행위적 행정행위의 구체적인 현황을 본다면, 이미 준법률행위적 행정행위론의 해체는 현실이 되었다고 할 것이다. 오늘날 행정작용에 대한 정확한 이해나 실무적인 분쟁 해결 등에 아무런 역할을 하지 못하는 준법률행위적 행정행위론과는 이제 이별해야 함을 대상판결은 우회적으로 보여주고 있다. 그렇다면, 이러한 현실을 직시하여 행정청의 의사표시를 행정행위(처분)의 핵심요소로 받아들이는 행정행위론을 재정립할 필요가 있고, 행정청의 '의사표시'가 아닌 '의사의 통지', '관념의 통지', '감정의 표시'에 대해서는 행정행위의 경우와는 차별성 있는 접근방법을 통하여 또 다른 행정법의 논의대상으로 삼는 것도 검토할 필요가 있다.

---

32) 대법원 2003. 11. 14. 선고 2001두8742 판결; 대법원 2018. 7. 26. 선고 2018두38932 판결.
33) 대법원 2004. 4. 22. 선고 2003두9015 판결; 대법원 2009. 2. 12. 선고 2007두17359 판결 등.
34) 정하중/김광수, 앞의 책, 209쪽.

4. 추단적 행정행위

(1) 명시적 · 의제적 · 추단적 행정행위의 구분

행정청의 의사표시 유형을 기준으로 행정행위를 분류할 경우 명시적 행정행위, 의제적 행정행위, 추단적 행정행위로 구분할 수 있다.

첫째, 명시적 행정행위(der ausdrückliche Verwaltungsakt)는 행정행위의 기본적 유형이다. 행정절차법 제24조는 '처분의 방식'이라는 표제 하에서, 행정청이 처분을 할 때에는 다른 법령등에 특별한 규정이 있는 경우를 제외하고는 문서로 하여야 하며, 전자문서로 하는 경우에는 당사자등의 동의가 있어야 한다고 규정한다(제1항 제1문). 말 또는 그 밖의 방법으로 할 수도 있지만, 이는 신속히 처리할 필요가 있거나 사안이 경미한 경우에 한정되며, 이 경우 당사자가 요청하면 지체 없이 처분에 관한 문서를 주어야 한다(제1항 제2문, 제3문 참조). 처분방식으로서 '문서주의의 원칙'을 채택하고 있는 행정절차법의 취지상 우리나라 행정법에서는 처분시 행정청의 의사표시는 명시적이어야 하는, 이른바 '명시적 행정행위'를 기본으로 하고 있음을 알 수 있다. 문서에 의한 처분은 물론 '전자문서' 또는 '말'로써 하는 처분 역시 '명시적 행정행위'의 범주에 포함시킬 수 있다. 즉 의사표시가 문자나 언어로써 하는 경우 '명시적으로'(expressis verbis)에 해당하는데, 행정절차법은 이러한 명시적 의사표시 중에서도 특히 '문서'의 형식을 강조하고 있다.

둘째, 추단적 행정행위(der konkludente Verwaltungsakt) 또는 묵시적 행정행위(der stillschweigende Verwaltungsakt)[35]는 실질적으로 여러 사례

35) 추단적 행정행위와 묵시적 행정행위는 각각 민법의 추단적 의사표시, 묵시적 의사표시에서 기인하는 것임은 물론이다. 독일 민법상 묵시적 의사표시는 명시적 의사표시와 2원적으로 대립하는 형태로 19세기와 20세기에 걸쳐 논의되어 왔지만(통설), 오늘날 묵시적 의사표시를 추단적 의사표시의 하위형태(Unterform)로 보는 견해도 나타난다고 한다(von zur Gathen, Die konkludente Willenserklärung, Nomos, 2021, S. 17 Fn. 3). 이와는 달리 '묵시적 의사표시'에 '추단적 의사표시'와 '침묵에

에서 인정되곤 있지만, 대상판결은 본격적으로 이를 인정하면서 결론 도출을 위한 결정적인 도구로 원용하고 있다. 행정절차법 제24조에서는 '문서', '전자문서', '말' 외에 '그 밖의 방법'을 처분형식으로 상정하고 있는데, 추단적 행정행위나 후술하는 의제적 행정행위는 이 중 '그 밖의 방법'에 의한 행정행위가 될 수 있다. 즉 명시적 행정행위와는 법형식(Rechtsform)이 처음부터 다른 것이다. 명시적 행정행위가 아닌 행정행위 유형을 인정하려면 행정절차법 규정에서 '그 밖의 방법'으로 할 수 있는 요건을 일반화할 필요가 있는데, 행정절차법 제24조 제1항에서는 문서의 형식 이외의 경우는 신속히 처리할 필요가 있거나 사안이 경미한 경우에 한정하는 제약이 있어 입법론상 검토할 필요도 있다고 생각된다.

셋째, 의제적 행정행위(der fiktive Verwaltungsakt)란 행정청이 스스로 행한 것이 아니라, 일정한 기간의 경과 후에 행정청의 의사와 무관하게 법규정에 따라 행정행위의 법적 효과가 발생하는 행정행위를 말한다.[36][37] 우리나라 행정실무상 '자동인허가제도'라고 하며, 적극행정의 차원에서 운영되고 있다.[38] 의제적 행정행위는 개별 법률에서 명문의

의한 의사표시'가 포함된다고 보는 견해도 있다(최상호, "묵시적 의사표시", 대전대학 논문집 5-1, 1986, 41쪽). 양자는 보는 시각에 따라 그 광·협의 차이가 있을 수 있지만, 행정행위론의 틀에서는 추단적 의사표시와 묵시적 의사표시를 동일한 것으로 볼 수 있다고 할 것이다. 그러나 이와 '의제적 의사표시'는 분명히 구분되어야 한다.

36) 일찍이 '의제적 행정행위'를 연구한 문헌으로 김중권, "의제적 행정행위에 관한 소고", 법제, 2001/4, 53쪽 이하.

37) 「외국인투자촉진법」 제17조 제5항, 「중소기업창업지원법」 제33조 제3항, 「산업집적활성화 및 공장설립에 관한 법률」 제13조 제4항, 「아시아문화중심도시 조성에 관한 특별법」 제35조 제1항 등에서 일정한 처리기간 내에 행정청이 허가 등의 거부통지를 하지 아니하는 경우 그 허가 등이 있는 것으로 보는데 이들이 의제적 행정행위에 해당할 것이다.

38) 최종진, "자동인허가제도의 도입과 관련된 법적 문제 및 심사 사례", 법제(2010.06), 71쪽에 따르면, 자동인허가제도는 일정한 처리기간 이내에 행정청이 처분을 하거나 처리 상황에 대하여 통보를 하지 않는 등 그 상대방에 대하여 일정한 의무를 이행하지 않는 경우 일정 시점을 기준으로 적극적인 인허가 처분을 한 것과 동일한 법적

간주규정을 통하여 행정청의 의사표시가 있는 것으로 의제하는 것이므로 이를 인정하는 데 문제가 없다. 한편, '의제'라는 점에 착안할 경우 이와 유사해 보이는 '인허가등의 의제제도'는 의사표시의 유형을 기준으로 하는 '의제적 행정행위'에 해당하지 않는다고 할 것이다.

이처럼 행정청의 의사표시 유형에 따라 명시적 · 추단적 · 의제적 행정행위의 분류론의 전개가능성을 대상판결은 열고 있는데, 이 중 추단적 행정행위는 '추단'이 오·남용될 경우 국민의 권리 · 의무를 침해할 수 있다는 점에서 주의해야 한다. 법치국가원리에서 나오는 명확성원칙 등에 반하지 않아야 하는 과제도 안고 있다.

(2) 이른바 추단적 폐지로서 추단적 행정행위

추단적 행정행위가 안고 있는 명확성원칙 위반을 방지하기 위하여 행정청의 추단적 의사표시의 구성요건을 살펴볼 필요가 있다. 의사표시 일반론으로도 추단적 의사표시의 구성요건으로서 주관적 요건과 객관적 요건이 요구된다. 대상판결이 추단적 의사표시는 행정청의 추단적 의사에 부합하여야 하며, 상대방도 그 추단적 의사표시를 알 수 있어야 함을 요구하는 것도 같은 취지로 보인다.

추단적 행정행위에 관한 상세한 검토는 별고로 미루고, 이러한 요건이 충족되는 전형적인 상황인 '추단적 폐지(konkludente Aufhebung)'에 대해서만 대상판결의 이해를 위한 도구로서 살펴본다. 추단적 행정행위의 일종인 추단적 폐지란 일정한 규율이 행해졌다는 사실이 향후 행해질 규율과는 모순되는 이전의 규율을 제거하는 또 다른 규율을 암묵적으로 포함한다고 볼 수 있는 경우이다.[39] 예컨대, 반환요청(Erstattungsforderung)에서는 동시에 금전급부통지의 취소가, 일정 기간

효과를 부여하는 제도이다.

39) VGH München NJOZ 2014, 1392 Rn. 19; Stelkens, in: Stelkens/Bonk/Sachs, §35 Verwaltungsverfahrensgesetz, 2018, Rn. 78.

노숙인 보호시설에서의 퇴거명령(Aufforderung zur Räumung einer Obdachlosenunterkunft)에는 동시에 수용의 철회(Widerruf der Einweisung)가,[40] 외국인의 강제퇴거명령(Ausweisung eines Ausländers)에서는 동시에 출국금지의 폐지(Aufhebung eines Ausreiseverbots)가,[41] 일정한 기간에서의 지급승인(Entgeltgenehmigung)은 동시에 같은 기간에 있어서 그 이전의 지급승인의 폐지(Aufhebung einer sich auf denselben Zeitraum beziehenden früheren Entgeltgenehmigung)가,[42] 확약에 반하는 행정행위에는 동시에 그 확약의 폐지(Aufhebung der Zusicherung)가[43] 묵시적으로 포함되어 있다. 이와 같이 하나의 행정행위가 있을 경우 이와 양립할 수 없는, 그 이전에 있었던 다른 행정행위는 '추단적 폐지'가 되는 상황이 추단적 행정행위의 대표적인 예이다.[44]

대상판결에서도 2009. 2. 행정청의 (임원임면에 대한 이사회 결의사항 보고에 대한) 수리에는 '동시에' 이와 양립할 수 없는, 그 이전인 2007. 6.에 있었던 행정청의 임시이사 선임행위를 폐지한다는 내용의 '추단적 폐지'가 있는 것으로 새길 수 있다. 즉 <(2), (3), (4)를 임시이사로 선임하는 행위>와 <임시이사 (2), (3), (4)를 정식이사로 선임한다는 보고를 수리하는 행위>는 양립될 수 없어, 후자(행정행위②)가 행해지면, 전자(행정행위①)는 폐지되는 것으로 추단할 수 있다. 대상판결은 행정청이 행정처분을 하면서 논리적으로 당연히 수반되어야 하는 의사표시를 명시적으로 하지 않았다고 하더라도, 그것이 행정청의 추단적 의사에도

40) OVG Berlin NVwZ-RR 1990, 195.

41) BVerwG NVwZ 1988, 184.

42) BVerwG NVwZ 2012, 1547 Rn. 39 f.

43) Stelkens, 앞의 책, § 38 Rn. 91.

44) 우리나라의 관련 판례에 대해서는 이상덕, 앞의 논문, 99-104쪽. 여기서는 묵시적 행정처분의 대표적인 예로서 ①경원자 관계에서 A후보자에 대한 선정결정에 내재된 B후보자에 대한 탈락결정, ②부당이득 징수처분에 내재된 금전 급부결정의 직권취소·철회처분, ③납입고지에 내재된 금전 부과처분을 들고 있으며, 그 밖에도 ④행정청의 불완전한 의사표시의 선해 등을 든다.

부합하고 상대방도 이를 알 수 있는 경우에는 행정처분에 위와 같은 의사표시가 묵시적으로 포함되어 있다고 볼 수 있다고 하여, 이러한 추단적 폐지의 의사표시를 인정하고 있다.

그런데, 문제는 2012. 3. 민사소송에서 2008. 12. 및 2009. 1. 개최된 이사회 결의가 소집절차의 하자를 이유로 무효라는 판결이 확정되어 기본행위가 무효로 되면서, 보충행위인 행정행위②의 효력이 상실했다는 점이다. 이로써 추단적 폐지의 전제요건인 '논리적으로 모순이 되는 두 개의 행정행위가 양립되는 상황' 자체가 해소되었다. 즉 2009. 2. 수리행위(행정행위②)의 효력이 상실된 만큼, 그 수리행위에 포함되었던 추단적 행정행위 역시 효력을 상실했다고 보아야 한다.

5. 법정부관(法定附款)

대상판결에 따르면, 임시이사를 선임하면서 임기를 '후임 정식이사가 선임될 때까지'로 기재한 것은 근거 법률의 해석상 당연히 도출되는 사항을 주의적·확인적으로 기재한 이른바 '법정부관'일 뿐, 행정청의 의사에 따라 붙이는 본래 의미의 행정처분 부관이라고 볼 수 없다고 한다. 이러한 이유로, 후임 정식이사가 선임되었다는 사유만으로 임시이사의 임기가 자동적으로 만료되어 임시이사의 지위가 상실되는 효과가 발생하지 않고, 관할 행정청이 후임 정식이사가 선임되었음을 이유로 임시이사를 해임하는 행정처분을 해야만 비로소 임시이사의 지위가 상실되는 효과가 발생한다고 판시한다. 그러나 이와 관련하여 다음 2가지 측면에서 문제점이 나타난다.

첫째, 법정부관의 개념이다. 법정부관이란 말 그대로 법에서 정한 부관이다. 대상판결은 강북구청장이 임시이사를 선임하면서 그 임기를 '후임 정식이사가 선임될 때까지'로 기재한 것은 엄밀한 의미에서 부관이 '법정(法定)'되어 있지는 않지만, 내용상 '법정(法定)'과 같은 정도라고 판단한 것으로 보인다. 그러나 해석의 여지가 있는 행정청의 의사표시를 법정부관으로 볼 수 있을지는 의문스러운 면이 있다.[45)]

둘째, 만일 이를 법정부관으로 볼 경우 그 법정부관의 효력문제이다. 이를 법정부관으로 볼 경우 '후임 정식이사의 선임'을 조건의 성취 또는 기한의 도래로 보는 것이 아니라 임시이사의 해임사유로 보게 되며, 그 해임사유가 발생하였음을 이유로 관할 행정청이 임시이사를 해임하는 의사표시(해임처분)를 하여야 한다고 보는 견해가 있다.[46)] 그에 따르면, 만일 행정행위의 부관으로 이해하는 경우 조건의 성취나 기한이 도래하는 객관적 사정이 발생하면 관할 행정청의 별도의 의사표시(임시이사 해임처분) 없이 그 즉시 임시이사 지위 상실이라는 법효과가 발생하는 것으로 볼 수 있는 점과 비교된다고 한다.[47)] 대상판결도 이를 법정부관으로 보면서, '후임 정식이사의 선임'이라는 조건의 성취 또는 기한의 도래로 행정청의 별도의 의사표시 없이 임시이사 지위 상실의 법효과가 발생하는 것이 아니라, 행정청이 해임처분을 해야 임시이사의 지위 상실의 법효과가 발생한다고 보고 있다. 그러나 부관(Nebenbestimmung)은 행정행위의 효력을 제한하거나 요건을 보충하기 위하여, 부수적인 (Neben-) 규정(Bestimmung)으로서 행정청이 주된 행정행위에 부가한 것이다. 행정행위 부관의 경우 무엇보다 부관의 가능성·한계, 그리고 이와 맞물린 그 쟁송방법 등이 중요한 쟁점으로 다투어진다. 이에 반하여, 법정부관은 그 부수적인 규정이 법률 그 자체에서 부가된 것이다. 법정부관에 있어서 주된 행정행위의 의사표시를 제한·보충하는 법적인 효과는 행정행위의 부관에 비하여 더 직접적이라 할 수 있다. 통상적인

45) 아울러, 사안의 결론 도출과 관련해서는 그다지 논의실익은 없지만, 이 부관을 '반드시 실현되는 사실'로 보고 '(불확정)기한'으로 보는 것도(이상덕, 앞의 논문, 96쪽) 의문스럽다. 왜냐하면 '정식이사가 선임되리라는 점'은 일반적으로 실현될 수 있겠지만, 이를 '반드시 실현되는 사실'로 보기는 어려운 면이 있기 때문이다.

46) 이상덕, 앞의 논문, 85쪽.

47) 위와 같음.

부관이 법치행정에 기반하여 이루어지는 종된 규율이라면, 법정부관은 직접 '법률에 의하여'(durch Gesetz) 이루어지는 종된 규율이다. 행정행위의 부관과는 달리 부관의 한계·가능성의 문제가 발생하지 않는 것도[48] 근본적으로 이러한 차이에서 기인한다. 요컨대 행정행위의 부관과 법정부관을 비교하자면, 후자의 법률효과가 더 직접적이라고 보아야 한다. 따라서, 임시이사의 임기를 '후임 정식이사가 선임될 때까지'를 법정부관으로 볼 경우, 후임 정식이사의 선임이라는 부관의 성취로 인한 법률효과는 법이 정하는 바에 따라 즉시 발생하며, 여기에 추가적인 행정처분이 있어야만 하는 것은 아니다. 이와 관련하여 그 부관의 한계 등의 문제도 발생하지 않음은 물론이다.

대상판결이 이를 법정부관으로 보고, 법정부관의 효과가 발생하기 위해서는 추가적인 행정처분이 있어야 한다고 봄으로써 임사이사의 권한이 소멸되기 위해서는 (추단적 행정행위를 원용해서라도) 해임처분이 있어야 한다는 논리로 이어진 것으로 보인다. 그러나 필자로서는 이를 법정부관으로 볼 수 있는지부터 의문스럽고, 이를 법정부관으로 본다면 대상판결과 같이 임시이사의 권한 소멸을 위한 해임처분이 필요하다고 보지도 않는다. 보다 근본적으로는 앞서 본 바와 같이 '사법관계 형성적 행정행위'의 큰 틀에서 문제를 파악해야 한다고 생각된다.

6. 임면보고 수리에 의한 임시이사 권한의 소멸 여부

대상판결의 주요 쟁점(상고이유 제1점)이기도 한 이 사건 수리에 의하여 종전 임시이사의 지위가 확정적으로 소멸하는지 여부를 살펴본다.[49] 이를 어떻게 보느냐에 따라, 임시이사 (2), (3)이 참석한 제1

48) 대법원 1994. 3. 8. 선고 92누1728 판결("법정부관에 대하여는 행정행위에 부관을 붙일 수 있는 한계에 관한 일반적인 원칙이 적용되지는 않는다.").

49) 이 사건에서 피고는 2008. 12. 29. 및 2009. 1. 29. 각 임시이사들이 참석한 가운데

차 이사회 결의의 효력과 제1차 이사회 결의로 선임된 이사들도 참석한 제3차 이사회 결의의 효력이 판가름나게 된다. 제1심, 원심, 대상판결, 그리고 피고의 입장 등을 종합적으로 검토함으로써 대상판결을 보다 체계적으로 평가하고자 한다.

(1) 제1설: 피고의 입장

후임의 정식이사 선임이 있더라도 그 이사 선임에 하자가 있어 당연무효라면 처음부터 임시이사 선임사유가 해소되지 않은 때에 해당하므로 종전 임시이사의 권한이 소멸하지 않고 그대로 존속한다고 보는 해석 방법이다. 이에 따르면, 피고가 2008. 12. 29. 및 2009. 1. 29. 각 후임 정식이사를 선임하는 결의를 하였으나 위 각 이사회결의가 무효가 되었으므로 (2), (3)의 임시이사로서의 권한은 소멸하지 않고 존속한다.

이에 대하여 원심(제3설)은 2가지 점에서 비판하는바, ①정식이사 선임을 위한 이사회결의가 소급하여 무효라면 당초 임시이사 선임사유 해소도 없었다는 점에서 논리 일관성이 있다고 할 수 있지만, 그 결과 정식이사 선임이 유효하다는 점이 확정될 때까지 임시이사의 지위와 권한에 관한 법률관계가 유동적이게 된다는 점에서 법적 안정성을 해할 위험이 있고, ②더구나 이 사건에서 위 각 이사회결의가 있자 강북구청장은 임원임면사항 보고를 수리하였음을 통보하고 임시이사 선임등기에 대한 말소조치까지 하였는데, 임시이사의 선임권자의 의사와 무관하게 종전 임시이사들의 권한이 소멸하지 않고 존속한다는 것은 납득하기 어렵다고 지적한다. 필자는 결론에서는 제1설과 입장을 같이 하지만,

---

이사회를 개최하여 후임 정식이사를 선임하는 결의를 하였으나, 이후 원고들이 제기한 소송의 결과 위 각 이사회결의가 모두 무효가 되었다. 이때 종전 임시이사들인 (2), (3)의 임시이사로서의 권한이 소멸하지 않고 존속한다고 볼 수 있는지가 문제가 된다.

제1설은 이 사건 보고와 이 사건 수리의 법적 성질을 정확하게 파악하지 못하는 점에서 사견과는 그 논증방식을 달리한다. 제1설에 대한 제3설(원심)의 비판은 이 사건 수리의 법적 성질을 이해하지 못한 것에 기인하는데, 이는 종합적인 검토에서 후술한다.

(2) 제2설[50)]

후임의 정식이사 선임이 있기만 하면 설령 그 이사 선임에 하자가 있어 당연무효라고 하더라도 종전 임시이사의 권한은 당연히 소멸하고, 관할 행정청이 새로이 임시이사를 선임해야 한다고 보는 해석 방법이 있을 수 있다. 그와 같이 볼 경우 피고가 2008. 12. 29. 및 2009. 1. 29. 각 후임 정식이사를 선임하는 이사회결의를 하였으므로, 위 각 이사회결의의 효력 유무를 불문하고 (2), (3)의 임시이사로서의 권한이 소멸하였다고 보게 된다.

이에 대하여 비판이 따른다. 원심(제3설)에 따를 경우 제2설은 사회복지법인이 이사 선임의 외관만을 작출하는 방법으로 임시이사의 권한을 무력화시킬 수 있어 사회복지사업법이 임시이사제도를 둔 취지에 부합하는 해석이라 보기 어렵다고 한다. 또한 이 사건의 경우 피고는 위 각 이사회결의 이전인 2007. 8. 24.에도 임시이사들이 참석한 가운데 이사회를 개최하여 후임 정식이사를 선임하는 결의를 하였지만 임시이사들이 제기한 소송의 결과 위 이사회결의가 무효가 되었는데, 위와 같은 해석 방법에 따르면 2007. 8. 24. 이사회결의 시점에 임시이사의 권한이 소멸하였다는 결론에 이르게 되는바, 임시이사가 후임 정식이사를 선임하는 이사회결의에 하자가 있음을 이유로 무효확인을 구하는 경우에도 그 소송 결과에 관계없이 임시이사의 지위를 회복할 수 없다면 결국 확인의 이익이 없게 되어 소가 부적법하다고 볼 여지가 있어, 이러한 점

50) 피고는 제1심이 이와 같이 해석하였음을 전제로 그 부당함을 주장하고 있다(원심판결 참조).

에서도 부당하다고 한다. 제2설에 대한 원심의 이러한 비판은 타당하다고 할 것이다.

(3) 제3설: 원심의 입장

임시이사의 권한이 소멸 또는 존속하는지 여부는 단지 정식이사의 선임이라는 사실의 존부나 그 유효성만을 가지고 객관적으로 판단하기에는 한계가 있고, 구 사회복지사업법은 이사의 결원이 보충되지 않으면 관할 행정청으로 하여금 이해관계인의 청구나 직권으로 임시이사를 선임하도록 하고(제20조 제2항), 사회복지법인이 이사를 임면하는 경우에는 지체 없이 관할 행정청에게 보고하도록 정하고 있는(제18조 제5항) 점에 비추어 보면, 사회복지법인의 임시이사에 대한 선임권한은 관할 행정청에게 있고, 임시이사 선임사유가 존속하는지의 판단권도 임시이사나 사회복지법인이 아닌 관할 행정청에게 있으며, 임시이사나 사회복지법인이 스스로 임시이사 선임사유가 해소되었는지 여부를 판단할 수 있다는 해석은 가능하지 않다고 본다.[51] 다만, 관할 행정청이 사회복지법인으로부터 그 이사 선임을 보고받아 임시이사 선임사유가 해소되었다고 판단하여 그에 따라 임원임면사항보고의 수리나 임시이사 선임등기 말소신청 등의 후속조치를 하였다면 별도의 행정처분 없이도 종전 임시이사 선임처분의 효력에 의하여 임시이사의 권한은 소멸하고, 이후 정식이사 선임이 무효로 확정되더라도 일단 소멸한 임시이사의 권한이 회복되지는 않는다고 본다.

(4) 제4설: 대상판결의 입장

사회복지법인의 임시이사에 대한 선임권한은 관할 행정청에게 있고, 임시이사 선임사유가 존속하는지의 판단권도 임시이사나 사회복지

51) 이와 관련하여 원심법원은 대법원 2007. 5. 17. 선고 2006다19054 전원합의체 판결 등을 참조한다.

법인이 아닌 관할 행정청에게 있으며, 임시이사나 사회복지법인이 스스로 임시이사 선임사유가 해소되었는지 여부를 판단할 수 있다는 해석은 가능하지 않다는 점에서는 제3설과 마찬가지이다. 그리고, 후임 정식이사가 선임되었다는 사유만으로 임시이사의 임기가 자동적으로 만료되어 임시이사의 지위가 상실되는 효과가 발생하지 않는다고 본다. 이 경우에도 관할 행정청이 후임 정식이사가 선임되었음을 이유로 임시이사를 해임하는 행정처분을 해야만 비로소 임시이사의 지위가 상실되는 효과가 발생한다고 보는 점에서 제3설과 다르다(원심과 대상판결의 차이). 다만, 이러한 해임의 의사표시를 행정청이 명시적으로 하지 않았더라도, 그것이 행정청의 추단적 의사에도 부합하고 상대방도 이를 알 수 있는 경우에는 행정처분에 위와 같은 의사표시가 묵시적으로 포함되어 있다고 볼 수 있다고 하여, 이른바 묵시적(추단적) 행정행위를 인정하고 있다. 대상판결이 관할 행정청의 임시이사 선임시에 부가한 부관을 법정부관으로 본 것도 이러한 결론을 도출하는데 필요한 논리적 전제로 삼은 것으로 보인다.

(5) 검토 및 사견

필자는 제1설과 마찬가지로 제1차 및 제3차 이사회의 결의가 적법하다고 보지만, 이 사안을 사법관계 형성적 행정행위의 틀에서 보는 사견은 그렇지 않은 제1설과는 논증방법에서 근본적인 차이가 있다. 제3설(원심)이 제1설에 대하여 제기하는 2개의 비판에 대해서는 다음과 같이 반박할 수 있다. ① 정식이사 선임이 유효하다는 점이 확정될 때까지 임시이사의 지위와 권한에 관한 법률관계가 유동적이게 된다는 점에서 법적 안정성을 해할 위험이 있다는 비판에 대해서는 인가나 이 사건 수리와 같은 사법관계 형성적 행위는 보충행위가 있기 전까지는 유동적 상태에 있을 수밖에 없다.[52] ② 이 사건에서 위 각 이사회결의가 있자 강북구청장은 임원임면사항 보고를 수리하였음을 통보하고 임시이사 선임등기에 대한 말소조치까지 하였는데, 임시이사의 선임권자의 의사와 무관하게 종전 임시이사들의 권한이 소멸하지 않고 존속한다고 보기 어렵다는 비판에 대해서도, 사법관계 형성적 행위의 경우 보고수리 당시에는 유효한 기본행위를 대상으로 유효하게 성립된 수리처분이라도 그 후 기본행위가 취소되거나 효력을 상실하게 되면 그 보고수리는 존재의 바탕을 잃어 그 효력이 소멸한다고 보아야 한다.[53] 요컨대 이러한 2중의 유동적 상황은 '인가'나, '이 사건 수리'와 같이 기본행위와 보충행위가 결합된 사권형성적 행정행위에서는 개념본질적으로 존재하는 것이어서 문제가 된다고 볼 수 없다.

제2설이 타당하지 않음은 이미 보았고, 원심(제3설)과 같이 관할 행정청의 수리나 후속조치가 있으면 별도의 행정처분 없이도 종전 임시이사 선임처분의 효력에 의하여 임시이사의 권한은 소멸한다고 볼 수는 없고, 여기에 일정한 해임처분이 행정청의 추단적 의사표시의 형태로 존재한다고 보아야 한다는 대상판결(제4설)은 이 점에 관한 한 타당하다고 생각된다.

나아가, 대상판결(제4설)과 원심(제3설)이 공히 임시이사 선임사유가 존속하는지의 판단권은 임시이사나 사회복지법인이 아닌 관할 행정청에게 있으며, 임시이사나 사회복지법인이 스스로 임시이사 선임사유가 해소되었는지 여부를 판단할 수 있다는 해석은 가능하지 않다고 보는 점에도 일응 동의할 수 있다. 그러나 이러한 사항을 사회복지법인 스스로 결의할 수 있으며, 다만 그것만으로는 일종의 '유동적 무효'상태이기에 이를 관할 행정청이 수리(보충행위)함으로써 확정적으로 유효하게 된다고 할 것이다. 대상판결이 파악한 추단적 행정행위의 논리는 타

52) 가령, 「국토의 계획 및 이용에 관한 법률」상 토지거래허가를 받지 않아 거래계약이 유동적 무효의 상태에 있는 경우도 이 점에 관한 한 마찬가지 상황이다(대법원 2010. 8. 19. 선고 2010다31860,31877 판결; 대법원 1996. 11. 22. 선고 96다31703 판결 등 참조).

53) 인가에 관한 판단인 대법원 1979. 2. 13. 선고 78누428 전원합의체판결 참조.

당하지만, 이 사건 수리에 내재된 추단적 해임처분의 경우에서도 사법관계 형성적 행정행위가 가지는 2중의 유동성이 고려되어야 한다. 따라서 2012. 3. 민사소송에서 2008. 12. 및 2009. 1. 개최된 이사회 결의는 소집절차의 하자로 무효라는 판결이 확정됨으로써 수리에 내재된 추단적 해임처분 역시 효력이 소멸되었다고 할 것이다. 그렇다면, 당초의 임시이사 (2), (3)의 지위는 존속한다고 보아야 하므로 이들이 참석한 제1차 이사회결의는 적법하며, 그 결의에 따라 새로이 이사로 선임된 (9), (10), (12)[54]와 대표이사 (1), 그리고 임시이사 (3)의 5인의 이사가 참석한 제3차 이사회결의 역시 적법하다고 할 것이다. 이와 같이 사적 자치와 공적 제어가 상호 결합하여 서로 긴장관계를 유지해야 하는 사법관계 형성적 행정행위의 경우 기본행위와 보충행위의 관계를 개별사안에 따라 조율하는 입법론, 그리고 개별 입법의 취지에 맞추어 양자의 관계를 조율하는 해석론이 요청된다고 할 것이다.

7. 결

본 사안의 기본구조를 '사법관계 형성적 행정행위'로 파악한 필자는 그렇지 않은 대상판결와는 다수의 쟁점에서 상당한 차이를 보이면서, 결국 평석은 대상판결의 비판적 검토가 되었다. 그러나, 대상판결이 종래 거의 다루지 않았던 묵시적 내지 추단적 행정행위에 대한 논의를 촉발한 점은 큰 의미가 있고, 그간 기본개념 정도로만 접했던 법정부관

54) 사립학교법에 따른 임시이사의 경우 이사회에서 정식이사를 선임할 의결권한이 없지만(대법원 2007. 5. 17. 선고 2006다19054 전원합의체 판결), 사회복지법인의 임시이사는 사립학교법에 따른 임시이사의 경우와는 달리 정식이사의 선임에 관한 의결권한을 가지며(대법원 2013. 6. 13. 선고 2012다40332 판결), 민법 제63조에 따른 비영리법인의 임시이사도 이사회에서 정식이사를 선임할 의결권한을 가진다고 본다(같은 판결 참조). 이러한 개별법에 따른 임시이사의 권한에 관한 상세는 이상덕, 앞의 논문, 86쪽 이하 참조.

에 대한 구체적인 논의도 (그 당부를 별론으로 하고) 후속 담론을 만들어 갈 수 있다는 의미가 있을 것이다. 행정행위와 의사표시의 관계, 그리고 대상판결이 직접 다루지 않았지만, 이른바 준법률행위적 행정행위 해체론과 같은 행정법의 근본적인 주제들도 필자로선 대상판결을 통하여 돌아볼 수 있었다.

참고문헌

곽윤직, 민법총칙, 박영사, 2002.

김남진·김연태, 행정법I, 법문사, 2020.

김동희, 행정법I, 박영사, 2018.

김상용, 민법총칙, 화산미디어, 2009.

김유환, 현대행정법, 박영사, 2021.

김중권, 행정법, 법문사, 2021.

김철용, 행정법, 고시계사, 2021.

박균성, 행정법개론, 박영사, 2021.

이은영, 민법총칙, 박영사, 2009.

정남철, 한국행정법론, 법문사, 2020.

정하중·김광수, 행정법개론, 법문사, 2021.

홍정선, 행정법특강, 박영사, 2020.

Schmidt-Aßmann/김현준 역, 행정법 도그마틱, 법문사, 2020.

김남진, "준법률행위적 행정행위의 문제점 - 그의 해체를 주장하며", 고시연구 제19권 제5호, 1992.

김중권, "사권형성적 행정행위 - 행정행위에 의한 직접적 사권형성, 공법학연구 10-3, 2009.

김중권, "의제적 행정행위에 관한 소고", 법제, 2001/4.

김현준, "행정법과 사법(私法)", 저스티스 통권 제181호, 2020.12.

선정원, "인가론의 재검토", 행정법연구 9, 2003.

송시강, "행정행위 유형론에 대한 재검토", 홍익법학 12-1, 2011.

이상덕, "사회복지법인 임시이사 해임처분의 방식", 대법원판례해설 제126호, 2021.

최상호, "묵시적 의사표시", 대전대학 논문집 5-1, 1986.

최영규, “행정행위의 내용상 분류: 통설적 분류의 비판과 대안”, 경남법학 15, 1999.
최종진, “자동인허가제도의 도입과 관련된 법적 문제 및 심사 사례”, 법제 (2010.06).

塩野広, 行政法I, 有斐閣, 2015.

Mauer/Waldhoff, Allgemeines Verwaltungsrecht, C.H.Beck, 2020.
Stelkens, in: Stelkens/Bonk/Sachs, Verwaltungsverfahrensgesetz, C.H.Beck, 2018.
von zur Gathen, Die konkludente Willenserklärung, Nomos, 2021.
Tschentscher, “Der privatrechtsgestaltende Verwaltungsakt als Koordinationsinstrument zwischen öffentlichem Recht und Privatrecht”, DVBl. 2003.

국문초록

사회복지사업법에 따른 사회복지법인이 임원을 임면하는 경우 지체 없이 이를 보건복지가족부장관에게 보고하여야 한다. 이러한 보고 및 그 수리의 법적 성질에 대해서는 다툼의 여지가 있는데, 여기서 '보고'는 '수리를 요하는 신고'이며, 그 수리는 '사법(私法)관계 형성적 행정행위'로 보아야 할 것이다. 대표적인 사법관계 형성적 행정행위인 인가가 '기본행위'와 '보충행위'로 구성되는 것처럼, 이 사건 수리 역시 이 점에 관한 한 같은 성질의 행정행위로 파악해야 할 것이다. 사인들 간의 법률행위인 임원의 임면행위에 대한 보고를 행정청이 수리함으로써 사적 자치와 공적 제어가 적절하게 조화를 이루게 된다.

사법관계 형성적 행정행위의 또 다른 특징은 임원의 임면행위를 받아들일 수 없는 경우 보충행위인 행정행위를 행정소송으로 다투는 것이 아니라, 기본행위인 사법관계를 민사소송으로 다투게 된다는 점이다. 이를 통하여 기본행위가 무효가 될 경우 보충행위 역시 소급하여 효력을 잃게 된다. 따라서 법인 이사회 의결이 무효가 될 경우 보충행위인 보고 수리 역시 효력을 잃게 되고, 법률관계가 포괄적으로 변동되면서 지위를 잃었던 임시이사의 지위도 회복된다고 해석해야 한다.

대상판결이 '추단적 행정행위'라는 새로운 행정행위의 유형을 제시한 점은 주목이 가지만, 이 사안에서 추단적 행정행위로서 해임처분은 큰 의미가 없고, 사법관계 형성적 행정행위의 틀에서 포괄적인 법률관계의 변동으로 설명할 수 있다고 할 것이다.

대상판결이 수리행위의 의사표시에 초점을 맞추는 점에서 준법률행위적 행정행위론이 해체되고 있는 현실도 확인할 수 있다. 아울러 본 평석에서는 대상판결에서 나타난 법정부관에 대한 논의는 설득력이 떨어진다는 점도 지적하고 있다.

주제어: 사회복지사업법, 사회복지법인 임원의 임면, 사법관계 형성적 행정행위, 보고의 수리, 준법률행위적 행정행위론, 추단적 행정행위

Abstract

Acceptance of Reports on Appointment and Dismissal of Directors of Social Welfare Corporations and the Civil Law−Forming Administrative Act
− Supreme Court Judgment 2017Da269152 delivered on October 29, 2020 −

Hyun−Joon Kim*

When a social welfare corporation appoints or dismisses directors pursuant to the Social Welfare Act, the corporation shall report it to the Minister of Health, Welfare and Family Affairs without delay. The legal nature of such a report and its acceptance is controversial. The report is a 'report requiring acceptance', and the acceptance should be interpreted as an 'administrative act that forms a civil law relationship'. Just as accreditation, which is a typical administrative act that forms a civil law relationship and consists of 'basic action' and 'supplementary action', the acceptance in this case should also be regarded as an administrative act of the same nature. When the administrative agency accepts reports on the appointment and dismissal of directors, private autonomy and public control are properly harmonized.

Another characteristic of the civil law−forming administrative action (Privatrechtsgestaltender Verwaltungsakt) is that, when the resolution of the board of directors is contested through litigation, civil litigation should

---

* Yeungnam Univ. Law School, Prof.

be against basic actions filed, not administrative litigation against supplementary actions. If the basic action becomes invalid through this, the supplementary action also loses its legal effect retroactively. Therefore, if the resolution of the corporate board of directors is invalidated, the acceptance of reports, which is a supplementary action, will also lose its legal effect, and it should be interpreted that the lost temporary director's position will also be restored.

It is noteworthy that this judgment of the supreme Court presented 'implied administrative act' as a new type of administrative act, but in this case, dismissal as an implied administrative act has no significant meaning from the point of view of this paper. And through the target judgment, it was possible to confirm the reality of the abolition of quasi－legal administrative acts. This paper also points out that the discussion of the ancillary provision(Nebenbestimmung) set by the law asserted by the target judgment is not persuasive.

Keywords: social welfare business act, appoint or dismiss of directors, civil law－forming administrative act(privatrechtsgestaltender Verwaltungsakt), acceptance of report, theory of quasi－legal administrative act, implied administrative act

투고일 2021. 12. 6.
심사일 2021. 12. 22.
게재확정일 2021. 12. 27.

行政訴訟에 있어서의 訴의 利益

부당해고구제명령의 성격과 재심판정취소소송에서의
소의 이익 (이윤정)

부당해고구제명령의 성격과 재심판정취소소송에서의 소의 이익

이윤정*

대상판결: 대법원 2020. 2. 20. 선고 2019두52386 전원합의체 판결

Ⅰ. 대상판결의 개요

1. 사실관계와 소송의 경과

(1) 근로자인 원고는 사용자인 피고보조참가인과 사이에 기간의 정함이 없는 근로계약을 체결하고 근무하던 중 2016. 12.경 피고보조참가인으로부터 해고를 통보받았다.

(2) 원고는 2017. 1. 17. 서울지방노동위원회에 부당해고구제신청을 하였고, 그 후 「근로기준법」 제30조 제3항에 따라 원직복직 대신 임금 상당액 이상의 금품지급명령(이하 '금품지급명령'이라 함)을 구하는 것으로 신청취지를 변경하였다.

* 강원대학교 법학전문대학원 교수

(3) 서울지방노동위원회는 원고에 대한 해고에 정당한 이유가 있다고 보아 구제신청을 기각하였고, 원고는 중앙노동위원회에 재심신청을 하였으나 중앙노동위원회도 서울지방노동위원회와 같은 이유로 원고의 재심신청을 기각하였다(이하 '이 사건 재심판정'이라 함).

(4) 원고는 2017. 9. 22. 이 사건 재심판정의 취소를 구하는 소(이하 '이 사건 취소소송'이라 함)를 제기하였다.

(5) 한편, 피고보조참가인은 2017. 9. 19. 근로자 과반수의 동의를 얻어 취업규칙을 개정하여 이 사건 취소소송이 제1심법원에 계속 중이던 2017. 10. 1.부터 시행하였다(이와 같이 개정·시행된 이 취업규칙을 이하 '개정 취업규칙'이라 함). 정년 규정이 없던 개정 전 취업규칙과 달리 개정 취업규칙에는 근로자가 만 60세에 도달하는 날을 정년으로 하고, 정년 규정은 개정 취업규칙 시행일 이전에 입사한 직원에게도 적용되는 것으로 정하였다.

(6) 이 사건 취소소송의 제1심법원은 원고가 개정 취업규칙 시행일인 2017. 10. 1. 정년이 되어 당연퇴직함에 따라 이 사건 재심판정의 취소를 구할 소의 이익이 소멸하였다고 보아, 이 사건 취소소송을 각하하였고[1], 원심도 제1심판결을 그대로 유지하였다.[2]

(7) 그러나 상고심인 대상판결은 다음 항에서 보는 바와 같이 근로자가 부당해고구제신청을 하여 해고의 효력을 다투던 중 원직에 복직하는 것이 불가능하게 된 경우에도 해고기간 중의 임금 상당액을 지급받을 필요가 있다면 임금 상당액 지급의 구제명령을 받을 이익이

1) 서울행정법원 2018. 12. 13 선고 2017구합6235 판결
2) 서울고등법원 2019. 9. 4 선고 2019누30487 판결

유지되므로 구제신청을 기각한 중앙노동위원회의 재심판정을 다툴 소의 이익이 있다고 보아야 한다고 하면서 원심판결을 파기하고 자판하여, 제1심판결을 취소하고 이 사건을 제1심법원인 서울행정법원에 환송하였다.

2. 판결요지

종래 대법원은 근로자가 부당해고구제신청을 기각한 재심판정에 대해 소를 제기하여 해고의 효력을 다투던 중 사직하거나 정년에 도달하거나 근로계약기간이 만료하는 등의 이유로 근로관계가 종료한 경우, 근로자가 구제명령을 얻는다고 하더라도 객관적으로 보아 원직에 복직하는 것이 불가능하고, 해고기간 중에 지급받지 못한 임금을 지급받기 위한 필요가 있다고 하더라도 이는 민사소송절차를 통하여 해결할 수 있다는 등의 이유를 들어 소의 이익을 부정하여 왔다.[3)]

그러나 대상판결은 종래의 입장을 변경하여 근로자가 부당해고구제신청을 하여 해고의 효력을 다투던 중 정년에 이르거나 근로계약기간이 만료하는 등의 사유로 원직에 복직하는 것이 불가능하게 된 경우에도 해고기간 중의 임금 상당액을 지급받을 필요가 있다면 임금 상당액 지급의 구제명령을 받을 이익이 유지되므로 구제신청을 기각한 중앙노동위원회의 재심판정을 다툴 소의 이익이 있다고 보아야 한다고 판시하였다.

대상판결은 다음과 같은 근거를 들고 있다.

(1) 「근로기준법」은 부당해고구제명령제도에 관하여 "사용자가 근로자에게 부당해고 등을 하면 근로자는 노동위원회에 구제를 신청할 수

3) 대법원 1995. 12. 5. 선고 95누12347 판결, 대법원 2001. 4. 10. 선고 2001두533 판결, 대법원 2011. 5. 13. 선고 2011두1993 판결, 대법원 2012. 7. 26. 선고 2012두3484 판결, 대법원 2015. 1. 29. 선고 2012두4746 판결 등

있다."(제28조 제1항), "노동위원회는 제29조에 따른 심문을 끝내고 부당해고 등이 성립한다고 판정하면 사용자에게 구제명령을 하여야 하며, 부당해고 등이 성립하지 아니한다고 판정하면 구제신청을 기각하는 결정을 하여야 한다."(제30조 제1항)라고 규정하고 있다. 부당해고구제명령제도는 부당한 해고를 당한 근로자에 대한 원상회복, 즉 근로자가 부당해고를 당하지 않았다면 향유할 법적 지위와 이익의 회복을 위해 도입된 제도로서, 근로자 지위의 회복만을 목적으로 하는 것이 아니다. 해고를 당한 근로자가 원직에 복직하는 것이 불가능하더라도, 부당한 해고라는 사실을 확인하여 해고기간 중의 임금 상당액을 지급받도록 하는 것도 부당해고구제명령제도의 목적에 포함된다.

(2) 노동위원회는 부당해고가 성립한다고 인정되면 부당해고임을 확인하고 근로자를 원직에 복직시키고, 해고기간 동안 정상적으로 근로하였다면 받을 수 있었던 임금 상당액을 지급하라는 취지의 구제명령을 하고 있다. 부당한 해고를 당한 근로자를 원직에 복직하도록 하는 것과, 해고기간 중의 임금 상당액을 지급받도록 하는 것 중 어느 것이 더 우월한 구제방법이라고 말할 수 없다. 근로자를 원직에 복직하도록 하는 것은 장래의 근로관계에 대한 조치이고, 해고기간 중의 임금 상당액을 지급받도록 하는 것은 근로자가 부당한 해고의 효력을 다투고 있던 기간 중의 근로관계의 불확실성에 따른 법률관계를 정리하기 위한 것으로 서로 목적과 효과가 다르기 때문에 원직복직이 가능한 근로자에 한정하여 임금 상당액을 지급받도록 할 것은 아니다.

(3) 노동위원회가 하는 구제명령은 사용자에게 이에 복종해야 할 공법상의 의무를 부담시킬 뿐 직접 노사 간의 사법상 법률관계를 발생 또는 변경시키는 것은 아니지만, 구제명령이 내려지면 사용자는 이를 이행하여야 할 공법상의 의무를 부담하고, 이행하지 아니할 경우에는 이행강제금이 부과되며(「근로기준법」 제33조), 확정된 구제명령을 이행하지 아니한 자는 형사처벌의 대상이 되는(「근로기준법」 제111조) 등 구제

명령은 간접적인 강제력을 가진다. 따라서 근로자가 구제명령을 통해 유효한 집행권원을 획득하는 것은 아니지만, 해고기간 중의 미지급 임금과 관련하여 강제력 있는 구제명령을 얻을 이익이 있으므로 이를 위해 재심판정의 취소를 구할 이익도 인정된다고 봄이 타당하다.

(4) 해고기간 중의 임금 상당액을 지급 받기 위하여 민사소송을 제기할 수 있다는 사정이 소의 이익을 부정할 이유가 되지는 않는다. 행정적 구제절차인 부당해고구제명령제도는 민사소송을 통한 통상적인 권리구제 방법에 따른 소송절차의 번잡성, 절차의 지연, 과다한 비용부담 등의 폐해를 지양하고 신속·간이하며 경제적이고 탄력적인 권리구제를 도모하는 데에 그 제도적 취지가 있다(대법원 1997. 2. 14. 선고 96누5926 판결 참조). 근로자가 해고기간 중 받지 못한 임금을 지급받기 위하여 민사소송을 제기할 수 있음은 물론이지만, 그와 별개로 신속·간이한 구제절차 및 이에 따른 행정소송을 통해 부당해고를 확인받고 부당해고로 입은 임금 상당액의 손실을 회복할 수 있도록 하는 것이 부당해고구제명령제도의 취지에 부합한다.

(5) 종전 판결은 금품지급명령을 도입한 근로기준법 개정 취지에 맞지 않고, 기간제근로자의 실효적이고 직접적인 권리구제를 사실상 부정하는 결과가 되어 부당하다. 2007. 1. 26. 개정된 「근로기준법」 제33조의3 제1항(현행 「근로기준법」 제30조 제3항)은 부당한 해고의 구제방식을 다양화함으로써 권리구제의 실효성을 제고할 목적으로, 해고에 대한 구제명령을 할 때에 근로자가 원직복직을 원하지 아니하면 원직복직을 명하는 대신 근로자가 해고기간 동안 근로를 제공하였더라면 받을 수 있었던 임금 상당액 이상의 금품을 근로자에게 지급하도록 명할 수 있게 하였다. 이와 같이 원직복직을 전제로 하지 않는 구제수단을 제도적으로 도입한 점에 비추어 보면 원직복직이 불가능한 경우에도 소의 이익을 인정하여 근로자가 구제받을 기회를 주는 것이 타당하다. 기간제근로자가 근로계약기간 중 부당한 해고를 당했다는 이유로 부당해고구

제신청을 하였으나 구제신청이 기각된 경우, 근로자가 제기한 소송이 진행되는 중에 근로계약기간이 종료되는 경우가 적지 않다. 종전 판결에 따르면 이 경우 소의 이익이 인정되지 않으므로 기간제근로자는 구제받기 어렵다. 기간제근로자에 대한 부당해고의 원상회복을 위해서는 원직복직보다 해고기간 중의 임금 상당액을 지급받도록 하는 것이 더 중요할 수 있음에도 불구하고 본안을 판단하지 않는 종전 판결의 태도는 기간제근로자의 권리구제에 실질적인 흠결을 초래한다.

Ⅱ. 쟁점의 정리

해고를 당한 근로자가 부당해고임을 주장하면서 해고의 효력을 다투는 경우 민사재판을 이용할 수도 있지만, 이에 대한 행정적 구제절차로 노동위원회에 부당해고구제신청을 할 수 있다. 그리고 구제신청에 대한 노동위원회의 판정에 대하여는 취소소송으로 다툴 수 있다. 이와 같이 부당해고구제신청에 대한 노동위원회의 판정이라는 행정적 구제절차 및 이에 대한 행정소송이 진행되는 도중에 근로관계가 종료한 때에 대상판결 이전의 종래 대법원의 입장에 따르면, 그 절차(부당해고구제신청 또는 취소소송)를 근로자가 제기한 경우 구제이익 또는 소의 이익[4]이 부정되었다. 반면에 행정적 구제절차 및 행정소송이 진행되는 도중 근로관계가 종료한 상황에서 사용자가 제기한 재심신청[5]이나 재심판정취소소송[6]에서는 구제이익과 소의 이익이 모두 인정되었다. 대상판결

4) 대상판결은 '소의 이익에 관한 상고이유에 대하여'라는 소목차 안에서 소의 이익이라는 용어를 사용하고 있는데, 이는 우리 판례상 법률상 이익(협의의 소의 이익)을 의미한다. 대상판결의 평석인 이 글에서도 불필요한 혼란을 줄이기 위해 '소의 이익'이라는 용어로 사용하기로 한다.

5) 지방노동위원회에서 구제명령이 내려져 사용자가 재심을 청구한 경우를 말함

6) 중앙노동위원회에서 구제명령을 한 초심을 유지하거나, 구제명령을 하여 사용자가

은 전자의 경우에서, 근로자가 부당해고구제신청을 기각한 재심판정에 대해 소를 제기하여 해고의 효력을 다투던 중에 정년에 도달하여 근로관계가 종료한 경우에 소의 이익을 인정할 수 있다고 하여 종래의 입장을 변경한 것이다.

그동안 구제절차나 재심판정에 대한 취소소송 도중에 근로관계가 종료하면 구제이익이나 소의 이익을 인정하지 않는 것에 대한 많은 비판이 있었던 만큼, 대법관 전원일치의 의견으로 선고된 대상판결은 노동계의 환영과 지지를 받고 있다. 대상판결로 인하여 정년에 달한 근로자와 특히 근로계약기간이 짧아 구제명령 절차 중에 계약기간이 종료되는 것이 대부분인 기간제근로자들도 구제명령제도를 이용할 수 있게 되었다.

대상판결에서의 쟁점 자체는 매우 간단한데, 원직복직이 불가능한 경우에 임금지급명령만이라도 할 구제이익이 있는가의 여부이고, 이는 원직복직명령과 임금지급명령이 별개의 독립적인 구제명령이라고 보는가, 아니면 후자는 전자에 대하여 종속적이고 부차적인 구제명령이라고 보는가에 따라 달라진다.

이에 대해서 그동안 많은 논의가 있었는데 임금지급명령만을 위한 구제이익이나 소의 이익도 인정하여야 한다는 주장이 대부분이었고, 그 논거는 구제명령이 근로자를 위한 신속하고 경제적인 구제절차이므로 근로자 보호와 권리구제의 확대를 위하여 필요하다는 부분에 집중된 듯하다.

그러나 노동위원회가 하는 구제명령은 사인 간의 계약에서 발행한 분쟁에 대하여 그 유·무효를 판단하고 채무의 이행을 강제해 주는 것으로 준사법(司法)작용에 해당한다. 구제명령을 통해 해고가 있기 이전의 원래 상태로의 회복을 하게 하는 것뿐 아니라 확정된 과거의 법률관계

취소소송을 제기한 경우를 말함

에서 발생한 채무의 만족을 얻을 수 있도록 조력하는 것도 행정작용인 구제명령의 독자적인 목적인지를 판단하기 위해서는 구제의 필요성이 있다는 것만으로 충분하지 않고, 행정기관인 노동위원회의 성격에 비추어 노동행정에서 근로자의 구제를 위해 행정기관이 사법(私法)상의 법률관계에 어느 정도 개입하고 강제할 수 있는가 대한 고민이 선행되어야 한다.

또한 재심판정취소소송도 여타의 취소소송과 같이 소의 이익이 인정되어야 적법한데, 구제이익이 있으면 소의 이익도 있다고 판단할 수 있기 위해서는 구제명령제도의 목적과 관련하여 구제이익이 무엇인지, 재심판정을 취소할 소의 이익이 구제명령을 받을 구제이익과 같은지에 대한 검토도 필요하다.

이 글에서는 먼저 부당해고를 중심으로 구제명령의 내용과 법적 성질을 살펴본 후에 구제명령에서의 구제이익과 재심판정 취소소송의 소의 이익이 어떤 경우에 인정되는지를 검토하고 이를 토대로 대상판결 향후 구제명령제도의 전망과 개선안에 대하여 논의해보고자 한다.

Ⅲ. 부당해고구제명령의 법적 성격

(1) 부당해고구제절차의 개관

구제명령은 부당해고등을 당한 근로자를 위하여 노동위원회가 하는 행정적 구제방법이다. 7) 「근로기준법」 제23조 제1항은 “사용자는

7) 노동위원회는 노동조합 및 노동관계조정법에 의하여 근로자나 노동조합이 부당노동행위에 대해 제기한 구제신청에 대해서도 구제명령을 내리지만(노동조합 및 노동관계조정법 제84조), 이 글에서는 근로기준법상 부당해고등에 대한 구제명령만을 논의의 대상으로 한다.

근로자에게 정당한 이유 없이 해고, 휴직, 정직, 전직, 감봉, 그 밖의 징벌(懲罰)(이하 "부당해고등"이라 한다)을 하지 못한다"고 규정하고, 이 규정을 위반하여 정당한 이유 없이 한 해고를 부당해고라 한다.[8] 부당해고는 그 효력이 무효라고 인정되는데, 무효의 근거에 대해서는 대법원[9]과 다수의 견해가 강행규정 위반의 법률행위로서 무효인 것으로 보고 있다.[10]

부당해고를 당한 근로자는 그 해고가 무효이므로 여전히 근로계약이 유지됨을 전제로 사법상의 분쟁해결절차를 이용하여 임금청구 등을 할 수 있지만,[11] 이와 별도로 「근로기준법」은 제28조 이하에서 구제명령제도를 두고 있다.

구제명령제도의 절차를 간략히 살펴보면, 부당해고등을 당한 근로자는 3개월 이내에 노동위원회에 구제를 신청할 수 있다(「근로기준법」 제28조 제1항 및 제2항). 근로자의 구제신청을 받은 초심 노동위원회(지방노동위원회)는 심문을 거쳐 부당해고가 성립한다고 판정하면 사용자에게

---

8) 정당한 이유가 없는 해고, 휴직, 정직, 전직, 감봉, 그 밖의 징벌 나아가 해석상 징벌이 아닌 단순한 인사조치인 전출, 전적, 직위해제 등에 대하여도 위 규정이 적용되어 부당하면 무효이다. 본 글에서는 부당해고를 중심으로 논하고자 한다.

9) 대법원 1969. 3. 31. 선고 69다135 판결은 "근로기준법 제20조 제1항의 규정에 의하여 같은 법에 정한 기준에 미달하는 근로조건을 정한 근로계약은 그 부분에 한하여 무효가 되는 것과는 달리 같은 법 제27조는 정당한 사유가 없이는 해고들을 할 수 없다는 강행법규로서 설사 피고 법인 상벌규정 제9조에 학교형편, 직제변경으로 감원할 수 있다고 되어 있다 하여도 위 근로기준법 제27조에 규정한 정당한 사유가 있는 경우에 한하여 적용된다고 할 것..."이라고 판시하였다.

10) 이에 대해 강행규정 위반 무효론을 극복하고 민법 제103조의 반사회질서 위반 법률행위로서 무효라는 법리로 전환하여야 한다는 주장으로, 고호성, "「근로기준법」 제23조 제1항의 강행규정성 문제 (부당해고 무효법리의 근거 문제 2)", 노동법연구 제48호 (2020), 서울대학교노동법연구회, 75－137면

11) 해고가 무효이고, 근로계약이 여전히 유효함에 따라 근로자는 근로계약상 노무제공의 의무를, 사용자는 임금지급의 의무를 계속 가진다. 해고기간 동안 근로자가 노무를 제공하지 않은 것은 사용자의 지시에 의한 것이므로 채권자지체규정(민법 제400조, 401조)에 따라 근로자는 노무제공의무 불이행으로 인한 책임이 없고, 임금채권자로서 사용자에게 해고기간 동안의 미지급 임금을 청구할 수 있다.

구제명령을, 부당해고가 성립하지 아니한다고 판정하면 구제신청을 기각하는 결정을 한다(「근로기준법」 제30조 제1항). 그리고 부당해고에 대한 구제명령을 할 때에 근로자가 원직복직(原職復職)을 원하지 아니하면 원직복직을 명하는 대신 근로자가 해고기간 동안 근로를 제공하였더라면 받을 수 있었던 임금 상당액 이상의 금품을 근로자에게 지급하도록 명할 수 있는데(「근로기준법」 제30조 제3항), 이를 통상 금전보상제도라고 부른다.[12)]

노동위원회의 초심판정에 불복하는 방법으로 「근로기준법」과 「노동위원회법」은 중앙노동위원회의 재심만을 규정하고 있다. 즉 「근로기준법」 제31조 제1항은 '..지방노동위원회의 구제명령이나 기각결정에 불복하는 사용자나 근로자는 구제명령서나 기각결정서를 통지받은 날부터 10일 이내[13)]에 중앙노동위원회에 재심을 신청할 수 있다'고 규정하고, 제2항은 '제1항에 따른 중앙노동위원회의 재심판정에 대하여 사용자나 근로자는 재심판정서를 송달받은 날부터 15일 이내[14)]에 「행정

12) 1면의 대상판결의 소개에서는 판결문에서 약칭한 대로 금품지급명령이라고 하였으나, 구제명령의 내용으로 이루어지는 임금지급명령과의 구별을 용이하게 하기 위하여 일반적으로 사용하는 용어인 금전보상제도라고 칭하기로 한다. 금전보상제도는 2007. 1. 26. 개정 근로기준법에서 도입되었는데, 원직복직을 전제로 하지 않는 임금지급명령을 인정하고 있으므로 임금지급명령을 원직복직명령과 별개인 독자적인 구제명령의 목적으로 볼 근거가 된다고 주장되었고(유성재, 임금상당액 지급명령의 독립적 구제이익, 법학논문집 제37집 제3호(2013), 63-101면, 심재진, 근로관계 종료에 따른 부당해고 등 구제신청 구제이익과 재심판정취소소송 소의 이익 — 대법원 판례법리의 분석과 평가 —, 노동법연구, 32권, 2012, 61-110, 등) 실제 대상판결도 '금전보상제도를 도입한 점에 비추어 보면 원직복직이 불가능한 경우에도 소의 이익을 인정하여 근로자가 구제받을 기회를 주는 것이 타당하다'고 판시하고 있다. 그러나 금전보상제도 자체는 부당해고자가 원직복직을 원하지 않는 경우에 인정되는 것으로 원직복직 가능성을 전제로 하고 있으므로 금전보상제도로 임금지급명령이 원직복직명령에 종속하는 구제명령이 아니라고 볼 근거를 삼을 수 있는지는 의문이다.

13) 노동위원회법 제26조제2항 '처분을 송달받은 날부터 10일 이내에' 재심을 신청할 것을 규정하고 있고, 동조제3항에서 이 기간을 불변기간으로 규정하고 있다.

14) 노동위원회법 제27도제1항도 중앙노동위원회의 처분에 대한 소송은 중앙노동위원

소송법」의 규정에 따라 소(訴)를 제기할 수 있다'고, 제3항은 '제1항과 제2항에 따른 기간 이내에 재심을 신청하지 아니하거나 행정소송을 제기하지 아니하면 그 구제명령, 기각결정 또는 재심판정은 확정된다.'고 규정하여 구제명령이나 기각결정의 초심판정에 대해서는 재심신청만을 할 수 있도록 하고, 중앙노동위원회의 재심판정에 대해서만 행정소송을 제기할 수 있도록[15] 규정하고 있다.

그리고 중앙노동위원회는 당사자의 신청이 있는 경우 지방노동위원회 또는 특별노동위원회의 처분을 재심하여 이를 인정·취소 또는 변경할 수 있다(「노동위원회법」 제26조제1항), 노동위원회규칙 제94조 제2항은 중앙노동위원회는 근로관계의 소멸이나 사업장 폐쇄 등으로 초심의 구제명령 내용을 그대로 유지하는 것이 적합하지 않다고 판단하는 경우에는 그 내용을 변경할 수 있다고 규정하여 처분(판정)변경권한을 규정하고 있다.

이를 정리하면, 부당해고를 당한 근로자는 사용자를 상대방으로 하여 지방노동위원회에 구제신청을 하여 구제명령이나 기각결정을 받을 수 있고, 지방노동위원회의 초심판정에 불복하는 당사자 즉 구제명령에 불복하는 사용자나 기각결정에 불복하는 근로자는 중앙노동위원회에 재심을 신청할 수 있으며, 중앙노동위원회는 이에 대해 초심판정의 인정, 취소, 변경의 재심판정을 하고, 중앙노동위원회의 재심판정에 불복하는 당사자는 행정법원에 취소소송을 제기할 수 있다. 부당해고에 대한 행정구제절차를 통한 분쟁해결은 노동위원회에서 두 번의 심판을 거쳐 행정법원에서 최종적으로 확정되게 된다[16].

회 위원장을 피고(被告)로 하여 처분의 송달을 받은 날부터 15일 이내에 제기하여야 한다고 규정하여 같은 기간을 규정하고 있고, 동조제2항은 부정지의 원칙을 제3항은 위 기간이 불변기간임을 규정하고 있다.

15) 이와 같은 이유로 중앙노동위원회의 재심판정은 행정심판전치주의와 재결주의에 해당하는 예로 인정된다. 박균성 행정법강의 제16판, 741면, 홍정선, 신행정법특강 제20판, 619면 등

(2) 행정작용으로서 부당해고구제명령의 법적 성격

실무에서 부당해고에 대한 구제명령은 원직복직명령과 임금지급명령 두 가지로 정형화되어 있다. 노동위원회는 초심에서 부당해고가 인정될 경우, 판정서 주문에서 ① 해당 해고가 부당해고임을 인정하고(부당해고 인정), ② 사용자에게 기한을 정하여 근로자를 원직에 복직시킬 것을 명령하면서(원직복직명령), ③ 해고 시부터 원직복직 시까지의 해고기간 동안 정상적으로 근로하였다면 받을 수 있었던 임금상당액의 지급하라고 명령(임금지급명령)한다. 부당해고가 인정되지 않을 경우에는 구제신청을 기각한다(기각결정). 이에 불복하는 당사자가 중앙노동위원회에 재심을 신청하는 경우, 중앙노동위원회는 다시 심문회의를 거쳐 재심판정을 하는데 초심판정을 유지하는 경우에는 재심신청의 기각결정을, 초심판정을 유지하지 않는 경우에는 초심판정의 취소와 함께 구제신청에 대한 구제명령 또는 구제신청기각의 판정을 한다[17]. 중앙노동위원회가 하는 구제명령은 초심에서의 구제명령과 그 내용이 같다.

이러한 구제명령의 법적 성격은 무엇일까? 노동위원회라고 하는 합의제 행정기관이 부당해고를 둘러싼 법적 분쟁에 대하여 대심적 구조의 심판을 거쳐 해고가 부당한지 여부를 판정하는 것이므로 그 실질적인 성격은 사법(司法)작용의 성격을 갖는다. 따라서 노동위원회의 판정은 준사법작용이라 할 수 있다. 분쟁을 간이하고 신속하고 해결할 수 있는 행정형 ADR로 볼 수도 있겠으나, 구제명령제도는 노동위원회에서의 재심과 법원에서의 취소소송이라는 불복절차가 마련되어 있어 종국

---

16) 이 때문에 노동위원회를 통한 구제절차가 사실상 5심제가 되어 분쟁의 신속한 해결이라는 면에서는 바람직하지 못하다는 문제점이 있다.

17) 노동위원회규칙 제94조제1항은 중앙노동위원회는 재심신청이 요건을 충족하지 못한 경우 재심신청을 각하하고, 재심신청이 이유 없다고 판단하는 경우에는 기각하며, 이유 있다고 판단하는 경우에는 지방노동위원회의 처분을 취소하고 구제명령이나 각하 또는 기각결정을 하여야 한다고만 규정하고 있다.

적으로 분쟁이 해결되지 않기 때문에 구제명령은 준사법적 성격의 절차를 통하여 이루어지는 행정처분이라고 보아야 할 것이다.

좀 더 구체적으로는, 지방노동위원회의 초심판정 중 ① 부당해고의 인정은 다툼이 있는 법률관계의 존부나 법률행위 효력에 대하여 행정기관이 공권적으로 그 존부나 유무효를 확인하는 것이므로 행정작용 중 준법률행위적 행정행위인 확인에 해당한다고 할 수 있을 것이다. 그리고 구제명령으로 ② 원직복직명령이나 ③ 임금지급명령은 작위의무[18]를 부담시킨다는 점에서 하명으로 분류할 수 있을 것이다. 이미 계약 관계에 의하여 발생한 사법상 채무의 이행을 명령하는 것이기 때문에 작위의무의 내용이 새로운 것이 아니어서 이를 과연 행정행위로 볼 수 있는지 의문의 여지가 있기는 하지만, 사용자가 제3자인 근로자에 대하여 이행할 의무를 노동위원회에 대하여 부담하는 것이고, 이는 새로이 부담하게 된 공의무(公義務)라고 볼 수 있다. 이와 같이 본다면 노무제공의 기회를 부여하고 임금을 지급하여야 하는 근로계약상 채무가 구제명령이라는 행정행위에 의하여 공의무로서도 성립하게 된다.[19] 또한 구제신청기각은 구제명령의 신청에 대한 거부로 볼 수 있을 것이다.

---

18) 행정지도로서의 성격이 거론되기도 하나 구제명령의 불이행에 대하여 이행강제금으로 강제하도록 하고 있는 점에서 이 작위의무는 권력작용으로 보아야 할 것이고 행정지도로 보기는 어렵다고 생각한다.

19) 원직복직명령의 이행과 관련하여 원직복직이란 해고 당시 근로자가 담당하고 있던 업무와 동일하거나 유사한 업무, 직책, 지위에 복직하는 것을 말하지만 판례는 해고를 전제로 이루어진 인사질서, 작업환경의 변화, 사용자의 경영상의 필요에 따라 종전의 일과 다소 다르더라도 사용자가 원직과 비교하여 근로자에게 합당한 직책과 업무를 부여하면 원직복직이 이루어진 것으로 본다(대법원 1994. 7. 29. 선고 94다4295 판결 등), 근로계약상 사용자가 노무제공의 기회를 주어야 할 의무가 계약상 의무인지가 문제될 수 있지만, 구제명령으로 원직목직명령이 내려진 이상 수명자인 사용자는 공의무로서 원직복직의무를 부담하게 된다는 점은 분명하다.
한편 이와 관련하여 아예 노무제공의 기회를 제공하지 않을 경우에 근로자에게 취업청구권이 인정되는가에 대한 논의가 있다(노병호, 노동위원회에 의한 부당해고 등 구제에 관한 고찰, 노동법논총 제34권, 한국비교노동법학회, 156면

(3) 구제명령으로서 원직복직명령과 임금지급명령의 관계

(가) 구제명령 내용 결정에 관한 노동위원회의 재량

노동위원회가 부당해고에 대한 구제명령으로 어떤 내용의 행정작용을 할 것인가에 관하여 대상판결로 인하여 「근로기준법」이 개정되기 이전까지는 '구제명령' 또는 '구제신청을 기각하는 결정'을 하라고만 규정하고 있었고(제30조제1항) 구제명령의 종류를 직접적으로 규정하지는 않았다.[20] 다만 금전보상명령제도를 규정한 「근로기준법」 제30조3항이 '원직복직명령을 내릴 수 있으나 근로자가 원직복직을 원하지 않을 경우'를 요건으로 하고 있어 구제명령으로서의 원직복직명령에 대한 간접적인 법적 근거는 있었다고 할 수 있다[21].

구제명령으로 구체적인 처분의 종류나 내용을 법령에서 열거하지 않기 때문에 근로자가 근로계약상 청구할 수 있는 내용으로 구제를 신청하면 노동위원회가 그 신청 내용 안에서 재량으로 구제 내용을 정할 수 있는 것으로 해석된다. 법원도 '노동위원회는 재량에 의하여 신청하고 있는 구체적 사실에 대응하여 적절·타당하다고 인정하는 구제를 명할 수 있는 것'으로 보고 있다.[22] 하지만 구제명령도 행정처분이라는 점에서 종류나 내용을 행정기관이 자유롭게 결정할 수 있도록 하는 것은 법률유보의 원칙에 비추어 바람직하지 않다. 어떤 구제명령을 할 것인가를 노동위원회가 결정할 수 있더라도, 법령의 내용과 취지상 구제명령의 의무의 내용은 부당해고등을 당한 근로자의 구제를 위한 것이어야 하고

20) 노동위원회규칙 제58조도 구제를 신청한 범위 안에서 판정하라고만 규정하고 있다.
21) V.항에서 후술하지만 대상판결 이후 2021. 5. 18. 개정된 「근로기준법」은 대상판결의 취지를 입법화하여 근로계약기간의 만료, 정년의 도래 등으로 근로자가 원직복직이 불가능한 경우에도 구제명령이나 기각결정을 하도록 하고, 부당해고 시에는 해고기간 동안 받을 수 있었던 임금 상당액에 해당하는 금품을 근로자에게 지급할 수 있도록 하는 내용으로 제30조제4항 신설하였다. 임금지급명령에 관하여 좀더 분명한 법적 근거가 추가된 것으로 볼 수 있다.
22) 대법원 1999. 5. 11. 선고 98두9233 판결

부당해고등이 없었던 상태로의 회복을 위해 필요하면서 근로계약상 사용자의 채무 내용을 넘어서지 않는 범위 내의 것이어야 할 것이다.

(나) 노동위원회의 성격 및 구제명령제도의 목적과 구제명령의 내용

구제명령으로 어떠한 내용의 명령이 내려질 수 있는지를 검토하기 위해서는 노동위원회의 성격 및 구제명령제도의 목적도 고려되어야 할 것이다.

부당해고를 당한 근로자가 사용자를 상대로 민사쟁송을 통해 해고의 부당함이나 근로자의 계약상 권리가 유효하게 존재함을 인정받고, 임금지급의 청구를 하는 것이 현실적으로 어렵기 때문에 근로자들이 신속하고 간편하면서 경제적으로 권리구제를 받게 하기 위하여 노동위원회를 통한 행정적 권리구제가 도입된 것이다. 이처럼 부당해고에 대한 구제명령은, 명령에 따라 이행하여야 하는 내용이 사인에 대하여 계약상 채무를 이행하는 것이기는 하지만 구제명령의 상대방인 사용자에게 명령의 내용을 이행하여야 할 공의무를 부담시키는 행정행위로서의 성격도 갖는다고 볼 수 있다. 노동위원회는 사용자와 근로자 또는 노동조합 사이의 노동관계에 개입하여 그 분쟁에 대한 판정, 결정이나 조정(調停), 중재 등을 통해 노동관계를 조정(調整)하는 준사법적 행정기관이다[23]. 집단적 노동관계에 개입하기도 하지만 부당해고와 같이 개별적

23) 노동위원회법 제2조의2(노동위원회의 소관 사무) 노동위원회의 소관 사무는 다음 각 호와 같다.

1. 「노동조합 및 노동관계조정법」, 「근로기준법」, 「근로자참여 및 협력증진에 관한 법률」, 「교원의 노동조합 설립 및 운영 등에 관한 법률」, 「공무원의 노동조합 설립 및 운영 등에 관한 법률」, 「기간제 및 단시간근로자 보호 등에 관한 법률」, 「파견근로자 보호 등에 관한 법률」 및 「산업현장 일학습병행 지원에 관한 법률」에 따른 판정·결정·의결·승인·인정 또는 차별적 처우 시정 등에 관한 업무
2. 「노동조합 및 노동관계조정법」, 「교원의 노동조합 설립 및 운영 등에 관한 법률」

근로관계에도 개입하여 상대적으로 열위에 있는 계약당사자인 근로자를 지원함으로써 근로자의 지위와 기본적 생활 보장을 통해 국민경제 발전과 사회통합의 공익에 기여한다. 구제명령은 그 내용이 사적 채무의 이행이기는 하지만, 이행의 부담을 행정기관에 대한 관계에서도 지게 하고 이행강제금[24]이라는 강제수단을 통해 간접적으로 이행을 강제하기 때문에 행정작용으로서의 성격이 추가되며, 이러한 공의무의 성립과 강제를 하는 목적은 노사관계의 특수성상 민사쟁송절차로는 그 권리를 제대로 행사하기 어려운 근로자를 보호하기 위해서이다.

(다) 부당해고 구제절차상 구제명령의 내용

먼저 원직복직명령은 「근로기준법」에 그 근거가 있고, 내용상으로도 부당해고가 없었던 상태로의 회복을 명하는 것이므로 위와 같은 구제명령의 내용에 해당된다고 인정하기가 용이하다. 그런데 임금지급명령에 대해서는 어느 정도 금품에 대한 지급의무를 사용자에게 부담시키는 것이 위에서 전제한 적법한 구제명령의 내용이 될 것인가는 판단하기가 쉽지 않다.

임금지급명령에 대한 논의를 보면, 임금지급명령이 구제명령의 내

및 「공무원의 노동조합 설립 및 운영 등에 관한 법률」에 따른 노동쟁의 조정(調停)·중재 또는 관계 당사자의 자주적인 노동쟁의 해결 지원에 관한 업무
3. 제1호 및 제2호의 업무수행과 관련된 조사·연구·교육 및 홍보 등에 관한 업무
4. 그 밖에 다른 법률에서 노동위원회의 소관으로 규정된 업무

24) 근로기준법 제33조제1항에 따라 노동위원회는 구제명령이나 구제명령을 내용으로 하는 재심판정을 받은 후 이행기한까지 구제명령을 이행하지 아니한 사용자에게 2천만원 이하의 이행강제금을 부과한다. 근로기준법시행령 제13조 별표 3에 따르면 그 이행강제금은 위반행위의 종류에 따른 부과금액의 범위에서 위반행위의 동기, 고의·과실 등 사용자의 귀책 정도, 구제명령 이행을 위한 노력의 정도, 구제명령을 이행하지 아니한 기간 등을 고려하여 100만원에서 2000만원 이하의 금액으로 결정된다. 이행강제금은 구제명령이 이행될 때까지 매년 2회의 범위에서 2년까지는 반복하여 부과·징수할 수 있으므로 이행강제금은 구제명령을 받은 사용자에게 원직복직명령을 이행할 상당한 강제가 된다.

용으로 성립될 수 있다는 점은 당연히 전제하면서 다만 이 임금지급명령이 원직복직을 전제로만 이루어지는가 아니면 독립적으로도 인정되는 구제명령인가에 대하여만 논의가 이루어지고 있다[25]. 이 논란에서의 입장 차이가 원직복직이 불가능한 경우의 구제이익 또는 소의 이익 인정 여부와 연결된다. 종래의 판례는 임금지급명령이 원직복직명령에 종속적인 구제명령이라는 입장이다. 다시 말해 원직복직명령과 임금지급명령, 두 구제명령은 원직복직이 불가능한 경우에 임금지급명령만을 할 구제이익을 인정할 것인가 하는 중대한 실익 때문에 양 구제명령의 상호관계가 논의되었는데, 이러한 논의는 임금지급명령이 구제명령으로서 그 자체가 갖추어야 할 모습보다는, 구제실익을 고려하여 그러한 명령을 인정할 필요가 있는지 여부에 더 초점을 맞춘 것이라는 아쉬움이 있다.

생각건대, 임금지급명령은 원직복직명령에 대하여 부차적이고 종속적이라고 말하기는 어렵다. 임금지급명령이 논리필연적으로 원직복직명령에 종속되는 것은 아니나 그렇다고 해서 임금지급명령의 구제명령으로서의 의미가 원직복직명령과 대등한 정도로 용이하게 인정되는 것은 아니다.

구제명령은 부당해고에 대한 행정적 구제제도로서 개인 간의 법률관계 분쟁을 조정하면서 특히 약자인 근로자의 권익이 사실상의 열세로 인하여 포기되지 않도록 지원하는 노동행정의 이념에 맞아야 한다. 그리고 구제명령은 행정절차로서, 비록 사법(司法)작용에 해당하는 성격을 갖더라도 그 판단은 최종적인 것이 아니고 당사자가 노동위원회의 판단에 승복하지 않으면 최종적으로는 법원에서 해고의 당·부당과 유·무효가 결정된다는 점을 고려한다면 부당해고에 대한 행정구제는 부당해고

---

25) 이 부분에 대한 논의에 대해서는 유성재, 위의 글(각주 12), 79－31면, 박은정, 권오성, 부당해고구제신청의 구제이익과 소의 이익 － 대법원 2020. 2. 20. 선고 2019두52386 전원합의체 판결 －, 법학논집 제24권제3호, 이화여자대학교 법학연구소, 2020. 3. 363－364면, 등 참조

를 둘러싼 법적 분쟁에 있어 약자인 근로자가 그 분쟁을 계속해나감에 있어 절차의 번잡함이나 경제적 비용의 문제로 특히 임금소득이 중단된 상태라는 절박한 상태에서 법적 분쟁을 하여야 하는 곤란에서 구제해 주는 것이어야 한다. 따라서 구제명령은 부당해고가 성립할 때 근로자가 부당해고가 없었던 상태의 지위나 원상을 회복할 수 있게 하는 것을 목적으로 하되, 최종적인 법적 판단이 구제명령과 다를 경우의 법률관계의 혼란을 초래하는 것은 방지하여야 할 필요가 있다.

이러한 면에서 원직복직명령을 보면, 원직복직명령은 근로자를 부당해고의 곤란에서 당장 구제하는 방법이기도 하지만, 해고를 다투면서도 일단 해고가 없는 상태처럼 양당사자가 근로계약에 따른 노무제공과 임금지급을 하게 하므로 부당해고의 유무효에 대한 최종적인 판단이 구제명령과 다를 수도 있는 결과의 위험도 크지 않다[26].

임금지급명령의 경우 부당해고를 당한 날부터 원직복직으로 노무를 제공하게 되기 이전 또는 근로관계가 종료하기 이전까지의 임금은 지급하도록 하는 것이 부당해고 이전의 원상으로의 복원조치에 해당한다. 그러나 이를 원직복직이 불가능한 경우에도 독자적으로 신청 가능하다고 인정하면 부당해고를 당한 후 근로계약이 종료한 근로자의 미지급임금채권은 다른 체불임금채권에 비하여 더 유리하게 행정구제절차에 의하여 지급받게 되는 결과가 되고 해고가 정당한 것으로 최종 판단될 경우에는 지급할 필요가 없었던 임금을 노동위원회가 강제한 결과가 될 위험도 있다.[27]

이러한 점을 고려할 때 임금지급명령은 부당해고에 대한 구제명령

---

26) 구제명령과 달리 해고가 정당한 것으로 최종 인정되더라도 원직복직 이후 수령한 임금은 근로제공에 대한 것이므로 부당이득이 되지 않는다.

27) 임금지급명령을 포함한 구제명령을 한 노동위원회의 판정이 소송에서 취소되면 지급한 임금이나 이행강제금은 법률상 원인 없는 급부가 되므로 반환을 받을 수 있다. 그러나 납부한 이행강제금은 반환을 받을 수 있어도 근로자에게 지급한 임금은 현실적으로 반환을 받기가 어려울 것이다.

의 취지와 준사법적 행정절차의 한계를 조화롭게 해석하여 부당해고를 다투는 근로자가 원직에 복직하더라도 그 사이 해고기간동안의 임금을 지급받지 못함으로써 경제적인 곤란이 발생하는 것을 구제하기 위하여 내려지는 구제명령이어야 한다는 것이 필자의 사견이다. 근로계약기간이 종료하거나 곧 종료할 예정이더라도 부당해고로 인하여 마땅히 근로를 제공하고 받았어야 할 임금을 지급받지 못한 데 대하여 경제적 상황을 고려할 때 구제가 필요하다면 임금지급명령은 내려질 수 있다. 경제적 어려움을 기준으로 구제의 필요성을 판단하는 것에 행정기관의 재량과 역량이 필요한 것이고, 구체적인 판단 기준으로는 임금 수준과 사업장의 규모, 임금이 해고를 당한 근로자 생활에 유일한 기초가 되는지, 해고기간이 길거나 길 것으로 예상되는지, 사용자의 사업장의 규모해고의 부당함이 명백한지 아니면 징계양정에 의문이 있는 정도인지 등이 고려될 수 있을 것이다.

요컨대 부당해고에 대한 구제명령으로는 원상회복에 해당하는 원직복직명령이 원칙적이고 기본적인 모습이고[28], 임금지급명령은 구제명령의 한 모습으로 인정될 수 있지만 원직복직 여부를 전제 또는 요건으로 하는 것은 아니며, 부당해고를 당하여 임금을 지급받지 못함으로 인한 구제의 필요성을 고려하여 내려져야 할 것이다.

---

28) 따라서 부당감봉의 경우에는 부당감봉기간의 임금차액이 실제로는 원상회복에 해당하는바 임금지급명령이 오히려 구제명령의 원칙적인 내용이 될 것이다

Ⅳ. 구제이익과 소의 이익

1. 부당해고구제명령의 구제이익

부당해고구제명령절차에서 근로자가 구제명령을 받기 위해서는 '구제이익'이 요구된다. 구제이익이란 '근로자가 부당해고 구제절차에 따른 구제명령을 받기 위하여 가져야 하는 구체적인 이익'[29] 또는 '구제신청인이 자신의 구제신청의 당부에 관하여 노동위원회의 공권적 판단을 구할 구체적 이익 내지 필요'[30]라고 설명되고, 민사소송이나 행정소송에서의 소의 이익의 개념을 부당해고구제신청 절차에 이입한 것으로 이해된다.[31]

근로기준법령 등에는 이에 관한 규정이 없는데 노동위원회규칙 제60조 제1항 제6호에서 심판 각하 사유로 "신청하는 구제의 내용이 법령상이나 사실상 실현할 수 없거나 신청의 이익이 없음이 명백한 경우"를 들고 있어, 이 규정을 구제이익의 근거로 보고 있다.[32]

---

29) 박은정, 권오성 앞의 글, 361면

30) 유성재, 앞의 글, 65면

31) 유성재, 앞의 글, 65면

32) 노동위원회규칙 제60조(판정) ① 심판위원회는 심판사건이 다음 각 호 중 어느 하나에 해당하는 경우에는 각하한다.

1. 관계 법령의 규정에 따른 신청기간을 지나서 신청한 경우
2. 제41조에 따른 보정요구를 2회 이상 하였음에도 보정을 하지 아니한 경우
3. 당사자 적격이 없는 경우
4. 구제신청의 내용이 노동위원회의 구제명령 대상이 아닌 경우
5. 같은 당사자가 같은 취지의 구제 신청을 거듭하여 제기하거나 같은 당사자가 같은 취지의 확정된 판정(법 제16조의3에 따른 화해조서를 포함한다)이 있음에도 구제 신청을 제기한 경우나 판정이 있은 후 신청을 취하하였다가 다시 제기한 경우
6. 신청하는 구제의 내용이 법령상이나 사실상 실현할 수 없거나 신청의 이익이 없음이 명백한 경우
7. 신청인이 2회 이상 출석에 불응하거나 주소불명이나 소재불명으로 2회 이상 출석

법원도 '구제절차를 유지할 필요가 없게 되면 구제이익이 소멸하는 것이 원칙'이라고 하여 구제이익이 없는 경우에 노동위원회는 구제신청을 각하해야 한다고 판시하여 구제이익의 개념을 인정하고 있다.[33]

구체적으로 대상판결 이전에 부당해고에 대한 구제신청 사례에서 구제이익이 문제된 경우를 보면, 사용자가 부당해고 이후 해고를 철회하고 복직시킨 경우 구제신청의 목적이 이미 달성되어서 구제이익이 없다고 하고[34], 근로자에게 원직복직 의사가 인정되지 않는 경우에도 구제이익을 부정하며[35], 해고 이후 사직, 정년, 근로계약기간의 만료[36] 등으로 근로관계가 종료한 경우에도 구제이익이 소멸되었다고 판단하였다.

부당해고구제명령절차에서 노동위원회의 판정을 받을 구제이익은 근로자의 경우 초심판정 또는 재심판정으로 구제명령을 구할 이익이고, 이는 구제이익은 구제명령의 목적에 따라 존부가 결정되어야 할 것이다. 부당해고의 성립을 전제로 구제명령을 신청하는 근로자는 구제신청은 해고된 '근로자'만이 신청할 수 있다는 점에서 초심절차에서의 구제이익은 항고소송에서의 소의 이익과 유사하게 접근할 것이 아니라 민사소송에서의 소의 이익과 유사하게 접근할 필요가 있고, 민사재판인 해고무효확인의 소에서의 소의 이익과 유사하게 접근해야 한다는 주장이 있으나[37], 구제명령의 경우 앞에서 보는 바와 같이 부당해고의 인정 외에 원직복직이나 임금지급의 명령이 실질적인 구제의 내용이므로 확인소송과

통지서가 반송되거나 그 밖의 사유로 신청 의사를 포기한 것으로 인정될 경우

33) 대법원 2009. 12. 10. 선고 2008두22136 판결 등

34) 중앙노동위원회 2012부해1133

35) 근로자에게 종전 근로자 신분으로 원직복직 의사가 있음을 추정할 수 있는 요소나 근거가 없어 구제이익이 없다고 한 사례로 중앙노동위원회 2017부해153

36) 초심판정 이후 계약기간 만료로 근로관계가 종료된 이상 재심절차 유지요건이 상실되어 구제이익이 소멸하였다고 보아 재심신청을 각하한 사례로 중앙노동위원회 2012부해1240

37) 박은정, 권오성, 제362면

유사한 점뿐 아니라 이행소송과도 유사한 점을 갖고 있기 때문에 민사소송 중 확인소송과 유사하게 접근할 이유는 없다고 생각된다.[38)]

구제명령을 구할 이익인 구제이익은 신청하는 구제명령의 목적에 따라 그러한 구제명령을 구할 법률상 이익이 있고 그러한 구제명령이 필요하고 가능한 경우에 인정될 것이다. 따라서 원직복직명령을 신청한 경우에는 부당해고를 당한 근로자가 원직복직이 필요하고, 가능하여야 하므로 원직복직의사가 없음이 명백하거나 원직복직을 할 수 없다면 원직복직명령을 구하는 구제명령신청은 구제이익이 없다고 하여야 한다. 그리고 임금지급명령신청을 하는 경우에는 근로자에게 부당해고를 당한 때로부터 원직복직 등으로 노무를 제공할 수 있게 되거나 근로계약의 종료로 더 이상 노무를 제공할 수 없게 되는 때까지의 임금상당액을 지급받지 못하고, 그로 인한 생계의 어려움이 있으면 원직복직의 가부와 무관하게 구제이익을 인정할 수 있을 것이다.

대상판결은 '부당해고구제명령제도는 부당한 해고를 당한 근로자에 대한 원상회복을 위해 도입된 제도로서 근로자 지위의 회복만을 목적으로 하는 것이 아니'라고 하면서 구제명령으로서 임금지급명령을 독자적인 것으로 인정하였다. 이와 같은 대상판결에 의하면 대상판결로 인하여 정년이나 계약기간만료로 근로계약이 종료된 경우에도 구제이익이 인정되게 되었으므로 부당해고를 당한 근로자의 임금지급명령은 근로계약의 유지 여부와 무관하게 다른 요건이나 기한의 제한 없이 인정된다. 이에 대해 이러한 대상판결의 법리를 적용하더라도 구제신청 이전에 이미 근로계약이 종료된 경우까지 인정하는 것은 구제신청제도 본래의 취지를 넘는 것으로서 이 경우에는 구제이익을 인정할 수 없다

38) 특히 민사소송인 해고무효확인소송에서는 확인의 소의 보충성에 따라 근로자의 지위를 회복하는 것이 불가능하게 되면 소의 이익을 부정하게 되는데, 이는 구제명령에서 임금지급명령의 독자적인 의미와 구제이익을 인정하는 입장에서나 대상판결을 지지하면서는 동의하기가 어려운 부분이다.

는 의견이 있다.[39] 그러나 이와 같은 해석은 임금지급명령이 계속 중인 근로계약 즉 원직복직이 가능한 상태를 전제로 하지 않는다는 것과 논리적으로 맞지 않고, 근로기준법 제30조제1항의 규정상 신청시 현재 진행 중인 근로계약일 것을 전제로 하고 있지도 않으며, 이와 같이 해석할 경우 결과적으로 구제신청기간을 단축시키는 결과가 되고, 단기의 기간제 근로자의 경우 부당해고로 인하여 못 받은 임금을 지급받아야 할 구제의 필요성은 미처 구제신청을 하기 전에 근로계약기간이 종료한 경우에도 여전히 있다는 점에서 동의하기 어렵다. 대상판결 이후 중앙노동위원회도 구제신청을 하기 이전에 이미 정년이 도래하였다고 하더라도 구제신청이 3개월의 제척기간을 도과하지 않은 경우에는 정년 이전 근로관계 종료의 정당성 여부에 대해 다퉈 해당 기간의 임금상당액을 지급받을 구제이익이 존재한다고 판정하였다.[40]

2. 재심판정 취소소송의 소의 이익

(1) 재심판정 취소소송의 구조

재심판정 취소소송도 여타의 취소소송과 마찬가지로 그 소송을 통한 권리보호의 필요 즉 협의의 소의 이익이 인정되어야 적법한 소송이 된다. 앞서 본 바와 같이 부당해고구제명령절차에서 지방노동위원회의 초심판정에 대해서는 중앙노동위원회에 재심신청만 할 수 있고, 이에 대해 중앙노동위원회가 한 재심판정에 대해서 취소소송을 제기할 수 있다. 즉 부당해고구제명령제도에서 노동위원회의 판정으로 취소소송의 대상이 되는 것은 중앙노동위원회의 재심판정이다. 재심판정은 재심의 성격상 재심신청에 대한 기각이나 초심판정 취소의 주문이 있는 외에는 실질적으로 초심판정과 그 내용이 같다. 행정행위인 초심판정에 대한

39) 박은정, 권오성, 제375면
40) 중앙노동위원회 2021부해407

재심으로서 행정심판에 해당하는 것으로 이해하지만 처분청과 처분을 다투는 자가 당사자가 아니라 초심판정에서의 당사자인 사용자와 근로자가 재심에서도 당사자가 된다는 점에서 오히려 처분의 재심사의 성격과 유사하다. 중앙노동위원회의 재심판정은 앞서 본 바와 같이 준사법적 행정작용으로 그에 대한 불복은 행정쟁송의 절차에 의한다. 재심판정에 불복하는 근로자 또는 사용자와 처분청에 해당하는 중앙노동위원회(노동위원회법은 중앙노동위원회위원장을 피고로 하도록 규정하고 있다)가 행정소송인 취소소송의 당사자가 되고, 소송의 대상은 재심판정이며, 소송물은 재심판정의 위법성이 된다.

(2) 재심판정 취소소송의 소의 이익이 문제되는 경우

노동위원회가 부당해고 성립을 인정하여 구제명령을 한 재심판정에 대해 사용자가 취소소송을 제기한 경우에는 구제이익이 없어지더라도 공정력 있는 구제명령이 취소되지 않는 한 사용자는 원직복직과 임금상당액 지급의 의무를 부담하고 있으므로 이를 면하기 위하여 구제명령을 포함한 재심판정의 취소를 구할 법률상 이익이 있다. 구제명령을 인정한 초심판정이나 재심판정을 사용자가 다투는 경우에는 종래의 판결에서도 구제이익이나 소의 이익을 인정하였다. 구제이익에 따라 소의 이익에 영향을 받을 수 있는 경우는 재심판정에서 부당해고를 인정하지 않은 경우이다. 재심판정에서 부당해고를 인정하지 않으면 구제신청을 기각하였을 것이고, 구제명령이 부존재하는 상황인데 취소소송에서 재심판정 취소판결을 하면 기속력에 따라 중앙노동위원회는 판결의 취지에 따라 구제명령을 하여야 할 것인바, 만약 중앙노동위원회가 구제명령을 할 수 없거나 할 필요가 없다면 법원으로서도 재심판정을 취소하는 판결을 할 이유가 없는 것이다.

(3) 구제이익과의 관계

이러한 이유에서 구제신청을 기각한 재심판정을 취소할 소의 이익과 구제이익을 동일한 것으로 보는 것이 다수의 견해이다. 양자의 내용은 실질적으로 같은데 문제되는 시기에 따라 구제절차에서는 구제이익으로, 소송절차에서는 소의 이익으로 다루어지는 것으로 본다.[41] 대법원도 "구제이익은 구제명령을 할 당시를 기준으로 판단하여야 하는 것으로서 구제명령 발령 당시에 참가인(근로자)에게 구제이익이 있다고 인정되는 이상, 사용자인 원고가 제기한 소송 도중에 정년 도래 등으로 원직에의 복귀가 불가능하다고 하더라도 이러한 사정은 원고가 제기한 이 사건 소의 이익의 문제에 불과할 뿐이고, 더 이상 참가인의 구제이익의 문제는 발생할 여지가 없다고 할 것이므로, 참가인의 정년 도래로 인하여 구제이익이 없다는 원고의 주장은 원고 스스로 소의 이익이 없음을 주장하는 취지에 불과…"라고 판시하여[42] 이와 같은 입장에 있다고 보여진다.

이러한 다수의 견해에 대하여 노동위원회의 기능과 역할 취지를 감안하여 부당해고 등의 구제신청의 구제이익은 부당해고 등 재심판정 취소소송의 소의 이익보다 더 넓게 인정되어야 한다는 주장(구제이익 확대론)도 있다. 취소소송에서의 소의 이익은 일반적으로 보다 실효적인 권리구제절차가 있는 경우 부정된다는 전제하에서 행정구제절차 단계에서는 행정구제절차와 사법절차 중 더 효과적인 수단을 택하는 것이 아니라, 행정구제절차를 우선 이용할 수 있어야 하므로 민사소송을 할 수 있더라도 구제절차를 이용할 수 있어야 한다[43]는 등의 논거인데, 만

41) 김치중, 노동위원회의 처분에 대한 쟁송에 있어서의 소송법적 제문제-구제절차를 중심으로-, 특별법연구 제5권, 537-538면
42) 대법원 2004. 1. 15 선고 2003두11247 판결
43) 이승재, 부당해고구제신청의 구제이익과 취소소송의 소의 이익, 월간 노동법률, 2002. 6., 36-37면

약 그와 같은 이유에서든 어떤 이유로든 해당 사안에서 소의 이익을 판단하는 시점에 구제명령이 내려질 수 있다면 재심판정 취소판결에 따라 중앙노동위원회가 구제명령을 할 수 있으므로 재심판정의 취소를 구하는 소의 이익도 인정될 것이다. 즉 구제이익이 인정된다면 구제명령을 거부한 재심판정의 취소를 구할 소의 이익도 인정될 것이므로 구제이익과 소의 이익의 개념이 일치하지는 않을지언정 구제이익과 소의 이익은 연결되어 인정될 수밖에 없다.

재심판정이 다른 행정처분과는 달리 사적 법률관계에 대한 사법적 판단의 성격을 갖고 있고, 쌍방 당사자사이의 분쟁에 대한 법적 판단과 이행명령의 내용을 갖고 있기 때문에 결국 재심판정 취소소송에서 소의 이익은 재심판정을 유지할 이익이나 취소할 이익 즉 구제이익의 여부에 달려있을 수밖에 없다. 구제절차에서의 구제이익이 재심판정 취소소송의 소의 이익이 될 수밖에 없다.

(4) 권리보호의 필요성으로서 '분쟁 해결의 유효적절한 수단'

구제이익 확대론은 민사소송절차를 이용할 수 있으면 행정소송인 취소소송의 소의 이익은 부정되는 것으로 보고 구제절차에서만이라도 구제가능성을 넓히고자 하는 시도로 보인다. 이는 종래의 판결이 근로계약이 종료되어 원직에 복직할 수 없는 경우 소의 이익을 부정하면서 근로관계가 종료하여 원직복직이 불가능하게 된 경우에는 여전히 임금청구를 할 이익이 남아 있다고 하여도 이는 '민사소송절차를 통하여 해결할 수 있기 때문에' 취소소송의 소의 이익을 부정한다고 판시하여 유발된 오해로 보인다. 부당해고가 있으면 해고가 효력이 없음을 전제로 근로자의 지위를 확인하고 임금을 청구하는 민사소송절차는 당연히 가능하고, 원직복직이 가능하여 구제이익이 인정되는 경우라면 민사소송절차와 별개로 또는 병행하여 재심판정 취소소송의 소의 이익도 인정되기 때문이다.

종래의 판결이 임금청구를 할 이익이 남아 있다고 하여도 이는 민사소송절차를 통하여 해결할 수 있어 소의 이익이 부정된다고 판시한 것은 임금지급명령이 원직복직명령에 종속된 구제명령으로 보아 원직복직명령의 구제이익이 소멸한 이상 임금지급명령 독자의 구제이익을 인정할 수 없었기 때문이다. 원직복직이 불가능해짐에 따라 원직복직명령과 그에 종속된 임금지급명령의 구제이익이 소멸하였기 때문에 소의 이익도 인정할 수 없는 것이다. 종래의 판결은 임금지급명령의 독자적 구제이익을 부정한 것으로 민사소송절차를 통할 수 있음을 언급한 것은 임금지급채권은 원래 민사소송절차로 청구 가능한 채권이기 때문에 임금지급명령을 이와 같이 원직복직에 종속된 구제명령으로 보더라도 구제에 크게 불합리하지 않다는 취지인 것으로 생각된다.

이와 같이 보는 것은 취소소송에서는 취소소송보다 실효적이고 직접적인 권리구제수단이 있는 경우에는 취소소송이 분쟁해결의 유효적절한 수단이라고 할 수 없다는 이유로 소의 이익을 부정하기는 하지만[44], 다른 권리구제절차가 있는 경우에도 취소를 구할 현실적 이익이 있어 취소소송이 분쟁해결의 유효적절한 수단이라고 할 수 있다면 소의 이익이 인정되기 때문이다.[45] 대법원도 민사 쟁송이 가능한 경우에도 항고소송을 제기할 법률상 이익이 있음을 인정하고 있다.[46] 구제명령이 민사소송으로 근로자가 그 권리를 주장하기 어려운 현실적인 문제를 고려하여 신속하면서도 경제적으로 부당해고에 따른 분쟁을 해결하고 권리를 구제해 주기 위하여 만든 제도라는 점을 고려하면, 구제명령을 통

44) 대법원 2017. 10. 31 선고 2015두45045 판결
45) 박균성, 위의 책, 799면
46) 대법원은 하수도원인자부담금부과처분사건에서 '행정처분의 무효를 전제로 한 이행소송 등과 같은 직접적인 구제수단이 있는지 여부를 따질 필요가 없다'고 판시한 바 있고(대법원 2008. 3. 20 선고 2007두6342 전원합의체 판결), 사업의 양도행위가 무효라고 주장하는 양도자가 양도ㆍ양수행위의 무효를구함이 없이 사업양도ㆍ양수에 따른 허가관청의 지위승계 신고수리처분의무효확인을 구한 사건에서도 소의 이익을 인정하였다(대법원 2005. 12. 23 선고 2005두3554 판결).

해 분쟁해결을 하는 것이 더 유효적절한 것임을 인정하는 데에는 어려움이 없다. 따라서 원직복직은 불가능하고 민사소송절차를 통한 임금청구가 가능한 상황에서 재심판정 취소소송의 소의 이익을 부정했던 종래의 판결은 원직복직명령이 불가능해져 원직복직명령 뿐 아니라 그에 따라 종속적으로 내려지는 임금지급명령도 내릴 수 없으므로 결국 구제명령을 할 수 없어 소의 이익을 부정한 것이지 구제명령이 가능함에도 민사소송이 실효적이고 직접적인 권리구제수단이어서 취소소송의 소의 이익을 부정한 것은 아니다.

(5) 민사소송과 행정소송의 관계와 취소소송의 소의 이익

민사소송절차가 있어서 취소소송의 소의 이익이 부정되는 것은 아니라면 나아가 민사소송절차가 아직 진행되고 있지 않은 상황에서 당사자들은 기왕에 계속 중인 취소소송에서 부당해고 성립 여부를 판단 받을 수 있는 이익[47]을 인정할 수 있는가?

---

47) 부당해고 구제재심판정 취소소송에서의 소송물은 재심판정의 위법성이고 소송물에 관한 판단에 이르기 위한 전제적 문제에 관한 판단에는 미치지 않으므로, 형식적으로 본다면 재심판정에서 해당 해고가 부당해고라고 인정하고 그 재심판정에 대한 취소소송에서 원고패소판결이 확정되어도 기판력은 재심판정이 적법하다는 내용일 뿐이고, 해고가 무효라는 점에 기판력이 생기지 않는다. 대법원 2011. 3. 24 선고 2010다21962 판결도 "노동위원회의 구제명령은 사용자에게 구제명령에 복종하여야 할 공법상 의무를 부담시킬 뿐 직접 근로자와 사용자 간의 사법상 법률관계를 발생 또는 변경시키는 것은 아니므로, 설령 근로자가 부당해고구제신청을 기각한 재심판정의 취소를 구하는 행정소송을 제기하였다가 패소판결을 선고받아 그 판결이 확정되었다 하더라도, 이는 재심판정이 적법하여 사용자가 구제명령에 따른 공법상 의무를 부담하지 않는다는 점을 확정하는 것일 뿐 해고가 유효하다거나 근로자와 사용자 간의 사법상 법률관계에 변동을 가져오는 것은 아니어서, 근로자는 그와 별도로 민사소송을 제기하여 해고의 무효 확인을 구할 이익이 있다."라고 판시하여 해고가 부당해고가 아니라는 취지로 재심판정을 확정한 행정법원의 판결이 해고가 정당하다는 내용의 기판력을 갖지는 않는다는 전제에서 판시하고 있다. 그럼에도 법원이 판결의 모순을 회피하고자 할 가능성 때문에 부당해고의 성립 여부에 대한 확정 판결의 존재는 부당해고를 원인으로 한 임금지급청구소송에서 유

「행정소송법」 제12조후문의 법률상 이익의 의미가 구체적으로 무엇인지에 관하여는 논란이 있고, 전통적인 견해는 실효된 행정처분에 대한 취소소송에 있어서 권리보호의 필요에 관한 규정으로 보나, 근래에는 동조후문의 소송이 위법확인소송의 성격을 갖고 법률상 이익의 의미는 위법확인의 정당한 이익으로 보아야 한다는 설이 유력하다.[48] 판례는 후문의 법률상 이익에 대하여는 전문의 법률상 이익과 마찬가지로 당해 처분의 근거 법률에 의하여 보호되는 직접적이고 구체적인 이익이라고 해석하면서, 전문의 법률상 이익에 비하여 취소를 통해 구제되는 이익의 범위를 넓혀 기본적인 법률상 이익뿐만 아니라 부수적인 법률상 이익도 포함한다고 보고 있다.[49]

공무원에 대한 파면, 해임 등과 같은 행정행위의 취소소송에서는 임금의 지급과 같은 부수적인 이익도 법률상 이익으로 인정되지만[50] 이는 파면이나 해임으로 인하여 공무원지위를 박탈당하여 발생한 법률상 이익의 침해이므로 파면이나 해임을 취소하여야만 회복할 수 있는 직접적인 법률상 이익에 해당한다. 부당해고에 대한 노동위원회의 판정은 근로자의 지위를 법적으로 직접 회복시키는 것이 아니라 사용자에 대한 원직복직 등의 강제를 통하여 원상회복의 상황이 되도록 도와주는 것이기 때문에 그 이익은 간접적이고, 부당해고의 성립에 대한 행정법원의 판단을 받아 임금청구 등의 민사소송에서 원용할 수 있는 이익은

의미하다.

48) 정하중, 김광수, 행정법개론, 법문사, 2021. 696면

49) 박균성, 위의 책, 787면. 대법원 1995. 10. 17. 선고 94누14148 판결 등

50) 파면의 경우에는 파면처분취소소송의 사실심변론종결전에 동원고가 허위공문서등 작성 죄로 징역 8월에 2년간 집행유예의 형을 선고받아 확정되었다면 원고는 지방공무원법 제61조의 규정에 따라 위 판결이 확정된 날 당연퇴직되어 그 공무원의 신문을 상실하고, 당연퇴직이나 파면이 퇴직급여에 관한 불이익의 점에 있어 동일하다 하더라도 최소한도 이 사건 파면처분이 있은 때부터 위 법규정에 의한 당연퇴직일자까지의 기간에 있어서는 파면처분의 취소를 구하여 그로 인해 박탈당한 이익의 회복을 구할 소의 이익이 있다 할 것이다(대법원 1985. 6. 25. 선고 85누39 판결

사실적 이익이라고 볼 수 있으므로 판례나 전통적인 견해에 의하면 구제이익이 소멸한 상태에서 재심판정 취소소송의 소의 이익을 인정하기는 어려울 것이다. 하지만 근래의 유력설과 같이 소의 이익을 위법확인의 정당한 이익으로 본다면 법상태해명의 이익[51]으로서 해고가 부당하여 무효라는 점이 선결문제로서 확정되어 민사법률관계까지 한 번에 확정될 이익을 인정할 수 있고, 행정법원에서 구제명령을 거부한 재심판정의 위법성을 판단 받을 소의 이익이 인정될 여지가 있다.

대상판결이 내려지기 이전에 재심판정 취소소송의 소의 이익을 검토할 때 12조 후단의 법률상 이익에 관한 개념에 대한 논의가 연결되어 검토되는 것이 의미가 있었을 것이다. 다만 12조 후단의 법률상 이익을 위법상태 확인의 이익으로 보고 재심판정 취소소송에서 해고 무효를 부정한 재심판정의 위법성을 확정할 이익까지 연장하는 것을 인정하더라도 재심판정 취소소송에서는 당사자가 근로자 또는 사용자와 중앙행정심판위원회(위원장)이다 보니 법률관계의 당사자가 소송 당사자가 아니게 되는 문제가 있고, 또한 통상적으로 재심판정 취소소송에서 기각판결을 원하는 타방 당사자가 근로자나 사용자가 피고보조참가인으로 소송에 참가하기 때문에 이에 대한 우려를 덜어본다 해도 민사소송으로 판단 받을 가능성을 포기하고 행정소송에서 부당해고를 인정하지 않은 재심판정의 위법함을 판단 받을 이익은 법원을 위한 소의 이익에 부합할지 몰라도 근로자를 위한 소의 이익이라고 단정하기 어렵다.

---

51) 박정훈, 행정소송의 구조와 기능, 324면 참조

V. 결어-구제이익 및 소의 이익 인정 범위 확정과 입법 개선

대상판결이 원직에 복직할 수 없는 경우에도 해고기간 중의 임금 상당액을 지급받을 필요가 있다면 임금지급명령을 받을 구제이익이 있다고 인정함으로써 부당해고를 당하여 이를 다투다가 근로계약이 종료된 근로자 특히, 기간제근로자들에게 해고기간동안의 임금을 용이하게 지급받을 수 있는 길이 열린 것은 다행스러운 일이다.

그러나 대상판결은 구제범위가 확대된 만큼의 많은 숙제를 남기고 있다. 당장 구제이익과 소의 이익을 판단하여야 하는 개개 심판과 소송에서 대상판결의 법리가 어느 정도까지 적용될 수 있을지 문제 된다. 대상판결은 정년에 이른 경우와 근로계약기간이 만료한 경우를 원직에 복직하는 것이 불가능하지만 임금지급명령을 포함한 구제명령의 구제이익이 여전히 존재하는 경우의 예로 들고 있다. 그렇다면 그 외의 다른 사유, 예를 들면 취업규칙상 정년 외에 다른 당연퇴직 사유에 해당하는 사실이 발생한 경우나, 근로자가 부당해고 이후 다른 사업장에 취업하여 원직에 복직하기를 원치 않는 경우에도 동일하게 부당해고기간의 임금지급을 위한 임금지급명령의 구제이익과 소의 이익을 인정할 것인가? 대상판결 이후 개정된 「근로기준법」은 제30조 제4항으로 '노동위원회는 근로계약기간의 만료, 정년의 도래 등으로 근로자가 원직복직이 불가능한 경우에도 구제명령이나 기각결정을 하여야 하고, 부당해고가 성립한다고 판정하면 임금지급명령을 할 수 있다는 취지로 규정하고 있다[52]. 개정 조항은 구제이익이 인정되는 경우에 대하여 추가적인 사유

52) 2021. 5. 18. 개정 근로기준법은 개정이유에 대하여 '노동위원회의 부당해고 구제절차는 원직복직이 어려운 근로자를 위한 중요한 권리구제 수단임에도 불구하고 현행법은 근로자가 원직복직을 원하지 아니하는 경우에 한하여 원직복직 대신 금전보상을 명하도록 규정하고 있어 근로계약기간의 종료, 정년 등으로 원직복직이 불

나 요건을 더 들고 있지 않고 대상판결의 내용을 그대로 입법화한 것에 지나지 않아 근로자가 원직복직이 불가능한 경우의 범위는 여전히 논란의 여지가 있다. 생각건대 대상판결의 취지와 개정 조항의 내용의 해석으로, 취업규칙상 당연퇴직 사유로 정해져 있는 정년 등의 사유가 발생하거나 근로계약기간이 만료되거나 하는 이유로 근로계약관계가 종료되어 법적으로 원직복직이 근로자 자의와 무관하게 불가능한 경우에는 당연히 대상판결의 취지상 구제이익과 소의 이익이 인정되지만 근로자가 타 사업장에 취직하였거나 원직복직을 원하지 않는 경우에는 신설 조항에 따른 구제이익은 원직복직 뿐 아니라 임금지급명령을 위한 구제이익도 인정되지 않을 것이고 다만 제30조제3항에 따른 금품지급명령의 대상이 될 것이다.

또한 다른 문제로 원직복직이 불가능해진 이후에 임금지급명령을 위한 구제신청을 한 경우에도 구제이익을 인정할 것인가? 대상판결의 취지에 충실히 따르면 임금지급명령은 원직복직명령과 대등한 의미를 가지는 구제명령이므로 논리적으로는 원직복직이 불가능해진 이후에 한 구제신청에 대해서도 임금지급명령을 위한 구제이익을 인정하여야 한다. 앞서 검토한 바와 같이 구제이익은 신청하는 구제명령의 목적에 따라 그러한 구제명령을 구할 필요성과 가능성을 고려하여 인정되어야 할 것이므로 근로자가 부당해고를 당한 때로부터 원직복직이 불가능해진 시점까지의 임금상당액을 지급받지 못하고, 그로 인한 생계의 어려움이 있으면 원직복직이 불가능해진 시점 이후라도 임금지급명령을 구할 구제이익을 인정할 수 있을 것이다. 이 경우 고용노동부 근로감독관을 통한 체불임금의 해결과 노동위원회, 민사소송에서의 판단 불일치로

가능해진 경우에는 구제를 받지 못하고 있음. 이에 원직복직이 불가능해진 경우에도 근로자가 노동위원회의 부당해고 구제절차를 통해 금전보상을 받을 수 있도록 근거를 마련하는 한편, 부당해고구제명령 불이행에 대한 제재수단인 이행강제금의 한도를 상향하여 부당해고 구제의 실효성을 제고하려는 것임…'이라고 한다.

법률관계가 혼란스러워질 위험을 방지할 대책도 필요할 것이다.

결론적으로, 구제명령으로서 원직복직명령과 임금지급명령이라는 두 처분은 모두 부당해고를 당한 근로자의 구제에 적합하고 필요한 처분이고, 두 구제명령의 관계에 있어 임금지급명령은 원직복직명령에 전적으로 종속된 것으로 볼 근거나 필요가 없으므로 임금지급명령을 원직복직을 하는 경우에만 한정하여 내려져야 하는 것으로 볼 수 없다. 이러한 점에서 대상판결이 정년이나 근로계약기간의 종료로 원직복직이 불가능해진 경우에도 임금지급명령을 위한 구제절차가 진행될 수 있음을 인정한 것은 바람직한 결론이라고 할 수 있다. 그러나 구제명령은 준사법(準司法)적 성격을 갖는 행정처분으로서 사인(私人)간의 채권채무관계에 대하여 일방에게 타방에 대한 채무의 이행을 명령하고 강제하는 형태로 간섭하게 되므로 무단히 확대인정되는 것은 경계하여야 할 것이다. 부당해고 여부를 다투는 것이면 이미 종료된 사법(私法)상의 법률관계에 대하여도 제한 없이 행정기관인 노동위원회의 사법(司法)적 판단을 구할 수 있고 이에 대해서는 민사소송이 아닌 행정소송에서 최종적인 판단을 받게 되는 것이 사법과 행정의 관계에서 과연 바람직한 것인지는 의문이다.

부당해고를 당한 근로자가 근로계약관계가 종료하여 원직복직이 불가능해진 이후에도 미지급임금을 받기 위하여서 임금지급명령이라는 행정기관의 구제명령을 구할 이익이 있을 수는 있으나 구제명령제도의 목적과 취지상 구제명령 특히 임금지급명령을 신청할 구제이익은 해고를 당한 근로자가 임금을 지급받지 못한 채 부당해고 여부를 다투어야 하는 경제적인 어려움을 면하도록 하기 위한 목적 하에서 내려져야 한다. 따라서 원직복직명령의 구제이익은 '원직에 복직하는 것이 가능하고 필요할 것'이 되고, 임금지급명령의 구제이익은 '부당해고자의 생활의 곤란 등을 이유로 해고기간 동안의 임금이 지급될 필요성'이 인정되어야 할 것이다. 그리고 노동위원회의 재심판정을 소송의 대상으로 하는 취소소송에서 근로자가 원고가 되어 구제명령을 거부한 재심판정을 다투는 경우에는 이러한 구제이익의 존부에 따라 소의 이익이 인정될 것이다.

참고문헌

〈국내문헌〉

김철용 · 최광률 편, 「주석 행정소송법」, 박영사, 2004

박균성, 행정법강의, 박영사, 2019

박정훈, 행정소송의 구조와 기능,박영사, 2006

정하중, 김광수, 행정법개론, 박영사, 2021

홍정선, 신행정법특강, 박영사, 2021

고호성, 「근로기준법」 제23조 제1항의 강행규정성 문제 (부당해고 무효법리의 근거 문제 2), 노동법연구 제48호, 서울대학교노동법연구회

김선수, 노동위원회의 중립성전문성 강화 방안, 노동법포럼 제16호, 노동법이론실무학회

김치중, "노동위원회의 처분에 대한 쟁송에 있어서의 소송법적 제문제 - 구제절차를 중심으로 -", 「특별법 연구」 제5권, 특별소송실무연구회

노병호, 노동위원회에 의한 부당해고 등 구제에 관한 고찰, 노동법논총, 제34권, 한국비교노동법학회

박은정, 권오성, 부당해고구제신청의 구제이익과 소의 이익 - 대법원 2020. 2. 20. 선고 2019두52386 전원합의체 판결 -, 법학논집 제24권 제3호

심재진, 근로관계 종료에 따른 부당해고 등 구제신청 구제이익과 재심판정취소소송 소의 이익 — 대법원 판례법리의 분석과 평가 —, 노동법연구 제32호, 서울대학교 노동법연구회

유성재, 임금상당액 지급명령의 독립구제이익, 법학논문집 제37권제3호, 중앙대학교 법학연구원

이승재, 부당해고구제신청의 구제이익과 취소소송의 소의 이익, 월간 노동법률, 2002. 6., 36-37면

장상균, 부당해고 구제절차에서 구제이익과 소의 이익 - 대상판결:대법원 2010. 7. 29. 선고 2007두18406판결, 노동법실무연구회(편), 노동법실무연구 제1권

정진경, 사용자가 제기한 부당해고 재심판정취소소송 중에 원직이 소멸한 경우의 법원의 처리 —서울고등법원 2011. 6. 30. 선고 2010누37973 판결—, 노동법연구 제35호, 서울대학교 노동법연구회

국문초록

대상판결은 근로자가 부당해고구제신청을 기각한 재심판정에 대해 취소소송을 제기하였으나 사직하거나 정년에 도달하거나 근로계약기간이 만료하는 등의 이유로 근로관계가 종료한 경우 소의 이익을 부정하였던 종래의 대법원 판례을 변경하여 근로계약기간이 만료하는 등의 사유로 원직에 복직하는 것이 불가능하게 된 경우에도 해고기간 중의 임금 상당액을 지급받을 필요가 있다면 임금 상당액 지급의 구제명령을 받을 이익이 유지되므로 구제신청을 기각한 중앙노동위원회의 재심판정을 다툴 소의 이익이 있다고 보아야 한다고 판시하였다. 이로써 부당해고를 당하여 이를 다투다가 근로계약이 종료된 근로자 특히, 기간제근로자들에게 해고기간 동안의 임금을 용이하게 지급받을 수 있는 길이 열린 것은 다행스러운 일이다.

그러나 노동위원회는 행정기관으로서, 부당해고구제명령제도는 부당해고자가 간이하고 신속한 절차를 통해 부당해고를 다투어 잠정적이지만 즉각적이고 실효적인 구제를 받을 수 있도록 하는 제도일 뿐 사적 계약인 근로계약에서의 법적 분쟁에 대해 최종적인 판단을 하는 것이 아니다. 따라서 부당해고구제명령의 구제이익은 이러한 점이 고려되어야 하며 원직복직명령의 구제이익은 원직에 복직하는 것이 가능하고 필요할 때, 임금지급명령의 구제이익은 부당해고자가 생활의 곤란 등으로 부당해고기간 동안의 임금을 가지급받아야 할 필요가 있을 때 인정되어야 한다. 그리고 노동위원회의 재심판정을 소송의 대상으로 하는 취소소송에서 근로자가 원고가 되어 구제명령을 거부한 재심판정을 다투는 경우 소의 이익은 결국 구제이익과 같은 내용으로 구제이익의 존부에 따라 소의 이익이 인정되어야 한다.

주제어: 부당해고구제명령, 구제이익, 임금지급명령, 취소소송의 소의 이익, 준사법적 행정기관

Abstract

The Unfair Dismissal Remedy Order and the Interest of Revocation Lawsuit

Prof. Lee, Yoon Jung*

The Supreme Court had been denying the interest of the lawsuit in the revocation suit filed by an employee against a Labor Commission that dismissed the unfair dismissal remedy in case of that the labor relationship ended due to reasons such as resignation, reaching retirement age, or expiration of the labor contract period. This judgment changed the existing Supreme Court precedent. It ruled that even if it became impossible for an employee to return to his/her original position, the interest to receive a relief order for the payment of a wage equivalent amount during the dismissal period was maintained and there was an interest of a lawsuit to dispute the retrial of the Central Labor Commission, which dismissed the application for relief. It is fortunate that this has opened the way for employees whose labor contracts ended after being unfairly dismissed, especially fixed-term employees, to easily receive wages during the dismissal period.

However, the Labor Commission is an administrative agency and the unfair dismissal relief system is only a system that allows employees who have been unfairly dismissed to dispute unfair dismissal through simple

* Kangwon National University

and prompt procedures and to receive provisional but immediate and effective relief. It is not a final judgment on legal disputes in labor contracts which is private contracts.

Therefore, this point should be considered for the interests of remedy of the unfair dismissal remedy order. The remedy interest of the original reinstatement order shall be recognized when it is possible to return to the original position and when necessary, the remedy interest of the wage payment order shall be recognized when the unfairly dismissed needs to be paid wages during the unfair dismissal period due to difficulties in life.

Key Words: Unfair Dismissal Remedy Order, Interests of Remedy, Monetary Order, the Interests of Revocation Lawsuit, Quasi-judicial Administrative Agency

투고일 2021. 12. 6.
심사일 2021. 12. 22.
게재확정일 2021. 12. 27.

行政訴訟의 審理

구 군사기지법상 보호구역 및 비행안전구역 내 개발행위허가에 대한 부동의 사유에 대한 재량성 및 사법심사의 방법 (맹주한)

구 군사기지법상 보호구역 및 비행안전구역 내 개발행위허가에 대한 부동의 사유에 대한 재량성 및 사법심사의 방법

맹주한*

-대법원 2020. 7. 9. 선고 2017두39785 판결-

* 법무법인(유한) 율촌 변호사

I. 대상판결

1. 사건의 개요

원고들은 전세버스 등을 운영하는 여행사업자들로서 화성시 E 일대 인접지(이하 '이 사건 토지')에 버스차고지 부지를 조성하기 위해 피고(화성시 동부출장소장)에게 개발행위허가를 신청하였다.

이 사건 토지 인근에는 군용비행장과 탄약고가 위치하여 구 군사기지 및 군사시설보호법(2014. 12. 30. 법률 제12902호로 개정되기 전의 것, 이하 '구 군사기지법')상의 제한보호구역(폭발물 관련 1km 이내)이자 비행안전구역(제2구역)에 해당하였고, 피고는 관할부대장인 공군 F전투비행단장(이하 '전투비행단장')에게 개발행위 허가 여부에 대한 협의를 요청하였다.

전투비행단장은 2014. 5. 16. 비행안전구역과 관련하여 비행안전에 영향을 준다는 점, 제한보호구역과 관련하여 폭발물을 보관하는 탄약고와의 안전거리가 충분하지 않다는 점을 들어 '부동의'로 회신하였는데 그 구체적 내용은 아래와 같다.

> 1) 이 사건 토지는 제한보호구역(폭발물 관련 1km 이내)에 위치하여 신규 건축물 및 공작물의 설치가 금지된다.
> 2) 이 사건 토지는 비행안전구역 제2구역으로 제1구역(활주로 끝단)에서 불과 710m 거리에 위치하여 활주로의 항공유도 등 인근에 대형버스들이 운행 시, 조종사의 시야방해 및 활주로와 혼동을 유발하여 비행안전에 영향을 줄 수 있다.
> 3) 해당 지역은 항공기가 400ft(약 121m) 이하로 강하하며 접근하는 구간으로, 평시 항공등화로 오인될 가능성은 적으나, 악시정 시에는 오인될 가능

성이 있으며, 대기 중 수분, 먼지 등이 많은 날씨일 경우 빛번짐 현상으로 인한 활주로 주변 시각 참조물 식별을 방해할 수 있다. 야간 비행시 주차장의 조명시설, 차량의 전조등 등으로 조종사의 암순응을 파괴할 경우 시각 시세포가 탈색되므로 나타나는 시력저하로 인하여 활주로 등화시설 사라짐 현상, 목측 판단 저해 등이 야기될 수 있다. 최종 접근 구간에서 경로상 좌/우측의 현저한 명암차이로 인한 비행착각 등을 야기할 수 있을 것으로 판단된다.
4) 미군 연합시설물 규정(UFC)에 의하면, 1구역부터 3000ft(약 914m) 이내 시설물 설치를 엄격히 금지하고 있으며, 수원기지도 한미 공동운영기지로 사용하고 있는바, 미군 규정을 적용하는 것이 타당하다고 생각된다.
5) 버스 차고지 조성 시, 마을 진입도로로 사용되는 G는 남단 활주로 끝에서 불과 650m 정도 거리에 위치하여 대형버스가 G에 이동시 항공기 착륙에 지장을 초래할 수 있다.
6) 수원기지 탄약고 양거리(폭발물 안전거리)는 960m이지만, 버스 차고지 위치는 탄약고에서 약 800m 정도에 위치하여 공군교범 3-5-6 '탄약 및 폭발물 안전 관리 기준'에 위배된다.

피고는 2014. 5. 19. 관할부대장의 부동의를 이유로 원고들의 개발행위허가 신청을 거부(이하 '이 사건 처분')하였다.

원고들은 개발행위허가 신청 내용은 조명시설의 설치 계획 없이 단지 주차장부지 조성을 위한 토지형질변경을 허가하여 달라는 것일 뿐이어서 그것만으로 비행안전에 영향을 줄 수 없으므로 해당 처분사유는 법령에 근거가 없으며, 원고들이 하고자 하는 개발행위는 구 군사기지법에 따라 관할부대장에게 협의를 요청할 사항에 해당되지 않고, 협의대상이 되더라도 부동의 의견은 재산권을 과도하게 제한한 것으로 비례의 원칙에 위배된다는 이유로 이 사건 처분이 위법하다며 취소 소송을 제기하였다.

2. 소송 경과

가. 제1심판결(수원지방법원 2015. 12. 9. 선고 2014구합61225 판결) - 원고 청구 인용

제1심법원은 우선 구 군사기지법 제13조 제2항 제1호는 관할행정기관의 장에 대하여 비행안전구역 내의 건축물의 건축 등의 행위가 같은 법 제10조 제1항 제2호(해당 구역의 표면 높이 이상인 건축물의 건축 등), 제4호(항공등화의 명료한 인지를 방해하거나 항공등화로 오인할 우려가 있는 유사등화의 설치) 및 제2항(해당 구역의 표면 높이 이상인 건축물의 건축 등을 할 수 있는 예외)에 저촉될 우려가 있는 경우에 한하여 관할부대장과 협의하여야 할 의무를 부과하고 있는바, 비행안전구역과 관련하여 협의요청을 받은 관할부대장 등의 심사는 위에서 열거된 금지에 저촉되는지 여부에 한정된다고 전제한 후, 전투비행단장은 '항공등화의 명료한 인지를 방해하거나 항공등화로 오인할 우려가 있는 유사등화의 설치'로서 비행안전구역 내에서의 금지되는 행위에 해당된다는 점을 부동의 사유로 삼은 것으로 보이는데, 원고들의 개발행위허가 신청은 토지형질변경을 비롯하여 펜스, 옹벽, 배수시설, 조경시설 등을 설치하여 주차장을 조성하겠다는 내용인 사실을 인정할 수 있을 뿐이고, 등화시설을 설치하겠다는 계획이 포함되어 있지 아니하므로, 원고들이 위 허가 신청을 통하여 하고자 하는 행위가 위 법조항이 정한 항공등화의 명료한 인지를 방해하거나 항공등화로 오인할 우려가 있는 유사등화의 설치 금지조항에 저촉된다고 볼 수 없어, 전투비행단장의 이 부분 부동의 사유는 위법하다고 판단하였다.

다음으로 구 군사기지법 제13조 제1항에 따라 협의요청을 받은 관할부대장 등은 보호구역이 지정된 목적, 금지되는 행위의 내용, 신청인이 허가를 구하는 행위가 보호구역의 지정 목적에 위배되는지 여부를 심사하여 동의 또는 부동의 여부를 결정하여야 할 것이고, 그러한 심사는 관할부대장의 재량에 속한다고 할 것이며, 이러한 재량행위에 대한 사법심사의 경우 행정청의 재량에 기한 공익판단의 여지를 감안하여 법원은 독자의 결론을 도출함이 없이 당해 행위에 재량권의 일탈·남용이 있는지 여부만을 심사하게 되고, 이러한 재량권의 일탈·남용 여부에 대한 심사는 사실오인, 비례·평등의 원칙 위배 등을 그 판단대상으로 하는데, 전투비행단장의 이 부분 부동의 사유는 아래의 사유로 비례의 원칙에 어긋난 것이라 봄이 상당하다고 판단하였다.

(1) 이 사건 토지는 탄약고로부터 약 800m 지점에 위치하고 있다.

(2) 일반적으로 폭발물 보관시설이 있는 경우 시설 내에 보관되거나 보관될 탄약량, 탄약의 종류 등에 따라 폭풍압력, 파편 등의 비산으로 피해를 입을 수 있는 최대거리를 산출할 수 있고, 잠재적인 피해시설의 특성에 따라 그 위험거리 내지 안전거리를 달리 파악할 수 있다. 공군교범은 잠재적인 피해시설의 특성에 따라 즉, 항시적인 위험에 노출되어 있는 주거건물의 경우와 일시적인 위험에 노출되는 도로의 경우를 달리 하여 도로의 경우 주거건물에 적용되는 위험거리 내지 안전거리의 약 60%를 적용하도록 기술하고 있으며, 국방부장관은 구 군사기지법 시행령의 수권에 따라 제정한 '탄약 및 폭발물 안전관리기준 지시'도 도로의 경우는 주거시설의 경우에 적용되는 위험거리를 줄여 적용하도록 하고 있다. 이러한 공군교범과 위 지침에 따라 계산하여 보면, 위험거리 내지 안전거리는 주거시설의 경우 탄약고로부터 약 960m 가량, 도로의 경우는 515m 가량인데, 전투비행단장은 이 사건 토지가 탄약고로부터 약 800m 가량 떨어져 있어 주거시설에 적용되는 위험거리 960m 내에 있다는 이유를 들어 원고들의 개발행위신청 허가에 부동의하였다.

(3) 전투비행단장이 폭발물의 위험거리에 따라 동의 여부를 결정하도록 되어 있는 공군교범과 국방부장관의 위 지침에 따라 동의여부를 심의한 것에 비추어 보면, 원고들의 위 개발행위로 인하여 군사작전에

지장을 초래할 염려는 없는 것으로 보이고, 전투비행단장은 폭발물의 위험으로부터 발생할 수 있는 인명 피해 등을 최소화하겠다는 공익을 부동의 사유로 내세운 것으로 보인다. 전투비행단장은 원고들의 개발행위 허가 신청에 대하여 주거시설의 경우에 적용되는 위험거리 960m를 적용하였으나, 원고들은 주차장을 조성하여 버스 34대분의 주차시설을 설치하겠다는 것인바, 사람이 상주하는 주거시설의 잠재적 위험성과 주차시설의 잠재적 위험성을 동일시하기는 어려운 것으로 보임에도, 전투비행단장은 이 사건 토지 위에 조성될 주차장의 특성, 폭발물의 폭발시 노출되는 구체적인 위험의 정도 등을 평가하지 아니하고, 주거시설의 경우에 적용되는 위험거리를 그대로 적용하였다.

(4) 이 사건 토지와 탄약고 사이에 촌락이 형성되어 있어 이미 다수의 주거시설이 존재하고 있다.

(5) 전투비행단장의 부동의로 인하여 원고들은 그 재산권 행사를 제약받게 되는 반면, 전투비행단장은 주거시설의 경우 적용되는 위험거리를 그대로 적용한 채 원고들이 개발행위로 설치하고자 하는 시설의 특성에 따른 구체적인 위험도를 평가하지 아니하였고, 달리 이 사건에서 원고들의 개발행위로 설치할 시설이 직면하게 될 구체적인 위험에 관한 증명도 없어 원고들의 개발행위를 허가하지 아니함으로써 달성할 수 있는 공익은 막연하고 추상적이라 할 것이므로, 원고들의 불이익과 개발행위를 허가하지 아니함으로써 달성할 수 있는 공익 사이에 균형이 존재한다고 할 수 없다.

나. 원심 판결(서울고등법원 2017. 3. 10. 선고 2016누30967 판결) - 항소기각 (제1심 판결 인용, 유지)

원심 판결은 제1심 판결의 판단 중 협의요청을 받은 관할부대장이 보호구역이나 비행안전구역이 지정된 목적, 금지되는 행위의 내용, 신청인의 허가를 구하는 행위가 보호구역 또는 비행안전구역의 지정 목적에 위배되는지 여부를 심사하여 동의 또는 부동의 여부를 결정하여야 할 것이라는 재량의 기준에 관한 부분, 비행안전구역 내의 건축물 등 허가와 관련한 부동의 사유에 대하여 아래와 같이 판단하는 것 외에 나머지 보호구역 내의 개발행위에 대한 부동의가 비례원칙에 위반된다는 판단은 그대로 유지하였다.

원고들이 이 사건 토지 위에 관광버스 차고지를 조성하게 되면 관광버스에 부착된 전조등은 야간에 유사등화로 작용할 것은 분명하고, 야간에 주차장 및 그 주변의 안전을 위하여 차고지 주변에 일정한 등화를 설치하지 않을 수 없을 것으로 보이므로 피고가 관할부대장의 협의를 구한 것은 적절하다. 그러나 이 사건 부지 옆으로 국도가 지나가고 이 사건 부지와 항공기유도등 사이에 훨씬 큰 규모의 공장 및 주거지역이 이미 형성되어 있으며, 그 사이에는 주차장이 이미 설치·운영되고 있는 사실이 인정되는 등으로, 이 사건 주차장 부지를 조성함으로써 발생 내지 설치되는 등화로 인하여 의미 있는 수준에서 기존의 상태보다 항공등화의 명료한 인지를 더욱 방해하거나 이를 항공등화로 오인할 위험이 증대되는 것으로 보기 어렵고, 달리 이를 인정할 만한 증거가 없어 이 부분 부동의 사유는 그 사유가 인정되지 않는다.

다. 대상판결 - 파기환송

국방부장관 또는 관할부대장 등의 전문적·군사적 판단은 그 판단의 기초가 된 사실인정에 중대한 오류가 있거나 그 판단이 객관적으로 불합리하거나 부당하다는 등의 특별한 사정이 없는 한 존중되어야 하고, 국방부장관 또는 관할부대장 등의 판단을 기초로 이루어진 행정처분에 재량권을 일탈·남용한 특별한 사정이 있다는 점은 그 처분의 효력을 다투는 자가 증명하여야 한다.

① 기상악화 시 조종사의 눈에 띄는 활주로 주변의 불빛이 항공유도등으로 오인될 수 있다는 증인 소외인(관할 부대조종사)의 증언은 합리

적이고 이를 배척할 만한 사정을 찾기 어렵다.

② 한미 공동운영기지라는 ㅁㅁ기지의 특수성을 고려할 때 미군과의 연합작전 등에 대비하여 미군 연합시설물 규정을 기초로 판단하는 것이 위법·부당하다고 볼 수 없다(미군 연합시설물 규정에 따른 안전거리 미확보).

③ 원고는 이 사건 토지를 버스차고지로 조성할 뿐 건축물을 건축하지 않는다고 하더라도, 다수의 대형버스가 주정차하고 그 과정에서 운전기사 등 다수의 인원이 차고지에 상주할 것이 예상되므로 이 사건 토지는 공군교범이 규정하는 공공도로보다 위험도가 높다고 보인다. 따라서 이 사건 토지에 대하여 공로거리를 그대로 적용해야 한다고 볼 수 없다.

④ 이 사건 토지 인근의 촌락, 주거시설 등이 어떠한 경위로 형성되었는지, 그 과정에서 관할부대장이 동의 의견을 통보하였는지, 그 이유가 무엇인지 등을 확인할 수 없는 상황에서, 이 사건 토지 인근에 이미 촌락, 주거시설 등이 형성되어 있다는 사정만으로 이 사건 토지의 개발로 인하여 탄약 폭발에 의한 위험성이 증대되지 않는다고 단정할 수 없다.[1)]

⑤ 이 사건 토지에 버스차고지가 설치될 경우 인근 토지에 동일한 내용의 개발행위허가 신청이 증가할 가능성이 크고, 그로 인해 비행안전에 심각한 우려가 발생할 수 있다는 점도 고려하여야 한다.

⑥이 사건 토지는 군사기지법상 제한보호구역 및 비행안전구역에 해당한다. 이러한 구역 지정에 따라 이 사건 토지의 이용가능성이 제한되었다고 하더라도, 종래 허용된 용도대로 계속 사용할 수 있는 한 공

1) 구 군사기지법 시행규칙 제8조 제1항 각호에 의하면 폭발물 관련 시설이 있는 보호구역 내에서 일정 범위 이내의 기존 주택의 신축·개축·재축 등과 마을회관, 복지회관, 보건지소 신축 등은 특별한 사유가 없으면 동의하도록 하고 있는 점을 고려하면, 주변 농가 등의 존재는 폭발물 안전과 관련한 문제라기보다는 비행안전과 관련한 문제에서 차고지와 차별점이 있다고 보아야 하지 않을까 한다.

익 목적을 위한 토지이용제한은 토지소유자가 수인하여야 하는 사회적 제약에 해당한다. 이 사건 처분으로 인해 원고들이 이 사건 토지의 이용이 제한되는 불이익을 입게 되더라도, 그 불이익이 군사 분야에서 비행안전에 영향을 미칠 위험을 제거하여 군사작전의 원활한 수행을 확보하고 인명과 재산에 대한 피해 발생을 사전에 예방하는 등의 공익상의 필요보다 크다고 보기는 어렵다.

⑦ 관할 부대장은 고도의 전문적·군사적 판단에 따라 피고에게 부동의 의견을 통보한 것이고, 그 판단에 사실적 기초가 없거나 그 판단의 기준과 절차, 방법, 내용 등에 객관적으로 불합리하거나 부당하다고 볼 만한 사정은 없다. 따라서 관할 부대장의 부동의 의견을 기초로 한 이 사건 처분이 비례의 원칙을 위반하거나 사회통념상 현저하게 타당성을 잃어 재량권을 일탈·남용한 것이라고 단정할 수 없다.

라. 파기환송심(서울고등법원 2021. 3. 17. 선고 2020누47092 판결) - 원고 청구 기각

협의 요청의 대상인 행위가 군사작전에 지장을 초래하거나 초래할 우려가 있는지, 그러한 지장이나 우려를 해소할 수 있는지, 항공등화의 명료한 인지를 방해하거나 항공등화로 오인될 우려가 있는지 등은 해당 부대의 임무, 작전계획, 군사기지 및 군사시설의 유형과 특성, 주변환경, 지역주민의 안전에 미치는 영향 등을 종합적으로 고려하여 행하는 고도의 전문적·군사적 판단 사항으로서, 그에 관해서는 관할부대장 등에게 재량권이 부여되어 있다고 보아야 한다.

한편, 행정청의 전문적인 정성적 평가 결과는 그 판단의 기초가 된 사실인정에 중대한 오류가 있거나 그 판단이 사회통념상 현저하게 타당성을 잃어 객관적으로 불합리하다는 등의 특별한 사정이 없는 한 법원이 그 당부를 심사하기에 적절하지 않으므로 가급적 존중되어야 하고, 여기에 재량권을 일탈·남용한 특별한 사정이 있다는 점은 이를 주장하는 자가 증명하여야 한다.

기상악화 시 조종사의 눈에 띄는 활주로 주변의 불빛이 항공유도등으로 오인될 수 있다는 증인의 증언은 합리적이고 배척할 만한 사정을 찾기 어려우며, 차고지 설치 시 주야로 약 34대의 버스가 오가게 될 것인데 조종사들은 착륙을 시도할 때에 여러 불빛들의 위치를 보고 활주로의 위치를 가늠한 뒤 400km/h의 빠른 속도로 접근한다는 것이므로, 기상 악화시 순간적으로 버스차고지에서 나오는 버스 전조등 등의 불빛을 항공유도등으로 오인할 여지가 전혀 없다고 할 수 없다.

미군 연합시설물 규정은 시설물 설치를 내용으로 할 경우 적용되므로 적용이 되지 않는다는 주장에 대해서는, 이 사건 토지를 버스차고지로 이용하는 데에 필요한 최소한의 시설물 또한 미군 연합시설물 규정에 의해 설치가 금지되는 시설물로 판단한 것으로 보이고 그러한 판단이 객관적으로 불합리하거나 부당하다고 보이지 않는다.

(이어 대상판결의 판시사항 3, 4, 5를 그대로 설시)

결국 전투비행단장은 고도의 전문적・군사적 판단에 따라 피고에게 부동의 의견을 통보한 것이고, 그 판단에 사실적 기초가 없거나 그 판단의 기준과 절차, 방법, 내용 등에 객관적으로 불합리하거나 부당하다고 볼 만한 사정은 없다. 따라서 전투비행단장의 부동의 의견을 기초로 한 이 사건 처분이 비례의 원칙을 위반하거나 사회통념상 현저하게 타당성을 잃어 재량권을 일탈·남용한 것이라고 단정할 수 없다.

Ⅱ. 관련 법령

구 군사기지 및 군사시설보호법(2014. 12. 30. 법률 제12902호로 개정되기 전의 것)

제2조 (정의) 이 법에서 사용하는 용어의 정의는 다음과 같다

6. "군사기지 및 군사시설 보호구역"이란 군사기지 및 군사시설을 보호하고 군사작전을 원활히 수행하기 위하여 국방부장관이 제4조 및 제5조에 따라 지정하는 구역으로서 다음 각 목의 것을 말한다.

나. 제한보호구역 : 보호구역 중 군사작전의 원활한 수행을 위하여 필요한 지역과 군사기지 및 군사시설의 보호 또는 지역주민의 안전이 요구되는 구역

8. "비행안전구역"이란 군용항공기의 이착륙에 있어서의 안전비행을 위하여 국방부장관이 제4조 및 제6조에 따라 지정하는 구역을 말한다.

제10조(비행안전구역에서의 금지 또는 제한) ① 누구든지 비행안전구역(예비항공작전기지 중 민간비행장의 비행안전구역을 제외한다) 안에서는 다음 각 호의 어느 하나에 해당하는 행위를 하여서는 아니 된다. 다만, 제3호의 경우 미리 관할부대장등의 허가를 받은 자에 대하여는 그러하지 아니하다.

1. 제1구역에서 군사시설(민간항공기의 항행을 지원하기 위한 항행안전시설을 포함한다)을 제외한 건축물의 건축, 공작물·식물이나 그 밖의 장애물의 설치·재배 또는 방치
2. 제2구역부터 제6구역까지에서 그 구역의 표면높이(이들의 투영면이 일치되는 부분에 관하여는 이들 중 가장 낮은 표면으로 한다) 이상인 건축물의 건축, 공작물·식물이나 그 밖의 장애물의 설치·재배 또는 방치

3. 군용항공기를 제외한 항공기의 비행안전구역 상공의 비행
4. 항공등화의 명료한 인지를 방해하거나 항공등화로 오인할 우려가 있는 유사등화의 설치
5. 비행장애를 일으킬 우려가 있는 연막 · 증기의 발산 또는 색채유리나 그 밖의 반사물체의 진열

제13조(행정기관의 처분에 관한 협의 등) ① 관계 행정기관의 장은 보호구역 안에서 다음 각 호의 어느 하나에 해당하는 사항에 관한 허가나 그 밖의 처분(이하 "허가등"이라 한다)을 하려는 때에는 대통령령으로 정하는 바에 따라 국방부장관 또는 관할부대장등과 협의하여야 한다. 국가기관 또는 지방자치단체가 다음 각 호에 해당하는 행위를 하려는 경우에도 이와 같다. 다만, 보호구역의 보호 · 관리 및 군사작전에 지장이 없는 범위 안에서 대통령령으로 정하는 사항은 그러하지 아니하다.

1. 주택의 신축 · 증축 또는 공작물의 설치
7. 토지의 개간 또는 지형의 변경

② 관계 행정기관의 장이 다음 각 호의 어느 하나에 해당하는 사항에 관한 허가등을 하려는 때에도 제1항을 적용한다.

1. 비행안전구역 안에서 제10조 제1항 제2호 · 제4호 및 제2항에 저촉될 우려가 있는 건축물의 건축, 공작물·등화의 설치·변경 또는 식물의 재배
2. 대공방어협조구역 안에서 대통령령으로 정하는 일정 높이 이상의 건축물의 건축 및 공작물의 설치

Ⅲ. 개발행위에 대한 부동의 사유 및 이에 대한 사법심사의 방법

1. 구 군사기지법에 따른 협의 및 부동의 사유

이 사건에서는 원고들이 국토의 계획 및 이용에 관한 법률상 개발행위로서 토지형질변경을 신청한 토지가 구 군사기지법 상의 제한보호구역 및 비행안전구역에 해당하여 개발행위에 있어 관할부대장에 대한 협의사유가 존재하는지 여부, 그리고 관할부대장이 동의 여부를 결정함에 있어 가지는 판단의 재량성 및 그에 대한 사법심사의 정도가 문제되었다.

이러한 관할부대장의 동의 여부의 결정은 군사기지법 상 제한보호구역 및 비행안전구역의 지정 목적 등을 감안하여 이루어지는 재량적 행위에 해당하는바, 재량행위에 대한 증명책임, 사법심사의 정도 등에 대해 아래에서 살펴보고자 한다. 한편 협의사유 중 비행안전구역 내의 협의사유에 대해 제1심과 원심의 판단이 달랐는바 법률요건의 포섭에 관한 행정청의 해석의 재량을 얼마나 존중할 것인지 여부도 관련 사항으로 다루고자 한다.

2. 재량행위와 불확정개념

가. 재량행위의 의의

행정법규는 법률요건과 법률효과를 조건적으로 연결하여 "행정청은 ...하면, ... 할 수 있다"는 식으로 규정되어 있는 경우가 대부분이다. 구체적 타당성이 있는 행정을 실현하기 위해서는 행정청에게 상당한 자유의 영역을 부여할 필요가 있다. 이에 행정법규의 법률요건 부분을 확정적으로 정하지 않고 불확정적으로 정한 경우도 있고, 법률효과 부분도 구속적으로 정하지 않고 선택적으로 정하는 경우도 있다. 이렇게 행정청에게 재량권 또는 불확정개념의 적용에 의한 판단의 여지를 줌으로써 행정의 법률기속성을 완화시켜, 창의적이고 구체적으로 타당한 행정을 도모할 수 있도록 하고 있다.

나. 재량과 판단여지의 구별 여부

법률요건 중 '필요한 경우', '상당한 이유', '공익', '미풍양속', '공공질서' 등과 같이 일의적이지 않고 그 의미가 구체적 상황에 따라 그때그때 판단되어질 수 있는 개념, 즉 불확정개념이 사용된 경우가 있는데, 이러한 경우도 재량의 문제로 볼 것인지, 아니면 독자적으로 판단여지를 인정할 것인지에 대한 논의가 있어 왔다.

학설상 재량과 판단여지를 구별하는 견해(구별설)은 법률효과의 부분은 '재량'(Ermessen), 법률요건 부분에 존재하는 불확정개념의 판단은 '판단여지'(Beurteilungsspielraum)로서 양자는 구별되고, 요건규정에 있는 불확정개념에 대한 판단은 재량의 문제가 아니므로 법원의 통제 범위에 있는 이상 행정청의 판단은 사법심사의 대상이 되지만 행정청의 판단을 존중하여 그 판단을 자제하는 것이라고 한다(판단여지론).[2] 다만 판단여지가 인정되는 경우에도 판단기관의 구성이나 판단절차 과정에서 법을 위반하였거나 사실인정에 오류가 있는 경우, 객관적인 평가기준을 위반한 경우에는 위법하여 사법심사의 대상이 된다. 이 견해는 재량은 '복수행위 사이의 선택의 자유'가 법령에 의해 처음부터 인정되는 것이지만, 판단의 여지는 불확정개념의 해석, 적용 문제로서 법원의 전면적 심사의 대상이 되는 영역에서 예외적으로 인정된다는 점, 판단의 여지는 법률요건의 해석, 적용의 문제인 반면 재량은 법률효과의 결정에 관한 문제라는 점, 재량은 입법자에 의해 부여되지만 판단의 여지는 법원에 의

2) 박균성, 행정법론(상)(제19판), 박영사, 2020, 330면.

해 주어진다는 점에서 재량과 판단의 여지를 구별하는 것이 바람직하다고 한다.[3)]

재량과 판단여지의 구별을 부정하는 견해(비구별설)는 행정기관에서 판단의 여지가 인정되는 경우에는 그 한도에서 법원에 의한 심사권이 제한된다는 점에서는 재량과 유사하므로 재량행위와 구별되는 독자적인 개념으로 '판단의 여지'를 인정하지 않고 재량의 문제로 파악하기도 한다. 특히 독일에서 나온 판단여지설은 그 배경으로 볼 때 직권탐지주의를 배경으로 하는 독일이 불확정개념으로 된 요건부분에 대해 행정청의 재량을 부정하고 완벽한 심사강도의 사법심사를 인정하므로 요건부분에 관한 행정청의 자율성을 인정하기 위해 재량과는 다른 판단여지가 필요하여 나온 이론인데, 우리나라는 변론주의와 직권탐지주의가 가미되어 있고 요건부분에 대한 재량을 부정하지 않기 때문에 판단여지라는 개념이 별도로 필요하지 않다는 것이다.[4)]

다. 판단여지가 논의되는 영역 및 심사방법

판단의 여지가 논의되는 영역은 비대체적 결정의 영역(예를 들어 시험결정, 공무원의 인사고과결정 등), 합의제 행정관청에 의한 구속적 가치평가의 영역(예를 들어 청소년 유해도서판정, 보호대상문화재해당여부의 판정 등), 예측결정(예를 들어 경제여건의 변화예측, 주택시장변화에 대한 예측 등), 행정정책적 결정의 영역(예를 들어 외교정책, 경제정책, 교통정책 등) 등이 있다.

판단여지가 인정되는 범위 내에서 내려진 행정청의 판단은 법원에

---

3) 김남진・김연태, 행정법(제25판), 법문사, 2021, 224면; 박정훈, "불확정개념과 판단여지", 행정작용법(김동희 교수 정년기념논문집), 2005. 255면; 하명호, 행정법(제2판), 박영사, 2020.,107면; 홍준형, 행정법, 법문사(2011), 136면.

4) 박정훈,"불확정개념과 판단여지", 행정작용법(김동희 교수 정년기념 논문집), 박영사, 2005, 250면; 김동희, 행정법(I)(제25판), 박영사, 2021, 282면; 최선웅, 재량과 행정쟁송, 박영사, 2021,40면 이하.

의한 통제의 대상이 되지 않는다. 다만 판단여지가 인정되는 경우에도 합의제 행정기관이 적정하게 구성되었는지 여부, 법에 규정된 절차의 준수여부, 정확한 사실관계에 기초한 결정인지 여부, 일반적으로 인정된 평가기준의 준수 여부, 자의성의 개입여부 등 판단여지의 한계를 심사하여 이를 넘은 경우에는 위법이 된다.

라. 판례의 태도

뒤에서 더 자세히 논하겠지만 대법원은 법률요건에 있어서의 판단여지에 대한 논의를 어느 정도 실무에 받아들이는 대신[5] 이를 재량권에 관한 법리와 엄격하게 구분짓지는 않고, 판단여지가 인정되는 경우 행정청에게 재량권이 주어지며, 이에 행정청은 법령에 규정한 처분요건 내지 사유에 해당하는지의 판단에 있어서도 재량권을 갖는다는 입장을 취하고 있다.

3. 처분사유의 적법성 v. 재량권 일탈·남용에 대한 증명책임

가. 증명책임의 의의

법원의 판단작용이 법규를 대전제로, 구체적 사실을 소전제로 하여 삼단논법에 따라 법률효과를 판단하는 과정을 거친다고 할 때, 소송상 어느 사실이 진위불명이 되면 법규를 적용할 수 없게 되어 그 사실을 요건으로 하는 법률효과가 생기지 않아 그 효과의 발생을 주장하는 당사자는 그 사실의 진위불명으로 인한 불이익을 입게 되는데 이러한 위험을 증명책임이라고 한다.

---

5) 대법원 2017. 6. 19. 선고 2016두30866 판결 "... 이러한 '주변환경이나 경관과 조화를 이루는지 여부'를 판단하는 데에는 행정청에 재량판단의 여지가 있다고 봄이 타당하다."

나. 증명책임의 부담

(1) 원칙

행정소송에서의 증명책임에 관하여 원고부담설(적법성 추정설), 피고 부담설(적법성 담보설), 법률요건분류설, 헌법질서귀납설, 개별구체설 등이 있으나, 민사소송과 마찬가지로 법률요건분류설이 통설이며 판례의 입장이다.

> 대법원 2016. 10. 27. 선고 2015두42817 판결
>
> 민사소송법 규정이 준용되는 행정소송에서의 증명책임은 원칙적으로 민사소송 일반원칙에 따라 당사자 간에 분배되고, 항고소송의 경우에는 그 특성에 따라 처분의 적법성을 주장하는 피고에게 적법사유에 대한 증명책임이 있다. 피고가 주장하는 일정한 처분의 적법성에 관하여 합리적으로 수긍할 수 있는 일응의 증명이 있는 경우에 처분은 정당하며, 이와 상반되는 주장과 증명은 상대방인 원고에게 책임이 돌아간다.

이에 의하면 권한행사규정의 요건사실의 존재는 그 권한행사의 필요 또는 적법성을 주장하는 자가 증명책임을 부담하므로, 적극적 처분에 대해서는 그 처분을 한 처분청이, 거부처분에 대해서는 원고가 각 증명책임을 부담하고, 권한불행사규정이나 상실규정의 요건사실의 존재는 처분권한의 불행사나 상실을 주장하는 자가 증명책임을 부담하게 된다.

그러나 행정법규 중에서는 당해 규정이 권한행사규정인지 권한불행사규정인지 구별하기 어렵거나, 법규 형식만을 기준으로 할 경우 당사자의 공평에 어긋나는 경우가 발생할 수 있어 모든 사건에 대해 법률요건분류설을 적용할 수는 없고, 이를 원칙으로 하되 구체적인 사건에

서 입증의 난이, 증거와의 거리, 소극적 사실 또는 적극적 사실 여부, 사실 존재의 개연성 등을 종합하여 책임을 분배할 필요가 있다.

(2) 항고소송의 경우

(가) 침익적 행정행위

침익적 행정행위의 적법성에 대해서는 원칙적으로 처분청에게 주장, 증명책임이 있다. 일례로 징계처분, 영업정지처분, 취소처분 등에 대한 취소소송에서는 처분청에게 각 행정행위가 적법하다는 사실에 대한 증명책임이 있다.[6)]

(나) 사회보장 급부청구에 대한 거부처분

각종 사회보장 급부청구에 대한 거부처분에 대해서는 그 거부사유가 원래 급부요건을 갖추지 못하였음을 이유로 하는 경우에는 급부를 청구한 자에게(대법원 1997. 2. 28. 선고 96누14883 판결, 2004. 4. 9. 선고 2003두12530 판결), 급부청구권 발생에 장애사유가 있거나 일단 발생한 급부청구권이 소멸하였음을 이유로 하는 경우에는 처분청에게 증명책임이 있다.

(다) 재량처분

재량처분이 재량권을 일탈 남용함으로써 위법하다고 다투어지는 경우 그 증명책임은 이를 주장하는 자에게 있다는 것이 판례이다(대법원 2001. 7. 27. 선고 99두2970 판결, 대법원 2002. 9. 24. 선고 2000두1713 판결). 재량권의 범위를 벗어났거나 재량의 행사가 그 부여 취지를 넘어 재량

---

6) 다만 과세처분의 경우 과세처분의 적법성은 과세관청에게 증명책임이 있어 과세표준 산정의 기준이 되는 소득이나 비용에 대해서도 처분청이 입증하여야 하는 것이며 비과세 또는 면세요건은 납세의무자가 증명하여야 하는 것이 원칙이나, 과세자료의 대부분을 납세의무자가 보유하고 있는 특성상 세법에서는 특정 사실이 있으면 과세요건을 갖춘 것으로 간주하거나 추정하는 특별규정을 두기도 하며, 구체적인 소송과정에서 경험칙에 비추어 과세요건사실이 추정되는 사실이 밝혀지면 납세의무자가 경험칙 적용의 대상이 되지 못하는 사정을 증명하여야 하는 경우가 있다(대법원 2002. 11. 13. 선고 2002두6392 판결).

권을 남용한 것이라는 점에 대해서는 이를 주장하는 자, 즉 처분의 상대방인 원고가 입증해야 한다. 그러나 그 주장사유로 여러 가지가 있을 수 있어 일률적으로 판단할 수는 없다.

행정청이 원고에 대해서만 특별히 무거운 처분을 하였다면 그 사유의 정당성에 대한 증명책임은 행정청에게 있고, 반대로 원고가 처분이 일반적인 기준에 따라 행해졌다는 점을 인정하면서도 원고에 대해서는 특수한 사정 때문에 특별히 취급하여야 함에도 그렇게 하지 않은 것이 위법하다고 주장하는 때에는 원고에게 그 증명책임이 있다고 보아야 할 것이다.[7](대법원 1987. 12. 8. 선고 87누861 판결)[8]

(라) 수익적 행정처분에 관한 직권취소사유 및 취소해야 할 필요성

이에 대한 증명책임은 행정청에게 있다(대법원 2012. 3. 29. 선고 2011두23375 판결).

대법원 2012. 3. 29 선고 2011두23375 판결

일정한 행정처분으로 국민이 일정한 이익과 권리를 취득하였을 경우에 종전 행정처분을 취소하는 행정처분은 이미 취득한 국민의 기존 이익과 권리를 박탈하는 별개의 행정처분으로 취소될 행정처분에 하자 또는 취소해야 할 공공의 필요가 있어야 하고, 나아가 행정처분에 하자 등이 있다고 하더라도 취소해야 할 공익상 필요와 취소로 당사자가 입게 될 기득권과 신뢰보호 및 법률생활안정의 침해 등 불이익을 비교·교량한 후 공익상 필요가 당사자가 입을 불이익을 정당화할 만큼 강한 경우에 한하여 취소할 수 있는 것이며, 하자나 취소해야 할 필요성에 관한 증명책임은 기존 이익과 권리를 침해

7) 하명호, 행정쟁송법(제3판), 박영사, 2017, 315면 이하.
8) 해당 판결은 피고의 공유수면 점용료의 부과처분에 대해 원고가 감액사유가 존재하였음에도 감액하지 않아 위법하다고 다툰 사안이다.

하는 처분을 한 행정청에 있다.

반면에 직권취소의 예외사유에 대한 증명책임은 그 사유를 주장하는 측에 있다(대법원 2003. 7. 22. 선고 2002두11066 판결).

(마) 국민건강보험법 제57조 제1항의 환수처분

요양기관이 사위 기타 부당한 방법으로 요양급여비용을 지급받았다는 점을 증명할 책임은 국민건강보험공단에게 있다. 그런데 '임의 비급여 진료행위'는 원칙적으로 '사위 기타 부당한 방법~'에 해당하므로, 국민건강이 이를 이유로 부당이득환수결정을 한 경우, 해당 행위가 임의 비급여 진료행위라고 하더라도 부당한 방법이라고 볼 수 없다는 사정은 이를 주장하는 측인 요양기관이 증명해야 한다(대법원 1984. 2. 28. 선고 82누154 판결, 대법원 1992. 3. 10. 선고 91누6030 판결, 대법원 2000. 3. 23. 선고 99두11851 판결).

다. 증명의 정도

민사소송에서 증명의 정도는 합리적 의심을 가지지 않을 정도의 고도의 개연성이 필요하다고 하는 것이 통설이며[9], 판례도 민사소송에서 사실의 입증은 추호의 의혹도 있어서는 아니 되는 자연과학적 증명은 아니나 특별한 사정이 없는 한 경험칙에 비추어 모든 증거를 종합검토하여 어떠한 사실이 있었다는 점을 시인할 수 있는 고도의 개연성을 증명하는 것이고 그 판정은 통상인이라면 의심을 품지 않을 정도일 것을 필요로 한다고 한다.[10] 행정소송에서도 원칙적으로는 같은 정도의 증명이 이루어져야 할 것이다.

다만 아래 사법심사의 방식에서 고려하듯이 재량행위 중에도 폭넓은 재량이 인정되는 경우, 혹은 불확정개념의 판단과 관련하여 행정청

9) 편집대표 민일영, 주석민사소송법(제8판), 한국사법행정학회(2018. 10.), 74면. (마용주 집필부분)

10) 대법원 2010. 10. 28. 선고 2008다6755 판결.

의 전문적인 정성적 평가가 반영된 경우에는 심사강도가 완화되므로 행정청의 처분이 일응의 합리성을 가진다면 주장, 증명책임을 다한 것으로 보아, 행정청이 자의적으로 처분하였다는 사정을 원고가 입증하여야 한다.

4. 불확정개념이 사용된 경우 법원의 사법심사 방식

가. 서설

재량과 판단여지의 구별과 관련하여, 특정 처분에 대한 항고소송에서 법원이 법률요건에 대한 위법사유(처분사유 해당성)와 법률효과와 관련한 위법사유(재량권 일탈·남용)를 어떻게 다루게 되는지의 문제가 있을 수 있다. 일례로 법률요건에 불확정개념이 사용되어 행정청이 수익적 처분요건에 해당하지 않는다고 판단하였음에도 일정한 경우 거부처분을 하는 것이 재량권 일탈·남용이 될 수 있는지, 즉 처분요건 해당성이 없는데 해당 처분을 하여야 하는 경우가 있는 경우의 문제이다.[11)]

나. 침익적 행정처분

행정청이 한 침익적 행정행위에 처분사유가 존재하지 않는 경우(①), 해당 처분은 위법한 것이 되어 하자 정도에 따라 취소 또는 당연무효에 해당한다고 보게 될 것이며, 이 경우 법원은 그 이상 나아가 재량권 일탈 남용 등을 판단할 필요가 없다.

반대로 처분사유가 존재한다고 판단될 경우에는 해당 처분이 기속행위라면(②) 처분사유가 구비된 것만으로 적법한 것이 되어 재량권 일탈 남용 여부를 판단할 필요가 없으나, 재량행위인 경우에는 해당 처분

11) 이하의 논의는 이용우, “여객자동차운송사업 한정면허의 갱신 여부를 심사하는 과정에서 관할 행정청이 고려해야 할 사항 및 이때의 재량권 일탈・남용 여부를 판단하는 기준”, 대법원판례해설 123호(2020. 12.), 519－525면의 내용을 요약한 것이다.

사유가 구비되었더라도 재량권 일탈 남용 여부를 다시 살펴야 한다(③).

예시로는 ①은 위생수칙 위반을 이유로 한 영업정지 처분에 있어 처분사유가 존재하지 않는 경우, ②는 특정 처분사유가 존재할 때에 반드시 영업취소를 하도록 정한 경우, ③은 6개월 범위에서 영업정지를 하도록 한 경우를 들 수 있다.

다. 수익적 행정행위의 취소, 철회의 경우

행정청이 수익적 행정행위를 하여 신청인이 그 이익을 누려 오다가 일정한 사유를 들어 수익적 행정행위를 취소·철회하는 경우, 해당 처분사유가 존재하지 않는다면 그 자체로 위법하여 위 침익적 행정처분과 마찬가지로 취급되어야 한다.

한편 취소·철회사유가 존재하는 경우에도 신청인이 누려오던 기득권의 보호와 행정청이 추구하는 공익 사이에 비교형량이 문제되는바, 이에 관한 재량권 일탈 남용 여부의 판단이 필요하다.

다만 '거짓이나 그 밖의 부정한 방법'으로 수익적 행정행위가 발급된 때에는 수익적 행정행위를 반드시 취소, 철회하도록 법에서 정하는 경우 등에는 기속행위가 된다. 판례도 수익적 행정행위의 하자가 처분상대방의 '거짓이나 그 밖의 부정한 방법'으로 인한 경우에는 신뢰이익을 원용할 수 없다는 취지로 판시해 오고 있다.

라. 수익적 행정행위의 신청에 대한 거부처분

이는 신청인이 행정청을 상대로 처음 행정행위를 신청하는 경우인바, 신청인은 자신이 수익적 행정처분을 받을 요건을 충족하였다는 자료를 행정청에 제출하고, 행정청은 자료의 심사 결과 해당 요건이 충족된 것으로 인정되는 경우에 신청인이 원하는 행정행위를 하게 되며, 요건이 불비된 경우에는 거부처분을 내리게 된다.

거부처분에 대한 항고소송에서는 요건 충족에 대하여 원고가 주장 및 증명책임을 지고, 이러한 입증이 부족할 경우 원고가 패소하게 되며 달리 재량권 일탈 남용에 대해 판단할 필요가 없다(다만 다음에서 보는 판단여지 혹은 전문적 기술적 영역인 경우 달리 검토가 필요하다).

반대로 원고가 수익적 행정행위의 요건을 충족하였다는 주장 및 증명책임을 다하여 성공하였다고 하더라도, 수익적 행정행위는 통상적으로 재량행위이므로 행정청은 수익적 행정행위를 할 것인지에 대한 재량을 가지고, 이 경우에는 재량권 일탈 남용을 추가로 판단하여야 한다. 수익적 행정행위가 요건을 갖춘 경우 기속행위로 되어 있는 경우[12]에는 재량권 일탈 남용 여부는 문제되지 않는다.

마. (위 어느 유형에 속하는지 불문하고) 행정처분의 요건이 일반적, 추상적인 내용으로 되어 있거나 전문적, 기술적 분야의 지식을 요하거나 정책적 판단을 담고 있는 경우

이 유형의 행정처분은, 처분 결과가 상대방에게 유리한지, 불리한지 여부를 불문하고, 법령에 규정된 행정처분의 요건 자체가 일반적, 추상적인 내용으로 되어 있거나 전문적 기술적 분야의 지식을 요하거나 정책적 판단을 담고 있는 경우를 가리킨다.

이는 앞서 언급한 강학상 '불확정개념' 내지 '판단여지'에 관한 문제이다. 그러나 대법원은 이를 재량권에 관한 법리와 엄격하게 구분짓지 않고, 판단여지가 인정되는 경우 행정청에게 재량권이 주어지며, 이에 행정청은 법령에 규정한 처분요건 내지 사유에 해당하는지의 판단에 있어서도 재량권을 갖는다는 입장을 취하고 있다.[13]

---

12) 산재보상보험법에서 정하는 각종 급여는 근로자에게 급여요건이 충족되면 지급되어야 하는 기속행위의 성질을 가진다.

13) 미국은 이 경우를 법률요건과 효과의 경우로 구분하지 않고 입법부에 대한 행정부

즉 법령상 행정처분의 요건 내지 사유에 대하여 불확정개념이 쓰이거나 행정청에 판단여지가 주어진다고 인정되는 경우, ① 상대방이 해당 처분의 요건 또는 사유가 불비되었음을 다투더라도 큰 틀에서 보았을 때 재량권의 일탈·남용이라는 하나의 틀 내에서 공방이 이루어져야 하는 것이지, ② 먼저 해당 처분의 요건 내지 사유가 구비되었는지 여부를 살핀 다음에 재량권 일탈·남용 여부를 나중에 살피는 식으로 위법성 심사를 하는 것이 아니라는 것이다.

대법원 2020. 6. 11. 선고 2020두34384 판결의 경우 원심은 ②의 방식으로 처분의 위법성 심사를 하였으나 대법원이 ①의 방식에 의해 재량권 일탈·남용 여부를 한번에 심사한 사안으로 소개된다.[14] 해당 사건에서 원고는 여객자동차 운수사업법상 한정면허의 갱신을 신청하였다가 거부처분을 받아 취소소송을 제기하였고, 원고는 처분사유의 부존재(공항이용객 편의제공사유의 해소)와 신뢰이익 침해 등 재량권 일탈·남용을 다투었는데, 원심은 거부처분 시점을 기준으로 볼 때 한정면허 갱신의 필요성이 존재하지 않아 처분사유가 존재함을 인정한 후, 한정면허 노선의 수요의 추이, 원고의 공익에 대한 기여도, 이익의 추이 등을 종합적으로 고려하지 않고 갱신사유를 구체적으로 살피지 않아 재량권을 일탈·남용한 처분이라고 보았는데, 대법원 판례해설에 따르면 원심이 처분사유 판단 부분에서는 처분사유가 존재한다고 보면서도 뒤에서 재량권 일탈·남용을 판단할 때에는 처분의 요건이 충족되었는지 여부

에 대한 수권의 문제로 이해하고, 입법자의 의사가 모호함이 있는 경우에는 법원이 본안에 대해 직접 판단하지 않고 행정청의 법률해석이 합리적인 것으로서 허용될 수 있는 범위 내의 해석인지 여부만 판단하여 결국 행정청의 법률해석의 결과를 존중하는 입장을 취하는 경향인데 이는 쉐브론 판결에서 유래한 쉐브론 원칙이다(허성욱, "행정재량에 대한 사법심사기준에 관한 소고-미국행정법상 쉐브론 원칙과 해석규범의 기능과 상호관계를 중심으로", 공법연구 41집 3호, 한국공법학회(2013), 56면.)

14) 다만 재량권 일탈·남용이 인정된다는 결론은 대법원이 정당하다고 보았으므로 상고기각 판결이 내려졌다.

에 대해 재량권 일탈·남용이 있다는 식으로 판결이유를 구성하여 사법심사의 순서 및 기준 등에 대해 혼선을 일으킬 여지가 있었다고 지적하며 처분사유의 부존재에 관한 원고 주장을 재량권의 일탈·남용에 관한 원고 주장과 하나로 묶어서 판단하는 방식을 취하였어야 한다고 하고 있다.

다만 위와 같이 처분사유의 존재 및 재량권 일탈·남용의 문제를 한번에 같이 심사하여야 한다는 대법원 입장에 따르더라도 아래와 같이 구별되는 재량의 범위 및 심사의 정도에 대한 척도는 구분하여 심사하여야 할 것으로 보인다.15) 일례로 대법원 2016. 1. 28. 선고 2013두21120 판결은 "신의료기술의 안전성·유효성 평가나 신의료기술의 시술로 국민보건에 중대한 위해가 발생하거나 발생할 우려가 있는지에 관한 판단은 고도의 의료、보건상의 전문성을 요하므로, 행정청이 국민의 건강을 보호하고 증진하려는 목적에서 의료법 등 관계 법령이 정하는 바에 따라 이에 대하여 전문적인 판단을 하였다면, 판단의 기초가 된 사실인정에 중대한 오류가 있거나 판단이 객관적으로 불합리하거나 부당하다는 등의 특별한 사정이 없는 한 존중되어야 한다. 또한 행정청이 전문적인 판단에 기초하여 재량권의 행사로서 한 처분은 비례의 원칙을 위반하거나 사회통념상 현저하게 타당성을 잃는 등 재량권을 일탈하거나 남용한 것이 아닌 이상 위법하다고 볼 수 없다."고 하여, 법률요건(처분사유)에 해당하는 안전성·유효성 평가가 고도의 의료·보건상 전문성을 요구하는 행위로 완화된 심사를 한다고 보면서, 나아가 그에 기초하여 국민의 생명·신체를 보호할 필요성 및 원고의 불이익을 비교형량하여 의료기술시행중단명령이라는 재량행사를 한 것이 비례의 원칙이

15) 위 대법원 2020두34384 판결의 경우도 처분 시점에서 한정면허를 발급할 객관적 사정이 존재하는지 여부는 처분면허발급요건으로, 기존 면허를 가지고 있던 자의 갱신신청의 거부처분을 할 것인지를 정함에 있어서는 그 공익의 기여와 신뢰 등을 고려하여 수익적 처분의 취소와 유사하게 기득권 보호와 공익 사이의 비교형량이라는 재량의 문제로 볼 여지도 있다.

나 사회통념상 현저하게 타당성을 잃은 것인지 여부를 별도의 심사기준에 의해 판단하였다.

5. 법률요건에 불확정개념이 사용된 경우의 재량의 범위 및 사법심사의 정도에 대한 판례

가. 원칙 : 행정청의 공익판단의 재량을 존중하여 사실오인, 비례원칙 등 위반 여부만 판단

대법원 2017. 10. 12. 선고 2017두48956 판결[16)]

국토의 계획 및 이용에 관한 법률(이하 '국토계획법'이라고 한다) 제56조에 따른 개발행위허가와 농지법 제34조에 따른 농지전용허가·협의는 금지요건·허가기준 등이 불확정개념으로 규정된 부분이 많아 그 요건·기준에 부합하는지의 판단에 관하여 행정청에 재량권이 부여되어 있으므로, 그 요건에 해당하는지 여부는 행정청의 재량판단의 영역에 속한다. 나아가 국토계획법이 정한 용도지역 안에서 토지의 형질변경행위、농지전용행위를 수반하는 건축허가는 건축법 제11조 제1항에 의한 건축허가와 위와 같은 개발행위허가 및 농지전용허가의 성질을 아울러 갖게 되므로 이 역시 재량행위에 해당하고, 그에 대한 사법심사는 행정청의 공익판단에 관한 재량의 여지를 감안하여 원칙적으로 재량권의 일탈이나 남용이 있는지 여부만을 대상으로 하는데, 판단 기준은 사실오인과 비례·평등의 원칙 위반 여부 등이 된다. 이러한 재량권 일탈·남용에 관하여는 행정행위의 효력을 다투는 사람이 주장·증명책임을 부담한다.

대법원 2016. 10. 27. 선고 2015두41579 판결

16) 같은 취지로 대법원 2017. 6. 19. 선고 2016두30866 판결(국토계획법상 용도지역 내 근린생활시설을 설치하는 개발행위 허가) 등 다수 판결례가 존재한다.

이 사건 판결은 위 판시에 더하여, 제반 개발행위심사기준 상 환경오염 내지 인근 주민들의 보건 위생상 위해발생 등을 예방하기 위한 중대한 공익상 필요가 있다고 인정할 때에는 건축허가를 거부할 수 있다고 판시하였다.[17)]

나. 환경의 훼손이나 오염과 관련된 헌법상 환경권이 관련된 경우: 완화된 심사기준

대법원 2017. 3. 15. 선고 2016두55490 판결

환경의 훼손이나 오염을 발생시킬 우려가 있는 개발행위에 대한 행정청의 허가와 관련하여 재량권의 일탈·남용 여부를 심사할 때에는, 해당지역 주민들의 토지이용실태와 생활환경 등 구체적 지역 상황과 상반되는 이익을 가진 이해관계자들 사이의 권익 균형 및 환경권의 보호에 관한 각종 규정의 입법 취지 등을 종합하여 신중하게 판단하여야 한다. 그러므로 그 심사 및 판단에는, 우리 헌법이 "모든 국민은 건강하고 쾌적한 환경에서 생활할 권리를 가지며, 국가와 국민은 환경보전을 위하여 노력하여야 한다."라고 규정하여(제35조 제1항) 환경권을 헌법상 기본권으로 명시함과 동시에 국가와 국민에게 환경보전을 위하여 노력할 의무를 부과하고 있는 점, 환경정

17) 해당 사건 원심은 시설의 설치 운영이 기존 주변 시설에 의한 악취를 더 악화시킨다고 보기 어렵다고 인정하고, 그 전제 아래에서 인근 농업경영과 농어촌생활환경 유지에 피해를 준다고 보기 어려우며, 주변 환경이나 경관과 조화를 이루지 못한다고 단정할 수 없다고 인정하여, 이 사건 처분에 재량권을 일탈 남용한 위법이 있다고 판단하였으나, 대법원은 사실관계 인정에서 이미 주변의 분뇨 및 쓰레기처리 시설에서 배출되는 악취가 배출허용기준을 초과하고 있어, 유사하지만 악취 배출이 훨씬 적은 시설이라고 하더라도 예외적으로 설치되어야 할 사정이 존재한다는 점을 원고가 입증해야 하는 것임에도 반대로 악취가 더 악화시킨다는 행정청의 주장이 입증되지 않았다고 본 점에서 재량행위의 증명책임의 법리를 오해하였고, 공익과 사익의 비교에 관한 행정청의 비교형량이 비례 원칙 등을 위반하였다고 보기도 어려워 재량행위의 사법심사에 관한 법리를 오해하였다고 보았다.

책기본법은 환경권에 관한 헌법이념에 근거하여, 환경보전을 위하여 노력하여야 할 국민의 권리·의무와 국가 및 지방자치단체, 사업자의 책무를 구체적으로 정하는 한편(제1조, 제4조, 제5조, 제6조), 국가·지방자치단체·사업자 및 국민은 환경을 이용하는 모든 행위를 할 때에는 환경보전을 우선적으로 고려하여야 한다고 규정하고 있는 점(제2조), '환경오염 발생 우려'와 같이 장래에 발생할 불확실한 상황과 파급효과에 대한 예측이 필요한 요건에 관한 행정청의 재량적 판단은 내용이 현저히 합리성을 결여하였다거나 상반되는 이익이나 가치를 대비해 볼 때 형평이나 비례의 원칙에 뚜렷하게 배치되는 등의 사정이 없는 한 폭넓게 존중될 필요가 있는 점 등을 함께 고려하여야 한다. 이 경우 행정청의 당초 예측이나 평가와 일부 다른 내용의 감정의견이 제시되었다는 등의 사정만으로 쉽게 행정청의 판단이 위법하다고 단정할 것은 아니다.

위 대법원 2016두555490 판결은 국토계획법상 용도지역 내에서 건축허가 요건에 관한 행정청의 공익판단은 재량의 영역으로 사실오인, 비례 평등의 원칙 위반 여부 등이 그 판단기준이 된다고 하면서 나아가 환경의 훼손이나 오염과 관련된 공익의 판단에 있어서는 생활환경 및 환경권에 관한 헌법 조항 등을 감안하여 그 재량적 판단에 대해서는 '그 내용이 **현저히** 합리성을 결여하였다거나 상반되는 이익이나 가치를 대비해 볼 때 형평이나 비례의 원칙에 **뚜렷하게** 배치되는 등의 사정이 없는 한 폭넓게 존중될 필요가 있는 점'을 고려하여야 한다고 하여 **더욱 완화된 심사기준**을 제시하였다.[18]

18) 같은 취지의 판결로 대법원 2018. 4. 12. 선고 2017두71789 판결(생태 자연도 2등급 권역 내의 공장설립 등의 승인이 개발행위허가 요건을 갖추었는지 여부) 등이 있다.

대법원 2019. 12. 24. 선고 2019두45579 판결

폐기물관리법 제1조, 제25조 제1항, 제2항 제4호, 환경정책기본법 제12조 제1항, 제13조, 제3조 제1호의 내용과 체계, 입법 취지에 비추어 보면, 행정청은 사람의 건강이나 주변 환경에 영향을 미치는지 여부 등 생활환경과 자연환경에 미치는 영향을 두루 검토하여 폐기물처리사업계획서의 적합 여부를 판단할 수 있으며, 이에 관해서는 행정청에 광범위한 재량권이 인정된다.

따라서 법원이 적합 여부 결정과 관련한 행정청의 재량권 일탈·남용 여부를 심사할 때에는 해당 지역의 자연환경, 주민들의 생활환경 등 구체적 지역 상황, 상반되는 이익을 가진 이해관계자들 사이의 권익 균형과 환경권의 보호에 관한 각종 규정의 입법 취지 등을 종합하여 신중하게 판단하여야 한다. '자연환경·생활환경에 미치는 영향'과 같이 장래에 발생할 불확실한 상황과 파급효과에 대한 예측이 필요한 요건에 관한 행정청의 재량적 판단은 그 내용이 현저히 합리적이지 않다거나 상반되는 이익이나 가치를 대비해 볼 때 형평이나 비례의 원칙에 뚜렷하게 배치되는 등의 사정이 없는 한 폭넓게 존중될 필요가 있다.

다. 행정청의 정성적, 전문적 판단을 요하는 경우 : 완화된 심사기준

대법원 2014. 5. 16. 선고 2014두274 판결

특정인에게 권리나 이익을 부여하는 이른바 수익적 행정처분은 법령에 특별한 규정이 없는 한 재량행위이고, 구 전염병예방법(2009. 12. 29. 법률 제9847호 감염병의 예방 및 관리에 관한 법률로 전부 개정되기 전의 것, 이하 '구 전염병예방법'이라 한다) 제54조의2 제2항에 의하여 보건복지가족부장관에게 예방접종으로 인한 질병, 장애 또는 사망(이하 '장애 등'이라 한다)의 인정 권한을 부여한 것은, 예방접종과 장애

등 사이에 인과관계가 있는지를 판단하는 것은 고도의 전문적 의학 지식이나 기술이 필요한 점과 전국적으로 일관되고 통일적인 해석이 필요한 점을 감안한 것으로 역시 보건복지가족부장관의 재량에 속하는 것이므로, 인정에 관한 보건복지가족부장관의 결정은 가능한 한 존중되어야 한다.

라. 자율적인 정책판단 및 그에 따른 심사기준에 의한 사업의 경우: 완화된 특수한 심사기준

대법원 2019. 1. 10. 선고 2017두43319 판결

대법원은 위 판결에서 공원조성계획 입안 제안을 받은 행정청이 제안의 수용 여부를 결정하는 데에 필요한 **심사기준** 등을 정하고 그에 따라 우선협상자를 지정하는 것은 행정청의 **자율적인 정책판단에 맡겨진 폭넓은 재량**에 속하는 사항이므로, 행정청이 마련한 심사기준이 객관적으로 합리적이지 않다거나 타당하다고 볼 만한 특별한 사정이 없는 이상 존중되어야 하고 그 심사기준에 대한 해석 역시 문언의 한계를 벗어나거나 객관적 합리성을 결여하였다는 등의 사정이 없는 한 존중되어야 한다고 판시하였다.

즉 자율적인 정책판단의 영역에 있어서 행정청이 가지는 폭넓은 재량에 대한 심사는 더욱 완화된 심사로 되어야 하므로, 심사기준도 존중되어야 하고 심사기준에 불확정개념이 사용된 경우 등에 있어 행정청의 해석론도 존중되어야 하고, 법원이 독자적인 해석을 근거로 행정청의 판단을 위법하다고 단정하여서는 안 된다는 취지이다.

이러한 판례에 대한 해설에서는 당해 처분과 특정된 심사기준이라는 점에서 심사기준은 법령해석보다 개별시험 채점기준과 성격이 유사하고, 이러한 심사는 행정청이 심사의 목적 및 내용 등을 고려하여 관계 법령이 정하는 범위 내에서 자유로이 정할 재량이 있고, 다양한 사

회현상, 전문적 분야에 관한 정책적, 전문기술적 재량이 인정되는 영역의 재량은 더욱 광범위하다고 하고 있다.[19)]

대법원 2018. 6. 15. 선고 2016두57564 판결

대학 총장 임용에 관해서는 임용권자에게 일반 국민에 대한 행정처분이나 공무원에 대한 징계처분에 비하여 광범위한 재량이 주어져 있다고 볼 수 있다. 따라서 ○○대학에서 추천한 후보자를 총장 임용제청이나 총장 임용에서 제외하는 결정이 ○○대학의 장에 관한 자격을 정한 관련 법령 규정에 어긋나지 않고 사회통념에 비추어 불합리하다고 볼 수 없다면 쉽사리 위법하다고 판단해서는 안 된다.

행정청의 전문적인 정성적 평가 결과는 그 판단의 기초가 된 사실인정에 중대한 오류가 있거나 그 판단이 사회통념상 현저하게 타당성을 잃어 객관적으로 불합리하다는 등의 특별한 사정이 없는 한 법원이 그 당부를 심사하기에는 적절하지 않으므로 가급적 존중되어야 한다(대법원 1992. 4. 24. 선고 91누6634 판결, 대법원 2007. 1. 11. 선고 2004두10432 판결, 대법원 2016. 1. 28. 선고 2013두21120 판결 등 참조). 여기에 재량권을 일탈·남용한 특별한 사정이 있다는 점은 증명책임분배의 일반원칙에 따라 이를 주장하는 자가 증명하여야 한다(대법원 1987. 12. 8. 선고 87누861 판결 등 참조).

이러한 법리는 임용제청에서 제외된 후보자가 교육부장관의 임용제청 제외처분 또는 대통령의 임용 제외처분에 불복하여 제기한 소송에서도 마찬가지이다. 교육부장관이 총장 후보자에게 총장 임용 부적격사유가 있다고 밝혔다면, 그 후보자는 그러한 판단에 사실오인 등의 잘못이 있음을 주장·증명함과 아울러, 임용제청되었거

19) 문현호, "민간공원조성 특례사업 우선협상자 지정에 관한 사법심사의 방법(2019. 1. 10. 선고 2017두43319 판결: 공2019상, 474)", 대법원 판례해설 119호(2019. 12.), 673-674면.

나 임용된 다른 후보자에게 총장 임용 부적격사유가 있다는 등의 특별한 사정까지 주장、증명하여야 한다. 이러한 주장、증명이 있을 때 비로소 그에 대한 임용제청 제외처분 또는 임용 제외처분이 위법하다고 볼 수 있다.

Ⅳ. 대상판결의 검토

1. 비행안전구역 내의 협의사유가 존재하였는지 여부

이 사건에서 제1심 판결은 비행안전구역에 대한 협의의 경우 구 군사기지법 제13조 제2항 제1호 및 같은 법 제10조 제11항 제2,4호, 제2항에 열거된 사유에 해당할 경우에만 관할부대장과 협의를 할 의무가 존재하므로, 유사등화가 설치되지 않는 단순한 주차장 설치는 그에 해당하지 않아 협의사유 자체가 존재하지 않는다고 본 반면, 원심은 협의사유를 비행안전구역 내 금지행위를 감안하여 실질적으로 유사등화가 설치될 경우와 같은 결과를 가져오는 경우(전세버스의 진출입에 따른 전조등의 영향)을 포함하여 넓게 포섭하였다.

이에 대해서는 법문상으로는 주차장 설치를 위한 토지형질변경은 유사등화의 '설치'(設置)에는 직접 해당하지 않으므로, 전투비행단장이 협의사유 중 '비행안전구역 내 유사등화' 설치에 대하여도 부동의 의견을 나타낸 것은 처분사유 자체에 해당할 수 없어 부적절하다고 볼 여지가 있다.

그러나 원고가 설치하고자 하는 차고지는 국토의 계획 및 이용에 관한 법률(이하 '국토계획법')에서 정하는 도시·군계획시설 중 교통시설(자동차정류장, 공동차고지)에 해당하고, 그 설치기준에 관하여 정하고 있는 도시·군계획시설의 결정·구조 및 설치기준에 관한 규칙 제33조 제2

항에 의하면 자동차정류장에는 주유소, 가스충전소, 변전실, 보일러실, 자동차정비시설, 방송실, 배차실, 안내실, 차고, 세차장, 휴게실, 기숙사, 승무원대기실 등을 설치할 수 있도록 하고 있으므로[20] 공동차고지의 설립을 목적으로 한 토지형질변경은 향후 차고지로 조성될 경우 위와 같은 시설의 설치가 가능하게 될 것을 고려할 수밖에 없을 것으로 보인다.[21] 따라서 이 사건에서는 제한보호구역 내의 개발행위로 인한 협의사유 외에 비행안전구역 내의 유사등화 설치행위에 대한 협의사유가 존재한다고 볼 수 있다.

나아가 원심은 관광버스에 부착된 전조등은 야간에 유사등화로 작용할 것이 분명하므로 이 점에서도 협의사유가 존재한다고 보았는데, 이를 협의사유로서 '유사등화 설치'에 해당하는지에 대한 행정청의 판단의 재량을 인정한 것이라고 볼 수 있을지, 공익적인 고려에 의해 법문언의 확장해석을 한 것이라고 볼 것인지 뒤에서 검토하기로 한다.

2. 재량행위에 대한 사법심사의 방식

제1심은 협의요청을 받은 관할부대장이 보호구역이 지정된 목적, 금지되는 행위의 내용, 신청인이 구하는 행위가 보호구역의 지정 목적에 위배되는지 여부를 심사하는 것은 재량행위이고, 이에 대해서는 행정청의 재량에 기한 공익판단의 여지를 감안하여 재량권의 일탈·남용만을 심사하게 되는데, 이 사건 부동의 사유는 부동의로 달성할 수 있는 공익이 막연하고 추상적인 점에서 원고들의 재산권 행사의 제약이라

---

20) 개발제한구역 내의 전세버스운송사업용 차고지 등에는 사무실, 영업소, 차고설비, 차고부대시설, 주유소, 충전소, 자동차 천연가스 공급시설, 휴게실, 대기실 등을 설치할 수 있는데 등화가 사용될 수 있음은 다르지 않다(개발제한구역의 지정 및 관리에 관한 특별조치법 시행령 제13조 제1항. [별표 1] 제3호 서목).

21) 다만 개발행위허가 시 조건으로 어떠한 형태이든 등화를 설치할 수 없도록 부관을 부여하는 것이 불가능할 것으로 보이지는 않는다.

는 사익과 비교할 때 비례원칙을 위반하여 재량권을 일탈·남용하였다고 판단하였다.

원심은 이에 더하여 비행안전구역에 대한 부동의 사유의 경우 이미 주변에 큰 규모의 공장 및 주거지역이 형성되어 있는 등으로 이 사건 주차장 부지를 조성함으로써 설치되는 등화로 인해 기존보다 의미있는 수준으로 항공등화의 명료한 인지를 더욱 방해하거나 이를 항공등화로 오인할 위험이 증대되는 경우로 보기 어려워 부동의 사유가 인정되지 않는다고 판단하였다.

이에 대해 대상판결은 관할부대장 등의 '전문적·군사적 판단'은 기초가 된 사실인정에 중대한 오류가 있거나 그 판단이 객관적으로 불합리하다거나 부당하다는 등의 사정이 없는 한 존중되어야 한다고 전제한 뒤, 협의를 거쳐야 하는 요건 및 보호구역 내의 신청인 점에서 거부사유가 존재하는지 여부에 대한 판단재량이 행정청에게 광범위하게 부여되었다고 볼 수 있다고 보아, 원심이 판시한 사정만으로는 재량권 일탈남용에 해당할 수 없다고 보았다.

원심과 대상판결의 사법심사의 정도의 차이는 전투비행단장이 보호구역 내의 차고지 설치가 가져올 수 있는 군사작전 및 주변지역의 안전, 비행안전 등의 위험 증가 사유에 대해 완화된 심사를 통해 '사실오인의 중대한 오류' 또는 '자의성' 여부만을 판단하였다는 데에 차이가 있다고 볼 수 있다.

불확정개념을 통해 행정청에게 부여된 판단의 재량 및 전문성, 군사기지법의 보호목적 등을 감안하면 관할부대장의 협의의견 회신은 고도의 전문성이 있는 군사적 판단이므로, 법원의 그러한 판단을 존중하여 부동의 사유를 완화된 기준에 의해 심사할 필요가 있는 것으로 볼 것이므로, 대상판결의 사법심사의 정도에 대한 판시내용은 적절하다고 본다.

3. 증명책임의 정도

가. 재량권 일탈·남용에 관하여 수익적 처분의 요건이 갖추어졌으나 재량으로 거부처분을 한 것이라면 거부의 정당성에 대해 처분청에 입증책임이, 요건이 갖추어지지 못하였다고 볼 여지가 있지만 허용되어야 하는 사유가 있다는 점은 원고에게 있다고 볼 수 있다.

제1심의 경우 협의를 거쳐야 하는 사유(비행안전구역 내 개발행위) 중 하나가 인정되지 않으므로 거부처분이 정당하다는 점, 즉 구체적 공익이 사익보다 우선한다는 점에 대해 처분청이 입증하여야 한다는 전제에서 그 존재가 입증되지 못하였다고 판단한 것으로 보인다. 항소심의 경우 이에 더하여 비행안전구역 내의 개발행위에 대해 협의를 거쳐야 하는 요건이 갖추어지기는 하였으나 주변의 다른 건축물들을 감안할 때 피고가 주장하는 사정만으로 '항공등화의 명료한 인지를 방해할 우려'가 있는 경우에 해당한다고 볼 수 없다고 판단하였다.

반면 대상판결의 경우 관할부대장 등의 '전문적·군사적 판단'의 기초가 된 사실인정에 중대한 오류가 있거나 그 판단이 객관적으로 불합리하다거나 부당하다는 재량권 일탈·남용의 점을 원고가 입증하여야 하는데, 전투비행단장이 '항공등화의 명료한 인지를 방해할 우려가 있는 사정'으로 제시한 사항들 – 대기상태가 좋지 않거나 야간비행 시 조종사의 시야방해 및 유도등으로의 혼동 – 에 합리적인 이유가 있고 그와 관련한 행정청 및 그 소속 공무원의 진술, 판단을 존중하여야 한다고 보았으며, 원고가 설치하는 시설이 미군 연합시설물 규정의 적용사유에 해당한다고 본 점, 폭발물 안전거리에 관하여 공로거리가 아닌 주거시설거리를 적용한 점 등이 모두 객관적으로 불합리하거나 부당하다고 보이지 않는다고 보아, 원심이 판시한 사정만으로는 재량권 일탈 남용에 해당할 수 없다고 판단하였다.

결국 이 사건에서 제1심과 원심은 수익적 행정행위의 요건(개발행위에 필요한 요건)을 갖춘 신청인에게 거부처분의 처분사유가 존재한다는 점에 대해 행정청에게 주장·증명책임이 있다고 일응 전제한 후 전투비행단장이 주장한 사정은 합리적이지 않거나 증명이 부족하다고 본 반면, 대상판결은 군사보호구역 및 비행안전구역 내의 부동의 사유는 고도의 전문적·군사적 판단이 필요한 영역(판단의 재량이 인정되는 영역)이므로 사법심사의 강도를 제한하여 행정청이 주장하는 적용규범이나 거리규정의 적용이 객관적으로 불합리하지 않다고 보고, 나아가 입증책임을 완화하여 증언 등 제시한 증거도 충분히 개연성이 있다고 판단한 것으로 보인다. 대법원의 기존 입장에 의할 때 이러한 판단은 타당해 보인다.

나. 한편 대상판결은 이 사건 토지 인근에 이미 촌락, 주거시설 등이 이미 존재하는 점에서 유사등화로 인한 비행안전의 위험이나 폭발물 위험 등이 증가한다고 볼 수 없다는 원심의 판단에 대해서는 반대로 해당 주거시설 등이 어떠한 경위로 존재하게 되었는지에 대한 자료가 현출되어 있지 않은 이상 그 사유만으로 이 사건 토지의 개발로 인해 탄약 폭발에 의한 위험성이 증대되지 않는다고 단정할 수 없다고 하여 이와 관련하여 원고가 입증책임을 다하지 못한 것으로 보았다.

이 부분 대상판결의 판시 내용은 선뜻 이해하기가 쉽지 않고 오히려 폭발물 위험과 관련해서는 제1심 및 원심의 판단이 더 합리적이지 않나 생각되는 면도 있다. 다만 유사한 하급심 판례 중에는 기존 주택을 근린생활시설(음식점)으로 용도변경 신청하였으나 관할부대장이 폭발물 관련 위험을 이유로 동일하게 부동의를 한 사안에서, 이미 용도가 주택인 건물 중 일부를 음식점으로 사용하고 있었기 때문에 폭발물 위험이 증가하지 않는다는 주장에 대해 원고가 허가를 받지 않고 무단으로 점용한 것이므로 그 점을 이유로 위험이 증가한다고 할 수 없다고 판단한 것이 있는바,[22] 만약 이 사건 토지 주변 주택 등이 허가받지 않은 무단건축물일 가능성(이 경우는 일종의 불법의 평등을 요구하는 것이 된다), 그리고 군사기지가 설치되기 전부터 있어오던 주택 등의 건축물인 등으로 부득이하게 존치할 수밖에 없었을 가능성 등을 감안하면, 기존 주택의 존재를 이유로 신규 시설물의 위험성이 증대되지 않는다고 보기는 어렵다는 판단을 수긍할 수 있다.

4. 관련 문제 : 허용되는 법률요건의 확장해석 문제

가. 앞에서 '유사등화의 설치' 부분에서 언급하였지만, 차고지의 설치로 인해 차고지에 출입하는 버스의 전조등이 유사등화로 작용할 수 있다는 점에서 이를 '유사등화의 설치'로 보아 협의사유로 삼는 것이 재량에 의해 허용되는지, 아니면 법문의 허용되는 확장해석에 해당하는지 문제될 수 있다.

즉 법률요건의 해당성이 있는지를 판단하는 과정에서, 대전제인 법률요건에 불확정개념이 아니라 다소 추상적이어도 일의적으로 해석할 수 있는 문구가 있는 경우임에도, 대전제인 법률요건의 가능한 어의를 일상적인 해석과 다르게 해석, 적용한 해석이 존중되어야 하고 재량이 있다고 볼 수 있을 것인지의 문제이다.

그러나 이 경우에는 판단여지가 허용되는 영역은 아니므로 재량이 허용되는 것은 아니고 해당 법률의 목적, 체계, 조항의 취지 등을 감안하여 문언의 가능한 해석 범위 내에 포섭되는지 법원이 심사하여야 할 문제로 보아야 할 것이다.

이 사건에서는 차고지를 설치할 경우 등화를 설치할 수밖에 없다는 점 외에 버스의 등화가 '유사등화의 설치'에 해당한다는 해석이 문언의 가능한 해석에 해당하는지 문제인데, '설치'(設置)의 의미는 '어떤 일

22) 의정부지방법원 2015. 4. 7. 선고 2014구합1609 판결. 이 사건에서 원고 주택은 탄약고로부터 불과 120m 거리에 있었다.

을 하는 데 필요한 기계나 설비, 건물 따위를 마련하여 갖춤'[23] 혹은 '어떤 일을 하는 데 필요한 기관이나 설비 따위를 베풀어 둠'[24]으로, 일종의 고정성을 전제로 하는 것으로 보이는 부분이 있다. 그러나 항공등화 중에는 비상용 등화와 같이 항공등화의 고장이나 정전 시에 대비하여 비치해 두는 이동형 비상등화가 존재하는 점에서 일단 일정 지점에 있다가 이동을 하는 등화도 최초 지점에 두는 것을 설치라고 해석하는 것이 무리는 아니라고 생각된다.

나. 판례는 행정처분의 목적이 어느 정도 정당하다고 인정되는 경우 법문언이 충분히 포섭하지 못하는 것처럼 보이는 경우라도 확장해석을 인정하는 편인데, 다음과 같이 침익적 처분에 있어서도 확장해석을 인정한 사안들이 다수 존재한다.

우선 판례는 제재처분의 사유로서 '관련 서류의 위조·변조'에는 허위문서의 작성도 포함된다는 입장인데, 대법원은 강학상 넓은 의미의 위조에는 허위서류의 작성이 '무형위조'로 포함되고, 형사법과 달리 법의 목적, 해당 제재조항의 취지 등을 감안한 해석으로 허용할 수 있다고 판시하였다.

> **대법원 2019. 8. 30 선고 2019두38342, 38366 판결**
> 국민건강보험법 제100조 제1항에서 정한 '관련 서류의 위조 · 변조'에는 좁은 의미의 '유형위조'뿐만 아니라 작성권한이 있는 자가 허위의 서류를 작성하는 이른바 '무형위조'도 포함된다고 해석하는 것이 타당하고, 이러한 해석이 허용되지 않는 유추해석이나 확장해석이라고 할 것은 아니다.

23) 다음사전 (https://search.daum.net/search?w=tot&DA=YZR&t__nil_searchbox=btn&sug=&sugo=&sq=&o=&q=%EC%84%A4%EC%B9%98)

24) 네이버사전 (https://search.naver.com/search.naver?where=nexearch&sm=top_hty&fbm=1&ie=utf8&query=%EC%84%A4%EC%B9%98)

대법원 2000. 10. 13 선고 99두3201 판결
국가를당사자로하는계약에관한법률 제27조 제1항의 입법취지가 경쟁의 공정한 집행 또는 계약의 적정한 이행을 확보하기 위하여 이를 해하는 행위를 한 자에 대하여 일정기간 동안 입찰참가자격을 제한하려는 데에 있고 이를 구체화한 것이 구 같은법 시행령(1999. 9. 9. 대통령령 제16548호로 개정되기 전의 것) 제76조 제1항 각 호의 규정이므로 같은 항 제8호가 정하는 서류위조의 의미를 해석함에 있어서도 가능한 한 이러한 입법취지를 존중하여 그에 부합되도록 새기는 것이 타당하다 할 것인바, 입찰이나 그에 따른 계약시 입찰참가자격에 관한 서류 기타 계약에 관한 서류를 작성함에 있어서 타인의 명의를 도용하는 방법으로 위조하여 제출하는 행위는 물론 자신의 명의로 작성하더라도 허위의 내용을 기재한 서류를 작성하여 제출하는 행위 역시 같은 법에서 규정한 경쟁의 공정한 집행 또는 계약의 적정한 이행을 해칠 염려가 있는 행위에 해당함은 분명하다 할 것이고, 한편 강학상 넓은 의미의 위조의 개념에는 유형위조뿐만 아니라 무형위조도 포함되므로 위 시행령에서 말하는 위조의 의미를 반드시 형법상 가장 좁은 의미의 위조의 개념인 유형위조로만 한정하여 해석하여야 할 근거는 없다 할 것이니, 위 시행령의 해석에 있어서는 위와 같은 서류를 허위로 작성한 행위도 서류를 위조한 경우에 해당하는 것으로 해석함이 상당하다 할 것이고, 이와 같이 새긴다고 하여 이를 유추해석이나 확장해석이라고 할 것은 아니다.

이에 대해서는 침익적 처분에 있어서는 특히 법인의 경우 형사처벌(벌금형)보다 실질적으로 엄중한 제재가 되어 법인의 존속에 영향을 미치는 제재가 되는 경우가 많이 있는데(과중한 제재금이나 영업정지·취소처분, 자격박탈 처분 등), 입법목적 및 실효적인 행정의 요구를 감안하여 형사법규의 해석과 다른 해석을 하는 게 타당한지 의문을 제기할 수 있다고 본다(미흡한 부분은 입법의 개선으로 해결하는 게 타당할 것이다[25]).

25) 실제로 국가계약법 시행령이 1999. 9. 9. 개정되어(대통령령 제16548호) 제76조 제1

다. 한편 앞서 검토한 수익적 행정행위의 취소에서 다루기도 하였지만 보조금 및 신기술, 면허 등 영역에서 수익적 행정행위의 취소 사유로서 '거짓 그 밖의 부정한 방법'을 정하는 경우가 있는데, 대법원은 이를 '사회통념상 옳지 않은 행위로서 해당 의사결정에 영향을 미칠 수 있는 적극적 및 소극적 행위'라고 해석하여 '사회통념상 옳지 않은 행위'로 다소 고의성 요건을 완화하는 듯한 판시를 하여 왔다.

이와 관련하여 하급심 판결례 중에는 신기술 지정의 신청과정에서 일부 오류가 있는 서류가 제출되어 그러한 사정이 신기술 지정에 영향을 미쳤다고 인정되는 사례에서, 신청인이 객관적으로 허위인 내용의 자료를 제출하였다면 이를 '거짓 그 밖의 부정한 방법'으로 지정받은 것으로 보고, 그에 대해 신청인에게 인식이 없었다고 하더라도 위 취소사유에 해당함에 문제가 없다고 본 것이 있다(서울고등법원 2020. 4. 23. 선고 2019누54810 판결). 그러나 이러한 판단은 '거짓 그 밖의 부정한 방법'에서 '거짓', '부정'(不正)이 모두 고의를 가지는 행위에 초점을 둔 용어라는 점에서 고의성이 없이 결과적으로 바람직하지 않은 상태가 발생한 경우에도 적용할 수 있는지는 의문이 있다.

대법원 2014. 12. 24 선고 2013두21564 판결

구 직업능력개발법 제16조 제2항 제2호에 규정된 '거짓 그 밖의 부정한 방법'이라 함은 일반적으로 훈련비용을 지급받을 자격이 없는 사람이 그 자격이 있는 것처럼 꾸미거나 그 자격 없는 사실을 감추려고 하는 사회통념상 옳지 못한 모든 행위로서 훈련비용 지급에 관한 의사결정에 영향을 미칠 수 있는 적극적 및 소극적 행위를 말하고, '훈련비용'이라 함은 직업능력개발훈련을 위탁받은 자가 훈련을 실시한 대가로 지급받은 비용을 뜻한다.

항 제8호에 위조, 변조 외에 허위서류의 제출이 제재사유에 포함되었는데, 의료법 제100조 제1항에서는 '위조·변조'외에 '허위서류 작성'을 별도로 정하고 있지 않은바, 법령 정비작업이 필요하다고 할 것이다.

서울고등법원 2020. 4. 23. 선고 2019누54810 판결 (확정)

... 원고의 위와 같은 일련의 행위는 원고가 신기술 지정을 신청함에 있어 준수하여야 할 법령상 의무 등을 위반하여 허위 내지 부실한 자료를 제출함으로써 심사절차의 공정성, 객관성, 신뢰성 등을 저해하여 신기술 지정에 관한 업무를 수행하는 심사위원회 위원들의 심사에 영향을 준 행위에 해당하고, 이는 사회통념상 옳지 못한 행위로서 신기술 지정에 관한 심사위원회의 의사결정에 영향을 미칠 수 있는 행위에 해당하므로, '거짓 그 밖의 부정한 방법'에 해당한다고 봄이 타당하다[행정법규 위반에 대하여 가하는 제재조치는 행정목적의 달성을 위하여 행정법규 위반이라는 객관적 사실에 착안하여 가하는 제재이므로 위반자의 의무 해태를 탓할 수 없는 정당한 사유가 있는 등의 특별한 사정이 없는 한 위반자에게 고의나 과실이 없다고 하더라도 부과될 수 있고, 신기술 지정의 취소 사유인 '거짓이나 그 밖의 부정한 방법으로 지정받은 경우'가 고의에 의한 경우로 제한된다고 볼 수도 없으므로, 설령 원고가 이 사건 기술에 대한 건설신기술 심사 신청 당시 착오나 과실로 원가계산서 등의 오류 등을 파악하지 못하였다고 하더라도 위와 달리 보기 어렵다]

이러한 경우는 객관적으로 사실과 맞지 않거나 오류가 있는 자료가 제출된 것이 밝혀지고, 그러한 사실과 인허가 등 수익적 처분 사이에 인과관계가 인정되는 경우 인허가를 취소할 수 있다는 부관을 부여하거나, 그런 처분을 감수하겠다는 확약서를 제출하는 등으로 심사절차를 보완함이 타당할 것이다.

라. 2014년경부터 문제가 되었던 자살에 대한 재해사망보험금의 미지급 사례에서는, 대법원이 약관해석상 보험사들이 보험수익자들에게 보험금을 지급해야 하는 것으로 최종 판결을 내리자, 금융감독원은 보험사들이 그동안 분쟁을 이유로 보험금을 지급하지 않은 것이 약관상

'보험금 지급조항'을 위반한 것이므로 보험업법에서 정한 '기초서류 준수의무 위반'이라고 하여 대표이사 징계 등 강력한 제재처분 절차를 진행하였다.

그러나 보험계약자와 보험자 사이에는 보험금의 지급사유를 두고 다툼이 있을 수 있으며, 이는 민사소송 등 사법적인 분쟁해결 절차를 통해 해결하고 지연된 지급에 대해서는 지연손해금을 부가하는 방식으로 보험자에게 불이익을 부여하는 것이 법질서 내에서 예정된 불이익인데, 금융감독당국이 거기에서 나아가 '기초서류 준수의무 위반'을 이유로 별도의 제재를 하는 것은 과연 타당하였는지 의문이 있다.[26] 이러한 경우를 제재사유로 삼을 경우 '보험금 부지급'에 대해서는 고의나 과실 여부가 문제되지 않고 '의무 해태를 탓할 수 없는 정당한 사유'는 극히 예외적으로 인정되기 때문에 보험금 소송에서 패소한 경우 많은 사안이 제재의 대상이 될 수 있게 되는 문제가 발생한다.

마. 마지막으로 국민건강보험법은 '속임수나 그 밖의 부정한 방법으로' 보험급여를 받은 사람이나 보험급여 비용을 받은 요양기관에 대하여 환수처분을 할 수 있도록 정하고 있는데(국민건강보험법 제57조 제1항), 여기서 요양급여는 '의료법에 따라 개설된 의료기관'에서 행해야 하고, 만약 "의료법에 의해 적법하게 개설된 기관"이 아닌 경우 공단은 위 환수사유에 해당한다고 하여 요양급여비용 환수처분을 하고 있다. 그러나 일단 의료법에서 정한 절차에 따라 신고·허가를 통해 개설된 의료기관은 그 신고·허가가 무효가 아닌 이상 의료법에 따라 개설된 의료기관의 지위를 인정받는 것인 점에서 '적법하게 개설된'이라고 한정하여 요양급여의 청구권자를 한정하는 것이 적절한지 의문이 있다.[27][28]

---

26) 다만 보험사들이 제재심 단계에서 소멸시효가 완성된 보험금을 포함한 미지급 보험금을 전부 지급하기로 하여 제재수위가 낮아지게 되어 보험사 및 임직원에 대한 제재처분에 대한 항고소송이 제기되지 않고 종료되었다.

V. 결 어

대상판결은 재량행위에 해당하는 개발행위허가에 있어 법률요건 중 부동의 '비행안전', '군사작전의 원활한 수행', '보호구역 보호', '지역주민의 안전' 등의 불확정개념이 사용된 경우, 그러한 불확정개념이 고도의 전문적·군사적 판단을 요하는 경우에 해당하므로 완화된 심사(자의성 심사)를 통해 가급적 그 판단을 존중하여야 한다는 입장을 재확인하였다.

군사기지의 경우 남북한 간 긴장이 완화되어 전쟁이나 군사작전 등의 위험요소는 상당히 낮아진 것은 맞지만, 분단된 국가라는 특수성은 여전히 개발행위 등을 허가할 때에 충분히 고려되어야 하고, 이러한 측면에서 행정청의 전문적이고 군사적인 판단은 존중됨이 타당하다고 생각된다.

법원이 국가보안 및 군사작전, 환경문제, 보건문제 등 중대한 공익이 고려되거나 국민생활에 영향이 지대하게 미칠 수 있는 영역에서 행정청의 전문적이고 정성적인 판단을 존중하는 판결을 내리고 있는 것은 그 취지에 있어서는 공감할 수 있지만, 재산권 등을 제한받는 개별 당사자의 입장에서는 물론 아쉬운 부분이 있고, 가급적 국민의 신뢰 및 예측가능성 등을 고려하여 입법을 통해 상세한 해석기준[29] 혹은 재량

27) 이 경우에는 의료법을 위반하여 개설된 의료기관에 대한 의료기관 개설허가가 취소된 경우 그 전에 받은 요양급여비용이 '그 밖의 부당한 방법'에 의한 것이 될 수 있는지, 소급하여 환수를 할 수 있는지 여부가 문제될 수 있을 것이다.

28) 우인성, "의료법위반행위와 사기죄의 성립여부", 형사판례연구(23), 형사판례연구회(2015), 282면.

29) 최근 관련하여 문제가 되는 사안으로는 사모펀드 등 부실판매로 인한 금융회사에 대한 제재 건이 있는데 주로 대표이사 등을 제재하기 위해 '내부통제기준 마련의무 위반'을 제재사유로 삼은 건들이 있다. 여기에서는 금융회사의 지배구조에 관한 법률 시행령의 '실효성 있는 내부통제기준 마련의무' 위반이 쟁점이 되고 있는데 '실효성 있는'이라는 불확정개념의 해석과 관련하여 금융감독원과 금융회사 사이에 해석상 상당한 이견이 존재한다. 금융회사의 입장에서는 금융당국이 금융사고가

행사에 관한 기준을 마련하는 것이 바람직해 보이기도 한다.

특히 행정청이 재량권을 존중하는 법원의 판결 경향을 믿고 법령의 정비 등을 게을리하였음에도 중대한 공익을 이유로 국민의 중요한 권리가 제한되거나 박탈되는 경우들이 발생하지 않도록 하기 위해서는 필요한 경우 국민의 권리를 보호하는 전향적인 판단을 할 필요도 있다고 생각된다.

발생한 것을 보고 결과론에 따라 실효성이 없었던 것이라고 판단하는 것이라고 항변하고 있다.

참고문헌

단행본

김남진·김연태, 행정법(제25판), 법문사, 2021.

김동희, 행정법(I)(제25판), 박영사, 2021.

박균성, 행정법론(상)(제19판), 박영사, 2020.

최선웅, 재량과 행정쟁송, 박영사, 2021.

편집대표 민일영, 주석민사소송법(제8판), 한국사법행정학회, 2018.

하명호, 행정법(제2판), 박영사, 2020.

하명호, 행정쟁송법(제3판), 박영사, 2017.

홍준형, 행정법, 법문사, 2011.

논문

박정훈, "불확정개념과 판단여지", 행정작용법(김동희 교수 정년기념 논문집), 박영사, 2005.

문현호, "민간공원조성 특례사업 우선협상자 지정에 관한 사법심사의 방법(2019. 1. 10. 선고 2017두43319 판결: 공2019상, 474)", 대법원 판례해설 119호(2019. 12.).

우인성, "의료법위반행위와 사기죄의 성립여부", 형사판례연구(23), 박영사(2015).

이용우, "여객자동차운송사업 한정면허의 갱신 여부를 심사하는 과정에서 관할 행정청이 고려해야 할 사항 및 이때의 재량권 일탈·남용 여부를 판단하는 기준(2020. 6. 11. 선고 2020두34384 판결: 공2020하, 1384)", 대법원판례해설 123호(2020. 12.).

허성욱, "행정재량에 대한 사법심사기준에 관한 소고－미국행정법상 쉐브론 원칙과 해석규범의 기능과 상호관계를 중심으로", 공법연구 41집 3호, 한국공법학회(2013).

국문초록

국토의 계획 및 이용에 관한 법률상 개발행위로서 토지형질변경을 신청한 토지가 구 군사기지법 상의 제한보호구역 및 비행안전구역에 해당하는 경우 관할부대장과 협의하여야 한다. 관할부대장의 동의 여부의 결정은 군사기지법 상 제한보호구역 및 비행안전구역의 지정 목적 등을 감안하여 이루어지는 재량적 행위이기 때문에, 관할부대장이 동의 여부를 결정함에 있어 가지는 판단의 재량성 및 그에 대한 입증책임, 사법심사의 정도가 문제되었다.

그리고 비행안전구역 내의 협의사유 해당성에 대한 구체적 판단에 있어 제1심과 원심의 판단이 달랐는바 법률요건의 포섭에 관한 행정청의 해석의 재량을 법원이 얼마나 존중할 것인지 여부도 문제가 된다.

대상판결은 재량행위에 해당하는 개발행위허가에 있어 법률요건 중 부동의 사유로 '비행안전', '군사작전의 원활한 수행', '보호구역 보호', '지역주민의 안전' 등의 불확정개념이 사용된 경우, 그러한 불확정개념이 고도의 전문적·군사적 판단을 요하는 경우에 해당하므로 완화된 심사(자의성 심사)를 통해 가급적 그 판단을 존중하여야 한다는 입장을 재확인하였다.

군사기지의 경우 분단된 국가라는 특수성은 여전히 개발행위 등을 허가할 때에 충분히 고려되어야 하고, 이러한 측면에서 행정청의 전문적이고 군사적인 판단은 존중됨이 타당하다고 생각된다. 다만 법원이 국가보안 및 군사작전, 환경문제, 보건문제 등 중대한 공익이 고려되거나 국민생활에 영향이 지대하게 미칠 수 있는 영역에서 행정청의 전문적이고 정성적인 판단을 존중하는 판결을 내리고 있는 것은 그 취지에 있어서는 공감할 수 있으나, 재산권 등을 제한받는 개별 당사자의 입장에서는 물론 아쉬운 부분이 있고, 가급적 국민의 신뢰 및 예측가능성 등을 고려하여 입법을 통해 상세한 해석기준 혹은 재량행사에 관한 기준을 마련하는 것이 바람직해 보인다.

특히 행정청이 재량권을 존중하는 법원의 판결 경향을 믿고 법령의 정비 등을 게을리하였음에도 중대한 공익을 이유로 국민의 중요한 권리가 제한되거나 박탈되는 경우들이 발생하지 않도록 하기 위해서는 필요한 경우 국민의 권리를 보호하는 전향적인 판단을 할 필요도 있다.

주제어: 재량행위, 사법심사, 입증책임, 불확정개념

Abstract

Discretionary and judicial review methods for reasons of non-conformity to permission for development activities in protected areas and flight safety zones under the Military Base Act

Maeng Joo han*

According to the Land Planning and Utilization Act, if the land for which the land form change is requested as a development activity falls under the restricted protection zone and flight safety zone under the Military Base Act, consent must be obtained from the head of the competent unit.

Since the decision on whether or not to consent to the commander of the competent unit is a discretionary act made in consideration of the purpose of designation of the restricted protection zone and the flight safety zone under the Military Base Act, the discretion of the commander of the competent unit in deciding whether to consent and the proof thereof Responsibility and the degree of judicial review were problematic.

Also, since the judgment of the district court and the appellate court differed in the specific judgment on the appropriateness of the grounds for consultation within the flight safety zone, it is also a question of how much the court will respect the discretion of the interpretation of the administrative agency regarding the subsumption of legal requirements.

* Attorney at law, Yulchon LLC.

The judgments dealt with in this thesis are indeterminate concepts such as 'flight safety', 'smooth execution of military operations', 'protection area protection', and 'safety of local residents' among the legal requirements for permission for development activities that are discretionary acts. In this case, since such an indeterminate concept is a case that requires a high degree of professional and military judgment, it was reconfirmed that the position should be respected as much as possible through a relaxed examination (arbitrariness examination).

In the case of military bases, the peculiarity of being a divided country still needs to be fully considered when permitting development activities, and in this respect, it is considered reasonable to respect the professional and military judgment of the administrative agency.

However, the fact that the court is making a judgment that respects the professional and qualitative judgment of the administrative agency in areas where serious public interests such as national security and military operations, environmental issues, and health issues are considered or can greatly affect people's lives is to that effect. Although it is possible to sympathize with the situation, there is of course some regret from the standpoint of individual parties who are restricted in property rights, etc., and it is desirable to prepare detailed interpretation standards or standards for discretionary exercise through legislation in consideration of public trust and predictability as much as possible.

In particular, in order to prevent cases in which important rights of the people are restricted or deprived for reasons of significant public interest, even though the administrative agency believes in the judgment trend of the courts that respect discretion and neglects the revision of laws and regulations, it is necessary to take a proactive approach to protecting the rights of the people. You also need to make a decision.

Keywords: Discretionary action, judicial review, burden of proof, indeterminate concept

투고일 2021. 12. 6.

심사일 2021. 12. 22.

게재확정일 2021. 12. 27.

行政訴訟과 假救濟

집행정지결정에 의해 처분의 상대방이 얻은 유리한 지위 내지 이익을 제한 · 회수할 방안과 그 한계
(朴貞薰)

집행정지결정에 의해 처분의 상대방이 얻은 유리한 지위 내지 이익을 제한·회수할 방안과 그 한계*

朴貞薰**

-대법원 2020. 9. 3. 선고 2020두34070 판결[1]에 대한 평석-

Ⅰ. 판례의 개요

1. 사실관계

원고(대한민국상이군경회)는 국가유공자 등 단체 설립에 관한 법률

* 이 글은 저자가 개인적으로 작성한 것으로, 저자가 속한 기관의 입장과 관련이 없습니다.

** 김·장 법률사무소 변호사.

1) 이하 '대상 판결'이라 한다.

제3조 제1호에 따라 전상군경과 공상군경에 해당하는 국가유공자를 회원으로 하여 설립된 단체로서, 중소기업제품 구매촉진 및 판로지원에 관한 법률[2]의 중소기업제품 구매촉진 및 중소기업자 간 경쟁제도 운영(제4조 내지 제12조)과 관련하여 중소기업자로 간주된다(제33조 제1항 제2호). 피고(중소기업중앙회)는 중소벤처기업부장관으로부터 판로지원법상 중소기업자의 직접생산 여부의 확인, 직접생산확인증명서의 발급, 직접생산 확인의 취소 등의 업무를 위탁받은 기관이다(제34조 제2항).

피고는 2014. 7. 23. '원고 산하 경기도지부가 직접생산확인증명서를 제출하여 공공기관인 화성시 등과 청소용역계약을 체결하였음에도 불구하고 하청업체인 대한상이군경경기화성사업소 주식회사에게 청소용역을 수행하게 하였다'는 이유로 구 판로지원법 제11조 제3항 중 제2항 제3호 부분에 근거하여 당시 유효기간이 남아 있던 원고의 모든 제품에 대한 직접생산 확인(이하 '1차 직접생산 확인')을 2014. 8. 8.자로 취소하였다(이하 '1차 취소처분').

원고는 1차 취소처분에 불복하여 2014. 7. 24. 행정심판을 청구하고, 2014. 7. 30. 취소소송(이하 '선행 취소소송'[3])을 제기하면서 각각 집행정지[4]를 신청하였다. 중앙행정심판위원회와 선행 취소소송의 제1, 2, 3심 법원의 순차적인 집행정지결정[5]에 따라 1차 취소처분의 효력은

---

2) 이하 '판로지원법'이라 하고, 구 중소기업제품 구매촉진 및 판로지원에 관한 법률(2015. 1. 28. 법률 제13094호로 개정되기 전의 것)은 '구 판로지원법'이라 한다.

3) 선행 취소소송에서 제1심 법원은 구 판로지원법 제33조 제1항 제2호 중 제11조 제3항 가운데 제11조 제2항 제3호에 관한 부분에 대하여 직권으로 위헌법률심판제청을 하였으나, 헌법재판소는 위 조항에 대하여 합헌 결정을 하였다(헌재 2017. 7. 27. 2016헌가9).

4) 행정소송법 제23조 제2항에 따른 ① 처분의 효력정지, ② 처분의 집행정지, ③ 처분의 절차의 속행정지의 세 유형의 집행정지를 모두 통칭하기 위하여 '집행정지결정', '집행정지'라는 표현을 사용하고, ② 처분의 집행정지를 지칭할 때는 협의의 집행정지라고 기재하였다.

5) 당시 원고는 효력정지결정을 받았다. 이하 원고가 받은 집행정지결정을 통틀어 '이 사건 집행정지결정'이라 하고, 이 사건 집행정지결정에 의해 집행정지가 이루어진

2014. 8. 5.부터 2019. 2. 18.까지 정지되었다(다만 그 중 15일에 대해서는 집행정지결정이 이루어지지 않았다). 최종적으로 행정심판 청구는 기각되었고, 선행 취소소송에서도 원고 청구를 기각하는 판결이 선고·확정되어[6] 이 사건 집행정지결정은 실효되었다. 한편 피고가 1차 취소처분 당시 직접생산 확인 취소 대상으로 지정하였던 원고의 직접생산 확인은 이 사건 집행정지기간 중에 모두 그 유효기간이 만료되었고, 원고는 이 사건 집행정지기간 중에도 피고에게 원고의 제품에 대한 직접생산 확인 신청을 하여 피고로부터 직접생산 확인을 받았다.

피고는 2019. 4. 30. 원고에 대하여, '현재 유효한 직접생산 확인은 1차 취소처분으로 인한 판로지원법상 직접생산 확인 신청 제한기간[7] 내에 이루어진 직접생산 확인 신청에 따른 것이므로 직접생산 확인 신청에 하자가 있다'는 이유를 들어, 원고가 이 사건 집행정지기간 중 직접생산 확인 신청을 하여 받은 직접생산 확인 중에서 당시 유효기간이 남아 있던 직접생산 확인(이하 '2차 직접생산 확인')을 2019. 5. 7.자로 직권으로 취소하였다(이하 '이 사건 처분'). 이 사건 처분서의 기재 내용은 아래와 같다.[8]

제목: 직접생산 확인 취소 통보
취소사유: 현재 유효한 직접생산 확인은 2014. 7. 23.자 직접생산 확인 취소처분으로 인한 신청 제한기간 내에 이루어진 신청에 의하여 이루어진 것으로서 직접생

기간을 통틀어 '이 사건 집행정지기간'이라 한다.

6) 구체적으로, 선행 취소소송 제1심에서는 원고 청구기각 판결이 선고되었고(서울행정법원 2018. 5. 25. 선고 2014구합14204 판결), 항소심에서도 원고 항소기각 판결이 선고되었으며(서울고등법원 2018. 10. 26. 선고 2018누49477 판결), 상고심에서는 심리불속행으로 상고기각 판결이 내려졌다(대법원 2019. 2. 18.자 2018두61611 판결).

7) 판로지원법 제11조 제5항 제3호에서는 제11조 제2항 제3호 사유로 직접생산 확인 취소처분을 받은 때에는 직접생산 확인이 취소된 날부터 모든 제품에 대하여 6개월 동안 직접생산 여부의 확인을 신청하지 못하도록 정하고 있다.

8) 아래 내용은 대상 판결문에 기재된 이 사건 처분서의 내용을 그대로 인용한 것이다.

산 확인 신청에 하자가 있으므로 직권취소함. ※ 청소용역 하청생산 대법원 기각 판결
조치내용: 직접생산 확인을 받은 모든 제품에 대한 취소
취소일자: 2019. 5. 7. (화)
취소제한기간: 대법원 판결 선고일자(2019. 2. 18.)부터 2019. 8. 2.(금)까지
취소근거: 대법원 판결(2018두61611, 2019. 2. 18.) 및 제재기간 중 신청한 직접생산확인증명

2. 소송의 경과

제1심 판결은 '이 사건 집행정지기간은 1차 취소처분으로 인한 직접생산 확인 신청 제한기간에 포함되지 않으므로, 이를 전제로 이루어진 이 사건 처분은 위법하다'고 판단하여, 이 사건 처분을 취소하였다 (서울행정법원 2019. 9. 6. 선고 2019구합63843 판결).

제1심 판결에 대해 피고가 항소하였고, 파기환송전 원심 판결(이하 '원심 판결')은 제1심 판결의 판단을 인용하면서 이에 더하여 '원고의 직접생산 확인 신청에는 판로지원법 제11조 제5항 제3호의 직접생산 확인 신청 제한기간을 위반한 하자가 없으므로, 이 사건 처분은 처분사유의 존재가 인정되지 않아 위법하고, 이 사건 집행정지결정의 형성력이나 기속력에도 반한다'고 판단하여 피고의 항소를 기각하였다(서울고등법원 2020. 1. 21. 선고 2019누59259 판결).

원심 판결에 대하여 원고가 상고하였고, 대상 판결은 '이 사건 처분은 원고의 직접생산 확인 신청의 하자를 처분사유로 하여 1차 취소처분과 별개로 이루어진 처분이 아니라, 1차 취소처분의 변경처분으로 보아야 하므로, 이 사건 처분의 처분사유가 존재하지 않는다고 본 원심의 판단에는 판로지원법 제11조 제3항 중 제2항 제3호에 관한 부분을 근거로 한 직접생산 확인 취소처분에 관한 법리, 행정처분의 해석에 관한 법리를 오해한 위법이 있다'는 이유로 원심 판결을 파기하고 사건을 원심에 환송하였다(대법원 2020. 9. 3. 선고 2020두34070 판결).

파기환송후 원심 판결은, 대상 판결의 판단에 따라 이 사건 처분의 처분사유가 직접생산 확인 신청이 그 제한기간 내에 이루어진 것임을 전제로 하는 원고 주장을 배척한 다음, '변경처분인 이 사건 처분에 청문절차의 하자 내지 이유제시 의무의 하자가 없고, 처분사유가 존재하며, 재량권 일탈·남용의 위법도 없다'는 이유로 제1심 판결을 취소하고 원고의 청구를 기각하였다(서울고등법원 2021. 5. 27. 선고 2020누53837 판결). 이에 원고가 상고하였으나 대법원에서 심리불속행 기각 판결이 내려져 2021. 9. 30. 판결이 확정되었다(대법원 2021. 9. 30.자 2021두44357 판결).

3. 대상 판결의 요지

(1) 원심 판결의 요지[9)]

1차 취소처분의 효력은 이 사건 집행정지결정이 유효하게 존속하고 있는 동안에는 잠정적으로 상실되고 이 사건 집행정지결정의 효력이 소멸됨으로써 부활하므로, 이 사건 집행정지기간 동안에는 원고의 직접생산 확인 신청이 제한된다고 볼 수 없다. 이 사건 집행정지기간을 직접생산 확인 신청 제한기간에 포함시킨다면, 소송의 장기화 등으로 집행정지기간이 길어지는 경우 원고에게 가혹한 결과가 초래되고, 처분의 적법성을 다투는 자와 그렇지 않은 자를 합리적 근거 없이 차별하게 된다.

피고는 이 사건 집행정지기간이 직접생산 확인 신청 제한기간에 포함되지 않는다면 원고가 1차 취소처분에 대해 취소소송 제기 및 집행정지결정을 받은 다음 다시 직접생산 확인 신청을 하여 직접생산 확인을 받음으로써 판로지원법의 입법취지를 잠탈하는 결과가 초래될 수 있

9) 원심 판결은 제1심 판결을 대부분 인용하였는데, 아래는 원심 판결이 인용한 제1심 판결의 내용까지 포함한 내용이다.

어 부당하다고 주장한다. 그러나 현실적인 필요만으로 이 사건 집행정지기간이 직접생산 확인 신청 제한기간에 포함된다고 해석할 수는 없고, 피고가 우려하는 상황은 판로지원법 제9조 제4항 단서를 적용 또는 유추적용하여 추가적인 직접생산 확인을 규제하는 방법 등으로 대처할 수 있어 보인다.

따라서 이 사건 집행정지기간은 1차 취소처분으로 인한 신청 제한기간에 포함되지 않으므로, 이를 전제로 하여 이 사건 집행정지기간 중 이루어진 원고의 직접생산 확인 신청에 하자가 있다는 이유로 내려진 이 사건 처분은 위법하다.

(2) 대상 판결의 요지

처분의 효력을 정지하는 집행정지결정이 있으면 결정 주문에서 정한 정지기간 중에는 처분이 없었던 원래의 상태와 같은 상태가 된다. 집행정지결정의 효력은 결정 주문에서 정한 기간까지 존속하다가 그 기간이 만료되면 장래를 향하여 소멸한다. 집행정지결정은 본안 판결이 있을 때까지 해당 처분의 집행을 잠정적으로 정지함으로써 처분 상대방의 손해를 예방하는 데 그 취지가 있으므로, 항고소송을 제기한 원고가 본안소송에서 패소 확정판결을 받았다고 하더라도 집행정지결정의 효력이 소급하여 소멸하지 않는다.

제재처분에 대해 집행정지결정이 이루어졌으나 본안에서 해당 처분이 최종적으로 적법한 것으로 확정되어 집행정지결정이 실효되면, 처분청으로서는 당초 집행정지결정이 없었던 경우와 동등한 수준으로 해당 제재처분이 집행되도록 필요한 조치를 취하여야 한다. 집행정지는 잠정적 조치일 뿐이므로, 제재처분의 상대방이 집행정지결정을 통해 집행정지결정이 이루어지지 않았을 때보다 제재를 덜 받게 되는 결과가 초래되어서는 안 된다. 반대로 처분 상대방이 집행정지결정을 받지 못했으나 본안소송에서 해당 제재처분이 위법함이 확인되어 취소하는 판결이 확정되면, 처분청은 그 제재처분으로 처분 상대방에게 초래된 불이익한 결과를 제거하기 위하여 필요한 조치를 취하여야 한다.

이 사건 처분은 1차 취소처분과 별개의 처분이 아니라 1차 취소처분의 변경처분에 해당한다고 보아야 하고, 1차 취소처분의 처분사유인 원고의 위반행위가 인정되는 이상 이 사건 처분도 처분사유가 존재하므로 위법하다고 볼 수 없다. 이와 관련하여 두 가지 쟁점, 즉 ① 피고가 직접생산 확인 취소 대상을 '1차 취소처분 당시 유효기간이 남아 있었던 모든 제품에 대한 직접생산 확인'에서 '1차 취소처분을 집행할 수 있게 된 시점에 유효기간이 남아 있는 모든 제품에 대한 직접생산 확인'으로 변경할 수 있는지 여부(변경처분 권한의 인정 여부)와 ② 위와 같은 변경처분 권한이 있다면 이 사건 처분이 그러한 변경처분에 해당하는지 여부(처분사유의 해석)가 문제된다.[10]

첫 번째 쟁점과 관련하여, 피고에게 변경처분 권한이 인정되지 않는다면, 중소기업자는 직접생산 확인 취소처분에 대해 집행정지결정을 받아 취소대상이 된 직접생산 확인의 혜택을 그대로 누리고 직접생산 확인 취소처분에 따른 직접생산 확인 신청의 제한, 기존 계약의 해제·해지 등 판로지원법상의 제한[11]도 받지 않아, 판로지원법에서 의도한 제

---

10) 대상 판결의 각 심급별 판결문에 나타난 당사자들의 주장 내용에 의하면, 소송 과정에서 피고가 이 사건 처분이 1차 취소처분의 변경처분이라는 주장을 하지는 않았던 것으로 보인다. 그러나 행정청이 문서에 의하여 처분을 하였으나 그 처분서의 문언만으로는 행정청이 어떤 처분을 하였는지 불분명하다면 처분 경위나 처분 이후의 상대방의 태도 등 다른 사정을 고려하여 처분서의 문언과 달리 그 처분의 내용을 해석할 수도 있고(대법원 2010. 2. 11. 선고 2009두18035 판결, 대상 판결이 인용한 판결이다), 행정소송법 제26조에 따라 법원은 행정소송에서 기록상 자료가 나타나 있다면 당사자가 주장하지 않았더라도 판단할 수 있다(대법원 2006. 9. 22. 선고 2006두7430 판결 참조). 따라서 대상 판결이 당사자가 주장하지 않았음에도 불구하고 이 사건 처분을 1차 취소처분의 변경처분으로 판단한 것을 변론주의 원칙 위반으로 보기는 어렵고, 대상 판결의 결론이 구체적 타당성에 부합한다는 점을 고려하면 이는 일응 타당한 판단이라고 생각된다.

11) 판로지원법 제11조 제5항 제3호 중 제2항 제3호에 관한 부분, 제11조 제6항 참조.

재효과가 달성되지 못하고 집행정지결정을 받지 않은 상대방에 비하여 집행정지결정을 받은 상대방에게 혜택을 부여하는 결과가 된다. 따라서 피고는 1차 취소처분을 집행할 수 있게 된 시점으로부터 상당한 기간 내에 직접생산 확인 취소 대상을 '1차 취소처분 당시' 유효기간이 남아 있었던 모든 제품에서 '1차 취소처분을 집행할 수 있게 된 시점 또는 그와 가까운 시점'을 기준으로 유효기간이 남아 있는 모든 제품으로 변경하는 처분을 할 수 있다고 보아야 한다.

두 번째 쟁점과 관련하여, 이 사건 처분은 2차 직접생산 확인의 원시적 하자를 처분사유로 하여 1차 취소처분과 별개의 직접생산 확인 취소처분을 하는 것이 아니라, 1차 취소처분과 '처분하려는 원인이 되는 사실'(중소기업자가 직접생산하지 않은 제품을 납품한 사실)과 '법적 근거'(판로지원법 제11조 제3항 중 제2항 제3호에 관한 부분)를 같이하면서 1차 취소처분의 제재 실효성을 확보하기 위해 직접생산 확인 취소 대상 제품만을 변경한 처분이라고 보아야 한다.

따라서 이 사건 처분이 2차 직접생산 확인의 원시적 하자를 처분사유로 하는 것이라고 단정하여 이루어진 원심 판결에는, 판로지원법 제11조 제3항 중 제2항 제3호에 관한 부분을 근거로 한 직접생산 확인 취소처분에 관한 법리와 행정처분의 해석에 관한 법리를 오해한 위법이 있다.

4. 관련 판례

판례[12]는 영업정지처분에 대한 효력정지결정의 효력이 소멸되면 그와 동시에 당초의 처분의 효력이 당연히 부활되어 정지기간(이미 일부 기간이 진행되었다면 나머지 기간)이 다시 진행된다고 보는 입장이다. 판례[13]는 과징금부과처분과 관련해서도, 과징금부과처분에서 정한 과징

12) 대법원 1993. 8. 24. 선고 92누18054 판결, 대법원 1999. 2. 23. 선고 98두14471 판결 등. 이하 두 판결을 통틀어 '영업정지 판례'라 한다.

금의 납부기간은 협의의 집행정지기간[14] 동안에는 진행되지 않고, 협의의 집행정지결정이 그 결정의 주문에 표시된 기한의 도래로 인하여 실효되면 그때부터 과징금부과처분에서 정한 기간(협의의 집행정지결정 당시 일부 진행되었다면 나머지 기간)이 다시 진행한다고 보았다.[15]

판례[16]는 보조금 교부결정 취소처분[17]에 대한 효력정지결정과 관련해서는, 효력정지결정의 효력이 소멸하여 보조금 교부결정 취소처분의 효력이 되살아난 경우, 행정청은 특별한 사정이 없는 한 구 보조금의 예산 및 관리에 관한 법률(2011. 7. 25. 법률 제10898호 보조금 관리에 관한 법률로 일부개정되기 전의 것) 제31조 제1항에 따라 효력정지기간 동안 교부된 보조금의 반환을 명하여야 한다고 보았다.[18]

---

13) 대법원 2003. 7. 11. 선고 2002다48023 판결. 이하 '과징금 판례'라 한다.

14) 과징금 판례 사안에서 원고는 효력정지신청을 하였으나 법원은 신청취지를 '집행정지신청'으로 바꾸어 '집행정지'결정을 하였는데, 위 판례는 이를 결정 주문에 표시된 대로 협의의 집행정지결정으로 본 것으로 이해된다(박해식, "과징금부과처분에 대한 집행정지와 가산금", 대법원판례해설 제46호, 법원도서관, 2004. 7., 315-317쪽; 박현정, "보조금 지원약정 해지와 집행정지의 효력", 동북아법연구 제9권 제3호, 전북대학교 동북아법연구소, 2016, 417-418쪽 참조).

15) 대상 판결은 과징금 판례를 인용하면서 "행정소송법 제23조에 따른 집행정지결정이 있으면 결정 주문에서 정한 정지기간 중에는 처분을 실현하기 위한 조치를 할 수 없다"고 판시하였다. 과징금 판례에 따르면 판례는 효력정지와 협의의 집행정지를 구분하고, 협의의 집행정지의 '집행'을 넓게 해석하여 엄격한 강제집행절차에 한정하지 않고 "처분의 실현을 위한 모든 조치"로 보고 있는 것으로 이해된다[박현정, 위의 글(註 14), 위의 쪽].

16) 대법원 2017. 7. 11. 선고 2013두25498 판결. 이하 '보조금 판례'라 한다.

17) 보조금 판례 사안에서 효력정지결정이 이루어졌던 대상은 정확히는 구 사회적기업 육성법(2010. 6. 8. 법률 제10360호로 개정되기 전의 것)상 지원약정에 대한 해지처분이다. 보조금 판례는 지원약정 해지처분을 구 보조금의 예산 및 관리에 관한 법률(2011. 7. 25. 법률 제10898호 보조금 관리에 관한 법률로 일부개정되기 전의 것) 제30조에 따른 보조금 교부결정 취소처분으로 파악하였다[김길량, "보조금교부결정의 취소처분에 대한 효력정지기간 중 교부된 보조금의 반환의무", 대법원판례해설 제113호, 법원도서관, 2018, 531쪽 참조].

18) 대상 판결은 보조금 판례의 "취지"를 인용하여, "본안 확정판결로 제재처분이 적법하다는 점이 확인되었다면 제재처분의 상대방이 잠정적 집행정지를 통해 집행정지가 이루어지지 않은 경우와 비교하여 제재를 덜 받게 되는 결과가 초래되도록 해

판례[19]는 사업주가 처분청으로부터 근로자직업능력 개발법상 3개월의 훈련과정 인정제한처분 및 훈련비용 지원제한처분을 받고 이에 대해 취소소송을 제기하여 위법하다는 확정판결을 받은 후, 처분청에게 인정제한기간 내에 실제로 실시하였던 훈련에 관하여 근로자직업능력 개발법상 비용지원신청을 하였으나 처분청으로부터 거부처분을 받은 사안에서, '위법한 인정제한처분을 한 처분청이 사업주가 해당 훈련과정에 관하여 사전에 훈련과정 인정을 받지 않았다는 이유만을 들어 훈련비용 지원을 거부하는 것은 신의성실의 원칙에 반하여 허용될 수 없다'고 판단하여, '사업주가 인정제한처분에 대해 집행정지결정을 받아 훈련과정 인정신청을 할 수 있었음에도 이를 하지 않았던 이상 거부처분이 적법하다'고 판단한 원심 판결을 배척하였다.[20]

Ⅱ. 평석

1. 쟁점의 정리

대상 판결을 비롯한 최근의 판례는 법원의 집행정지 단계와 본안단계에서의 판단이 서로 엇갈린 경우에, 집행정지 여부가 처분의 상대방인 원고[21]에게 혜택이나 손해를 주는 결과가 초래되지 않게 하려는 태도를 보인다. 대상 판결의 다음과 같은 판시 내용이, 대상 판결을 비

서는 안 된다"고 판시하였다.

19) 대법원 2019. 1. 31. 선고 2016두52019 판결.

20) 대상 판결은 위 판례의 "취지"를 인용하여, "처분 상대방이 집행정지결정을 받지 못했으나 본안소송에서 해당 제재처분이 위법함이 확인되어 취소하는 판결이 확정되면, 처분청은 그 제재처분으로 처분 상대방에게 초래된 불이익한 결과를 제거하기 위하여 필요한 조치를 취하여야 한다"고 판시하였다.

21) 원고가 집행정지신청을 한 경우 원고는 '신청인', 피고는 '피신청인'이 되지만, 이하에서는 편의상 각각을 '원고', '피고'라고만 지칭하였다.

롯한 최근 판례가 집행정지 제도를 바라보는 시각을 관통하는 주제이자 대상 판결이 원심 판결을 파기하게 된 결정적인 이유가 되었을 것이라고 생각된다.

> "집행정지는 잠정적 조치일 뿐이므로, 제재처분의 상대방이 집행정지결정을 통해 집행정지결정이 이루어지지 않았을 때보다 제재를 덜 받게 되는 결과가 초래되어서는 안 된다. 반대로 처분 상대방이 집행정지결정을 받지 못했으나 본안소송에서 해당 제재처분이 위법함이 확인되어 취소하는 판결이 확정되면, 처분청은 그 제재처분으로 처분 상대방에게 초래된 불이익한 결과를 제거하기 위하여 필요한 조치를 취하여야 한다."

실무상 본안에서 처분의 적법성에 대한 판단이 확정적으로 이루어지기까지는 짧게는 소 제기시로부터 몇 개월부터 길게는 몇 년의 시간이 소요되고, 그 기간 동안 소송 당사자, 특히 원고의 입장이나 지위에는 상당한 변화가 생길 수 있다. 집행정지결정을 받은 이후 처분이 적법하다는 판결이 선고되거나, 집행정지신청이 기각된 이후 또는 원고가 집행정지신청을 하지 않은 상태에서 처분이 위법하다는 판결이 선고된 경우에는, 오랜 기간의 경과에도 불구하고 법적으로는 별다른 문제가 발생하지 않을 것이다. 원고는 집행정지결정에 의해 처분의 집행에 따른 손해를 예방하였거나, 행정청은 집행정지결정에 의하여 방해를 받지 않은 채로 적시에 (법원에 의하여 적법하다고 사후적으로 판단된) 처분을 집행할 수 있었기 때문이다. 그러나 위 두 가지 외의 나머지 경우에는 집행정지 단계의 판단이 본안에서의 판단과 불일치하는 결과 여러 문제가 발생할 수 있다.[22] 본안소송에서 처분의 적법성에 대해 어떠한 판단이

---

22) 우미형, "집행정지절차에서의 원칙과 예외—본안승소 가능성과의 관계를 중심으로—", 행정법이론실무학회 제259회 정기학술발표회(2021. 3. 13. 발표), 5−11쪽에서는 각 유형을 ① 집행정지 인용결정을 받았으나 본안에서 원고가 패소한 경우, ②

내려지는지 여부에 따라, 집행정지결정을 받은 원고가 혜택을 얻거나, 집행정지결정을 받지 못한 원고가 손해를 입은 것으로 사후적으로 평가될 수 있는 것이다. 그런데 서울행정법원의 최근 10년간 집행정지신청 인용률은 60%에 달하는 반면(2019년 인용률은 64.5%, 2020년 인용률은 60.6%),[23] 본안 사건 중 원고 청구 인용률은 2019년 약 12.3%, 2020년 약 13.3%에 불과하므로,[24] 집행정지 단계와 본안 단계에서의 판단의

집행정지 인용결정을 받았으나 본안에서 원고가 패소한 경우, ③ 집행정지 기각결정을 받았으나 본안에서 원고가 승소한 경우, ④ 집행정지 기각결정을 받았으나 본안에서 원고가 패소한 경우, ⑤ 집행정지신청을 하지 않은 상황에서 본안에서 원고가 승소한 경우 및 ⑥ 패소한 경우로 구분하고, 그 중 ②, ③, ⑤의 유형에서 문제가 발생할 수 있다고 지적하면서 각 유형별 문제점을 분석한다.

23) 이진형, "독일 행정소송에서의 가구제에 관한 연구", 서울대학교 박사학위논문, 2021, 241-242쪽(주 103) 참조. 이는 2008년부터 2020년 10월까지 서울행정법원(위 글에서는 "제1심 행정법원"이라는 표현을 사용하고 있는데, 이는 서울행정법원으로 이해된다)의 집행정지 인용률로서, 일부인용을 포함한 비율이다. 인용률은 이 글의 필자가 다시 계산한 것이다(이하 이 글에서 모두 같다). 위 글에 따르면, 2019년 처리된 3,854건 중 인용이 2,239건, 일부인용이 245건이었고, 2020년 처리된 3,076건 중 인용이 1,674건, 일부인용이 191건이었다고 한다.

24) 대법원 법원행정처, 『사법연감』, 2020, 932쪽; 대법원 법원행정처, 『사법연감』, 2021, 956쪽 참조. 위의 책, 2020, 932쪽, 위의 책, 2021, 956-957쪽에 의하면 2019년 처리사건 8,390건 중 원고 승소는 760건, 원고 일부승소는 270건이었고, 2020년 처리사건 8,080건 중 원고 승소는 770건, 원고 일부승소는 303건이었다. 전국 법원의 행정소송 제1심 사건을 기준으로 하더라도, 원고 청구 인용률은 2019년 약 12.6%(전체 처리사건 20,258건 중 원고 승소 1,757건, 원고 일부승소 801건), 2020년 약 12.5%(전체 처리사건 20,576건 중 원고 승소 1,818건, 원고 일부승소 754건)에 불과하다. 각하명령, 소취하, 이송 등을 제외하고 판결 선고 사건 수(2019년 12,676건, 2020년 14,821건)를 기준으로 보더라도, 전국 법원의 행정소송 제1심 사건에서의 원고 청구 인용률은 2019년 약 20.2%, 2020년 약 17.4%, 서울행정법원에서의 원고 청구 인용률은 2019년 약 19.8%, 2020년 약 19.2%이다. 전국 법원의 행정소송 항소심 사건 중에서 원고 패소의 제1심 판결이 취소되고 원고 청구가 인용된 비율은 2019년 약 8%(전체 처리사건 6,667건 중 원고 승소 296건, 원고 일부승소 238건), 2020년 약 9%(전체 처리사건 5,819건 중 원고 승소 314건, 원고 일부승소 211건), 상고심에서 원심 판결이 파기된 비율은 2019년 약 5%(전체 처리사건 3,496건 중 파기자판 61건, 파기환송 130건), 2020년 약 4.3%(전체 처리사건 3,187건 중 파기자판 10건, 파기환송 126건)에 불과함을 고려하면, 제1심에서 원고 패소

불일치로 인한 문제는 원고가 집행정지 기각결정을 받은 후 본안에서 승소판결을 받은 경우보다는 집행정지결정 후 본안에서 패소판결을 받은 경우에 주로 발생할 것으로 추측된다.[25)]

집행정지 제도는 본안 소송의 확정 전 처분의 집행에 의해 원상회복할 수 없는 결과에 이르는 것을 방지하기 위한 가구제 제도이므로,[26)] 그 목적은 "본안 승소에 따른 원고의 권리구제를 실효적으로 확보"[27)]하는데 있다고 이해된다. 처분이 적법하다고 최종적으로 판단된 상황에서, 원고가 집행정지결정에 의하여 처분의 집행을 회피하게 되거나 유리한 지위 내지 이익을 얻는 것은 임시적·잠정적 구제인 집행정지 제도의 목적 내지 범위를 넘어서기 때문에 바람직하지 않다. 따라서 집행정지결정 이후 본안에서 처분이 적법한 것으로 판단되었다면 처분의 집행력을 다시 확보하여 공익을 실현하거나, 본래 원고에게 귀속되지 않았어야 하는, 집행정지기간 중 원고가 얻은 유리한 지위나 이익을 제한하거나 회수할 당위성은 인정된다.

그렇다면 원고가 집행정지결정에 의하여 얻은 유리한 지위나 이익[28)]은 어떻게 제한 또는 회수될 수 있는가? 대상 판결은 그 방안 중

판결이 선고되면 그 결론이 상소심에서도 대부분 유지된 것으로 보인다. 따라서 제1심의 집행정지신청 인용률과 본안 청구 인용률 간의 괴리가 제1심 본안 판단의 잘못 때문이라고 평가하기도 어렵다.

25) 대상 판결 사안과 정반대의 경우, 즉 원고가 집행정지신청을 하지 않았거나 집행정지신청을 하였으나 기각된 후에 본안에서 승소 확정판결을 받았을 때의 불이익을 어떻게 해결할지 역시 중요한 문제이다. 그러나 이 글에서는 대상 판결과 정반대의 경우에 대한 논의는 향후 과제로 남기기로 하고, 대상 판결과 직접 관련된 '집행정지결정 후 본안에서 원고 패소판결이 내려진 경우'만을 검토하였다. 집행정지결정이 없었으나 본안에서 원고 승소판결이 내려진 경우에 관한 논의에 대해서는 우미형, 앞의 글(註 22) 참조.

26) 서울행정법원 실무연구회, 『행정소송의 이론과 실무』, 개정판, 사법발전재단, 2014, 143쪽.

27) 우미형, 앞의 글(註 22), 7쪽.

28) 대상 판결에서는 이 사건 집행정지결정에 의해 사실상 무력화되었던 처분의 집행력을 다시 확보하는 방안이 제시되었다. 그러나 ① 집행정지결정에 의해 처분의

하나로서 변경처분에 의해 처분의 집행의 실효성을 확보하는 방법을 제시한다. 이하에서는 우선 대상 판결을 통해 나타나는 집행정지결정의 효력과 본안 원고 패소판결의 관계를 검토하였다(2.항). 다음으로 집행정지결정 이후 본안에서 원고 패소판결이 내려진 결과 원고가 집행정지결정에 의하여 얻게 되는 유리한 지위 내지 이익의 유형과 이를 제한·회수할 방안 및 이와 관련하여 대상 판결이 가지는 의미를 살펴보았다(3.항). 그리고 대상 판결이 제시한 변경처분에 의한 해결방법의 가능성과 그 한계를 분석하여(4.항), 대상 판결의 의의와 대상 판결 이후의 전망을 제시하였다(5.항).

2. 집행정지결정의 효력과 본안 원고 패소판결의 관계

(1) 행정소송법상 집행정지 제도

행정소송법은 제23조 제1항에서 "취소소송의 제기는 처분등의 효력이나 그 집행 또는 절차의 속행에 영향을 주지 아니한다"고 정하여 집행부정지의 원칙을 선언하면서도, 제2항에서 일정한 요건을 충족하는 경우 예외적으로 집행정지를 결정할 수 있다고 하여 집행정지 제도를 마련하고 있다. 행정소송법상 집행부정지의 원칙은 기본적으로 입법정책적 고려의 결과라는 것이 일반적인 견해이다.[29] 우리 행정소송법이

집행력이 사실상 무력화되지 않더라도, ② 원고가 집행정지결정에 의하여 유리한 지위나 이익을 얻는 경우가 있을 수 있다. 이하에서는 위 두 가지 경우를 모두 아울러 원고가 유리한 지위나 이익을 얻는 경우라고 표현하였다.

29) 김남진·김연태, 『행정법Ⅰ』, 제25판, 법문사, 2021, 909쪽; 김동희 · 최계영, 『행정법Ⅰ』, 제26판, 박영사, 2021, 755쪽; 김철용, 『행정법』, 전면개정 제10판, 고시계사, 2021, 617쪽; 서울행정법원 실무연구회, 앞의 책(註 26), 146쪽; 홍정선, 행정법원론(상), 제29판, 박영사, 2021, 1172쪽. 김철용 · 최광률(편집대표), 『주석 행정소송법』, 박영사, 2004, 659쪽(윤형한 집필부분); 대법원 법원행정처, 『법원실무제요 행정』, 박영사, 2016, 290쪽 등 다수의 문헌 역시 이를 통설로 소개하고 있다. 행정소송법 제23조 제1, 2항을 합헌이라고 판단한 헌재 2018. 1. 25. 2016헌바208도 참조.

집행부정지의 원칙을 채택하고 예외적으로 집행정지결정을 하도록 정한 것은, "사익 보호보다는 행정의 원활한 운영에 중점을 둔 공익존중의 경향"[30]을 나타내는 것이다. 그러나 집행부정지의 원칙을 취하였다는 것이 반드시 '집행정지결정은 극히 제한적으로만 인정된다'는 결론으로 이어지는 것은 아니다.[31]

집행정지의 여부는 결국 소송 도중 원고 측의 현상 악화 방지에 대한 이익과, 처분청 측의 공익의 적기 실현이라는 상충되는 요청을 어떻게 조화시킬 것인가의 문제이다.[32] 따라서 집행정지 제도의 이념은 "실질적인 국민의 권리보호와 행정의 원활한 운영을 확보하고 조정"[33]하는데 있다. 결국 집행정지 제도의 본질은 공익과 사익의 조화를 꾀하는 것으로서, 이는 구체적으로는 집행정지 여부를 판단함에 있어 공익(공공복리에 중대한 영향을 미칠 우려의 부존재)과 사익(회복하기 어려운 손해의 존재) 간의 형량 문제로 귀결된다.[34]

(2) 집행정지결정의 효력 - 본안 원고 패소판결과의 관계를 중심으로

집행정지결정은 행정청의 별도 절차 없이도 집행정지결정의 종기까지[35] 잠정적으로[36] 행정처분이 없었던 것과 동일한 상태를 형성한다(소극적 형성력). 이때 집행정지결정의 형성력이 미치는 범위가 어디까지

30) 김철용·최광률(편집대표), 위의 책(註 29), 659-660쪽.

31) 김연태, "행정소송법상 집행정지: 집행정지결정의 내용과 효력을 중심으로", 공법연구 제33집 제1호, 한국공법학회, 2004, 626쪽.

32) 박해식, "행정처분의 집행정지와 취소판결과의 관계", 행정재판실무편람: 자료집, 서울행정법원, 2001, 92쪽.

33) 김연태, 앞의 글(註 31), 앞의 쪽.

34) 김연태, 앞의 글(註 31), 앞의 쪽. 헌재 2018. 1. 25. 2016헌바208도 참조.

35) 대법원 법원행정처, 앞의 책(註 29), 308쪽.

36) 우리 행정소송법의 집행정지결정의 잠정성 내지 임시성의 도출 근거에 대해서는 박현정, "프랑스 행정소송법상 가처분결정의 잠정적 효력", 행정법연구 제55호, 행정법이론실무학회, 2018. 11., 19쪽 참조.

인지, 그 결정에 소급효가 인정되는지 문제된다. 대상 판결 사안에서는 이 사건 집행정지결정이 이루어진 후 본안에서 원고 패소판결이 확정되었는데, 이처럼 집행정지결정 이후 본안에서 원고 패소판결이 확정되는 경우 집행정지결정의 형성력이 본안의 판결 결과에 의하여 영향을 받는지에 대하여도 견해가 대립한다. 구체적으로는, 본안에서 원고 패소판결이 확정되면 잠정적이었던 집행정지결정의 효력은 어떻게 되는지가 문제된다.37)

(가) 학설

① 제1설

집행정지결정의 소급효 인정 여부와 관련하여, 집행정지결정의 효력은 소급하지 않고 집행정지결정이 있은 때부터 발생한다고 본다.38) 이 견해는 집행정지는 원고의 장래의 권리 보호를 목적으로 하는 제도이므로 그 효력을 소급하는 결정은 허용되지 않는다고 본다.39) 이 견해

37) ① 집행정지결정의 소급효 인정 여부와 ② 본안 판결과 집행정지결정 간의 관계는 별개의 논의이므로 두 개를 구분하여 검토하는 것이 보다 정확하지만, 지면상의 한계로 이하에서는 본안 원고 패소판결과 집행정지결정 간의 관계를 중심으로 함께 설명한다. 위 두 논의를 구분하여 각 논의별 견해를 상세히 소개하고 있는 글로는 김길량, 앞의 글(註 17), 542-556쪽; 박현정, 앞의 글(註 14), 419-427쪽 참조.

38) 김철용, 앞의 책(註 29), 623쪽; 박균성,『행정법론(상)』, 제20판, 박영사, 2021, 1365쪽(다만 효력정지에 대해서만 설명하고 있다); 윤영선, "행정소송에 있어서의 가구제 제도", 재판자료 제67집 행정소송에 관한 제문제(상), 대법원 법원행정처, 1995, 402쪽. 김철용·최광률(편집대표), 앞의 책(註 29), 682쪽; 대법원 법원행정처, 앞의 책(註 29), 305쪽은 '처분의 효력을 소급하여 정지하는 것은 허용되지 않는다'고 하여, 소급효가 인정되지 않는다는 전제에 입각한 것으로 보인다. 다음의 문헌들도 집행정지결정의 소급효에 대하여 부정설을 취하고 있다: 서울행정법원 실무연구회, 앞의 책(註 26), 167쪽; 홍정선, 앞의 책(註 29), 1178쪽.

39) 윤영선, 위의 글(註 38), 위의 쪽. 한편 김연태, 앞의 글(註 31), 631쪽은 통설과 판례가 소급효를 부정하는 논거에 대하여 기술한 판례 및 문헌을 찾아볼 수 없다고 지적하면서[다만 윤영선, 위의 글(註 38), 앞의 쪽의 내용을 주 66에서 소개하고 있다], 통설과 판례는 '정지'의 사전적 의미가 '중도에서 멈춘다'이므로 소급효를 부정하는 것으로 추측한다.

에 따르면 집행정지결정은 본안에서 원고 승소판결의 확정을 조건으로 하지 않는 종국적인 것이므로,[40] 집행정지기간 중 행한 행위는 향후 본안에서 원고 패소판결이 확정되더라도 그대로 유효하다.[41] 예를 들어, 영업허가취소처분이나 운전면허취소처분에 대한 효력정지결정 후 본안에서 원고 패소판결이 확정되더라도 효력정지기간 중 행위는 무면허 운전이나 무허가 영업이 되지 않는다.[42] 결국 집행정지결정은 본안 판결의 결과와 무관하게 집행정지기간 동안의 법률관계를 종국적으로 규율하고 그 전의 법률관계에 소급하는 효력이 없다.

② 제2설

효력정지결정에 대해서는 소급효를 인정하여, 처분에 대한 효력정지결정이 있으면 당해 처분은 소급하여 처음부터 존재하지 않는 상태가 된다는 입장이다.[43] 이 견해는 행정소송법이 효력정지와 협의의 집행정지를 구분하면서 효력정지는 협의의 집행정지로 목적을 달성할 수 없는

---

40) 김철용, 앞의 책(註 29), 623쪽; 김철용 · 최광률(편집대표), 앞의 책(註 29), 683쪽; 대법원 법원행정처, 앞의 책(註 29), 308쪽; 박균성, 앞의 책(註 38), 1358쪽; 윤영선, 앞의 글(註 38), 403쪽.

41) 박현정, 앞의 글(註 14), 419−420쪽 참조. 위 글에서는 윤준, "공정거래법상의 과징금납부명령이 당해 사업자의 자금사정이나 경영 전반에 미치는 파급효과가 중대한 경우, 그로 인한 사업자의 손해가 효력정지의 적극적 요건인 '회복하기 어려운 손해'에 해당하는지 여부", 대법원판례해설 제38호, 법원도서관, 2002, 777−778쪽이 '효력정지와 집행정지의 효력에 대해서는 제1설과 마찬가지 입장을 취하나 처분의 성질이 아니라 손해예방의 필요성에 따라 효력정지와 집행정지의 대상을 구별하고 있다'고 하면서 이를 제1−1설로 소개한다[420쪽(주 44)].

42) 김철용 · 최광률(편집대표), 앞의 책(註 29), 683쪽; 대법원 법원행정처, 앞의 책(註 29), 308쪽. 한편 윤영선, 앞의 글(註 38), 403쪽은 퇴학처분 집행정지 후 본안에서 원고 패소의 판결이 확정되었는데 그 사이에 원고가 졸업을 한 경우를 언급하면서, 퇴학처분이 유효한 이상 원고의 졸업은 위법한 것이어서 졸업처분을 취소할 수 있다고 할 것이라고 한다. 이와 관련하여, 김길량, 앞의 글(註 17), 543쪽은 '위 견해 역시 정지기간 중의 법률관계가 언제나 확정적으로 유효하다는 입장은 아닌 것으로 보인다'고 지적한다.

43) 김남진·김연태, 앞의 책(註 29), 918쪽; 김연태, 앞의 글(註 31), 631, 634쪽.

경우에만 허용한다고 정하고 있으므로(행정소송법 제23조 제2항 단서), 소급효가 인정되어야 집행정지의 목적을 달성할 수 있는 경우에는 소급효가 인정되는 효력정지결정을 할 수 있도록 하여야 권리구제의 실효성이 보장될 수 있다고 본다.[44] 이 견해는 효력정지는 잠정적이어야 하고 행정처분에 의한 규율의 내용에 아무런 영향을 미치지 않아야 하므로, 본안에서 원고 패소판결이 확정되면 효력정지는 소급하여 배제되고 당해 처분은 처음부터 적법한 것으로 취급된다고 본다.[45] 다만 이 견해도 효력정지기간 동안에는 처분에 따르지 않아도 되고 의무를 이행하지 않은 데 대한 책임도 부담하지 않는다고 본다.[46] 결국 효력정지결정은 소급효를 가지지만, 본안에서 원고 패소판결이 확정되면 효력정지결정의 효력은 소급하여 배제된다.

③ 제3설

효력정지와 협의의 집행정지, 절차의 속행정지를 구분하여, 세 유형의 집행정지는 모두 장래효만을 가지지만,[47] 효력정지는 행정처분의 효력 자체를 정지하기 때문에 그 효력이 종국적이고 협의의 집행정지는 행정처분의 효력 자체가 아니라 그 집행 또는 실행만을 정지하기 때문에 그 효력은 본안소송의 결과에 따라 좌우되는 임시적인 것이라고 보아야 한다는 견해도 있다.[48] 이 견해는 집행의 개념을 넓게 해석하여

---

44) 김연태, 앞의 글(註 31), 631쪽.

45) 김연태, 앞의 글(註 31), 634쪽. 다만 김남진·김연태, 앞의 책(註 29), 앞의 쪽은 "집행정지결정이 취소되면 발생된 집행정지결정의 효력은 소멸되고, 그 때부터 집행정지결정이 없었던 상태로 돌아간다"고 하여, 효력정지결정이 소급하여 소멸한다는 취지는 아닌 것으로 보인다.

46) 김연태, "과징금부과처분에 대한 집행정지결정의 효력", 행정판례연구 제10집, 박영사, 2005, 390쪽. 위 글은 이는 "법원의 집행정지결정을 신뢰한 상대방의 보호와 법적 안정성 및 집행정지제도의 본질에서 도출되는 당연한 결과이므로, 효력정지가 당해 처분에 미치는 효력과는 관계가 없는 것"이라고 설명한다(395쪽).

47) 김길량, 앞의 글(註 17), 543쪽 참조.

48) 김창석, "집행정지의 요건", 행정재판 실무편람(Ⅳ) -자료집-, 서울행정법원, 2004, 99쪽.

협의의 집행정지를 하는 것을 원칙으로 하되, 효력정지와 협의의 집행정지의 효력을 다르게 파악하여 협의의 집행정지로 목적을 달성할 수 없는 경우에 효력정지를 한다면 "상이한 보호를 내용으로 하는 다원화된 가구제의 방법"을 갖게 될 수 있다고 한다.[49] 이 견해에 따르면 효력정지결정은 본안 판결 결과에 따라 좌우되지 않지만, 협의의 집행정지결정 이후 본안에서 원고 패소판결이 확정되면 협의의 집행정지결정의 효과로 발생한 급부 등에 대한 반환청구가 가능하게 된다.[50]

(나) 판례

판례는 대상 판결 이전에는 집행정지결정의 소급효 여부, 집행정지결정의 효력과 본안 판결의 관계에 대해 명시적으로 판시하지 않았다. 영업정지 판례와 과징금 판례에서는 영업정지기간, 과징금의 납부기간의 진행이나 그 기산점이 본안 판결의 결과에 따라 달라지는 것으로는 보지 않았는데, 위 판례들에 대해서는 "집행정지결정과 정지기간 중의 법률관계에 관한 일반 법리를 판시한 것이라기보다는 기간의 정지 및 진행과 관련된 특수한 문제"[51]를 다룬 것이라는 평가, 효력정지결정의 소급효를 부정한다고 단정할 수는 없다는 평가[52] 등이 존재한다. 보조금 판례에서도 원고 패소판결의 결과와 무관하게 효력정지결정의 효력은 결정주문에서 정한 시기까지 존속하고 그 시기가 도래함으로써 소멸하였다. 보조금 판례 역시 효력정지결정의 소급효 유무나 효력정지결정과 본안 판결의 관계에 대하여 분명한 법리를 설시하지는 않았다. 한편 과징금 판례에 따르면, 판례는 학설 중 제3설과 같이 효력정지결정과 협의의 집행정지결정의 효력을 구분하는 입장은 아닌 것으로 이해된다.

49) 김창석, 위의 글(註 48), 99-100쪽.
50) 김창석, 위의 글(註 48), 102-103쪽 참조.
51) 김길량, 앞의 글(註 17), 557쪽.
52) 김연태, 앞의 글(註 46), 397쪽(주 27).

(3) 대상 판결의 검토 - 집행정지결정의 장래효를 명시적으로 인정

대상 판결은 "처분의 효력을 정지하는 집행정지결정이 있으면 결정 주문에서 정한 정지기간 중에는 처분이 없었던 원래의 상태와 같은 상태"가 된다고 판시하였다.[53] 이에 따르면 판례는 효력정지결정은 결정 주문에서 정한 효력정지기간 동안에만 효력이 있다는 입장으로 이해되고, 그 반대해석상 효력정지결정이 그 결정 이전의 기간에 소급하여 처분의 효력을 정지하고 처분이 없었던 것과 같은 상태를 만든다는 입장으로는 보이지 않는다. 대상 판결은 "집행정지결정의 효력은 결정 주문에서 정한 기간까지 존속하다가 그 기간이 만료되면 장래에 향하여 소멸한다"고도 판단하였다.[54] 따라서 원고 패소판결이 확정되더라도 집행정지결정의 효력은 그 기간의 도과로 장래를 향하여 소멸할 뿐이고 소급하여 소멸하는 것이 아니다.

결국 효력정지기간 동안 효력정지결정의 효과는 "처분이 없었던 원래의 상태와 같은 상태"를 만들고, 그 이후 효력(집행)정지결정이 실효되더라도 이는 소급효가 없고 장래효만을 가진다는 점에서 효력(집행)정지결정의 효력(집행)정지기간 동안의 위와 같은 효과는 종국적이라고 보인다. 대상 판결 사안에서도 이 사건 집행정지결정으로 인하여 1차 취소처분이 없는 것과 같은 상태가 되었기 때문에, 원고는 1차 취소처분에 따른 직접생산 확인 신청 기간의 제한 없이[55] 새로운 직접생산 확

---

53) 대상 판결은 위 법리와 관련하여 대법원 2007. 3. 29. 선고 2006두17543 판결을 인용하고 있다. 위 판결에서는 면허취소처분에 대해 취소소송이 제기되고 효력정지결정이 이루어졌다면, 면허취소처분은 확정되지 않고 그 효력정지기간 중에는 면허취소처분이 없었던 원래와 같은 상태가 된다고 판단하였다.

54) 대상 판결은 위 법리와 관련하여 보조금 판례를 인용하고 있으나, 보조금 판례는 "효력정지결정의 효력은 결정주문에서 정한 시기까지 존속하고 그 시기의 도래와 동시에 효력이 당연히 소멸"한다고만 판시하였을 뿐 명시적으로 대상 판결과 같은 판시를 하지는 않았다. 우미형, 앞의 글(註 22), 10쪽(주 16)도 대상 판결이 "집행정지의 효력은 소급하여 소멸하지 않는다는 점을 분명히 하였다"고 평가한다.

인 신청을 하여 2차 직접생산 확인을 받을 수 있었다. 대상 판결 역시 선행 취소소송에서 원고 패소판결이 확정되어 이 사건 집행정지결정이 실효되더라도 이 사건 집행정지기간 중에 적법하게 이루어진 원고의 직접생산 확인 신청과 피고의 2차 직접생산 확인이 소급하여 위법하게 되는 것은 아니라고 판단하였다. 따라서 대상 판결은 효력(집행)정지결정의 소급효를 부정하고, 효력(집행)정지결정과 본안 원고 패소판결의 관계에 대해서는 본안에서 원고 패소판결이 확정되더라도 효력(집행)정지기간 중 한 행위는 그대로 유효하다는 입장으로, 제1설에 가깝다고 평가할 수 있어 보인다.[56]

3. 집행정지결정[57]에 의해 원고가 얻은 유리한 지위 내지 이익을 제한·회수할 방안

(1) 집행정지결정에 의해 원고가 얻는 유리한 지위 내지 이익의 구체적인 내용

(가) 집행정지결정 자체에 의한 본안의 선취(처분의 집행력의 배제)

처분의 종류에 따라서는 시간의 경과에 따라 집행정지결정이 돌이

55) 판로지원법 제11조 제5항에서는 "취소사유에 해당함을 확인한 날"부터 직접생산 확인 신청이 제한된다고 정하고 있는데, 대상 판결은 "취소사유에 해당함을 확인한 날"을 직접생산 확인 취소처분이 이루어진 날로 해석한 것으로 이해된다.

56) 대상 판결은 효력정지결정의 소급효를 부정했으므로 제2설과는 분명히 다른 견해를 취하였다. 대상 판결 사안에서는 효력정지결정이 이루어졌고 효력정지결정의 효력과 집행정지결정의 장래효에 대해서만 판시하였을 뿐이어서, 제3설과 명백히 다른 입장인지는 확인되지 않는다. 그러나 과징금 판례를 고려하면 판례는 효력정지결정과 협의의 집행정지결정의 효력을 구분해야 한다는 제3설과도 다른 입장으로 파악된다.

57) 이하의 논의는 판례의 태도를 기준으로 하였다. 즉, 집행정지는 그 유형을 구분하지 않고 모두 장래효만을 가지고, 집행정지기간 중 법률관계를 종국적으로 규율하며, 협의의 집행정지에서의 집행은 엄격한 의미의 강제집행절차가 아니라 처분의 실현을 위한 모든 조치를 의미함(註 15 참조)을 전제로 검토하였다.

킬 수 없는 것이 되어 종국적인 규율이 되는 경우가 존재한다(소위 만족적 집행정지 내지는 단행적 집행정지).[58] 임기만료 직전 의원제명의결에 대한 효력정지결정,[59] 집회금지통고에 대한 효력정지결정,[60] 점용허가기간 중 허가취소처분이 있었는데 허가취소처분에 대한 효력정지결정 이후 허가기간이 만료된 경우[61] 등이 그 예이다. 이러한 유형에서는 집행정지결정이 본안 판단을 사실상 대체하고 처분을 무력화한다는 점에서 매우 강력한 효과를 가지지만, 원고 입장에서도 집행정지결정을 받지 않으면 본안 판단을 받는 것이 무의미해지므로 집행정지결정을 받을 필요가 절실하다.

대상 판결 사안에서 이 사건 집행정지결정 역시 단행적 집행정지에 해당하거나 적어도 그와 비슷한 효과를 가져왔다. 판로지원법상 직접생산 확인의 유효기간은 비교적 단기인 발급일로부터 2년인데,[62] 1차 취소처분에 대한 이 사건 집행정지결정 이후 처분의 대상인 원고의 1차 직접생산 확인의 유효기간이 모두 경과됨으로써 원고는 1차 직접생산

58) 김창석, 앞의 글(註 48), 109쪽; 윤영선, 앞의 글(註 38), 392쪽(주 24). 우미형, 앞의 글(註 22), 14-15쪽은 현실에서는 다수의 집행정지가 실질적으로 단행적인 성격을 갖는다거나 최초 처분시 달성하려고 했던 공익 실현을 어렵게 한다는 점에서 단행적 처분에 가깝다고 볼 여지도 있다고 지적한다.

59) 김창석, 앞의 글(註 48), 108쪽.

60) 서울행정법원 실무연구회, 앞의 책(註 26), 176-177쪽.

61) 김철용·최광률(편집대표), 앞의 책(註 29), 684쪽; 윤영선, 앞의 글(註 38), 392쪽(주 24). 위 책은 점용허가기간이 만료되면 집행정지결정과 관계없이 점용허가기간의 경과로써 허가취소처분의 취소를 구할 소의 이익이 소멸하므로 이 경우 집행정지결정은 만족적 집행정지결정이라고 한다. 대법원 2020. 12. 29. 선고 2020두30450 판결에 따르면 처분의 취소를 구할 원고의 법률상 이익이 반드시 소멸한다고 보기는 어렵게 되었지만, 적어도 원고 개인의 입장에서는 집행정지결정이 실효된 이후에는 취소소송을 유지할 실익이 없어 소를 취하할 가능성이 있으므로, 위 처분에 대한 집행정지는 여전히 만족적 집행정지로 분류할 수 있을 것이다.

62) 판로지원법 제9조 제7항, 같은 법 시행규칙 제5조 제3, 4항. 특히 선행 취소소송의 제1심 법원이 적용 법률조항에 대해 직권으로 위헌법률심판제청을 한 결과(註 3 참조) 선행 취소소송의 진행이 더욱 늦어졌기 때문에, 그 사이에 원고의 1차 직접생산 확인의 유효기간이 모두 경과하게 되었다.

확인에 대한 취소를 사실상 면하는 효과를 누렸기 때문이다.[63)]

(나) 집행정지기간 동안 얻게 되는 유리한 지위 내지 이익

원고는 통상적으로 집행정지기간 동안 유리한 지위나 이익을 누리거나 새롭게 얻을 수 있다. 집행정지는 그 성질상 집행정지를 신청하는 자에게 침해적인 처분에 대하여 인정되는데,[64)] 집행정지결정은 처분의 집행이나 절차의 속행을 정지하고, 효력을 정지하여 해당 처분이 없는 것과 같은 상태를 조성하기 때문이다. 따라서 원고가 집행정지기간 동안 유리한 지위나 이익을 누리거나 새롭게 얻는 것은 어느 정도는 논리필연적인 결과라고도 볼 수 있다.

예를 들어, 영업허가취소처분에 대하여 효력정지결정을 받았으나 본안에서 패소판결이 확정된다면, 결과적으로 원고는 영업허가취소처분의 효력 발생이 유예된 결과 효력정지기간 동안 영업을 계속함으로써 영업에 따른 이익을 얻게 된다.[65)] 보조금 교부결정 취소처분에 대한 효력정지기간 동안 보조금사업자가 종전의 보조금 교부결정에 기하여 보조금을 새로 교부받는 것이나,[66)] 임원해임처분에 대한 효력정지기간 동안 원고가 임원의 지위를 회복하고 급료를 지급받는 것도 유리한 지위를 누리고 새로운 이익을 얻는 것에 해당한다.[67)] 과징금부과처분에 대

---

63) 다만 1차 취소처분의 효력 중 직접생산 확인 신청 제한이나 기존 계약의 해제 또는 해지의 효력 발생은 이 사건 집행정지결정의 실효 시점 이후로 유예되었으므로, 원고가 1차 취소처분의 집행을 완전히 면하지는 않았고 그 취소를 구할 소의 이익을 상실하지도 않았다.

64) 박균성, 앞의 책(註 38), 1348쪽 참조. 처분의 상대방에게만 침익적이어야 하는 것은 아니므로, 제3자효 행정행위에 대해서도 그로 인하여 침익을 받는 제3자가 집행정지를 신청할 수 있다[김남진 · 김연태, 앞의 책(註 29), 914−916쪽, 서울행정법원 실무연구회, 앞의 책(註 26), 174−175쪽].

65) 김창석, 앞의 글(註 48), 109쪽. 그러나 반대로 원고 입장에서는 효력정지결정을 받지 않는다면 당장 영업을 중단해야 하기 때문에, 회복하기 어려운 손해의 발생을 방지하기 위하여 효력정지결정을 받을 필요성이 크다.

66) 보조금을 활용한 사업수익, 보조금 반환이 늦추어짐에 따른 이자 상당액 등의 파생적 이익도 얻을 수 있다[김길량, 앞의 글(註 17), 559쪽].

한 협의의 집행정지결정 역시 과징금 납부기간의 진행을 정지하여 원고에게 납부기간이 연장되는 이익을 제공한다.68)

영업정지처분과 같이 일정한 기간을 예정한 처분의 경우에도, 효력정지결정에 의해 그 기간의 진행이 연기되면 효력정지기간 동안 영업을 계속하는 이익을 얻을 수 있다. 그러나 이 경우에는 효력정지결정이 실효되면 나머지 기간이 다시 진행하여 전체 기간에는 변함이 없으므로, 통상적으로는 효력정지결정에 의해 부당한 이익을 추가적으로 누리게 되었다고 평가하기는 어렵다.69) 그러나 일정한 시점에 처분이 집행되는 것이 해당 처분의 집행력 확보에 반드시 필요한 경우, 기간의 연기가 원고에게 처분에 대비할 시간을 벌어주거나 처분의 효력 발생 시점을 임의적으로 조정할 기회를 주는 경우에는 기간 진행의 유예가 단순히 원고에게 사실상 유·불리를 가져오는 것을 넘어서, 처분의 집행력을 실질적으로 무력화시키기도 한다. 예를 들어, 입찰참가자격제한처분에 대한 집행정지결정은 그 처분의 시점 변경을 초래하여 처분의 실효성을 형해화시킬 수 있다.70)

---

67) 김창석, 앞의 글(註 48), 103쪽.

68) 과징금 판례는 과징금부과처분에 대한 집행정지결정으로 원고가 얻는 납부기한의 유예 및 가산금 면제의 이득은 집행정지 제도를 채택한데 따른 반사적 효과에 불과하다고 보았다. 이에 대해서는 당초 납부기한이 경과한 때부터 집행정지결정이 실효될 때까지 과징금 납부를 유예받음으로써 적어도 예금이자율 상당을 부당이득한 것으로 보아야 한다는 비판이 있다[김연태, 앞의 글(註 46), 398쪽]. 판례의 결론은 이론적으로는 일응 타당하나, 처분 상대방에게 의외의 이익을 보장해 주는 결과를 방지하기 위하여 과징금부과처분에 대해서는 체납처분절차의 속행을 정지하면 충분하고 효력정지나 집행정지는 허용되지 않는다고 봄이 상당하다는 견해로는 김창석, 앞의 글(註 48), 105-106, 117-118쪽 참조.

69) 김창석, 앞의 글(註 48), 110쪽(주 47) 역시 "영업정지의 시점에 변동을 가져와 사실상 당사자에게 유·불리를 가져올 수는 있다"고 설명한다.

70) 김홍석, "방위산업에서의 부정당제재와 집행정지", 『법률신문』, 2012. 3. 15.자; 양창호, 『부정당업자 입찰참가자격 제한 해설: 행정청·지방자치단체·공공기관의 부정당제재』, 한국학술정보, 2017, 220쪽(주 187); 우미형, 앞의 글(註 22), 3쪽; 조성제, "부정당업자 제재에 비추어 본 집행정지제도의 개선방안에 관한 연구 -이른바 집

대상 판결 사안에서 원고는 앞서 (가)항에서 본 이 사건 집행정지결정에 의하여 1차 직접생산 확인에 대한 취소를 사실상 면한 이익 외에도, ㉠ 이 사건 집행정지기간 동안 1차 직접생산 확인을 이용하여 거래를 계속하여 얻은 이익, ㉡ 1차 취소처분에 의한 직접생산 확인 신청 제한기간의 진행을 유예받은 이익(그 결과 원고는 이 사건 집행정지기간 동안 2차 직접생산 확인을 받고 2차 직접생산 확인을 이용하여 거래를 하여 이익을 얻을 수 있었다), ㉢ 1차 취소처분에 의하여 기존에 체결한 계약을 해제 또는 해지당하지 않은 이익(계약의 해제 또는 해지 시점을 유예받은 이익)을 얻었다. ㉠, ㉢은 영업허가취소처분에 대한 효력정지와 같이 1차 취소처분의 효력 발생 시점이 유예된 결과 얻게 된 유리한 지위 내지 이익으로 볼 수 있을 것이고, ㉡은 단순히 6개월의 기간의 진행이 유예되었다는 점에서 영업정지처분에 대한 효력정지에서 처분의 상대방이 얻게 되는 이익과 유사하게 볼 수 있을 것이다. 이 중 ㉡과 ㉢과 관련하여, 원고는 이 사건 집행정지결정이 실효되어 1차 취소처분이 집행되면 그때 다시 직접생산 확인 신청 제한기간의 적용을 받고 계약을 해제 또는 해지당하게 되는 것이었다.

(2) 원고가 얻는 유리한 지위 내지 이익의 제한 · 회수의 어려움과 집행정지의 '본안 승소가능성' 요건 판단 단계에서의 고려 가능성

집행정지결정 자체가 본안의 선취를 가져오는 경우에는 효력정지결정 이후 본안에서 처분이 적법하다는 판단이 이루어지게 되더라도 대상 판결과 같은 특수한 경우가 아닌 한 처분을 다시 집행할 방법이 없

행부정지원칙에 대한 논의를 중심으로-", 공법학연구 제18권 제4호, 한국비교공법학회, 2017. 11., 339, 340쪽 참조. 조성제, 위의 글은 부정당업자 제재처분의 실효성을 높이기 위하여 부정당업자 제재처분에 대한 집행정지에 있어서는 원고의 소명책임을 강화하거나 담보제공 등의 추가 부담을 부과하는 방안, '처분의 위법성 정도'의 요건을 추가하는 방안 등을 제시한다.

다. 집행정지결정 또는 기각결정이 사실상 본안 판단을 대체하기 때문에, 결정 이후에는 소의 이익이 없어 소가 취하되는 경우도 많다.[71)]

이러한 경우에는 집행정지결정에 의해 원고가 적법한 처분의 집행 자체를 면하는 결과를 얻지 않도록 집행정지 단계에서부터 본안에 준하는 판단이 이루어질 수밖에 없다. 집행정지결정에 의한 법적 보호는 행정청의 희생 가능성과 원고의 희생 가능성의 사이에서 본안에서의 승소가능성에 비례하여 선택되어야 한다.[72)] 그러므로 원고의 본안에서의 승소가능성이 높을수록 행정청의 희생 아래 원고에게 효력정지가 이루어져야 하고, 원고의 본안에서의 승소가능성이 낮을수록 원고의 희생 아래 효력정지 신청이 기각되어야 한다.[73)] 대상 판결 사안에서도, 만약 법원이 이 사건 집행정지결정이 본안의 선취를 가져올 수 있음을 고려하여 원고의 본안 승소가능성을 엄격히 판단하여 집행정지 기각결정을 하였다면, 원고가 이 사건 집행정지결정에 의해 1차 취소처분의 대부분의 내용의 집행을 사실상 면하는 결과는 애초에 발생하지 않았을 것이다.

집행정지기간 동안에 원고가 얻은 유리한 지위나 이익 역시, 원고 패소판결 확정 이후 원고로부터 제한·환수하기가 어려운 경우가 대부분이다. 원고가 집행정지결정에 의하여 유지 또는 취득한 지위를 활용하여 사인 간에 거래를 하고 이익을 얻었다면 이는 사인 간의 적법한 계약에 기초하여 얻게 된 이익이므로 부당이득이라고 볼 수 없다.[74)] 집행

71) 집회금지통고에 대한 서울행정법원 실무연구회, 앞의 책(註 26), 176-177쪽 참조. 우미형, 앞의 글(註 22), 16쪽은 법원이 집회금지통고에 관해서는 많은 경우에 집회를 위한 조건을 추가하여 일부 인용결정을 하고 있어, 사실상 행정청의 결정을 대신하는 경향을 보여준다고 설명한다.

72) 김창석, 앞의 글(註 48), 109쪽.

73) 김창석, 앞의 글(註 48), 109, 113쪽.

74) 예를 들어, 원고가 음식점 영업허가취소처분에 대한 집행정지기간 중 음식점 영업을 계속하여 이익을 얻었으나 본안에서 패소판결을 받았더라도, 원고는 음식점 손님과의 계약에 따라 음식을 판매하고 이익을 얻은 것이므로, 영업허가취소처분의 적법 여부 및 효력 발생 시기와 별개로 원고의 이익의 취득에는 법률상 원인이 존재한다.

정지결정에 의하여 단순히 기간의 진행이 유예된 경우라면 일반적으로 원고가 특별히 유리한 지위나 이익을 얻었다고 보기 어렵다. 처분의 시점 변동으로 처분이 사실상 무력화되는 경우가 있으나, 현행법상 이를 제재할 수단도 없고 제재를 정당화할 근거도 생각하기 어렵다. 집행정지결정으로 인하여 원고가 얻게 된 유리한 지위나 이익 중 어디까지를 집행정지결정의 반사적 이익으로 볼지, 어디까지를 반드시 제한·환수되어야 할 대상으로 볼지 그 경계 역시 모호하다. 보조금 교부결정 취소처분에 대한 효력정지결정 이후 보조금 교부결정에 기하여 보조금이 교부된 경우와 같이 보조금의 환수가 가능하고 정책적인 관점에서도 환수가 타당한 경우에만 환수가 가능할 뿐이다.[75][76]

집행정지결정 자체가 본안의 선취를 가져오는 경우와 달리, 원고가 집행정지기간 동안 유리한 지위나 이익을 얻게 된다는 사정은 집행정지 단계에서 고려되기도 어렵다. 이는 그 자체로 집행정지의 요건이 아니고 본안 승소가능성과도 관련이 없기 때문이다. 다만 이 경우에도 원고가 얻은 유리한 지위나 이익과는 별개로, 본안에서 원고 패소가능성이 명백한 때에는 집행정지신청을 기각함으로써, 원고가 집행정지결정에 의해 유리한 지위나 이익을 취득하는 상황을 방지할 수는 있을 것이다.

---

75) 박현정, 앞의 글(註 14), 428－429쪽.

76) 참고로, 독일에서는 수익적 급부행위를 직권취소 또는 철회하는 처분이 있었으나 이에 대해 집행정지결정이 내려진 경우, 행정청은 소송의 진행 기간 동안 급부를 제공해야 하고, 본안에서 그 처분이 적법하다고 판단되면 정지효에 따른 법적 근거가 사라지므로 독일 민법 제812조 이하의 유추적용에 따라 급부의 상대방에 대하여 부당이득반환청구를 할 수 있다. 다만 이 때 반환청구권의 행사는 신의칙에 의해 제한될 수 있다[Finkelnburg/Dombert/Külpmann, Vorläufiger Rechtsschutz im Verwaltungsstreitverfahren, 7. Aufl., München: C.H. Beck, 2017, S.378－9; 이진형, 앞의 글(註 23), 100－101쪽]. 한편 집행정지된 행정처분이 나중에 적법하다고 판명되더라도 이로써 집행정지신청인에게 행정청 또는 제3자에 대한 손해배상의무가 인정되는 것은 아니다(Finkelnburg/Dombert/Külpmann, a.a.O., S.379; Wolf－Rüdiger Schenke, Verwaltungsprozessrecht, 17. Aufl., Heidelberg: C.F. Müller, 2021, S.368.).

그러나 어느 경우이든 간에, 집행정지 단계에서 본안 승소가능성을 고려함으로써 원고가 집행정지결정에 의해 유리한 지위나 이익을 취득하는 것을 방지하는 데에는 분명한 한계가 있다. 집행정지는 사안의 긴급성으로 인하여 신속한 결정을 요하기 때문에, 소명자료에 의해 집행정지 요건 위주로 소명이 이루어지고(행정소송법 제23조 제4항), 서면심리만을 하거나 대체로 1, 2차례의 심문기일을 진행한 다음 단기간[77]에 결정이 이루어진다.[78] 반면 본안에서는 수 개월 또는 수 년 동안 변론기일이 여러 차례 열려 당사자들의 변론을 듣는 등 심리가 진행되고, 다양한 증거조사를 거쳐 처분의 적법 여부를 판단하게 된다. 따라서 법원이 집행정지 단계에서 본안에서의 원고 승소가능성을 정확하게 판단한다는 것은 많은 사건에서 사실상 불가능하고, 본안에서의 원고의 패소가능성이 명백하다고 단정하기가 부담스러운 경우 역시 많을 것이다(본안에서 원고의 패소가능성이 명백한 사건이라면, 애초에 집행정지결정이 이루어졌으나 본안에서 원고 패소판결이 내려지는 상황이 발생할 여지도 거의 없을 것이다). 대상 판결 사안에서도 선행 취소소송의 제1심 법원이 1차 취소처분의 근거법령에 대해 직권으로 위헌법률심판제청까지 했던 상황에서 본안에서 원고 승소가능성이 없다는 이유로 집행정지 기각결정을 하기는 현실적으로 어려웠을 것으로 보인다. 또한 집행정지가 상대적으로

77) 이진형, 앞의 글(註 23), 9쪽(주 4)에 의하면, 2008년부터 2020년까지 각 연도별 제1심 행정사건의 집행정지절차 평균 처리 일수는 최저 14일, 최대 21일(전체 평균 17.1일)이다.

78) 김철용·최광률(편집대표), 앞의 책(註 29), 679쪽; 대법원 법원행정처, 앞의 책(註 29), 301-302쪽은 조사촉탁, 문서송부촉탁, 문서제출명령, 증인소환, 감정 등은 즉시성이 없이 상당한 시일이 걸리므로 가구제의 성격상 원칙적으로 적절하지 않고 다만 실무에서는 심문기일에 당사자가 대동한 증인에 대한 신문 등을 하고 있다고 한다. 다만 윤영선, 앞의 글(註 38), 398쪽은 집행정지결정이 사실상 본안 판단의 성질을 가지는 사건, 사회적으로 미치는 파장이 중대한 사건, 사실관계에 대한 신중한 파악이 요구되는 사건에서는 짧은 간격을 둔 수 회의 기일을 열어 증인신문, 현장조사, 감정 등을 할 때도 있다고 설명한다.

쉽게 인정되는 일정한 유형의 처분의 경우에는 그 특성상 본안 승소가능성에 대한 요구 수준은 낮을 수밖에 없다.[79] 게다가 법원이 본안의 결과를 고려하여 집행정지결정을 아무리 신중하게 하더라도, 집행정지결정 이후 본안에서 원고가 패소하는 상황이 아예 방지될 수는 없다. 따라서 이러한 경우에는 어떻게 처분의 집행력을 확보할 수 있고 원고가 집행정지기간 동안 얻은 유리한 지위 내지 이익을 제한·회수할 수 있을지의 문제가 남게 된다.

(3) 대상 판결의 의미 - 변경처분에 의한 처분의 집행력 확보 방안을 제시

대상 판결은 이 사건 처분이 1차 취소처분의 변경처분으로서 적법하다고 판단하였다. 이는 효력정지결정에 의해 원고가 적법한 1차 취소처분의 내용의 대부분의 집행을 사실상 면함으로써 유리한 지위를 얻게 되는 것을 허용할 수 없다는 시각에 입각하여, 그 해결책으로 변경처분을 하는 방안을 제시한 것이다.[80]

대상 판결의 원심 판결에 따르면, 원고는 이 사건 집행정지결정의 실효 이후 일정한 기간 동안 새로운 직접생산 확인 신청을 제한받고 기존 계약을 해제 또는 해지당할 뿐이고, 1차 취소처분의 가장 핵심적인 내용인 '처분 당시 원고의 모든 물품에 대한 직접생산 확인 취소'라는 제재는 사실상 면하는 이익을 얻는다. 그러나 대상 판결에 따르면, 원고는 변경처분인 이 사건 처분의 집행에 의하여 2차 직접생산 확인을 취소당하게 된다[앞서 본 3. (1)의 (가)항의 이익 관련]. 또한 원고는 이 사건 처분에 따라, 그동안 유예되었던 직접생산 확인 신청 제한기간을

79) 예를 들어 영업정지처분[김창석, 앞의 글(註 48), 109-110쪽], 공사중지처분, 영업용운전의 운전면허취소처분 및 자격정지처분 등[서울행정법원 실무연구회, 앞의 책(註 26), 183-184쪽].

80) 같은 견해로 우미형, 앞의 글(註 22), 7쪽.

적용받고 기존 계약을 해제 또는 해지당하게 되었다[앞서 본 3. (1)의 (나)항 중 ㉡과 ㉢의 이익 관련, 다만 이는 1차 취소처분의 집행에 의해서도 가능했다]. 따라서 피고가 의도했던 처분의 내용이 대부분 집행되어, 효력정지결정이 본안의 선취를 가져오는 상황이 방지된다.

대상 판례의 태도는 향후에도 유사한 사안에서 행정청의 후속 처분을 변경처분으로 해석하겠다는 입장을 제시한 것으로 볼 수 있으나, 이러한 해석은 처분서가 허용하는 범위 내에서만 가능하다는 한계를 가진다. 대상 판결의 더 큰 의미는 집행정지결정으로 처분의 집행력이 형해화되는 상황에서 행정청에게 변경처분을 하도록 방향을 제시하고 독려하는데 있다고 보인다. 즉, 행정청은 앞으로 대상 판결의 취지에 따라 대상 판결과 유사한 사안에서 변경처분을 함으로써 처분의 집행력을 확보할 수 있을 것이다.

4. 변경처분의 가능성과 그 한계

(1) 변경처분의 가능성

(가) 변경처분의 법적 성격

처분의 변경은 "기존의 처분을 다른 처분으로 변경하는 것"을 말한다.[81] 처분은 당사자, 처분사유 및 처분내용으로 구성되므로, 처분의 변경은 당사자의 변경, 처분사유의 변경, 처분내용의 변경으로 구분된다.[82] 변경처분은 실질적으로 처분을 직권취소 또는 철회하고 새로운 처분을 하는 것이므로, 변경대상 처분의 법적 근거와 별도의 법적 근거가 필요하지는 않고 변경대상 처분의 근거가 변경처분의 근거가 된다.[83] 대상 판결은 피고에게 변경처분을 할 권한이 있다는 전제 하에,

81) 박균성, 앞의 책(註 38), 498쪽.
82) 박균성, 앞의 책(註 38), 위의 쪽.
83) 박균성, 앞의 책(註 38), 487쪽.

이 사건 처분은 1차 취소처분과 처분사유와 법적 근거가 동일하고 다만 처분대상만을 달리하는 1차 취소처분의 변경처분이라고 보았다.[84] 이는 처분의 변경 중 처분내용의 변경이라고 볼 수 있다. 1차 취소처분은 선행 취소소송에서 적법한 것으로 판단되었으므로, 이 사건 처분은 1차 취소처분의 철회와 새로운 처분(2차 직접생산 확인 취소처분)으로 구성된 변경처분으로 이해할 수 있을 것이다.

판로지원법상 직접생산 확인 취소처분은 기속행위이지만,[85] 직접생산 확인 취소처분을 한 후 변경처분을 할지 여부에 대해서는 행정청에게 재량권이 인정된다고 보아야 할 것이다. 따라서 행정청은 변경처분을 함에 있어 관련 이익을 정당하게 형량하여 재량권을 행사하여야 하고, 주어진 재량권의 한계를 넘어 이를 일탈·남용하여서는 안 된다. 행정청이 변경처분을 함에 있어 준수하여야 하는 재량권의 한계는 아래에서 논의한다.

(나) 처분 상대방의 보호 문제 등

원고는 이 사건 집행정지기간 동안에는 1차 취소처분의 효력이 발생하지 않는다고 신뢰하였고, 이에 따라 그 기간 동안 1차 취소처분이 없는 것과 같은 혜택을 누렸다. 그런데 그 후에 변경처분을 통하여 원고가 2차 직접생산 확인을 받은 물품에 대해 직접생산 확인 취소를 하는 것이 원고의 신뢰를 침해하는 것이 아닌지 문제될 수 있다. 특히 이 사건 처분 중 새로운 처분인 2차 직접생산 확인 취소처분은 수익적 행정행위의 철회[86]로 볼 수 있다는 점에서 수익적 행정행위의 철회에 대

---

84) 대상 판결의 원심 판결은 대법원 2014. 7. 10. 선고 2012두13795 판결(중소기업자가 제재처분에 대한 규정이 없던 구법 하에서 거짓이나 그 밖의 부정한 방법으로 직접생산 확인을 받아 그 유효기간이 끝난 다음 별개의 직접생산 확인을 받은 사안에서, 앞의 직접생산 확인에 대한 취소사유를 이유로 뒤의 직접생산 확인을 취소할 수는 없다고 본 판례)을 인용하여 이 사건 처분을 1차 취소처분과 별개의 처분으로 보았다.

85) 대법원 2020. 10. 15. 선고 2020두35035 판결.

한 원고의 신뢰보호가 문제될 수 있다.

그러나 이 사건 처분은 원고의 귀책사유에 따라 이루어졌으므로, 원고에게 수익적 행정행위인 직접생산 확인의 유지에 대한 보호가치 있는 신뢰가 있다고 보기 어렵다. 또한 피고가 원고에게 1차 취소처분이 계속될 것이라거나, 1차 취소처분을 이 사건 처분으로 변경하지 않겠다는데 신뢰를 부여하는 발언이나 행위를 한 사실도 없다. 판로지원법 제11조 제3항은 중소기업자에게 제11조 제2항 제3호의 취소사유가 있으면 직접생산 확인을 모두 취소하도록 정하고 있고 취소사유가 있는 해당 제품의 직접생산 확인만을 취소하도록 정하고 있지도 않으므로, 피고가 2차 직접생산 확인을 통하여 원고에게 '2차 직접생산 확인을 받기 전에 발생한 취소사유를 이유로 해서는 2차 직접생산 확인을 취소하지 않을 것'이라는 점에 대한 신뢰를 부여했다고 보기도 어렵다. 따라서 이 사건 처분에 의해 원고의 신뢰가 침해되는 문제는 발생하지 않는다.

처분의 상대방이 변경처분을 다툴 수 있는지 여부도 문제가 된다. 변경처분에도 고유한 위법사유가 있을 수 있고, 변경처분에 대한 불복을 허용하지 않는 것은 처분 상대방의 헌법상 보장된 재판청구권을 침해할 소지가 있으므로, 변경처분에 대한 불복 가능성을 전면적으로 제한할 수는 없다. 다만 처분사유가 동일한 변경 전 처분이 적법하다는 법원의 확정판결이 존재하는 이상, 처분의 상대방으로서는 변경처분에 고유한 하자가 있는 경우가 아니라면 변경처분을 다시 다툴 실익이 크지 않을 것이다. 변경처분에 대하여 또다시 집행정지를 하는 것이 가능한지도 문제될 수 있으나, 변경처분에 취소사유를 구성하는 고유한 하자가 있고 그러한 취소사유의 존재가 집행정지 단계에서 충분히 소명되지 않는다면 집행정지신청은 본안 승소가능성이 없음이 명백하다는 이

86) 대상 판결 사안에서 1차 취소처분과 이 사건 처분의 처분사유는 판로지원법 제11조 제2항 제3호의 후발적 사유이므로, 이는 행정행위의 직권취소와 철회의 분류 중에서 장래효만이 인정되는 철회로 볼 수 있다고 생각된다.

유로 기각될 가능성이 높을 것이다.

한편 변경처분의 실체적 적법성은 변경 전 처분에 대한 확정판결에 의하여 대부분 확인되었다고 볼 수 있으므로, 변경처분의 상대방은 변경처분을 다투는 경우에는 변경처분에 행정절차법상 이유제시 의무 위반 등 절차적 하자가 있다고 주장할 가능성이 높아 보인다. 따라서 행정청으로서는 원고의 위와 같은 주장 가능성에 대비하고 원고가 변경처분에 불복하는 경우 신속한 기각결정 또는 판결을 받을 수 있도록, 변경처분의 사전통지서와 처분서에서 해당 처분이 변경처분임을 명시하고 원고에게 이에 대한 의견 제출 기회를 제공할 필요가 있을 것이다.[87]

(2) 처분 유형의 한계

대상 판결이 변경처분의 가능성을 제시한 것은 집행정지결정에 의하여 사실상 처분의 집행을 면하게 된 경우에 한하므로, 모든 유형의 처분에 대상 판결과 같은 방식의 변경처분이 가능한 것은 아니다. 대부분의 단행적 집행정지에 대해서는 대상 판결과 같은 해결책을 적용하기 어려울 것이다. 예를 들어, 집회금지통고처분이나 임기가 임박한 징계처분에 대하여 집행정지결정이 이루어지면 본안을 선취하는 효과는 이미 달성되므로, 그 이후 변경처분을 하는 것은 별다른 실익이 없다. 과징금부과처분이나 영업허가취소처분, 보조금 교부결정 취소처분의 경우 집행정지결정의 실효에 따라 부활하는 처분을 집행하면 되고 변경처분으로 원고가 집행정지기간 동안 취득한 이익을 회수할 수 있는 것도 아니어서, 변경처분을 할 실익이 크지 않다. 대상 판결 사안에서도, 원고가 이 사건 집행정지기간 중 새로운 직접생산 확인 신청을 하여 2차 직

87) 대상 판결의 파기환송 후 원심에서도 원고는 이 사건 처분에 청문절차 위반과 이유제시 의무 위반 등 절차적 하자가 있다고 주장하였으나, 파기환송 후 원심 판결은 이를 배척하였다.

접생산 확인을 받지 않았더라면 피고가 변경처분을 통해 1차 취소처분의 집행력을 확보하는 것은 불가능하였을 것이다.

영업정지처분 등 기간이 문제되는 처분의 경우에도 집행정지결정의 실효로 인하여 남은 제재처분 기간이 자동으로 진행되므로 별도의 변경처분을 하지 않아도 된다. 그러나 이 경우에는 처분의 상대방이 새롭게 진행되는 영업정지기간을 분명히 알 수 있도록 변경처분을 통해 영업정지기간을 다시 정하여 안내하는 것도 가능할 것이다.[88] 또한 제재처분의 기간을 정한 처분이 사실상 그 처분의 효력 발생 시점을 조정함으로써 처분의 집행을 배제하는 결과를 가져온다면, 변경처분에 의하여 제재처분의 기간을 다시 정하면서 처분의 집행이 가장 효과적으로 이루어질 수 있는 시점으로 처분의 효력 발생 시점을 특정하는 방안도 고려할 수 있다고 생각된다. 다만 법에서 즉시 처분 효력이 발생하도록 정하고 있는 경우[89]에는 행정청이 임의로 효력 발생 시점을 조정하기 어렵고, 위반행위에 대한 제재처분의 효력이 가까운 시일 내에 발생하도록 하지 않고 그 시점을 미룬다는 것은 그 전까지는 처분 상대방의 위법행위에도 불구하고 아무런 제재를 하지 않겠다는 것이어서 다소 부자연스러우며, 행정청 입장에서 처분의 집행이 가장 효과적으로 이루어질 수 있는 기간을 파악하기가 어려운 경우도 있을 수 있다. 처분의 상

88) 대상 판결 사안에서 피고는 선행 취소소송의 상고심에서 원고 패소판결이 선고된 다음날인 2019. 2. 19. 원고에게 '1차 취소처분을 집행할 수 있게 되었고, 6개월의 신청 제한기간 중 집행정지결정을 받지 못하여 진행한 15일을 제외한 나머지 기간이 2019. 2. 18.부터 2019. 8. 2.까지 다시 진행한다'고 고지하였는데, 이는 1차 취소처분의 내용을 반복하여 안내하는 것에 불과하므로 1차 취소처분과 별개의 처분으로 보기는 어려울 것이다. 다만 행정청은 영업정지처분에 대한 집행정지결정 이후 그 결정이 실효되면 새로 정지기간을 정하여 변경처분을 하기도 하는 것으로 보인다(류광해, "행정처분 집행정지 결정의 종기에 대한 검토", 인권과 정의 제446호, 대한변호사협회, 2014, 69쪽; 박종연, "<특별기고> 행정소송 하급심의 판결선고시까지 집행정지 관행의 문제점", 『대한변협신문』, 2012. 8. 22.자 참조).

89) 예를 들어, 국가를 당사자로 하는 계약에 관한 법률 시행령 제76조 제2항 본문.

대방으로서는 처분의 효력 발생 시점이 변경처분일로부터 상당히 멀리 떨어져 있다면 이를 재량권 일탈·남용 등 처분의 위법사유로 주장할 수도 있어 보인다. 또한 위와 같은 방식은, 원고가 집행정지결정을 받은 이후 일정한 시점에 소를 취하함으로써 집행정지결정을 실효시키고 제재처분의 기간이 다시 진행되게 하는 상황은 방지할 수 없다.

결국 대상 판결과 같이 변경처분을 활용한 처분의 집행력 확보는, 집행정지결정이 본안의 선취를 가져오는 유형으로서, 처분의 상대방이 계속하여 일정한 기간을 정한 수익적 행정처분을 발급받고, 근거법령에서 처분의 상대방에게 수익적 행정행위의 취소 대상을 취소사유가 있는 수익적 행정행위만으로 제한하고 있지 않은 경우에 가장 실효적인 수단이 될 수 있을 것이고,[90] 기간을 정한 제재처분에서도 일부 활용될 여지가 있어 보인다. 따라서 변경처분에 의하여 처분의 집행력을 확보하는 방안은 그 적용 범위가 한정적이라는 한계가 존재한다. 이러한 관점에서 대상 판결과 같이 실효적 제재를 확보하기 위한 변경처분이 어느 범위까지 허용될 수 있을지는 미지수라는 평가도 있다.[91]

(3) 시적 한계

처분이 적법하다는 점이 확정판결을 통해 확인되면, 행정청은 언제

---

90) 경찰청 실무에서는 운전면허 취소처분에 대한 집행정지결정이 있어도 결격기간의 진행이 정지되지 않는 것으로 보기 때문에, 결격기간이 1년인 단순 음주운전으로 인한 면허취소처분(도로교통법 제93조 제1항 제1호, 제82조 제2항 제7호, 제44조 제1항)을 받은 자는 집행정지결정을 받고 본안을 지연하면서 1년을 보낸 다음 면허를 재취득함으로써 제재의 효과를 완전히 면탈할 수 있고, 1년 이상의 면허취소처분에 대해서도 집행정지가 유지되는 기간만큼은 실제로 운전을 할 수 있는 이점이 있다고 한다[서울행정법원 실무연구회, 앞의 책(註 26), 740쪽(주 9)]. 도로교통법 제93조 제1항에서는 각 호 사유가 있으면 원칙적으로 운전자가 받은 모든 범위의 운전면허를 취소하도록 정하고 있으므로, 위 경우에도 대상 판결의 법리가 적용될 수 있을 것이다.

91) 우미형, 앞의 글(註 22), 10쪽.

든지 변경처분을 할 수 있다고 보아야 하는가? 처분의 상대방의 입장을 고려할 때, 처분의 집행력을 다시 완전히 확보하기 위한 변경처분은 되도록 신속하게 이루어지는 것이 바람직할 것이다. 대상 판결 역시 이러한 관점에서 "1차 취소처분을 집행할 수 있게 된 시점으로부터 상당한 기간 내에" 변경처분을 할 수 있다고 판시하고, 1차 취소처분을 "1차 취소처분을 집행할 수 있게 된 시점 또는 그와 가까운 시점"을 기준으로 유효기간이 남아 있는 모든 제품에 대한 직접생산 확인 취소처분으로 변경하는 내용의 이 사건 처분을 할 수 있다고 보았다. 원고 패소판결이 확정되어 집행정지결정이 실효된 직후 변경처분이 이루어지는 것이 가장 이상적이라고 생각된다.

대상 판결 사안에는 문제되지 않았으나, 변경처분이 법령에서 정한 제척기간[92]의 적용을 받는다고 보아야 할지 여부도 문제될 수 있다. 즉, 법령에서 위반행위시로부터 일정한 기간 내에 제재처분을 하도록 정하고 있다면, 제재처분 이후 원고 패소 확정판결에 따라 변경처분을 할 경우에도 해당 제척기간이 적용되는지의 문제이다. 소송 지연으로 인한 제척기간 도과의 불이익을 오로지 행정청에 돌리는 것은 바람직하지 않고, 제척기간의 적용을 받는다고 보게 되면 확정판결이 처분의 적법성을 인정하였음에도 불구하고 행정청이 변경처분을 통해 그 집행은 할 수 없는 결과가 초래될 수 있으며, 원고에게 더욱 소송을 지연시킬 유인을 제공할 수 있다. 따라서 제척기간의 기산일은 최초 처분시 준수하였다면 변경처분시에는 준수한 것으로 보거나, 법령에서 재결이나 판결 확정일부터 새로운 제재처분을 할 수 있다고 규정한 경우[93]에는 변

92) 행정기본법 제23조 제1항, 국가를 당사자로 하는 계약에 관한 법률 제27조 제4항 등. 다만 행정기본법 제23조는 행정기본법 공포일인 2021. 3. 23.부터 2년이 경과한 날부터 시행된다(행정기본법 부칙 <제17979호, 2021.3.23.> 제1조 단서).

93) 행정기본법 제23조 제3항. 위 조항은 재결이나 판결에서 처분이 위법하다는 이유로 이를 취소하는 판단이 내려진 후 그 취지에 따라 재처분을 하는 경우에 관한 것이므로(법제처, 『행정기본법 조문별 제정이유서』, 2020. 7., 59-60쪽), 위 조항이 처

경처분에도 해당 조항이 유추적용된다고 보아야 할 것이다.

(4) 내용적 한계

변경처분은 집행정지결정에 의하여 집행되지 못한 처분을 집행하기 위한 처분이므로, 특별한 사정이 없는 한 변경 전 처분보다 더 불리한 내용이 되어서는 안 될 것이다. 따라서 비록 원고가 집행정지결정에 의하여 집행정지기간 동안 유리한 지위 내지 이익을 얻은 사실이 있다고 하더라도, 해당 지위나 이익이 제한 또는 환수 가능하다면 이를 제한 또는 환수하는 것은 별론으로 하고(예를 들어 보조금 교부결정 취소처분 이후 교부된 보조금의 환수), 원칙적으로 변경처분을 할 때 그러한 사정을 감안하여 더 무거운 처분을 하여서는 안 될 것이다. 대상 판결 사안에서도 피고는 이 사건 처분에 의한 직접생산 확인 신청 제한기간을 이미 진행한 기간을 제외한 나머지 기간으로 정함으로써, 이 사건 처분에 의하여 원고가 1차 취소처분보다 더 불리한 지위에 놓이지 않도록 하였다.

다만 처분의 효력 발생 시점의 변경으로 인하여 변경처분이 원고에게 사실상 더욱 불이익한 처분이 되는 상황은 발생할 수 있다. 대상 판결 사안에서도, 원고는 파기환송 후 원심에서 '1차 직접생산 확인에 따른 영업이익(약 8.6억 원)보다 2차 직접생산 확인에 따른 영업이익(약 83.1억 원)이 더 많은 결과 원고는 이 사건 집행정지결정에 의해 더 불리해졌다'는 사정을 들어 이 사건 처분이 재량권 일탈·남용으로 위법하다고 주장하였다. 변경처분이 변경 전 처분에 비하여 원고에게 상당히 불리한 처분에 해당한다면, 행정청으로서는 이를 참작하여 변경처분을 할 수 있을 것이고 처분의 상대방은 변경처분에 대한 의견 제출 단계에서 그러한 사정을 적극적으로 주장할 수 있을 것이다. 그러나 현실적으로 처분 시점 변경에 따른 변화가 아주 중대한 것이 아니라면, 행정청이

분이 적법하다는 확정판결에 따라 이루어지는 변경처분에 대하여 직접 적용된다고 보기는 어렵다.

변경처분을 함에 있어 그러한 사정을 모두 적극적으로 고려하는 데는 한계가 있을 것으로 보인다. 오히려 대부분의 경우에는 대상 판결 사안과 달리, 집행정지결정으로 인하여 원고가 변경처분을 충분히 예상할 수 있고 이에 대비할 상당한 시간이 확보되기 때문에 변경처분이 변경 전 처분보다 원고에게 유리하게 될 것이다.

(5) 제한 · 회수할 수 있는 지위 내지 이익의 한계?

변경처분을 할 수 없는 처분의 경우에는 집행정지결정으로 인하여 원고가 얻은 유리한 지위 내지 이익을 변경처분에 의하여 제한 또는 회수할 수 없다. 또한 변경처분이 가능한 경우에도, 변경처분에 의해 제한·회수할 수 없는 유리한 지위와 이익도 존재한다. 대상 판결 사안에서도 변경처분인 이 사건 처분에 의하여 원고가 이 사건 집행정지결정에 의하여 얻은 유리한 지위와 이익의 대부분이 제한 또는 회수되었으나, 원고가 이 사건 집행정지기간 동안 1차 직접생산 확인을 이용하여 거래를 계속함으로써 얻은 이익[3. (1)의 (나)항 중 ㉠의 이익], 계약의 해제 또는 해지 시점을 유예받아 그동안 해당 계약에 기한 거래를 계속한 이익[3. (1)의 (나)항 중 ㉢의 이익]은 회수될 수 없다.[94] 이는 이 사건 집행정지결정에 의해 원고가 얻은 반사적 이익으로 평가할 수밖에 없을 것이다.

5. 대상 판결의 의의와 전망

94) 직접생산 확인 신청 제한기간의 진행을 유예받아, 그 기간 동안 2차 직접생산 확인을 받고 2차 직접생산 확인을 이용하여 거래를 함으로써 얻은 이익[3. (1)의 (나)항 중 ㉡의 이익 관련]의 경우, 변경처분에 의해서도 6개월의 제한기간은 적용받게 되므로 그 적용시점 변동에 따른 사실상의 유·불리만을 가져온다고 생각된다(註 69 참조). 이 역시 이 사건 집행정지결정에 의해 원고가 얻은 이익이라고 하더라도 반사적 이익으로밖에 볼 수 없을 것이다.

대상 판결 사안에서, 법원이 원고의 본안에서의 승소가능성을 고려하여 이 사건 집행정지결정을 하지 않거나 피고가 원고에게 2차 직접생산 확인을 하지 않았더라면 원고가 이 사건 집행정지결정에 의해 유리한 지위나 이익을 취득하는 상황은 전면적 또는 부분적으로 방지될 수 있었다. 그러나 피고의 2차 직접생산 확인이 적절했는지 여부는 별론으로 하고, 법원이 집행정지 단계에서 본안의 원고 승소가능성을 고려하여 집행정지 여부를 결정하는 데에는 분명한 한계가 있다. 대상 판결은 이러한 사정을 고려하여, 집행정지결정 이후에도 처분의 집행력을 확보할 수 있는 방안을 적극적으로 제시하고 적용함으로써 집행정지결정에 의해 원고에게 지나치게 유리한 결과가 초래되는 상황을 방지하였다. 또한 대상 판결은 앞으로 행정청에 대한 일종의 가이드라인으로 작용하여, 앞으로 행정청은 대상 판결과 유사한 사안에서 변경처분을 함으로써 처분의 집행력을 확보할 수 있을 것이다. 한편 처분의 상대방으로서는 변경처분이 이루어질 가능성에도 불구하고, 여전히 처분에 대해 집행정지결정을 받아 본안에서 처분의 적법 여부를 다툴 실익이 있으므로 집행정지신청을 할 것이다. 따라서 대상 판결이 향후 처분의 상대방의 집행정지신청 가능성에 어떠한 제한을 가하거나 장애를 초래하는 것도 아니다. 결국 대상 판결은 집행정지 사건에서 필연적으로 발생할 수밖에 없는 국민의 권리보호라는 사익과 행정의 원활한 운영의 확보라는 공익의 갈등 관계를 조화롭게 해결한 판결이라고 생각된다.

다만 대상 판결과 같이 변경처분을 통해 처분의 집행력을 확보하는 해결 방안에는 한계가 존재한다. 대상 판결과 같은 해결 방안은 집행정지결정이 본안의 선취를 가져오는 유형으로서 처분의 상대방이 계속하여 일정한 기간을 정한 수익적 행정처분을 발급받아야 하는 경우에 주로 실효적인 수단이 될 수 있고, 일부 기간을 정한 제재처분에서 활용될 수 있어 보인다. 대다수의 만족적 집행정지 사안에는 적용될 수 없을 것이고, 기간을 정한 제재처분에서 처분의 시점 조정으로 인해 처분의 집행력이 무력화되는 경우에도 그 적용에 여러 어려움이 존재할 것이다. 또한 변경처분은 시적·내용적 한계를 준수해야 하고, 원고가 집행정지결정에 의해 반사적 이익을 얻는 것까지 방지하지는 못한다.

결국 원고 패소판결이 확정된 경우 집행정지결정을 받은 자와 받지 못한 자 간의 불균형을 방지하고 해소하기 위해서는 집행정지 단계와 그 이후 단계 모두에서 필요한 조치가 취해져야 한다. 집행정지 단계에서는 처분의 유형에 따라서 본안 승소가능성이 적극적으로 고려될 수 있고, 집행정지 이후에는 실효성이 있는 범위에서 본안 확정판결 이후 변경처분이 이루어질 수 있다. 이때 집행정지결정에 의하여 원고가 얻는 유리한 지위와 이익의 유형을 분류하여, 그 중 어디까지를 집행정지 제도에 내재하는 특성에 따른 반사적 이익으로 볼지, 어디까지를 반드시 제한·회수해야 할 대상으로 볼지의 검토가 필요할 것이다. 처분의 집행 자체를 면하는 이익과 그 처분의 집행이 집행정지결정에 의해 일시적으로 저지됨으로써 처분의 상대방이 직접 얻은 이익은 변경처분의 집행에 의해 제한·회수될 수 있을 것이다. 그러나 처분의 집행정지결정에 의해 유지·취득한 지위를 이용하여 새로운 법률관계를 형성하여 얻은 이익은, 현재의 판례의 태도에 따르면 일반적으로 제한·회수가 어렵고, 반사적 이익으로 평가할 수밖에 없을 것으로 생각된다. 대상 판결을 비롯한 최근 판례가 집행정지결정을 받은 자와 받지 않은 자 간의 형평을 강조하고 둘 사이의 불균형을 해소하기 위한 법리를 계속하여 제시하고 있는 만큼, 앞으로 판례를 통해 불균형의 조정 방안에 대한 보다 구체적인 법리가 제시될 수 있을 것이라고 기대한다.

참고문헌

김남진 · 김연태, 『행정법 I』, 제25판, 법문사, 2021.
김동희 · 최계영, 『행정법 I』, 제26판, 박영사, 2021.
김철용, 『행정법』, 전면개정 제10판, 고시계사, 2021.
김철용·최광률(편집대표), 『주석 행정소송법』, 박영사, 2004.
대법원 법원행정처, 『법원실무제요 행정』, 박영사, 2016.
대법원 법원행정처, 『사법연감』, 2020.
대법원 법원행정처, 『사법연감』, 2021.
박균성, 『행정법론(상)』, 제20판, 박영사, 2021.
법제처, 『행정기본법 조문별 제정이유서』, 2020. 7.
서울행정법원 실무연구회, 『행정소송의 이론과 실무』, 개정판, 사법발전재단, 2014.
양창호, 『부정당업자 입찰참가자격 제한 해설: 행정청·지방자치단체·공공기관의 부정당제재』, 한국학술정보, 2017.
홍정선, 『행정법원론(상)』, 제29판, 박영사, 2021.

김길량, "보조금교부결정의 취소처분에 대한 효력정지기간 중 교부된 보조금의 반환의무", 대법원판례해설 제113호, 법원도서관, 2018.
김연태, "과징금부과처분에 대한 집행정지결정의 효력", 행정판례연구 제10집, 박영사, 2005.
______, "행정소송법상 집행정지: 집행정지결정의 내용과 효력을 중심으로", 공법연구 제33집 제1호, 한국공법학회, 2004.
김창석, "집행정지의 요건", 행정재판 실무편람(Ⅳ) －자료집－, 서울행정법원, 2004.
김홍석, "방위산업에서의 부정당제재와 집행정지", 『법률신문』, 2012. 3. 15.자.

류광해, "행정처분 집행정지 결정의 종기에 대한 검토", 인권과 정의 제446호, 대한변호사협회, 2014.

박종연, "<특별기고> 행정소송 하급심의 판결선고 시까지 집행정지 관행의 문제점", 『대한변협신문』, 2012. 8. 22.자.

박해식, "과징금부과처분에 대한 집행정지와 가산금", 대법원판례해설 제46호, 법원도서관, 2004. 7.

______, "행정처분의 집행정지와 취소판결과의 관계", 행정재판실무편람: 자료집, 서울행정법원, 2001.

박현정, "보조금 지원약정 해지와 집행정지의 효력", 동북아법연구 제9권 제3호, 전북대학교 동북아법연구소, 2016.

______, "프랑스 행정소송법상 가처분결정의 잠정적 효력", 행정법연구 제55호, 행정법이론실무학회, 2018. 11.

우미형, "집행정지절차에서의 원칙과 예외—본안승소 가능성과의 관계를 중심으로—", 행정법이론실무학회 제259회 정기학술발표회(2021. 3. 13. 발표).

윤영선, "행정소송에 있어서의 가구제 제도", 재판자료 제67집 행정소송에 관한 제문제(상), 대법원 법원행정처, 1995.

윤준, "공정거래법상의 과징금납부명령이 당해 사업자의 자금사정이나 경영 전반에 미치는 파급효과가 중대한 경우, 그로 인한 사업자의 손해가 효력정지의 적극적 요건인 '회복하기 어려운 손해'에 해당하는지 여부", 대법원판례해설 제38호, 법원도서관, 2002.

이진형, "독일 행정소송에서의 가구제에 관한 연구", 서울대학교 박사학위논문, 2021.

조성제, "부정당업자 제재에 비추어 본 집행정지제도의 개선방안에 관한 연구 -이른바 집행부정지원칙에 대한 논의를 중심으로-", 공법학연구 제18권 제4호, 한국비교공법학회, 2017. 11.

Finkelnburg/Dombert/Külpmann, Vorläufiger Rechtsschutz im Verwaltungsstreitverfahren, 7. Aufl., München: C.H. Beck, 2017.

Wolf-Rüdiger Schenke, Verwaltungsprozessrecht, 17. Aufl., Heidelberg: C.F. Müller, 2021.

국문초록

대상 판결은 효력정지결정의 효력이 효력정지기간 동안에는 처분이 없었던 것과 같은 상태를 조성하고, 효력정지결정의 실효에 소급효가 인정되지 않는다는 점을 명시적으로 판시하였다. 그리고 집행정지결정을 받은 자가 집행정지결정을 받지 않은 자에 비하여 더 유리한 지위에 놓이게 되면 안 된다는 전제 하에, 이 사건 처분을 변경처분으로 해석함으로써 집행정지결정 이후에도 처분의 집행력을 확보할 수 있는 방안을 제시하였다. 대상 판결과 같이 판단하지 않는다면 원고에게 지나치게 유리한 결과가 초래된다는 점에서, 대상 판결의 결론은 구체적 타당성에 부합한다. 또한 대상 판결과 같이 판단하더라도 향후 처분의 상대방의 집행정지신청 가능성에 어떠한 제한을 가하거나 장애를 초래하는 것도 아니다. 따라서 대상 판결은 집행정지 사건에서 국민의 권리보호라는 사익과 행정의 원활한 운영의 확보라는 공익의 갈등 관계를 조화롭게 해결한 판결이라고 생각된다. 대상 판결은 행정청에 대하여 집행정지결정 이후 처분의 집행력을 확보하기 위한 일종의 가이드라인이 될 수 있다는 점에서도 의미가 있다.

그러나 대상 판결과 같이 변경처분을 통해 처분의 집행력을 확보하는 해결 방안에는 한계가 존재한다. 대상 판결과 같은 해결 방안은 일정한 유형의 처분에서만 활용될 수 있고, 시적·내용적 한계를 준수해야 하며, 원고가 집행정지결정에 의해 반사적 이익을 얻는 것을 방지할 수는 없다. 따라서 원고 패소판결이 확정된 경우 집행정지결정을 받은 자와 받지 못한 자 간의 불균형을 방지하고 해소하기 위해서는 집행정지 단계와 그 이후 단계 모두에서 필요한 조치가 취해져야 한다. 집행정지 단계에서는 처분의 유형에 따라 본안에서의 승소가능성이 적극적으로 고려될 수 있을 것이고, 집행정지 이후에는 가능한 범위에서 변경처분이 이루어질 수 있다. 집행정지결정을 받은 자와 받지 않은 자 간의 불균형을 해소하기 위하여, 향후에는 집행정지 결정에 의해 원고가 얻는 유리한 지위와 이익의 유형을 분류하고 어디까지를 제한 내지 회수되어야 하는 이익으로 볼지의 검토가 필요할 것이다.

주제어: 집행정지, 효력정지, 변경처분, 단행적 집행정지, 본안 승소가능성

Abstract

Methods of limiting or recovering profits and advantages plaintiffs received during suspension of execution, and limits thereof
－Critical analysis on Supreme Court decision No. 2020Du34070－

Park Jeonghoon*

The recent Supreme Court decision No. 2020Du34070 (hereafter the "Decision") ruled that suspension of effect makes as if a disposition did not exist during the suspension period, and the annulment of suspension does not have retroactive effect. The Decision also interpreted the disposition at issue as a combination of cancellation of the original disposition and a new disposition that can have a complete executive effect on the plaintiff even after the decision of suspension. This interpretation shows the Decision's belief that a plaintiff who receives a suspension should not be in a more advantageous position than those who do not receive one. Without the Decision, the plaintiff in that particular case would have been exempted from the execution of the disposition, which would have been too favorable a result for the plaintiff. On the other hand, the Decision is not an obstacle for parties to request suspension of execution. As a result, the Decision harmoniously resolves the conflict between the private interest of protection of

* KIM & CHANG, attorney at law.

individual rights and the public interest of prompt administrative execution that inevitably arises in suspension of execution cases. Moreover, the Decision will serve as a guideline for administrative agencies to change dispositions in similar situations in the future.

However, the Decision reveals some limitations as a way to guarantee the executive power of dispositions. The solution is only able to be used in limited kinds of dispositions, must follow the boundaries of timing and contents, and cannot prevent plaintiffs from gaining some extent of unexpected profits and advantages. In addition, to adjust the imbalance between those who receive a suspension and those who do not, remaining future tasks include categorizing profits and advantages that plaintiffs receive by suspension of execution, sorting types of profits and advantages that should be limited and recovered from plaintiffs, and developing logic to limit and recover them.

Keywords: suspension of execution, suspension of effect, satisfactory suspension

투고일 2021. 12. 6.
심사일 2021. 12. 22.
게재확정일 2021. 12. 27.

行政組織法

독립행정기관의 설치와 헌법상의 규율 (유진식)

독립행정기관의 설치와 헌법상의 규율
—「고위공직자범죄수사처 설치 및 운영에 관한 법률위헌확인[2021. 1. 28. 2020헌마264·681(병합)]」 사건을 소재로 하여—

유진식*

Ⅰ. 사건의 개요

청구인들은 청구 당시 제20대 및 21대 국회의원들로, 2020. 7. 15.부터 시행된 '고위공직자범죄수사처 설치 및 운영에 관한 법률'이 권력분립원칙에 위반되고 국민의 생명권, 신체의 자유 및 검사의 영장신청권 등을 침해한다고 주장하며 위 법 전체의 위헌확인을 구하는 헌법소원심판을 청구하였다.

* 전북대학교 법학전문대학원 교수

1. 심판대상

청구인들은 '고위공직자범죄수사처 설치 및 운영에 관한 법률' 전체에 대한 심판을 구하고 있으나, 고위공직자범죄수사처를 설치하고 운영하는 것 자체가 위헌이라고 주장할 뿐 개별 조항으로 인하여 기본권을 침해받았는지 여부를 구체적으로 다투지 않았다. 그리하여 재판부는 심판청구서의 취지에 따라 청구인들의 주장에 대응하는 내용을 규정한 것으로서 청구인들이 기본권을 침해받았다고 다투는 것으로 볼 수 있는 조항으로 심판대상을 한정하였다.

2. 청구인들의 주장

(1) 2020헌마264

공수처법에 의하면 수사처는 수사 및 공소권을 행사할 수 있는 권력기관임에도 입법·행정·사법 중 어디에도 속하지 않는 독립기관으로 설치되어 권력분립원칙에 위반된다. 수사처를 독립기관으로 설치하게 되면 행정권이 약화되고, 수사처의 구성과 운영에 국회가 상당 부분 관여하여 입법권이 과도하게 개입하는 결과가 된다. 다른 한편 공수처법 규정상 수사처의 업무에 대하여 대통령, 국무총리, 법무부장관 등의 지휘·감독 등 권한의 남용을 견제할 수 있는 장치도 마련되어 있지 아니하여 수사처의 권한이 남용될 가능성이 높다.

(2) 2020헌마681

수사처는 입법·행정·사법 중 어디에도 속하지 아니한 독립기관으로 대통령이나 국회로부터 어떠한 통제나 감독도 받지 아니하는바, 이는 헌법상 국가기관 구성의 기본원리인 권력분립원칙에 위반된다. 또한 수사처는 헌법과 정부조직법에 설치 근거가 없으며, 수사처의 설치는 자유민주적 통치구조의 기본이념과 원리에 부합하지 아니하고 헌법상 체계정당성의 원리에도 반한다. 공수처법상 수사처를 검찰보다 상위의 기관으로 예정하고 있음에도 수사처에 대한 국회의 견제가 사실상 불가능하고, 헌법에 명문으로 규정되어 있지 않은 규칙 제정권을 수사처에 부여하여 법체계에 부합하지 않으며, 판사를 수사처의 수사 또는 기소의 대상으로 하여 사법권의 독립을 침해한다. 이와 같이 공수처법은 권력분립원칙 등을 위반하여 청구인의 인간으로서의 존엄과 가치 및 행복추구권을 침해한다.

Ⅱ. 결정요지

1. 법정의견

① 헌법 제66조 제4항은 “행정권은 대통령을 수반으로 하는 정부에 속한다.”고 규정하고 있는데, 여기서의 ‘정부’란 입법부와 사법부에 대응하는 넓은 개념으로서의 집행부를 일컫는다 할 것이다. 〔중략〕. 정부의 구성단위로서 그 권한에 속하는 사항을 집행하는 중앙행정기관을 반드시 국무총리의 통할을 받는 ‘행정각부’의 형태로 설치하거나 ‘행정각부’에 속하는 기관으로 두어야 하는 것이 헌법상 강제되는 것은 아니므로, 법률로써 ‘행정각부’에 속하지 않는 독립된 형태의 행정기관을 설치하는 것이 헌법상 금지된다고 할 수 없다.

② 수사처가 수행하는 수사와 공소제기 및 유지는 우리 헌법상 본질적으로 행정에 속하는 사무에 해당하는 점, 수사처의 구성에 대통령의 실질적인 인사권이 인정되고, 수사처장은 소관 사무와 관련된 안건이 상정될 경우 국무회의에 출석하여 발언할 수 있으며 그 소관 사무에 관하여 독자적으로 의안을 제출할 권한이 있는 것이 아니라 법무부장관

에게 의안의 제출을 건의할 수 있는 점 등을 종합하면, 수사처는 직제상 대통령 또는 국무총리 직속기관 내지 국무총리의 통할을 받는 행정각부에 속하지 않는다고 하더라도 대통령을 수반으로 하는 행정부에 소속되고 그 관할권의 범위가 전국에 미치는 중앙행정기관으로 보는 것이 타당하다.

③ 수사처의 권한 행사에 대해서는 여러 기관으로부터의 통제가 이루어질 수 있으므로, 단순히 수사처가 독립된 형태로 설치되었다는 이유만으로 권력분립원칙에 위반된다고 볼 수 없다. 수사처는 '고위공직자범죄수사처 설치 및 운영에 관한 법률'이라는 입법을 통해 도입되었으므로 의회는 법률의 개폐를 통하여 수사처에 대한 시원적인 통제권을 가지고, 수사처 구성에 있어 입법부, 행정부, 사법부를 비롯한 다양한 기관이 그 권한을 나누어 가지므로 기관 간 견제와 균형이 이루어질 수 있으며, 국회, 법원, 헌법재판소에 의한 통제가 가능할 뿐 아니라 행정부 내부적 통제를 위한 여러 장치도 마련되어 있다.

④ 라. 법률에 근거하여 수사처라는 행정기관을 설치하는 것이 헌법상 금지되지 않는바, 검찰의 기소독점주의 및 기소편의주의를 견제할 별도의 수사기관을 설치할지 여부는 국민을 대표하는 국회가 검찰 기소독점주의의 적절성, 검찰권 행사의 통제 필요성, 별도의 수사기관 설치의 장단점, 고위공직자범죄 수사 등에 대한 국민적 관심과 요구 등 제반 사정을 고려하여 결정할 문제로서, 그 판단에는 본질적으로 국회의 폭넓은 재량이 인정된다. 또한 수사처의 설치로 말미암아 수사처와 기존의 다른 수사기관과의 관계가 문제된다 하더라도 동일하게 행정부 소속인 수사처와 다른 수사기관 사이의 권한 배분의 문제는 헌법상 권력분립원칙의 문제라고 볼 수 없다.

⑤ 이상과 같이 공수처법이 수사처의 소속을 명시적으로 규정하지 않은 것은 수사처의 업무의 특성을 고려하여 정치적 중립성과 직무상 독립성을 보장하기 위한 것이고, 수사처에 대하여는 행정부 내부에서뿐

만 아니라 외부에서도 다양한 방법으로 통제를 하고 있으며, 수사처가 다른 국가기관에 대하여 일방적 우위를 점하고 있다고 보기도 어려우므로, 구 공수처법 제2조 및 공수처법 제3조 제1항은 권력분립원칙에 반하여 청구인들의 평등권, 신체의 자유 등을 침해하지 않는다.

⑥ 헌법에서 수사단계에서의 영장신청권자를 검사로 한정한 것은 다른 수사기관에 대한 수사지휘권을 확립시켜 인권유린의 폐해를 방지하고, 법률전문가인 검사를 거치도록 함으로써 기본권침해가능성을 줄이고자 한 것이다. 헌법에 규정된 영장신청권자로서의 검사는 검찰권을 행사하는 국가기관인 검사로서 공익의 대표자이자 수사단계에서의 인권옹호기관으로서의 지위에서 그에 부합하는 직무를 수행하는 자를 의미하는 것이지, 검찰청법상 검사만을 지칭하는 것으로 보기 어렵다.

2. 재판관 이은애, 재판관 이종석, 재판관 이영진의 반대의견

① 우리 헌법은 권력분립원칙의 내용으로 권력의 형식적 분할뿐 아니라 국가기관 사이의 '상호 협력적 견제관계'를 예정하고 있다. 특정 권력의 일방적인 우위를 배제하고 각 권력기관의 본질적인 기능을 조화롭게 유지하면서 국민의 기본권을 보장하는 것이 권력분립원칙이 추구하는 이상인 점을 고려하면, 국가기관 사이에 권한과 기능의 분할뿐 아니라 그 비중에 있어서도 상호 균형이 유지되어야 하고, 어떠한 국가기관도 헌법에 근거하지 않고 다른 국가기관에 대하여 일방적 우위를 가지거나, 헌법과 법률에 근거하여 다른 국가기관에 귀속된 기능의 핵심적 영역을 침해해서는 안 된다는 권력분립원칙에 따른 헌법적 기준과 한계가 도출된다.

현대 민주국가에서 행정의 역할과 기능이 점차로 증대됨에 따라 전통적인 행정체계에서는 포섭될 수 없는 영역을 규율하기 위하여 행정각부에 소속되지 않고 별도의 독립적인 임무와 자율권을 부여받은 독립행정기관이 등장하고 있다. 행정의 비대화를 방지하고 국가작용의 전문성과 효율성을 달성하기 위하여 법률로써 독립행정기관을 설치하는 것 자체가 곧바로 권력분립원칙에 위반된다고 보기는 어려우나, 독립행정기관을 창설하는 입법도 권력분립원칙에 따른 헌법적 기준과 한계를 준수하여야 한다.

검사가 가지는 수사권과 공소권은 국가의 행정 목적 달성을 위하여 일원적인 권력행사가 이루어져야 하는 시원적(始原的) 행정행위로서 전통적이고 기본적인 행정영역이다. 그럼에도 구 공수처법 제2조 및 공수처법 제3조 제1항은 법무부 소속의 검사에게 귀속되어 있던 권한과 기능 중 가장 중요한 수사권과 공소권의 일부를 분리하여 행정각부에 소속되지 않은 수사처에 부여하고 있는데, 이는 "행정권은 대통령을 수반으로 하는 정부에 속한다"라고 규정하여 행정권의 핵심영역이나 전통적으로 행정부의 영역에 해당하는 전형적인 행정업무는 헌법에서 따로 규정하고 있지 않는 한 행정각부에 속하도록 하는 헌법 제66조 제4항에 위반된다. 공수처법 제24조 제1항은 고위공직자범죄등의 수사와 관련하여 수사처장에게 일방적으로 이첩을 요청할 권한을 부여하고, 상대 수사기관은 여기에 예외 없이 따르도록 의무를 부과하고 있다. 이로써 수사처는 고위공직자범죄등에 관한 수사권 행사에서 행정부 내의 다른 수사기관보다 일방적 우위를 차지하게 되고, 검사가 수사 중인 고위공직자범죄등 사건도 수사처에 이첩하여야 하는데, 이는 수사처가 헌법과 법률에 의한 검사보다 우위의 입장에서 검사의 수사권 및 공소권 행사에 관한 권한과 기능을 침해하는 것이다. 공수처법은 공수처법 제24조 제1항에 의하여 사건이 수사처로 이첩되는 경우 이첩되는 피의자 등의 편의나 방어권 행사 등을 고려한 규정을 전혀 두고 있지 않아 경우에 따라서는 피의자의 신체의 자유 등을 침해할 우려가 있다.

수사처장의 임명절차에 관련된 추천위원회의 구성, 수사처검사의 임용, 연임 등의 절차에 관련된 수사처 인사위원회의 구성에 각 국회 교섭단체가 추천한 4명의 위원이 포함되도록 규정되어 있어 수사처장 및 수사처검사의 임명 등에서 정치적 영향을 받을 수밖에 없고, 수사처 검사의 임기를 검사나 판사와는 달리 3년으로 규정하여 신분보장이 매우 취약하다. 따라서 수사처가 정치적 중립성 및 직무상 독립성을 충분히 보장받고 있다고 볼 수 없다. 또한 수사처는 행정부 소속임에도 대통령, 법무부장관 등의 통제에서 벗어나 있고, 국회는 수사처장에 대한 해임건의를 할 수 없으며, 고소ㆍ고발 사건에 대한 재정신청 외에는 수사처의 수사 등을 통제할 방안이 없는 등 권한에 상응하는 책임도 부담하지 않는다.

따라서 구 공수처법 제2조 및 공수처법 제3조 제1항, 제24조 제1항은 독립행정기관을 설치하는 법률이 준수해야 할 권력분립원칙에 따른 헌법적 기준과 한계에 위반되어 청구인들의 신체의 자유 등을 침해한다.

②검사가 가지는 수사권과 공소권은 국가의 행정 목적 달성을 위하여 일원적인 권력행사가 이루어져야 하는 시원적(始原的) 행정행위로서 전통적이고 기본적인 행정영역이다. 그럼에도 구 공수처법 제2조 및 공수처법 제3조 제1항은 법무부 소속의 검사에게 귀속되어 있던 권한과 기능 중 가장 중요한 수사권과 공소권의 일부를 분리하여 행정각부에 소속되지 않은 수사처에 부여하고 있는데, 이는 "행정권은 대통령을 수반으로 하는 정부에 속한다"라고 규정하여 행정권의 핵심영역이나 전통적으로 행정부의 영역에 해당하는 전형적인 행정업무는 헌법에서 따로 규정하고 있지 않는 한 행정각부에 속하도록 하는 헌법 제66조 제4항에 위반된다. 공수처법 제24조 제1항은 고위공직자범죄등의 수사와 관련하여 수사처장에게 일방적으로 이첩을 요청할 권한을 부여하고, 상대 수사기관은 여기에 예외 없이 따르도록 의무를 부과하고 있다. 이로써 수사처는 고위공직자범죄등에 관한 수사권 행사에서 행정부 내의 다른 수

사기관보다 일방적 우위를 차지하게 되고, 검사가 수사 중인 고위공직자범죄등 사건도 수사처에 이첩하여야 하는데, 이는 수사처가 헌법과 법률에 의한 검사보다 우위의 입장에서 검사의 수사권 및 공소권 행사에 관한 권한과 기능을 침해하는 것이다. 공수처법은 공수처법 제24조 제1항에 의하여 사건이 수사처로 이첩되는 경우 이첩되는 피의자 등의 편의나 방어권 행사 등을 고려한 규정을 전혀 두고 있지 않아 경우에 따라서는 피의자의 신체의 자유 등을 침해할 우려가 있다.

Ⅲ. 평석

1. 문제의 소재

본 건에서는 공위공직자수사처(이하, 공수처라 한다)의 설치를 둘러싸고 헌법상의 다양한 쟁점에 대하여 논의하고 있지만 여기서는 논의의 범위를 행정조직법과 관련된 부분에 한정한다는 점을 먼저 밝혀둔다. 이렇게 볼 때 행정조직법과 관련하여 본 건에서의 쟁점은 ①공수처의 설치가 권력분립의 원칙에 위배되는가, 그리고 ②공수처의 구성과 활동 등에 대하여 민주적인 통제가 이루어지고 있는가 하는 점으로 정리할 수 있을 것이다.

본 건에서 헌재의 법정의견은 공수처는 독립한 행정기관이고 헌법은 국무총리의 통할 하에 행정각부가 행정사무를 처리하는 것만을 허용하는 것은 아니기 때문에 공수처의 설치는 합헌이라고 한다. 또 논의의 중심인 권력분립의 원칙 위반 여부에 대하여 오늘날 권력분립은 단순히 3권의 분리만을 강조하는 것이 아니라 협조에도 중점을 두고 있기 때문에 공수처는 권력분립의 원칙에도 위배되지 않는다고 한다. 이에 대하여 반대의견은 기능적 권력분립 이론의 전개에 대하여는 긍정하지만 공수처는 입법권, 사법권, 행정권 어디에도 속하지 않기 때문에 이는 권력분립의 원칙에 위배된다고 한다. 또 공수처의 직무는 헌법과 법률이 보장하고 있는 검사의 수사권과 공소권을 침해하고 있다고 한다.

필자는 공수처의 설치가 합헌이라는 헌재의 법정의견의 결론에는 찬성하지만, 그 논리에는 모순이 있고 반대의견 역시 동일한 모순에 빠져 있다고 생각한다. 이와 같은 모순이 발생하게 된 가장 큰 원인은 헌법 제66조 제4항에서 규정하고 있는 「행정권」의 개념에 대한 이해가 선행되지 않은 데에서 찾을 수 있다. 이 「행정권」은 행정법학에서 주로 행정작용을 염두에 두고 정의되는 '행정'의 개념과는 다른 「집정(執政)」을 말한다. 다시 말하면, 헌법 제66조 제4항에서 규정하고 있는 「행정권」, 즉 「집정(執政)」은 헌법에 의해서 창출된 것이고 행정법학 상의 '행정'은 법률에 의해서 창출된 것이다.[1] 그럼에도 불구하고 헌재의 법정의견과 반대의견은 양자 사이에 존재하는 질적인 차이를 인식하지 못하고 있으며 그 결과 모순된 논리를 전개하고 있는 것이다.

본고는 위와 같은 점을 염두에 두고 헌법 제66조 제4항에서 규정하고 있는 「행정권」이 왜 「집정(執政)」에 해당하는가에 대하여 설명하고 국가행정조직에 대한 헌법상의 규율의 내용에 대한 분석을 행한 후 이를 바탕으로 헌재의 결정에 대한 평가를 하고자 한다.

2. 국가행정조직에 대한 헌법상의 규율

헌법은 국가행정조직에 관하여 「제4장 정부」라는 포괄적인 규정을 두고 있지만 그 가운데 제96조(행정조직법정주의)를 제외하면 구체적인 규정은 두고 있지 않다. 따라서 헌법이 국가행정조직을 어떻게 규율하고 있는가 하는 점은 위의 제4장의 규정을 중심으로 해석을 통하여 이

---

1) 中川丈久´ 行政活動の憲法上の位置づけ：法律の留保論の多義性´ およびアメリカ行政法における法律の留保について´ 神戸法学年報第14号(1998), 156－160쪽, 참조.

론을 구축할 수밖에 없다. 그리고 어떠한 관점에서 이 작업을 행할 것인가에 대하여 연구자에 따라 다양한 방법이 있을 수 있을 것이다. 여기에서는 본고의 테마와 직접적인 관련이 있는 다음과 같은 두 가지 측면, 즉 ① 권력분립론과 ② 행정조직법의 구성원리에 바탕한 민주적 통제라는 관점에서 이론을 정립하고 이를 토대로 하여 독립기관의 설치에 대하여 어떠한 헌법상의 규율이 작동되고 있는가에 대하여 살펴보고자 한다.

1) 권력분립론에 의한 규율

헌법은 국가행정조직 전체를 아우르는 개념으로 제4장 타이틀로 '정부'라는 용어를 사용하고, 이어서 헌법 제66조 제4항은 「행정권은 대통령을 수반으로 하는 정부에 속한다」라고 규정하고 있다. 이것은 '정부'가 권력분립의 의미 즉, 헌법 제40조에서 입법권은 국회에 그리고 제101조에서 사법권은 법원에 속한다는 것에 대응하는 규정이다. 그런데 앞으로의 논의를 진행하기 위해서는 헌법 제66조 제4항에서 규정하고 있는 「행정권」의 개념이 무엇이며, 또 이 「행정권」의 행사와 관련하여 '정부'와 '대통령'의 관계가 무엇인가 하는 점이 문제가 된다. 이 점에 대해서는 이미 필자가 선행작업[2]에서 자세히 밝히고 있지만 '정부'는 「행정권」 행사의 주체가 될 수 없다. 그 이유에는 여러 가지가 있지만 여기서는 무엇보다도 헌법 제4장에서 규정하는 '정부'는 조직(組織), 직무(職務), 권한(權限) 그리고 운영(運營)이라는 기관으로서 존재하기 위한 최소한의 요건[3]을 갖추고 있지 못하기 때문이라는 점만을 지적해둔다. 이처럼 헌법 제66조 제4항의 '정부'는 단지 대통령과 행정부를 포괄적으로 지칭하는 용어일 뿐 최고행정기관이 아니며 따라서 행정권 행사의 '주체'가 될 수 없다. 결국 행정권의 행사의 주체는 대통령이라고 보아

2) 졸저, 상게서, 54-59쪽.
3) 塩野宏' 行政法Ⅲ' 有斐閣(1995), 48-50쪽, 참조.

야 한다.[4)] 행정권의 행사의 주체를 대통령으로 보는 것이 실정법상의 규정과 정합(整合)성을 유지할 수 있으며 행정조직법상의 논의에서도 실질적인 의미를 지니게 된다.[5)]

이어서 「행정권」의 개념에 대해서이다. 이 개념 역시 권력분립의 의미 등을 논할 때 반드시 규명되어야 할 사안이지만 헌법학계에서는 이상할 정도로 침묵을 지키고 있다. 이것은 아마도 행정법학에서 행정작용을 염두에 두고 전개된 전통적인 행정의 개념(그것이 적극설이든 소극설(=공제설)이든 관계없이)으로 충분하다는 생각에서 비롯된 것은 아닌가 추측된다. 그러나 이하에서 살펴보는 것처럼 헌법 제66조 제4항에서 말하는 '행정권'에서의 '행정'은 '집정(執政)'을 의미하는 것으로 행정법학에서 주로 행정작용을 염두에 두고 정의하는 '행정'의 개념과는 다르다.[6)] 이하에서 항을 바꾸어 설명하기로 한다.

(1) 헌법 제66조 제4항에서 규정하는 「행정권」의 개념

우리나라 공법학계가 「행정권」의 개념에 대하여 큰 관심을 보이고 있지 않는 배경에는 해당 개념이 행정법학에서 사용되고 있는 그것과 같다는 사고가 자리하고 있는 것 같다. 즉, 둘 다 모두 같은 개념인데 굳이 이를 구별하는 불필요한 노력을 기울일 필요가 있는가 하는 생각인 것이다. 실제로 드물게 이 개념에 대하여 언급하고 있는 학자들도 위와 같은 입장에서 논의를 전개하고 있다. 예를 들면, 성낙인 교수는 위의 행정권의 개념에 대하여 이를 실질설과 형식설로 나누어 설명을 한다. 그리고 실질설에 의한 행정권의 개념이란 「법 아래에서 법의 규

---

4) 이 점은 헌법재판소도 같은 입장이다. 대통령직속기관의 설치와 직무범위(헌재 1994. 4. 28. 89헌마 221 [각하 · 합헌]), 참조.

5) 이에 대한 자세한 내용은, 졸저, 상게서, 54－57쪽, 참조.

6) 헌법 제66조 제4항의 「행정권」이 집정(執政)권에 해당한다는 이론은 다음과 같은 글에서 많은 시사점을 얻었다. 坂本昌成´ 議員内閣制における執政·行政·業務´ 佐藤幸治外編´ 憲法五十年の展望´ 有斐閣(1998)´ 中川丈久´ 상게논문´ 石川健治´ 執政·市民·自治ー現代統治論にとっての『金枝編』とは´ 法律時報　第69巻第6号.

제를 받으면서 국가목적을 적극적으로 실현하기 위하여 전체로서 통일성을 가진 계속적이고 형성적인 국가작용」이라는 정의를 제시한다. 그리고 이어서 형식설에 의한 행정권이란「입법 기관과 사법기관의 작용을 제외한 모든 형식의 국가작용」이라고 설명한다. 그리고 결론적으로 헌법 제66조 제4항의 행정권을 형식설에 입각하여 '제4장 정부의 작용'이라는 입장을 견지하고 있다.[7] 한편, 홍정선 교수 역시 위의 행정권의 개념을 형식적 의미로 파악하여 행정부에 속하는 기관에 위하여 행해지는 일체의 작용을 의미하는 것으로 보고 있다.[8]

그러나 필자는 이제 발상의 전환이 필요한 때라고 생각한다. 종래의 논의에서 알 수 있는 것처럼 행정권 내지 행정의 개념은 매우 다양하게 이해될 수 있기 때문에 이를 어떠한 맥락과 관점에서 파악하느냐가 중요하다. 즉, 위의 개념을 제도적인 관점에서 이해할 것인가, 그렇지 않으면 순수하게 이론상의 관점에서 이해할 것인가 하는 점이 먼저 전제되어야 한다.[9] 지금까지의 논의가 비생산적이었던 것은 바로 이 점을 간과하고 주로 후자의 관점에서 전개되었기 때문이라고 생각한다.

따라서 헌법 제66조 제4항에서 규정하고 있는「행정권」의 개념을 순수한 이론상의 관점이 아니라 헌법이라는 틀 안에서 제도적으로 이해할 필요가 있다. 즉,「행정권」의 개념은 헌법의 규정을 바탕으로 그 맥락 속에서 해석되어야 한다는 말이 된다. 이러한 관점에서 헌법 규정을 구체적으로 살펴볼 경우「행정권」은 결국, 헌법에서 규정하고 있는 대통령의 권한과 일치한다고 필자는 보고 있다. 즉, 대통령이 정부의 수반의 지위에서 행사하는 외교·국방·통일 기타 국가안위에 관한 중요정책의 국민투표 부의(附議)권(헌법 제72조), 조약의 체결·비준 및 외교관계의 처리(헌법 제73조), 국군의 통수(헌법 제74조), 대통령령의 발포(헌법 제

7) 성낙인, 제21판 헌법학, 법문사(2021), 609쪽.
8) 홍정선, 코멘탈 헌법(김철수 편), 법원사(1988), 367-369쪽.
9) 小早川光郎' 行政法(上)' 弘文堂(1999)' 4-5쪽, 참조.

75조), 긴급처분·명령(헌법 제76조), 계엄선포(헌법 제77조), 공무원의 임면(헌법 제78조), 사면·감형 또는 복권(헌법 제79조), 훈장 기타 영전의 수여(헌법 제80조) 등과 국무총리를 보좌기관으로 하여 행사하는 행정부에 대한 통할(統轄)권(헌법 제86조 제2항) 등(헌법 제4장 제2관)이 이에 속한다.[10] 여기서 필자가 하고 싶은 이야기는 헌법 제66조 제4항에서 규정하고 있는 「행정권」의 개념은 행정법학의 주된 대상인 행정작용을 염두에 두고 정의되고 있는 '행정'과 서로 차원이 다른 개념이기 때문에 구분해서 사용해야 한다는 점이다. 그 이유는 전자는, 앞서 살펴본 것처럼, 헌법에 의해서 창출(創出)된 개념인 반면 후자는 법률에 의해서 창출되기 때문이다. 다시 말하면, 전자의 「행정권」은 이른바 집정(執政)권에 해당하는 것으로 '행정활동'으로 부를 수 있는 후자의 '행정'과는 그 질(質)이 다르다고 할 수 있다.[11]

이처럼 헌법 제66조 제4항에서 규정하고 있는 「행정권」을 집정권으로 이해했을 때 헌법 제40조의 입법권, 제101조의 사법권과 균형을 이루는 해석이 가능하다. 따라서 삼권분립이란 헌법 제40조의 입법권과 제101조의 사법권이 제66조 제4항의 「행정권」 즉, 집정권을 침탈해서는 아니 되며, 같은 논리로 사법권과 집정권이 법률의 제정으로 입법권(헌법 제75조와 제76조에 의한 경우를 제외함)을, 그리고 입법권과 집정권이 「법률상의 쟁송」(법원조직법 제2조)에 대하여 최종적인 판단권을 행사하거나 영장발부권을 행사하여 사법권을 침탈해서는 안 된다는 의미로 이해해야 한다.

후술하는 것처럼, 집정권 이외의 행정활동에 대해서는 입법권과 사법권이 다양한 형태로 통제 또는 협조하면서 현대 행정의 수요에 부응

---

10) 이 점은 헌법 제89조에서 열거하고 있는 국무회의 심의사항을 살펴보면 쉽게 이해할 수 있다. 즉, 여기에 열거되어 있는 사항은 대통령이 행정권의 행사자로서 행사하는 전형적인 사례이기 때문이다.

11) 中川´ 상게논문, 154-156쪽, 참조.

하고 있다. 이것이 이른바 「기능적 권력분립론」 이다.

(2) 몽테스키외 그리고 기능적 권력분립론

근대 입헌주의 헌법에서 가장 핵심적인 이론의 하나인 권력분립론의 중심에는 몽테스키외가 있다. 즉, 그의 이론이 고전적 권력분립론의 모델이라고 해도 과언이 아니기 때문이다.[12] 그런데 최근의 연구에 따르면 그의 이론은 소극적 원리에 기초한 것이라는 일반적인 인식[13]과는 달리 매우 적극적인 측면이 있다는 점이 새롭게 부각되고 있다. 그의 이론은 당시의 여러 정치세력에의 권한배분을 통하여 그 균형을 형성하려는 의도에서 여러 권력의 「분리」보다도 오히려 서로간의 「억제」를 중시하는 제도원리로서 탄생하였다고 한다.[14] 한편 1950년대부터 독일의 학설과 판례는 몽테스키외의 권력분립론의 적극적인 측면에 착안하여 이에 대한 논의를 전개하였고 이를 계기로 이른바 기능적 권력분립론이 등장하는 계기가 되었다.[15]

기능적 권력분립론이란 여러 권력이 단순한 분리와 억제를 넘어 서로 협력하는 것 또한 권력분립원리의 한 측면이며 아울러 이러한 권력분립이 자유의 보장뿐만이 아니라 국가임무의 적정한 수행에도 도움이 된다고 하는 생각이다.[16] 이 기능적 권력분립론은 국내 헌법교과서에서도 자세히 소개되고 있고[17], 헌법재판소도 본 건에서 법정의견과

---

12) 권력분립론의 내용과 전개에 대해서는, 高見勝利´ 「権力分立」論への視角´ 法学教室´ No. 167, 53-61쪽, 참조.

13) 성낙인 교수는 「권력분립이론은 국가작용의 원활한 수행과 국민의 기본권보장을 위하여 입법·행정·사법 등의 국가기능을 각기 독립적인 기관으로 하여금 그 기능을 담당하게 함으로써 국가기능의 합리적 작동을 도모하려는 소극적 원리에 기초한 이론이다.」라고 말하고 있다. 성낙인, 상게서, 357쪽.

14) 村西良太´ 権力分立論の現代的展開：機能的権力的分立論の可能性´ 九大法学第90号(2005)´ 239쪽.

15) 이에 대한 자세한 내용은, 村西, 상게논문, 238-260쪽, 참조.

16) 村西, 상게논문, 276쪽.

17) 예를 들면, 허영, 전정 17판 한국헌법론, 박영사(2021), 767-777쪽, 참조.

반대의견 모두 이 이론을 채택하여 결정이론을 전개하고 있다.

참고로 헌법 교과서나 헌법재판소에서 소개하는 이론은 주로 국정 레벨의 사례를 소재로 하고 있지만 3권의 협조현상은 이미 행정활동 레벨에서도 쉽게 찾아볼 수 있다는 점이다. 그 좋은 사례가 「아동학대범죄의 처벌 등에 관한 특례법」(약칭: 아동학대처벌법)이다. 동법에 따르면, 사법경찰관리나 아동학대전담공무원이 신고를 받으면 현장에 출동하여 조사를 하고 아동학대행위자를 피해아동 등으로부터 격리하는 응급조치 등을 취할 수 있다(동법 제11조- 제15조). 그러나 위와 같은 조치만으로 아동학대범죄의 원활한 조사·심리 또는 피해아동 등의 보호가 충분하지 않은 경우 법원의 도움을 얻어 아동학대행위자에 대하여 다음과 같은 임시조치를 취할 수 있다(동법 제14조, 제19조). 즉, ① 피해아동 등 또는 가정구성원의 주거로부터 퇴거 등 격리, ② 피해아동 등 또는 가정구성원의 주거, 학교 또는 보호시설 등에서 100미터 이내의 접근 금지, ③ 피해아동 등 또는 가정구성원에 대한 전기통신을 이용한 접근 금지, ④ 친권 또는 후견인 권한 행사의 제한 또는 정지, ⑤ 아동보호전문기관 등에의 상담 및 교육 위탁, ⑥ 의료기관이나 그 밖의 요양시설에의 위탁, ⑦ 경찰관서의 유치장 또는 구치소에의 유치가 그것이다. 이것은 「아동학대」의 예방과 이에 대한 조치라는 새로운 행정현상에 효과적으로 대응하기 위하여 법원이 본래의 사법권 이외의 사무를 넘겨받은 사례라고 할 수 있다.[18] 위와 같은 제도설계의 사례는 「아동·청소년의 성보호에 관한 법률」(약칭: 청소년성보호법)(제28조, 제41조-제4조 등), 「스토킹범죄의 처벌 등에 관한 법률」(약칭: 스토킹처벌법)(제3조-제16조) 등에서도 찾아볼 수 있다.

이 이외에도 기능적 권력분립론과 관련하여 논의할 점은 매우 많지만 본고의 관점에서 반드시 언급해야 할 사안은 이른바 「핵심영역설」

---

18) 曽和俊文´ 行政と司法´ 礒部力·小早川光郎·芝池義一編´ 行政法の新構想 I　行政法の基礎理論´ 有斐閣(2011)´ 330쪽.

이다. 앞서 언급한 것처럼 기능적 권력분립론의 특징은 여러 권력의 엄격한 분리를 이념으로 하면서도 국가임무의 적정한 수행을 위하여 권력 상호간의 밀접한 관련성도 인정한다는 점이다. 이 경우 전자와 후자를 가르는 기준이 문제가 되는데 여기서 등장하는 것이 이른바 「핵심영역설」이다. 이것은 모든 권력에 다른 권력에 의한 개입을 일체 거절할 수 있는 중핵적 작용영역이 인정된다고 하는 이론이다. 즉, 「핵심영역」이란 다른 권력에 의한 개입에 일정한 한계를 지우는 기준이라고 할 수 있다.[19] 이 이론은 후술하는 것처럼, 행정조직의 창설이나 행정활동이 헌법에 위반되는가의 여부를 판단함에 있어서 하나의 기준이 된다.

2) 행정조직법의 구성원리와 헌법상의 규율(=행정조직에 대한 민주적인 통제)

이상에서 살펴본 헌법의 국가행정조직에 대한 권력분립론에 의한 규율은 국정(國政) 레벨에서의 권한배분에 관한 것이다. 따라서 이 단계에서의 논의는 국가행정조직법의 외연(外延)에 속하는 이야기라고 할 수 있다. 즉, 여기에서의 주된 관심은 국정(國政)을 담당하는 권한을 입법권, 사법권, 행정권이라는 세 개의 큰 덩어리로 나누고 이것들이 어떻게 분리되고 또 협업하는가(기능적 권력분립론)에 대한 것이었다. 이제 다음 단계는 행정권 내에서 국가행정이 어떠한 조직에 의해, 어떻게 처리 되어야 하는가에 대한 헌법상의 규율에 대하여 살펴보아야 한다. 그런데 이 점에 대하여도 헌법은 명시적으로 언급하고 있지 않다. 따라서 결국, 헌법 「제4장 정부」에 대한 부분의 해석에 의존할 수밖에 없다.

위의 테마는 실질적으로 행정조직법 논의에 있어서 출발점이라고 생각할 수 있다. 따라서 이 논의는 행정조직법상의 기초개념인 행정기관을 단위로 하여 행정조직을 구성하는 경우 도출되는 원리, 즉 「행정

---

19) 村西, 상게논문, 245쪽.

조직법의 구성원리」를 분석의 틀로 활용하는 것이 편리하다. 그리고 이 원리는 「행정조직이란 행정사무를 처리하기 위해서 존재한다」라는 지극히 당연한 사실에서 도출되는데, 선행연구[20]를 참고로 하여 소개하면, 어떠한 행정기관(내지 조직)에 어떠한 행정사무를 분배할 것인가(분배의 원리), 이들 행정기관(내지 조직)을 어떻게 통제하고 조정할 것인가(통제 및 조정의 원리) 그리고 이들 행정기관의 행위에 대해서 어떠한 책임을 지게 할 것인가(책임의 원리) 하는 세 가지 원리를 들 수 있다.[21] 행정조직은 이 원리를 바탕으로 하여 구성되는 것이다. 그렇다면 우리 헌법은 이 점에 대하여 어떻게 규정하고 있는가?

(1) 국가행정사무의 분배

헌법은 정부(제4장)를 대통령(제1절)과 행정부(제2절)로 나누고 있다. 그런데 대통령은 앞서 자세하게 살펴본 것처럼 행정권의 행사자, 즉 집정(執政)을 하는 존재로 국가행정사무를 부여받고 있는 것은 아니다. 행정부의 경우, 국무총리와 국무위원(제4장 제1절 제1관), 국무회의(제4장 제1절 제2관), 행정각부(제4장 제1절 제3관) 그리고 감사원(제4장 제1절 제4관)으로 구성되어 있다. 그러나 국무총리와 국무위원 그리고 국무회의의 역할은 집정(執政)의 영역에 속하기 때문에 이들에게 역시 국가행정사무가 부여되지 않으며, 감사원은 「국가의 세입·세출의 결산, 국가 및 법률이 정한 단체의 회계검사와 행정기관 및 공무원의 직무에 관한 감찰」(헌법 제97조)에 관한 업무만을 관장한다. 따라서 국가행정사무는 실질적으로 행정각부에 배분되어 수행되는데 「행정각부의 설치·조직과

20) 佐藤 功, 『行政組織法』, 有斐閣(1985), 56－80쪽.

21) 행정조직법의 구성원리를 헌법상 국가구조원리인 민주주의, 법치주의, 사회국가원리, 공화주의 원리 등으로부터 도출하여 그 원리로 행정조직법정주의, 책임성(민주적 통제가능성), 공정성, 합목적성(효과성), 전문성, 독립성, 효율성 등을 예시하는 견해도 있다. 이원우, 행정조직의 구성 및 운영절차에 관한 법원리－방송통신위원회의 조직성격에 따른 운영 및 집행절차의 쟁점을 중심으로, 경제규제와 법, 제2권 제2호(2099. 11), 참조.

직무범위는 법률」(헌법 제96조)로 정하도록 되어 있다(=행정조직법정주의). 이 규정에 따라 제정된 대표적인 법률이 정부조직법이다.

그런데 이상의 내용 만으로서는 국가행정사무를 국가행정조직에 배분함에 있어서 헌법상 어떠한 규율이 작동하는가 구체적으로 드러나지는 않는다. 따라서 이 점 역시 지금까지의 논의를 토대로 논리적으로 추론할 수밖에 없는데, 다음과 같이 생각할 수 있을 것이다.[22]

첫째로, 권력분립원칙에 의하여 헌법이 3권에 부여하고 있는 핵심적인 영역에 대한 침탈 역시 위헌이다. 헌재는 특별검사가 참고인에게 지정된 장소까지 동행할 것을 명령할 수 있게 하고 참고인이 정당한 이유 없이 위 동행명령을 거부한 경우 천만 원 이하의 벌금형에 처하도록 규정한 「한나라당 대통령후보 이명박의 주가조작 등 범죄혐의의 진상규명을 위한 특별검사의 임명 등에 관한 법률」([법률 제8824호, 2007. 12. 28., 제정]) 제6조 제6항·제7항, 제18조 제2항이 영장주의에 위반되어 위헌이라는 결정을 내린바 있다.[23] 이것은 참고인에 대한 동행명령제도는 참고인의 신체의 자유를 사실상 억압하여 일정 장소로 인치(引致)하는 것과 실질적으로 같으므로 헌법 제12조 제3항이 정한 영장주의원칙이 적용되어 하고 영장의 발부는 사법권의 핵심영역에 해당하기 때문에 내려진 결론이다. 또, 「감염병의 예방 및 관리에 관한 법률」(약칭 : 감염병예방법)제72조의2(손해배상청구권)는 다음과 같이 규정하고 있다. 즉, 「보건복지부장관, 질병관리청장, 시·도지사 및 시장·군수·구청장은 이 법을 위반하여 감염병을 확산시키거나 확산 위험성을 증대시킨 자에 대하여 입원치료비, 격리비, 진단검사비, 손실보상금 등 이 법에 따른 예방 및 관리 등을 위하여 지출된 비용에 대해 손해배상을 청구할

22) 행정조직의 권한배분의 관점에서 권력분립의 원칙을 분석하는 시각에 대해서는, 김경제, 권한배분의 원리로서 권력분립의 원칙, 공법학연구 제8권 제2호(2007.5), 참조.

23) 한나라당 대통령후보 이명박의 주가조작 등 범죄혐의의 진상규명을 위한 특별검사의 임명 등에 관한 법률 위헌확인(2008. 1. 10. 2007헌마1468 전원재판부)

권리를 갖는다.」라는 내용이다. 그러나 이 조항 역시 위헌일 가능성이 높다. 왜냐 하면, 손해배상청구권의 존재 여부에 대한 분쟁은 법원조직법 제2조에서 말하는 전형적인 「법률상의 쟁송」에 속하고 이에 대한 최종적인 판단권은 사법권에 귀속되어 있기 때문이다.

둘째로, 행정권 내에서 A행정기관의 직무가 헌법상 보장되어 있는 B행정기관의 직무를 침탈하거나 또는 헌법의 해석상 A행정기관의 직무가 허용되지 않는 경우 역시 위헌이다. 현재는 폐지되었지만 구(舊)국가정보원법(법률 제17646호(2020. 12. 15.)로 전부개정 되기 이전의 것) 제3조 제1항 제3호(「형법」 중 내란(內亂)의 죄, 외환(外患)의 죄, 「군형법」 중 반란의 죄, 암호 부정사용의 죄, 「군사기밀 보호법」에 규정된 죄, 「국가보안법」에 규정된 죄에 대한 수사)와 제4호(국정원 직원의 직무와 관련된 범죄에 대한 수사)의 규정은 헌법의 해석상 허용되지 않는 직무에 해당한다고 필자는 보고 있다.[24)]

(2) 통제 및 조정

대통령의 국가행정조직에 대한 통제[25)] 및 조정[26)]은 국무총리의 보좌를 받아 행해진다. 국무총리는 대통령의 보좌기관으로 대통령의 명을 받아 행정각부를 통할(統轄)하는 역할을 한다(헌법 제86조). 통할의 주요한 내용으로는 행정각부의 방침이 서로 다른 경우 행정의 통일성을 확보하기 위하여 상호조정을 하는 것, 그리고 새로운 사안이 대두되어 기존의 조직으로는 처리할 수 없는 경우 그 일을 어느 조직이 처리할 것인가를 검토하여 정하는 일 등을 들 수 있다. 이것은 한 마디로 말하면

---

24) 졸저, 상게서, 123－128쪽, 정부조직법 제14조 제1항 등의 위헌 여부에 관한 헌법소원(1994. 4. 28. 89헌마221 헌법재판소 전원재판부), 참조.

25) 행정조직의 통제일반에 대한 논의에 대해서는, 이원우, 현대적 민주법치국가에 있어서 행정통제의 구조적 특징과 쟁점, 행정법연구, 제29호(2011.4), 참조.

26) 거버넌스의 관점에서 '조정'문제를 다루고 있는 견해에 대해서는, 김성수, 행정조직법상 거버넌스와 민주적 정당성, 행정의 책임성－국가물관리위원회 제도설계를 중심으로, 법학연구(부산대) 제58권 제2호(2017.5), 참조.

이른바 종합조정기능이다.[27)28)]

행정각부에 대한 통제는 국회에 의해서도 이뤄진다. 국정감사권, 국정조사권 국무총리·국무위원 등의 출석 요구권 등이 그것이다(헌법 제61조, 제62조).

(3) 책임

국회는 대통령·국무총리·국무위원·행정각부의 장 그리고 기타 법률이 정한 공무원이 그 직무집행에 있어서 헌법이나 법률을 위배한 때에는 탄핵의 소추를 의결할 수 있다(헌법 제65조 제1항). 그리고 국회와 국무총리 또는 국무위원의 해임을 대통령에게 건의할 수 있으며, 국무총리 역시 국무위원의 해임을 대통령에게 건의할 수 있다(헌법 제63조 제1항 제87조 제3항).

이상에서 살펴본 것처럼 헌법의 규정에 따르면 집정(執政)에 해당하는 행정권은 대통령에 의하여 행사되고 행정사무는 행정각부에 배분되어 대통령의 보좌기관인 국무총리의 통할 하에 처리되는 것으로 되어 있다(헌법 제86조 제2항, 제96조 등). 그런데, 본 건에서도 심판의 대상이 되어 있는 것처럼, 행정기관의 설치와 직무범위가 위헌인가의 여부가 문제될 때 곧잘 그 기관이 행정부에 설치되어 국무총리의 통할 하에서 행정사무가 처리되는가 하는 점이 논쟁점으로 떠오르게 된다.[29)] 그렇다면 행정사무가 행정각부에 배분되어 대통령의 보좌기관인 국무총리의 통할 하에 처리된다는 것은 어떠한 의미를 갖는 것인가?

이것은, 결론부터 말하면, 국무총리의 통할 하에 행정사무가 처리

27) 小早川光郎, 『(講義錄)行政法 第三部 2』, 東京大學出版會敎材部(1989), 7쪽.

28) 이러한 종합조정기능은 구체적으로 헌법 제89조 국무회의의 심의사항의 예를 보면 쉽게 알 수 있다. 그리고 이러한 종합조정기능은 헌법 제86조 대통령의 국무총리 임명권, 제87조의 국무위원 임명권과 정부조직법 제11조, 제26조 등을 배경으로 하여 행해진다.

29) 정부조직법 제14조 제1항 등의 위헌 여부에 관한 헌법소원(1994. 4. 28. 89헌마221 헌법재판소 전원재판부)에서도 이 점이 쟁점이다.

된다는 것은 다름 아닌 민주적인 통제가 이루어진다는 것을 의미한다. 그리고 이러한 민주적인 통제는 바로 행정조직법의 구성원리에 따른 헌법상의 규율에 의해서 확보된다고 할 수 있다. 그리고 이 가운데 특히 통제 및 조정 그리고 책임의 원리가 작동된다는 점이 큰 의미를 갖는다. 바꾸어 말하면, 행정사무처리에 있어서 이 원리가 작동함으로써 개인의 기본권이 보장되고 행정이 지향하는 최고의 가치인 공익의 실현이 담보된다고 할 수 있다. 독립행정기관의 설치에 대하여 위헌성을 주장하는 청구인이 주장하고 싶은 요지(要旨)가 바로 이것일 것이다. 따라서 통제 및 조정 그리고 책임의 원리가 작동하는가의 여부는 독립행정기관의 설치의 위헌성을 판단하는 중요한 기준이 된다.

3. 헌재결정에 대한 평가

헌재의 결정내용에는 다양한 쟁점이 포함되어 있지만, 앞서 전제한 것처럼, ①공수처의 설치가 권력분립원칙에 위배하는가, ②공수처에 대하여 민주적인 통제가 이루어지고 있는가 하는 점을 중심으로 살펴보기로 한다.

1) 권력분립원칙 위반 여부

공수처의 설치가 권력분립원칙에 위배되어 위헌이라는 견해는 이은애, 이종석, 이영진 재판관의 반대의견이 그 이유를 매우 알기 쉽게 설명하고 있다. 이 의견은 다음과 같다.

「행정의 비대화를 방지하고 국가작용의 전문성과 효율성을 달성하기 위하여 법률로써 독립행정기관을 설치하는 것 자체가 곧바로 권력분립원칙에 위반된다고 보기는 어려우나, 독립행정기관을 창설하는 입법도 권력분립원칙에 따른 헌법적 기준과 한계를 준수하여야 한다.

검사가 가지는 수사권과 공소권은 국가의 행정 목적 달성을 위하여 일원적인 권력행사가 이루어져야 하는 시원적(始原的) 행정행위로서 전통적이고 기본적인 행정영역이다. 그럼에도 구 공수처법 제2조 및 공수처법 제3조 제1항은 법무부 소속의 검사에게 귀속되어 있던 권한과 기능 중 가장 중요한 수사권과 공소권의 일부를 분리하여 행정각부에 소속되지 않은 수사처에 부여하고 있는데, 이는 "행정권은 대통령을 수반으로 하는 정부에 속한다"라고 규정하여 행정권의 핵심영역이나 전통적으로 행정부의 영역에 해당하는 전형적인 행정업무는 헌법에서 따로 규정하고 있지 않는 한 행정각부에 속하도록 하는 헌법 제66조 제4항에 위반된다.」

이에 대하여 헌재 법정의견은 「①대통령과 행정부, 국무총리에 관한 헌법 규정의 해석상 국무총리의 통할을 받는 '행정각부'에 모든 행정기관이 포함된다고 볼 수 없다. ②수사처가 중앙행정기관임에도 불구하고 기존의 행정조직에 소속되지 않고 대통령과 기존행정조직으로부터 구체적인 지휘·감독을 받지 않는 형태로 설치된 것은 수사처 업무의 특수성에서 기인한 것이다. ③수사처의 권한 행사에 대해서는 여러 기관으로부터의 통제가 이루어질 수 있으므로, 단순히 수사처가 독립된 형태로 설치되었다는 이유만으로 권력분립원칙에 위반된다고 볼 수 없다.」는 등을 근거로 공수처 설치를 합헌이라고 판단하고 있다.

그러나 위의 반대의견, 법정의견 모두 잘못된 이론에 근거하고 있음을 쉽게 알 수 있을 것이다. 이와 같은 오류는 앞에서 자세히 살펴본 국가행정조직에 대한 권력분립원칙에 의한 헌법상의 규율의 내용을 이해하지 못한데서 유래한다. 그 핵심은 헌법 제66조 제4항에서 규정하는 「행정권」에 대한 올바른 이해이다. 여기서의 「행정권」은 집정(執政)에 해당한다는 점에 대한 이해가 선행되어야 한다. 따라서 독립행정기관의 설치가 권력분립주의의 원칙에 위배되어 위헌이라고 하기 위해서는 그

기관의 권한이나 직무범위가 3권의 각 핵심영역 즉, 입법권의 경우 법률제정권(헌법 제75조, 제76조는 예외임), 사법권의 경우 「법률상의 쟁송」(법원조직법 제2조)에 대한 최종적인 판단권 및 영장발부권 그리고 행정권의 집정(執政)권을 침탈하는 경우이어야 한다. 그렇기 때문에 반대의견에서 내세우고 있는 공수처가 3권의 어디에도 속하지 않기 때문에 권력분립원칙에 위배된다는 논리는 타당하지 않다.[30] 공수처는 ① 고위공직자범죄등에 관한 수사, ② 대법원장 및 대법관, 헌법재판소장 및 헌법재판관 등 고위공직자로 재직 중에 본인 또는 본인의 가족이 범한 고위공직자범죄 및 관련범죄의 공소제기와 그 유지(공수처법 제3조 제1항, 제2조)를 그 직무로 하고 있는데 이것은 3권의 핵심영역을 침탈하는 것은 아니기 때문이다.

결론적으로 공수처의 설치는 권력분립원칙에 위배되지 않는다.

2) 민주적인 통제

여기서는 두 가지가 문제가 문제된다고 생각한다. 첫째는 공수처의 직무권한이 행정권 내의 다른 행정기관의 (헌법이 보장하는) 권한을 침탈하는가의 문제이다. 이 점과 관련하여 가장 문제가 되는 것이 공수처법 제24조 제1항(다른 수사기관과의 관계)이다. 즉, 동규정은, 「수사처의 범죄수사와 중복되는 다른 수사기관의 범죄수사에 대하여 처장이 수사의 진행 정도 및 공정성 논란 등에 비추어 수사처에서 수사하는 것이 적절하다고 판단하여 이첩을 요청하는 경우 해당 수사기관은 이에 응하여야 한다.」라고 되어 있다. 이에 대하여, 반대의견의 이은애, 이종석, 이영진 재판관은 다음과 같이 위 조항이 위헌이라고 판단하고 있다.

---

30) 참고로 공수처는 대통령의 소할(所轄) 하에 있는 국가행정기관이다. 소할(所轄)이란 임명권은 행사하지만 지휘·감독권은 행사하지 못하는 관계를 나타낸다. 森田寛二, “行政機關と內閣府”, 良書普及会(2000), 3-38쪽, 졸저, 상게서, 116-117쪽, 참조.

「공수처법 제24조 제1항은 고위공직자범죄등의 수사와 관련하여 수사처장에게 일방적으로 이첩을 요청할 권한을 부여하고, 상대 수사기관은 여기에 예외 없이 따르도록 의무를 부과하고 있다. 이로써 수사처는 고위공직자범죄등에 관한 수사권 행사에서 행정부 내의 다른 수사기관보다 일방적 우위를 차지하게 되고, 검사가 수사 중인 고위공직자범죄등 사건도 수사처에 이첩하여야 하는데, 이는 수사처가 헌법과 법률에 의한 검사보다 우위의 입장에서 검사의 수사권 및 공소권 행사에 관한 권한과 기능을 침해하는 것이다.」

그러나 법정의견은 이 문제는 「동일하게 행정부 소속인 수사처와 다른 수사기관 사이의 권한 배분」에 관한 사안으로 반대의견의 주장처럼 공수처가 헌법과 법률에 의한 검사보다 우위의 입장에서 검사의 수사권 및 공소권 행사에 관한 권한과 기능을 침해하는 것은 아니라고 한다.

검사의 영장청구권이나 공소권은, 반대의견의 주장처럼, 헌법이 검사에게 보장하는 핵심적인 권한이라고 할 수 있다. 그러나 공수처장 역시 검찰청 소속의 검사와 소속이 다를 뿐 검사의 신분이며, 공수처법 제21조 제1항의 규정은 공수처장으로 하여금 자신의 직무범위에 속하는 사무의 이첩을 요구하도록 규정하고 있을 뿐이다. 따라서 이 규정도 권한배분상 헌법의 규율을 위반하는 것은 아니라고 할 것이다.

둘째로 문제가 되는 것은 대통령의 소할(所轄)하에 있는 공수처에 대한 통제와 조정이 제대로 이루어지고고 있으며 또 업무에 대한 책임을 물을 수 있는 제도가 마련되어 있는가 하는 점이다. 이 점에 대해서, 비록 권력분립원칙과 관련하여 언급하고 있기는 하지만, 법정의견은 매우 자세하게 설명을 하고 있는데 그 일부를 소개하면 다음과 같다.

「공수처법은 수사처의 직무수행상의 독립을 명시하면서(제3조 제2항), 대통령 및 대통령비서실의 공무원은 수사처의 사무에 관하여 업무

보고나 자료제출 요구, 지시, 의견제시, 협의, 그 밖에 직무수행에 관여하는 일체의 행위를 하여서는 아니 된다고 규정하고 있다(제3조 제3항). 그러나 공수처법에 의하면, 수사처장은 추천위원회에서 추천한 2명 중 1명을 대통령이 지명한 후 인사청문회를 거쳐 임명하고, 차장은 수사처장의 제청으로 대통령이 임명하며, 수사처검사는 인사위원회의 추천을 거쳐 대통령이 임명한다(제5조 제1항, 제7조 제1항, 제8조 제1항). 또한 수사처검사뿐만 아니라 수사처장과 차장도 징계처분의 대상이 되고(제14조), 징계처분 중 견책은 수사처장이 하지만 해임·면직·정직·감봉은 수사처장의 제청으로 대통령이 한다(제42조 제1항). 이처럼 대통령은 수사처장과 차장, 수사처검사의 임명권과 해임권 모두를 보유하고 있는데, 이들을 임명할 때 추천위원회나 인사위원회의 추천, 수사처장의 제청 등을 거쳐야 한다는 이유만으로 대통령이 형식적인 범위에서의 인사권만 가지고 있다고 볼 수는 없고(헌재 2019. 2. 28. 2017헌바196 참조), 수사처 구성에 있어 대통령의 실질적인 인사권이 인정된다고 할 것이다. 또한 공수처법 제17조 제3항에 의하면 수사처장은 소관 사무와 관련된 안건이 상정될 경우 국무회의에 출석하여 발언할 수 있는 한편, 그 소관 사무에 관하여 독자적으로 의안을 제출할 권한이 있는 것이 아니라 법무부장관에게 의안의 제출을 건의할 수 있다.」

이 이외에도 법정의견은 다음과 같은 통제수단을 들고 있다. 즉, ① 수사처는 공수처법이라는 입법을 통해 도입되었다. 수사처의 설치 및 존속 여부와 그 권한 범위, 구성 방식 등에 관한 사항은 법률에 규정되어 있는바, 국회는 이러한 법률의 개폐를 통하여 시원적인 통제권을 갖는다.

② 입법부와의 관계에서 볼 때, 국회는 수사처에 대하여 인사청문, 처장에 대한 탄핵소추와 국회출석 및 답변 요구 그리고 수사처의 예산안에 대한 심의·확정권과 같은 통제수단을 행사할 수 있다.

③ 수사처에 대한 사법적 통제수단으로서, 법원은 수사처의 명령·

규칙·처분에 대한 위헌·위법심사권(헌법 제107조 제2항)의 행사를 통하여, 헌법재판소는 수사처의 공권력의 행사 등으로 인한 기본권의 침해가 발생하였을 때 헌법소원심판권의 행사를 통하여 각각 수사처를 통제할 수 있다(헌재 1994. 4. 28. 89헌마221 참조). 수사처검사가 불기소처분을 한 경우 고소·고발인은 서울고등법원에 재정신청을 하여(공수처법 제29조 제1항), 수사결과에 대하여 다시 판단을 받을 수 있다.

④ 공수처법은 수사처장으로 하여금 소관 사무와 관련된 안건이 상정될 경우 국무회의에 출석하여 발언할 수 있도록 규정하여(제17조 제3항) 수사처 사무가 국무회의의 토론 과정을 통해 조정될 수 있는 장치를 마련해두는 등 행정부에 내부적 통제장치도 마련해 두고 있다.

이상에서 살펴본 것처럼 공수처에 대한 통제 및 조정 그리고 책임에 관한 한 검찰청 소속의 검사보다도 더 강화된 내용의 규정을 두고 있다. 따라서 이 관점에서도 헌법상의 규율을 충족시키고 있다고 할 것이다.

Ⅳ. 맺음말

본고는 공수처 설치에 대하여 위헌성 여부가 다투어진 헌재의 결정을 소재로 하여 독립행정기관을 설치에 대하여 헌법상의 규율이 어떻게 작동되고 있는가에 대하여 살펴본 글이다. 이 점에 대하여 헌재 법정의견은 공수처는 독립한 행정기관이고 헌법은 국무총리 통할 하에 행정각부가 행정사무를 처리하는 것만을 허용하는 것은 아니기 때문에 공수처의 설치는 합헌이라고 한다. 또 본 건에서 논의의 중심인 권력분립의 원칙 위반 여부에 대하여 오늘날 권력분립은 단순히 3권의 분리만을 강조하는 것이 아니라 협조에도 중점을 두고 있기 때문에 공수처는 권력분립의 원칙에도 위배되지 않는다고 한다. 이에 대하여 반대의견은 기능적 권력분립 이론의 전개에 대하여는 긍정 하지만 공수처는 입법권, 사법권, 행정권 어디에도 속하지 않기 때문에 이는 권력분립의 원칙에 위배된다고 한다. 또 공수처의 직무는 헌법과 법률이 보장하고 있는 검사의 수사권과 공소권을 침해하고 있다고 한다.

필자는 공수처의 설치가 합헌이라는 헌재의 법정의견의 결론에는 찬성하지만 그 논리에는 잘못이 있다고 생각한다. 이 점에 대해서는 반대의견도 마찬가지의 모순점을 지니고 있다. 이처럼 헌재의 법정의견과 반대의견이 독립행정기관의 헌법상 규율에 대하여 모순된 논리를 전개하고 있는 최대의 이유는 헌법 제66조 4항에서 규정하고 있는 「행정권」의 개념에 대한 이해를 결여(缺如)하고 있는 데서 찾아 볼 수 있다. 헌법 제66조 제4항의 「행정권」의 개념은 행정법학이 주로 행정작용법을 염두에 두고 정의하고 있는 '행정'의 개념과는 다른 「집정(執政)」을 의미한다. 이렇게 「행정권」을 「집정(執政)」으로 이해할 때 독립행정기관의 설치에 대한 헌법상 규율에 대하여 다음과 같이 두 가지 카테고리에서의 이론구성이 가능하다고 본다.

첫째로 권력분립의 원칙이다. 이 관점에서 보면 3권이 각각 그 핵심영역, 즉 입법권은 법률의 제정(=법규의 창출), 사법권은 「법률상의 쟁송」(법원조직법 제2조)에 대한 최종 판단권과 영장발부권 그리고 행정권은 헌법이 보장하고 있는 「집정(執政)권」(주로 대통령에 의해서 행사된다)이 각각 침탈 하지 않는 한 권력분립원칙에는 위배되지 않는다. 따라서 공수처의 설치는 위의 3권의 핵심적인 영역을 침탈하는 것이 아니기 때문에 권력분립원칙에 위배되지 않는다. 둘째로 행정조직법의 구성원리에 관점에서의 이론이다. 행정조직법의 구성원리란 ① 분배의 원리, ② 통제 및 조정의 원리 그리고 ③ 책임의 원리를 말한다. 분배의 원리의 관점에서 말하면 A행정기관이 B행정기관의 헌법이 보장하는 권한을 침해해서는 안 된다는 것이다. 그리고 ② 통제 및 조정의 원리와 ③ 책임의 원리에서의 규율은 헌법이 국무총리의 통할 하에서 행정각부가 행정사무를 처리하도록 함으로써 그 요건은 충족된다. 이렇게 볼 때 공수처의 권한은 검사의 공소권을 침해하는 것이 아니고 또 공수처장의 임명 통제 및 조정 그리고 책임에 대하여 입법권, 사법권 그리고 행정권이 서로 협업하여 이 기능을 수행하고 있기 때문에 위의 요건 역시 충족되고 있다고 생각한다.

이상에서 살펴본 것처럼 독립행정기관인 공수처의 설치는 합헌이라고 할 수 있다.

참고문헌

강재규, 헌법상 기능적 권력분립론의 행정법적 수용에 관한 연구, 공법연구, 제41권 제1호

김경제, 권한배분의 원리로서의 권력분립의 원칙, 공법학연구, 제8권 제2호(2007.5)

김성수, 행정조직법상 거버넌스와 민주적 정당성, 행정의 책임성－국가물관리위원회 제도설계를 중심으로, 법학연구(부산대) 제58권 제2호(2017.5)

김철수 외저, 코멘탈 헌법, 법원사(1988)

성낙인, 제21판 헌법학, 법문사(2021)

유진식, 행정조직법의 이론과 실제, 전북대학교출판문화원(2020)

이원우, 행정조직의 구성 및 운영절차에 관한 법원리－방송통신위원회의 조직성격에 따른 운영 및 집행절차의 쟁점을 중심으로, 경제규제와 법, 제2권 제2호(2099. 11)

이원우, 현대적 민주법치국가에 있어서 행정통제의 구조적 특징과 쟁점, 행정법연구, 제29호(2011.4)

허영, 전정 17판 한국헌법론, 박영사(2021)

石川健治´ 執政·市民·自治ー現代統治論にとっての『金枝編』とは´ 法律時報　第69巻第6号

坂本昌成´ 議員内閣制における執政·行政·業務´ 佐藤幸治外編´ 憲法五十年の展望´ 有斐閣(1998)

曽和俊文´ 行政と司法´ 礒部力·小早川光郎·芝池義一編´ 行政法の新構想Ⅰ　行政法の基礎理論, 有斐閣(2011)

高見勝利´ 「権力分立」論への視角´ 法学教室´ No. 167

中川丈久´ 行政活動の憲法上の位置づけ：法律の留保論の多義性´ およびアメリカ行政法における法律の留保について´ 神戸法学年報　第14

号(1998)

村西良太´ 権力分立論の現代的展開：機能的権力的分立論の可能性´ 九大法学第90号 (2005)

小早川光郎´ 行政法(上)´ 弘文堂(1999)

小早川光郎,『(講義錄)行政法 第三部 2』, 東京大學出版會教材部(1989)

佐藤 功,『行政組織法』, 有斐閣(1985)

塩野宏´ 行政法Ⅲ´ 有斐閣(1995)

森田寬二, “行政機關と內閣府”, 良書普及会(2000)

국문초록

본고는 공수처 설치에 대하여 위헌성 여부가 다투어진 헌재의 결정을 소재로 하여 독립행정기관을 설치에 대하여 헌법상의 규율이 어떻게 작동되고 있는가에 대하여 살펴본 글이다. 이 점에 대하여 헌재 법정의견은 공수처는 독립한 행정기관이고 헌법은 국무총리 통할 하에 행정각부가 행정사무를 처리하는 것만을 허용하는 것은 아니기 때문에 공수처의 설치는 합헌이라고 한다. 또 본 건에서 논의의 중심인 권력분립원칙 위반 여부에 대하여 오늘날 권력분립은 단순히 3권의 분리만을 강조하는 것이 아니라 협조에도 중점을 두고 있기 때문에 공수처는 권력분립원칙에도 위배되지 않는다고 한다. 이에 대하여 반대의견은 기능적 권력분립 이론의 전개에 대하여는 긍정 하지만 공수처는 입법권, 사법권, 행정권 어디에도 속하지 않기 때문에 이는 권력분립원칙에 위배된다고 한다. 또 공수처의 직무는 헌법과 법률이 보장하고 있는 검사의 수사권과 공소권을 침해하고 있다고 한다.

필자는 공수처의 설치가 합헌이라는 헌재의 법정의견의 결론에는 찬성하지만 그 논리에는 잘못이 있다고 생각한다. 이 점에 대해서는 반대의견도 마찬가지의 모순점을 지니고 있다. 이처럼 헌재의 법정의견과 반대의견이 독립행정기관의 헌법상 규율에 대하여 모순된 논리를 전개하고 있는 최대의 이유는 헌법 제66조 4항에서 규정하고 있는 「행정권」의 개념에 대한 이해를 결여(缺如)하고 있는 데서 찾아 볼 수 있다. 헌법 제66조 제4항의 「행정권」의 개념은 행정법학이 주로 행정작용법을 염두에 두고 정의하고 있는 '행정'의 개념과는 다른 「집정(執政)」을 의미한다. 이렇게 「행정권」을 「집정(執政)」으로 이해할 때 독립행정기관의 설치에 대한 헌법상 규율에 대하여 다음과 같이 두 가지 카테고리에서의 이론구성이 가능하다고 본다.

첫째로 권력분립원칙이다. 이 관점에서 보면 3권이 각각 그 핵심영역, 즉 입법권은 법률의 제정(=법규의 창출), 사법권은 「법률상의 쟁송」(법원조직법 제2조)에 대한 최종 판단권과 영장발부권 그리고 행정권은 헌법이 보장하고 있는 「집정(執政)권」(주로 대통령에 의해서 행사된다)이 각각 침탈 하지 않는 한 권력분립원칙에는 위배되지 않는다. 따라서 공수처의 설치는 위의 3권의 핵심적인 영역을 침탈하는 것이 아니기 때문에 권력분립원칙에 위배되지 않는다. 둘째로 행정조직법의 구성원리에 관점에서의 이론이다. 행정조직법의 구성원리란 ①분배의 원리, ②통제 및 조정의 원리 그리고 ③책임의 원리를 말한다. 분배의 원리의 관점에서 말하면 A행정기관이 B행정기관의 헌법이 보장하는 권한을 침해해서는 안 된다는 것이다. 그리고 ②통제 및 조정의 원리 와 ③책임의 원리에서의 규율은, 헌법이 국무총리의 통할 하에서 행정각부가 행정사무를 처리하도록 함으로써 그 요건은 충족된다. 이렇게 볼 때 공수처의 권한은 검사의 공소권을 침해하는 것이 아니고 또 공수처장의 임명 통제 및 조정 그리고 책임에 대하여 입법권, 사법권 그리고 행정권이 서로 협업하여 이 기능을 수행하고 있기 때문에 위의 요건 역시 충족되고 있다고 생각한다.

이상에서 살펴본 것처럼 독립행정기관인 공수처의 설치는 합헌이라고 할 수 있다.

주제어: 행정조직법, 행정권의 개념, 행정조직법의 구성원리, 공수처, 기능적 권력분립론

Abstract

Constitutional Regulation on Independent Administrative Agency

Yoo, Jin Sik*

This paper, based on the constitutional decision(2020Hun－Ma264·681) about the Corruption Investigation Office for High－ranking Officials (hereinafter referred to as the "Investigation Office"), is to analyze how the constitutional regulation works on the construction of a independent administrative agency. In this decision, the Court opinion hold that the "Investigation Office" is constitutional because it is not prohibited in light of interpretation on the Korean Constitution. And it also said the construction of the "Investigation Office" does not deny the principle of division of powers. On the contrary, the opposition opinion argued that the "Investigation Office" does deny the principle because we cannot say where it belongs among the legislative power(Constitution Article 40), judicial power(Constitution Article 101) and administrative power (Constitution Article 66). And it also said that the business of the "Investigation Office" is incompatible with that of a prosecutor guaranteed in Constitution and laws.

This paper agree to the Court opinion that the "Investigation Office" is constitutional but the logic it employs is not acceptable. And opposition opinion also has the same logical problem. The main reason

* Jeonbuk National University Law School, Professor

two opinions are based on the false theories is that they don't understand the concept of Executive power(Constitution Article 66(4)) fully. The concept is different from that of the administration employed in the Administrative Text Book. It means not an administrative agency's activities but 'government power' executed by a President. Based on the concept, we can theorise the constitutional regulation on the independent administrative agency in two categories as follows; the first is the principle of division of powers and the second is the principle of construction of administrative organization law.

At first, let's think about it based on the principle of division of powers. In this context, he principle of division of powers means that any power among them should not infringe on other's essential power, that is, the legislation power to enact a law, the judicial power to judge all legal disputes and litigations and to issue a warrant, and the president's government power guaranteed in the Constitution. According to this theory, the construction of the "Investigation Office" is constructional because it dose not infringe on any essential powers of them. Secondly, let's think about it based on the principle of construction of administrative organization law. It is made up of ① the principle of assignment, ② the principle of supervision and adjustment and ③ the principle of responsibility. From the point of view, the principle ① means that one administrative agency should not infringe on another's power guaranteed in the constitution. And the principles ②③ can be thought to be satisfied with as long as national administrative affairs are dealt with by the Executive Ministries under the direction of The Prime Minister(Constitution Article 87(2)). From this point of view, we can conclude that the construction of the "Investigation Office" is constructional, because the business of the "Investigation Office" dose not infringe on the right of arraignment and the principles②③the "Investigation Office" to work well with the cooperation of legislation power, judicial power and executive power.

Key Words: administrative organization law, the concept of Executive power, the principle of construction of administrative organization law, the Investigation Office, the principle of functionary division of powers

투고일 2021. 12. 6.
심사일 2021. 12. 22.
게재확정일 2021. 12. 27.

租稅行政法

고유목적사업준비금 제도와 관련된 법원의 법형성에 대하여 (류연호·강상우)

고유목적사업준비금 제도와 관련된 법원의 법형성에 대하여*

류연호**, 강상우***

- 대법원 2017. 3. 9. 선고 2016두59249 판결에 대한 평석 -

---

* 본 연구를 통해 제시하는 의견은 소속기관과 무관한 개인적인 견해임을 밝힙니다.

** 서울지방국세청 조사2국 변호사, 고려대학교 일반대학원 법학과 박사과정, yhryu17@kakao.com, 제1저자

*** 서울지방국세청 송무국 변호사, 고려대학교 일반대학원 법학과 박사과정, kangsw1990@naver.com, 제2저자

I. 들어가며

우리나라의 법원은 법규정을 해석하고 그 의미를 확정함에 있어서 다양한 해석방법을 시도하고 있다. 그 대표적인 해석방법으로서 문리적 해석, 유추·확장해석, 합목적적 해석 등이 있다. 그러나, 삼권분립을 전제로 하는 우리나라의 통치체제하에서는 법원이 입법부가 제정한 법률의 문언을 넘어서는 해석을 시도하는 것을 바람직하다고 평가하기는 어렵다고 할 것이다.

우리나라 법원이 취하고 있는 다양한 해석방법을 살펴보면, 법규정에서 부여하고 있는 문언적 의미를 넘어 유추·확대하여 규정을 적용하거나, 법문에도 불구하고 그 요건의 의미를 축소하여 제한적으로 적용하는 등 법해석의 범위를 넘어선 판결이 다수 존재함을 확인할 수 있다. 이러한 법해석의 범위를 넘어서는 법원의 해석방법에 대하여는 입법권의 한계에 대한 보충적 작용으로서 용인되고 있는 것이 현실이다.

한편, 대법원 2017. 3. 9. 선고 2016두59249 판결(이하 '대상판결'이라 한다)은 비영리내국법인에 대한 조세특례규정에 해당하는 구 법인세법 제29조[1)] 제3항 제4호의 규정 내용에도 불구하고 그 적용요건을 판

---

1) 구 법인세법(2010. 12. 30. 법률 제10423호로 개정되기 전의 것)
제29조(비영리내국법인의 고유목적사업준비금의 손금산입)
① 비영리내국법인(法人으로 보는 단체의 경우에는 대통령령이 정하는 단체에 한한다)이 각 사업연도에 그 법인의 고유목적사업 또는 지정기부금(이하 이 條에서 "固有目的事業등"이라 한다)에 지출하기 위하여 고유목적사업준비금을 손금으로 계상한 경우에는 다음 각 호의 금액을 합한 금액의 범위안에서 당해 사업연도의 소득금액계산에 있어서 이를 손금에 산입한다.
③ 제1항의 규정에 의하여 손금에 산입한 고유목적사업준비금의 잔액이 있는 비영리내국법인이 다음 각호의 1에 해당하게 된 경우 그 잔액은 당해 사유가 발생한 날이 속하는 사업연도의 소득금액계산에 있어서 이를 익금에 산입한다.
1. 해산한 때
2. 고유목적사업을 전부 폐지한 때
3. 법인으로 보는 단체가 「국세기본법」 제13조제3항의 규정에 의하여 승인취소되거

단함에 있어 보다 제한적으로 해석하는 이른바 목적론적 축소해석을 시도하였다. 반면 대상판결의 원심인 서울고등법원 2016. 10. 5. 선고 2016누35924 판결은 위 법인세법 규정의 문언의 범위 안에서 대상규정의 적용범위를 판단하였다.

대상판결은 법규정의 문언에도 불구하고 조세특례를 적용함에 있어 추가적인 요건을 창설하는 형태의 목적론적 축소해석을 한 것으로 평가할 수 있는바, 이러한 법원의 해석방법론에 대하여 법해석과 법형성의 범위, 그리고 그에 대한 정당성 문제를 다루는 논의를 해야 할 필요성이 있다고 사료된다.

이러한 점에 주목하여 이 글에서는 우선 법인세법상 고유목적사업준비금 개념과 그 내용을 살펴보고, 조세법상 조세특례규정의 해석문제(법해석과 법형성의 문제)에 대한 논의를 다루며, 이러한 내용을 통해 대상판결의 타당성 여부를 검토하고자 한다.

II. 대상판결의 요지

1. 사실관계

원고는 1962년 중등교육 등의 실시를 목적으로 설립된 학교법인(비영리내국법인)이다. 원고는 설립 당시의 출연자산인 토지(이하 '이 사건 토지'라고만 한다)를 기본재산으로 보유하다가 2005. 4.경 이를 골프장에 1,632,033,000원(이하 '이 사건 토지 매각대금'이라고만 한다)에 매도하였다. 그리고 원고는 위 매각대금을 포함한 1,689,657,481원을 고유목적사업

나 거주자로 변경된 때

4. 고유목적사업준비금을 손금으로 계상한 사업연도의 종료일이후 5년이 되는 날까지 고유목적사업등에 사용하지 아니한 때(5年내 사용하지 아니한 殘額에 한한다)

준비금으로 손금계상한 후 2005 사업연도 법인세를 신고하였다.

그 후 원고는 정기예금으로 예치하는 방식으로 이 사건 토지 매각대금을 관리하여 오다가, 관할 교육청의 허가를 받아 이를 해지하여 2007. 11. 19.부터 2007. 12. 28.까지 사이에 임대사업을 목적으로 아파트 10개호를 1,676,901,250원[2]에 취득하였고, 법령에서 정한 유예기간(5년)이 지날 때까지 위 금액을 고유목적사업에 지출하지 않았다.

이에 중부지방국세청장은 학교법인에 대한 고유목적사업준비금의 사후관리실태를 조사한 결과, 원고가 고유목적사업준비금으로 손금산입한 1,689,657,481원 중 이 사건 토지매각 금액에 해당하는 1,632,033,000원은 고유목적사업이 아니라 위 아파트 10호의 취득에 사용한 것으로 판단하고, 원고에 대해 2007년 사업연도 귀속 법인세 728,560,800원의 부과처분(가산세 포함)을 하였다.

2. 재판의 경과

가. 원심의 판단

이 사건 고유목적사업준비금의 익금산입시기에 대한 원심의 판단 내용을 정리하면 아래와 같다.

익금의 귀속시기와 관련한 '5년이 되는 날까지 고유목적사업에 사용하지 아니한 때'의 해석에 관하여는, 다음과 같은 점에 비추어 보면 '5년이 되기 전이라도 고유목적사업이 아닌 다른 사업에 사용한 때'라기보다는 '손금으로 계상한 사업연도 종료일 후 5년이 되는 날'이라고 보아야 한다.

위 조항의 "고유목적사업준비금을 손금으로 계상한 사업연도의 종료일 이후 5년이 되는 날까지 고유목적사업 등에 사용하지 아니한 때(5

---

2) 이 사건 토지의 매각대금을 정기예금으로 2년 반 동안 예치한 기간의 이자 상당액을 합산한 금액의 범위로 추정된다.

년내 사용하지 아니한 잔액에 한한다)"라는 문언 중 "5년이 되는 날까지"는 사용기간의 종기를 표시하고 있고, 괄호안의 "잔액"이라는 개념에는 5년 내 사용하지 아니하고 남은 액수를 상정하고 있으므로 위 잔액은 5년이 되는 종기에 이르러서야 특정될 수 있을 뿐 5년이 되기 전에 특정될 수 없다. 따라서 '5년이 지나기 전에 고유목적사업이 아닌 다른 사업에 사용한 때의 남은 액수'라는 해석보다는 '5년이 지난시점에서도 남은 액수'라는 해석이 문언에 더 부합한다.

고유목적사업준비금은 이를 손금으로 인정하여 과세이연의 혜택을 부여한 만큼 손금 산입한 고유목적사업준비금을 법령에 정한 기간 내에 실질적으로 고유목적사업을 위한 사용을 강제하되 그 기간 내에 이를 사용하지 않게 되면 익금으로 과세되므로, "5년이 되는 날까지"라는 제한은 5년의 범위 내에서는 고유목적사업을 탄력적으로 운영할 수 있도록 한 것으로 볼 수 있다. 이와 달리 5년이 되기 전이라도 고유목적사업이 아닌 다른 사업에 사용한 때에 곧바로 해당 사유가 발생하였다고 보는 것은 과세이연의 혜택을 부여하여 탄력적으로 고유목적사업비를 지출할 수 있도록 법령에서 허용한 기회를 박탈하는 것이어서 고유목적사업준비금의 제도취지에 반한다.

수익사업을 위해 자산을 취득하였다고 하더라도 5년 이내에 고유목적사업으로 이를 다시 사용하는 것으로 전환할 수 있는 이상, 수익사업을 위해 지출한 준비금이 곧바로 5년이 경과하는 기간까지 고유목적사업에 사용되지 않을 것이라고 단정할 수 없다. 설령 수익사업 지출준비금이 고유목적사업에 사용하는 것으로 전환되지 않았다고 하더라도 구 법인세법 제29조 제4항은 고유목적사업준비금의 잔액을 익금에 산입하는 경우 이자상당액을 법인세에 가산하고 있으므로 그만큼 비영리법인의 세수부담이 증가하여 국가의 세수손실의 위험도 없다.

비영리법인이 이전 사업연도에 고유목적사업준비금으로 계상하여 손금에 산입한 금원을 법령에 정한 기간 내에 고유목적사업비로 사용하지 아니하고 환원하여 익금에 산입함으로써 법인세 과세이연의 혜택을 포기하고 익금산입에 따른 법인세 및 과세이연된 기간 동안의 법인세 이자상당액을 납부한다는 것은 법인의 해산, 고유목적사업의 전부 폐지, 법인으로 보는 단체의 승인취소 등과 같은 불가피한 사정이 있는 경우 외에는 매우 이례적이다(구 법인세법 제29조 제3항 각호). 손금 계상 사업연도 종료일 후 5년이 지나기 전에 고유목적사업준비금을 다른 사업을 위해 사용하는 경우에 이를 바로 익금에 산입하는 것은 다른 각호의 불가피한 경우와 동일하게 평가하는 것이나 그와 같이 보기 어렵다.

…(중략)… 위 법리에 비추어 보면, 원고가 2007 사업연도에 이 사건 토지 매각대금을 고유목적사업준비금으로 손금에 계상하고 이를 고유목적사업이 아닌 임대사업을 위한 아파트 매입에 사용하였더라도 아직 손금 계상 사업연도 종료일부터 5년이 되는 날에 도달하지 아니한 이상, 아파트 매입을 위한 지출이 곧바로 고유목적사업에 사용하지 아니한 당해 사유 발생으로는 볼 수 없으므로, 피고는 위 고유목적사업비를 이 사건 아파트 매입일이 속한 사업연도의 익금에 산입할 수 없다. 따라서 원고의 나머지 주장에 관하여 더 나아가 살필 필요없이 이 사건 토지 매각대금을 2007 사업연도 익금에 산입한 이 사건 처분은 위법하다.

나. 대법원의 판단

한편, 대상판결은 원심을 파기하고 이 사건 고유목적사업준비금의 익금산입시기를 아래와 같이 판단하였다.

구 법인세법(2010. 12. 30. 법률 제10423호로 개정되기 전의 것) 제29조 제1항은 비영리내국법인이 각 사업연도에 그 법인의 고유목적사업 등에 지출하기 위하여 고유목적사업준비금을 손금으로 계상한 경우에 일정 한도액의 범위 안에서 이를 손금에 산입하도록 규정하고 있고, 제3항 제4호는 고유목적사업준비금을 손금에 계상한 사업연도의 종료일 이후 5년이 되는 날까지 고유목적사업 등에 사용하지 아니한 때에는 그 잔액을 해당 사유가 발생한 날이 속하는 사업연도의 익금에 산입하도록 규정하고 있다.

위와 같은 규정들은 비영리내국법인이 고유목적사업준비금으로 계상한 부분에 대하여 고유목적사업 등에 지출하기 전이라도 미리 손금에 산입할 수 있도록 허용하는 대신 고유목적사업준비금을 손금에 계상한 사업연도의 종료일 이후 5년이 되는 날까지는 고유목적사업 등에 지출이 이루어져야 한다는 점을 전제로 하여 위 기간 동안 과세를 이연함으로써 비영리내국법인이 공익사업을 원활하게 수행할 수 있도록 하기 위한 것이다. 따라서 비영리내국법인이 5년의 유예기간 중에 고유목적사업준비금을 고유목적사업 등이 아닌 다른 용도에 사용하여 더 이상 고유목적사업에 지출할 수 없다는 점이 분명하게 드러남으로써 앞서 본 바와 같은 과세혜택을 부여할 전제가 상실된 경우라면, 5년의 유예기간에도 불구하고 사용금액 상당을 그 사유가 발생한 사업연도의 익금에 곧바로 산입할 수 있다고 봄이 상당하다.

…(중략)… 그런데도 원심은 이와 달리 그 판시와 같은 이유만으로 원고가 이 사건 토지 매각대금을 고유목적사업이 아닌 임대사업에 사용하였더라도 아직 손금에 계상한 사업연도 종료일부터 5년이 되는 날에 도달하지 아니하였으므로 이 사건 토지 매각대금을 이 사건 아파트 매입일이 속한 사업연도의 익금에 산입할 수 없다고 판단하였으니, 이러한 원심의 판단에는 고유목적사업준비금의 익금산입시기에 관한 법리를 오해하여 판결에 영향을 미친 잘못이 있다.

다. 환송 후 2심[3]의 판단

한편, 위 대법원 판결에 따라 환송된 원심에서는 원고의 “원고는 2005년 당시 이 사건 부동산 처분대금으로 고유목적사업용 재산이 아

3) 서울고등법원 2017. 7. 18. 선고 2017누41117 판결

닌 정기예금 반환채권을 취득하였는바, 2005년에 이미 고유목적사업준비금을 고유목적사업 이외의 용도로 사용한 것이 명확해졌으므로 2007 사업연도에 고유목적사업준비금을 산입할 수 없다."는 주장에 대하여,

예금이나 적금 등은 현금성 자산으로 고유목적사업준비금을 은행에 예금이나 적금 등으로 예치하는 것은 고유목적사업준비금을 운용하는 방법 중의 하나일 뿐이라는 이유로 원고가 이 사건 토지의 매각대금 등을 정기예금으로 예치한 것이 고유목적사업 이외의 용도로 사용한 것에 해당한다고 할 수 없다고 하며 원고의 주장을 배척하였다.

3. 검토 및 논의의 방향

위에 제시된 원심과 대법원의 판시내용을 보면, 대상판결의 원심은 구 법인세법 제29조 제3항 제4호상 '5년이 되는 날까지 고유목적사업에 사용하지 아니한 때'의 규정을 그 문언에 더 부합하는 방향으로 '손금으로 계상한 사업연도 종료일 후 5년이 되는 날'로 해석하여 이 사건 부과처분을 위법하다고 보았다. 반면, 대상판결은 '위와 같은 규정들(구 법인세법 제29조 제1항 및 제3항 제4호)은 비영리내국법인이 고유목적사업준비금으로 계상한 부분에 대하여 고유목적사업 등에 지출하기 전이라도 미리 손금에 산입할 수 있도록 허용하는 대신 고유목적사업준비금을 손금에 계상한 사업연도의 종료일 이후 5년이 되는 날까지는 고유목적사업 등에 지출이 이루어져야 한다는 점을 전제로 하여 위 기간 동안 과세를 이연함으로써 비영리내국법인이 공익사업을 원활하게 수행할 수 있도록 하기 위한 것이다'라는 짧은 설시를 통하여, 법문언상의 유예기간(5년)에도 불구하고 사용금액 상당을 그 사유가 발생한 사업연도의 익금에 곧바로 산입할 수 있다고 보았다. 이러한 원심과 대상판결은 동일한 법규정에 대하여 문언적 해석을 중시하는지 아니면 문언의 범위를 넘는 목적론적 해석의 필요성을 중시하는지에서 큰 견해 차이를 보이고 있다고 할 수 있다.

결국 대상판결의 쟁점은 고유목적사업준비금을 고유목적사업이 아닌 다른 용도로 사용한 경우 법문언에서 명시한 것처럼 유예기간(5년)이 되는 시점까지 기다려 과세를 하여야 하는지, 또는 사용시점에 익금에 곧바로 산입함으로써 과세가 가능한지 여부이다. 바꾸어 말하면, 이는 법원이 해석을 통하여 법률의 규정에 객관적으로 해당하는 행위를 배제할 수 있는지의 문제가 되고, 이 쟁점은 이른바 법원의 법형성[4] 작용을 어느 범위까지 허용하여야 할 것인가의 논점으로 귀결되는 것으로 생각된다.

따라서 이하에서는 먼저 고유목적사업준비금의 개념과 그 법적성격을 살펴보고, 조세법상 조세특례조항의 적용범위에 대한 해석에 있어서 법원이 법형성 작용을 하는 경우의 유의점에 대하여 살펴본 후, 대상판결에 내재한 문제점에 대하여 순차적으로 검토하고자 한다.

Ⅲ. 비영리법인의 고유목적사업준비금에 대한 손금산입제도

1. 의의 및 제도의 취지

고유목적사업이라 함은 비영리내국법인의 정관 또는 법령에 명시된 설립목적을 직접 수행하는 사업으로서 법인세법 시행령 제3조 제1항 소정의 수익사업 외의 사업을 의미한다.[5] 현행 법인세법은 비영리내국법인이 각 사업연도에 그 법인의 고유목적사업 내지 지정기부금(이하 "고유목적사업 등"이라고만 한다)에 지출하기 위하여 고유목적사업준비금을 손금으로 계상한 경우에는 이자·배당소득 등 일정 범위의 소득에

4) 이러한 법형성의 개념과 관련하여서는 이하에서 별도로 상술하도록 한다.
5) 법인세법 시행령 제56조 제5항

100분의 50을 곱하여 산출한 금액을 손금에 산입하도록 하는 특례를 규정하고 있다.[6] 또한 조세특례제한법에서는 비영리내국법인 중 특정한 법인(학교법인 등)의 경우 2022년 12월 31일까지 수익사업에서 발생한 소득 100%를 고유목적사업준비금으로 손금에 산입할 수 있도록 규정하고 있다.[7][8]

그리고 이러한 특례를 둔 취지는 비영리법인이 수익사업에서 생긴 소득을 고유목적사업에 지출하더라도 그 지출금액이 수익사업을 통한 소득을 얻기 위하여 소요된 경비라고 할 수 없으므로 정확히 손금의 개념에 부합하는 것은 아니나, 수익사업에서 생긴 소득을 고유목적사업에 지출하도록 유도하기 위하여 제한적으로 손금산입을 허용하는 것이라 한다.[9]

2. 내용

현행 법인세법은 비영리내국법인이 손금으로 계상한 고유목적사업준비금을 고유목적사업 등에 지출하는 경우에는 그 금액을 먼저 계상한 사업연도의 고유목적사업준비금부터 차례로 상계하도록 규정하고 있다.[10] 이때 직전 사업연도 종료일 현재 고유목적사업준비금 잔액을 초과하여 고유목적사업 등에 지출한 금액이 있는 경우 이를 그 사업연도에 계상할 고유목적사업준비금에서 지출한 것으로 본다.[11] 그리고 비영리내국법인이 당해 고유목적사업의 수행에 직접 소요되는 고정자산 취

6) 법인세법 제29조 제1항
7) 조세특례제한법 제74조 제1항 제1호
8) 한편, 이는 이른바 일몰 규정으로서 2010.10.1.이후 2019.12.31.까지 지속적으로 개정을 통하여 연장되고 있는 실정이다.
9) 이재호, 비영리법인의 법인세 과세체계에 대한 입법론적 고찰, 조세법연구 제14권 제2호, 한국세법학회, 2008, 351면.
10) 법인세법 제29조 제3항
11) 법인세법 제29조 제3항 제2문

득비용(자본적 지출포함) 및 인건비 등 필요경비로 사용하는 금액은 고유목적사업에 지출 또는 사용한 금액으로 본다.[12)]

한편, 법인세법은 손금에 산입한 고유목적사업준비금의 잔액이 있는 경우 그 잔액은 ① 해산한 경우, ② 고유목적사업을 전부 폐지한 경우, ③ 법인으로 보는 단체가 승인취소되거나 거주자로 변경된 경우, ④ 고유목적사업준비금을 손금으로 계상한 사업연도의 종료일 이후 5년이 되는 날까지 고유목적사업 등에 사용하지 아니한 경우 중 하나에 해당하면 해당 사유가 발생한 날이 속하는 사업연도의 소득금액을 계산할 때 익금에 산입한다.[13)] 그리고 이에 해당하여 잔액을 익금에 산입하는 경우에는 손금에 산입함에 따라 발생한 법인세액의 차액에 손금에 산입한 다음 사업연도 개시일부터 익금에 산입한 사업연도의 종료일까지의 기간에 대하여 매일 0.025%를 곱하여 그 상당액을 해당 사업연도의 법인세에 가산하여 납부하여야 한다.[14)]

Ⅳ. 조세특례요건의 축소해석문제 (법원의 법형성 범위와 한계)

1. 서설

이 사건에서 문제가 되는 구 법인세법(2010. 12. 30. 법률 제10423호로 개정되기 전의 것) 제29조 제3항 제4호는 '고유목적사업준비금을 손금으로 계상한 사업연도의 종료일이후 5년이 되는 날까지 고유목적사업등에 사용하지 아니한 때(5年내 사용하지 아니한 殘額에 한한다)'라고 규정하

12) 법인세법 시행령 제56조 제6항 제1호
13) 법인세법 제29조 제5항
14) 법인세법 제29조 제7항 및 같은 법 시행령 제56조 제7항 제2호

고 있을 뿐, 그 외에 별도로 판례가 제시하는 요건을 규정하고 있지 아니하다. 그럼에도 대상판결은 해석상 '더는 고유목적 사업에 사용할 수 없는 것이 명백해진 경우'라는 법률효과 배제요건을 부여하고 있다.

그러나 이러한 대상판결에 대해서는 해석의 범위를 넘어서 사법부가 법해석이라는 명목으로, 명확하지 않은 입법취지를 내세워 시행하는 자의적인 법형성 작용이라 볼 수 있다는 비판이 가능하다고 보이는바, 결국 이는 법원이 해석을 통하여 법률에 규정되어 있지 아니한 요건을 창설할 수 있는지의 문제이므로 이른바 법원의 법형성 작용을 어느 범위까지 허용하여야 할 것인가의 논점으로 귀결된다.

2. 법발견(법해석)과 법형성

종래부터 법학방법론에서는, 법문언에 대한 (사법) 판단의 구속성이라는 이슈와 관련하여 이른바 '법발견(내지는 법해석)'[15] 및 '법형성'이라는 양 측면에서의 논의가 진행되어 왔다.[16] 전자는 이른바 법관의 법해석이 법률 문언의 가능한 의미 범위 안에서 이루어지는 통상적인 법률 '해석'을 말하고, 후자는 그러한 범위(한계) 밖에서 주로 해당 사안을 규율할 실정법에 빈틈이 있는 '법률의 흠결'을 보충하는 활동을 의미한다고 한다.[17] 그리고 이와 같은 법발견(법해석)과 법형성은 '법문의 가능한 의미'를 기준으로 구별된다.[18][19]

---

15) '법발견'에 대하여 '법해석'으로 표현하고 있는 연구로는 이계일, 법관의 법형성의 체계구성에 대한 탐구, 법과사회 25권 제4호, 법학연구, 연세대학교 법학연구원, 2015 및 박종희·윤제왕, 판례의 법형성적 기능과 한계 – 서울행정법원 2012. 11. 01. 선고 2011구합20239, 2011구합26770판결(병합)에 대한 비판적 검토 –, 고려법학 제70호, 고려대학교 법학연구원, 2013.

16) 박준석, 법률문언의 구속성에 대하여, 법학연구 제57집, 전북대학교 법학연구소, 2018, 3면.

17) 김영환, 법학방법론의 의의와 그 전반적인 체계, 법학논총 제24집 제2호, 한양대 법학연구소, 2007, 7면.

3. 법형성의 논증도구(유추와 목적론적 축소[20])

법률의 흠결을 보충하기 위한 법관의 법형성 작용은 주로 유추나 목적론적 축소를 통하여 나타나게 되는데,[21] '유추'란 해당 사안을 규율하는 규정이 없을 때 해당 사안과 유사한 사안을 규율하는 규정을 해당 사안에 대하여도 적용하는 것을 말한다.[22] 반면 '목적론적 축소'는 법문언에 따른 해석 결과 합리적이지 않은 결론이 도출될 경우에 법규범의 목적을 따라 법문언의 가능한 의미보다 그 범위를 축소하여 적용하는

---

18) 물론 이러한 법문의 가능한 의미라는 것도 그 구별의 경계가 유동적이므로 어느 범위까지가 법문의 가능한 의미인지에 대하여 구체화될 필요가 있으나, 그에 대해서는 상당한 양의 논의가 수반되어야 하므로 이 글에서는 생략하기로 한다. 한편, 이러한 법해석과 법형성의 구분의 상대성 및 해석의존성이 법해석과 법형성이 구분될 수 없다는 주장으로 이해되어서는 곤란하다는 내용으로는, 이계일, 우리 법원의 법률해석/법형성에 대한 반성적 고찰, 법학연구 제25권 제4호, 연세대학교 법학연구원, 2015, 331면 참조.

19) 김영환, 한국에서의 법학방법론의 문제점, 법철학연구 제18권 제2호, 한국법철학회, 2015, 143면.

20) 법규의 유추 또는 목적론적 축소나 확대는 법규 해석의 일종으로 보고 있다. 그러나 이들은 법규에서 규율하고 있지 않은 사항을 보충하거나 법규에서 규율하고 있는 내용을 축소·확대하는 방법이기 때문에, 엄밀하게 말하면 법규의 해석을 통하여 법을 발견하는 것이라기보다는 법관에 의한 법형성에 해당한다(대법원 2021. 9. 9. 선고 2019두53464 전원합의체 판결 중 대법관 김재형의 별개의견 참조).

21) '법률의 흠결'은 보통 '명시적 흠결'과 '은폐된 흠결'로 나누어 설명되고 있다. 이중 '명시적 흠결'은 법규범이 그 목적을 따르면 일정한 규율을 포함하여야 하였는데도 특정 사례군에 적용되어야 할 규율을 포함하지 않은 것을 의미하며 대부분 유추의 방식에 의해 보충된다. 이에 비해 '은폐된 흠결'은 해당 사안을 규율할 법규정은 있으나 이것을 그대로 적용하면 불합리한 결과가 나타나는 때를 의미하는데, 목적론적 축소는 법문언에 따른 해석 결과 합리적이지 않은 결론이 도출될 경우에 법규범의 목적을 따라 법문언의 가능한 의미보다 그 범위를 축소하여 적용하는 것이기 때문에 목적론적 축소가 상정하고 있는 법흠결은 앞서 본 은폐된 흠결에 해당한다고 볼 수밖에 없다. 이와 관련하여서는 김영환, 한국에서의 법학방법론의 문제점, 법철학연구 제18권 제2호, 한국법철학회, 2015, 144면 및 허완중, 법형성이 아닌 법발견(법해석)인 합헌적 법률해석, 사법 제41호, 사법발전재단, 2017, 563면 각 참조.

22) 김영환, 법철학의 근본문제, 홍문사, 2008, 244면.

것을 말한다.[23] 다만 이러한 방식으로 해당 사안에 법규범이 적용되지 않도록 구성함으로써 사실은 법문과 정반대의 결과를 가져오게 되어 목적론적 축소를 통한 법형성은 대부분 법문에 어긋나는 법해석으로 보이기도 한다.[24]

4. 조세법률주의상 엄격해석의 원칙과 법형성의 허용범위

조세법에서는 과세권자의 자의와 남용을 방지하고 조세관계의 법적 안정성을 추구하기 위해 조세법률주의와 과세요건 명확주의를 근거로 엄격해석의 원칙을 대원칙으로 삼고 있다.[25] 이러한 엄격해석의 원칙은 조세판례[26]에서 확립되어온 일반법원칙으로서, 입법기술상의 불완전성으로 인해 법적용자가 조세법령을 해석함에 있어서 문언의 의미에 따라서 엄격하게 해석하여야 하고, 법의 흠결이나 공백을 문언해석 이외의 방법으로 메우는 것은 허용되지 않는다는 원칙이다.[27]

그러나 현실적으로는 이러한 원칙과는 달리, 다수 조세판례 사안들에서 구체적 타당성을 추구하기 위해 합목적적 해석 및 법관의 법형성을 허용하는 모습들을 확인할 수 있다.[28] 실제 우리 대법원의 판결은 엄격해석의 원칙만을 유일한 해석원칙으로 삼아 판시하고 있지는 않는 경향성을 보이고 있으며, 그 중에서도 구체적 타당성 때문에 내지는 세법 체계의 앞뒤를 맞추기 위하여 납세자에게 유리한 확장이나 축소는

23) 허완중, 법형성이 아닌 법발견(법해석)인 합헌적 법률해석, 사법 제41호, 사법발전재단, 2017, 563면.
24) 김영환, 한국에서의 법학방법론의 문제점, 법철학연구 제18권 제2호, 한국법철학회, 2015, 147면.
25) 임승순, 조세법(2016), 박영사, 2016, 50-51면.
26) 대법원 1983. 12. 27. 선고 83누213 판결 등 다수
27) 임승순, 위의 책, 51면.
28) 서보국, 조세법상 법관의 법발견과 법형성, 법학연구 제26권 제3호, 충남대학교 법학연구소, 2015, 18면.

물론이고, 또는 그 반대의 방향으로 법령을 유추·확장 내지는 축소해석한 판결 또한 다수가 존재한다.[29)]

즉, 1994년의 대법원 판결[30)] 이후 엄격해석의 원칙은 판례를 통해 현재까지 조금씩 완화되는 추세에 있으며,[31)] 오히려 국세기본법 제18조 제1항의 세법 해석의 기준과 같은 법 제14조의 실질과세원칙에 의해 유추적용 등의 법형성이 세법상으로 어느 정도 허용되고 있다고 봄이 타당하다.[32)]

따라서 예외를 허용하지 않는 절대적 엄격해석의 원칙은 존재하지 않고, 필요한 경우에 목적론적 해석을 적용할 수 있을 뿐만 아니라 법형성작용도 가능한 것으로 인식되고 있으므로, 현재에 와서는 이러한 목적론적 해석과 법형성작용이 인정되기 위해 어떠한 기준과 한계를 설정할 것인지의 문제가 중요하다고 할 것이다.[33)]

---

29) 그러한 예로서, 조세범처벌법 제25에 나오는 "법인의 대표자"라는 글귀를 "그 명칭 여하를 불구하고 당해 법인을 실질적으로 경영하면서 사실상 대표하고 있는 자"를 포함하는 뜻으로 풀이한 판결인 대법원 1997. 6. 13. 선고 96도1703 판결 및 납세자에게 불리한 판단을 하면서 그 논거를 "시가의 산정이 어려운 경우에는 보충적으로 그 시가에 갈음하여 객관적이고 합리적인 방법으로 그 가액을 평가하여야 하나, 이 경우 법인세법 시행규칙 제16조의2 규정을 유추적용하여 … 그 가액을 평가할 수 있다" 고 판시한 대법원 2003. 10. 23. 선고 2002두4440 판결 등이 존재한다. 이와 관련하여서는 이창희, 조세법 연구 방법론, 서울대학교 법학 제46권 제2호(통권 135호), 서울대학교 법학연구소, 2005, 5−6면 참조.

30) 대법원 1994. 2. 22. 선고 92누18603 판결. 이 판결에서는 "조세법률주의 원칙상 과세요건이거나 비과세요건 또는 조세감면요건을 막론하고 조세법규의 해석은 특별한 사정이 없는 한 법문대로 해석할 것이고 합리적 이유없이 확장해석하거나 유추해석하는 것은 허용되지 않는다"라고 판시하여 '특별한 사정'이나 '합리적 이유'가 있다면 유추해석 또는 확대해석이 허용될 수 있다는 여지를 최초로 설시하였다는 평가를 받고 있다.

31) 서보국, 앞의 논문, 18면.

32) 이재호, 세법상 유추의 可否에 관하여, 조세법연구 제17권 제1호, 한국세법학회, 2011, 162면 이하.

33) 서보국, 앞의 논문, 18−19면.

5. 법형성의 범위와 관련된 판례의 입장

가. 헌법재판소의 입장

헌법재판소는 법률해석과 관련하여 우선적으로 법문이 의미하는 바를 고려하되, 해당 문언의 불명확성 내지 모호성이 존재할 경우 목적론적 해석으로 보완 가능하다는 입장을 취하고 있으며, 그러한 경우 법률의 합헌적 해석 및 체계적 해석을 더하는 구조로 보고 있다.[34] 그리고 법형성과 관련하여서는 법의 흠결이 존재할 경우 유추 내지 확대해석을 통한 법문의 보충 및 나아가 법의 흠결이 합리적으로 판단되는 경우에는 법문을 수정하는 법형성도 가능하다고 보는 입장에 있다.[35]

---

34) 이계일, 우리 법원의 법률해석/법형성에 대한 반성적 고찰, 법학연구 제25권 제4호, 연세대학교 법학연구원, 2015, 316면. 예컨대, 우리나라 지방자치법 조문 체계에서는 '주민' 이라는 용어가 다수 산재하여 존재하고 있는 실정인바, 설정하는 기준에 따라 '주민'의 개념이 다양하게 해석될 수 있는 여지가 존재하므로, 이를 일의적으로 해석하기보다는 구체적 타당성을 기하기 위하여 지방자치법의 개별 조항에 맞도록 합목적적으로 '주민'의 범위 등을 해석해야 한다는 견해가 존재한다. 이와 관련하여서는 이진수, 지방자치법상 '주민'(住民)의 개념 : 지방자치법 제138조의 분담금 부과·징수대상이 되는 주민 개념과 관련하여, 행정법연구 제56호, 행정법이론실무학회, 2019, 276면 참조.

35) 헌법재판소 2012. 5. 31. 자 2009헌바123 결정
"일반적으로 법률문언의 의미와 내용을 분명히 하는 법률해석에 있어, 법률조항의 문구의 의미가 명확하지 않거나 특정한 상황에 들어맞는 규율을 하고 있는 것인지 애매할 경우에는, 입법목적이나 입법자의 의도를 합리적으로 추정하여 문언의 의미를 보충하여 확정하는 체계적, 합목적적 해석을 하거나, 유사한 사례에 관하여 명확한 법률효과를 부여하고 있는 법률조항으로부터 유추해석을 하여 법의 흠결을 보충하거나, 심지어 법률의 문언 그대로 구체적 사건에 적용할 경우 터무니없는 결론에 도달하게 되고 입법자가 그런 결과를 의도하였을 리가 없다고 합리적으로 판단되는 경우에는 문언을 약간 수정하여 해석하는 경우도 있을 수 있다. 또한 어떤 법률조항에 대한 여러 갈래의 해석이 가능한 경우, 특히 법률조항에 대한 해석이 한편에서는 합헌이라는 해석이, 다른 편에서는 위헌이라는 해석이 다 같이 가능하다면, 원칙적으로 헌법에 합치되는 해석을 선택하여야 한다는 '헌법합치적 법률해석'의 원칙도 존중되어야 하는 것은 당연할 것이다."

나. 대법원의 입장

한편 대법원은 법해석과 법형성의 범위와 기준에 대하여 보다 구체적인 입장을 표하고 있는데, 기본적으로는 법해석의 도구로서 여러 해석기준을 고려하는 것으로 판단된다. 이러한 해석기준들이 상호 충돌하는 경우 대법원은 '문언의 통상적 의미'를 최우선적으로 고려하여 해석하여야 함이 원칙이라는 점을 설시하면서도, 필요한 경우 법적안정성과 예측가능성을 해치지 아니하는 범위에서 합목적적 해석을 할 수 있다고 보고 있다.[36)]

다만 대법원은 개별사건에서의 구체적 타당성을 확보하기 위해 규정의 의도와 취지를 고려하여 문언의 통상적 의미와 다른 방향으로 목적론적 해석을 하는 경우에 있어서도, 당해 법률 및 타 법률들과의 체계적 조화가 그 한계로 작용한다고 보고 있다. 그리고 이와 더불어 '법문이 명확한 경우'라면 목적론적 해석, 즉 취지와 의도를 고려한 해석이 제한되어야 한다는 태도를 취하고 있다.[37)][38)]

---

36) 대법원 2008. 1. 17. 선고 2007두11139 판결
"조세법률주의의 원칙상 조세법규의 해석은 특별한 사정이 없는 한 법문대로 해석하여야 하고 합리적 이유 없이 확장해석하거나 유추해석하는 것은 허용되지 않지만, 법규 상호 간의 해석을 통하여 그 의미를 명백히 할 필요가 있는 경우에는 조세법률주의가 지향하는 법적 안정성 및 예측가능성을 해치지 않는 범위 내에서 입법취지 및 목적 등을 고려한 합목적적 해석을 하는 것은 불가피하다."

37) 대법원 2009. 4. 23. 선고 2006다81035 판결
"법은 원칙적으로 불특정 다수인에 대하여 동일한 구속력을 갖는 사회의 보편타당한 규범이므로 이를 해석함에 있어서는 법의 표준적 의미를 밝혀 객관적 타당성이 있도록 하여야 하고, 가급적 모든 사람이 수긍할 수 있는 일관성을 유지함으로써 법적 안정성이 손상되지 않도록 하여야 한다. 그리고 실정법이란 보편적이고 전형적인 사안을 염두에 두고 규정되기 마련이므로 사회현실에서 일어나는 다양한 사안에서 그 법을 적용함에 있어서는 구체적 사안에 맞는 가장 타당한 해결이 될 수 있도록, 즉 구체적 타당성을 가지도록 해석할 것도 또한 요구된다. 요컨대, 법해석의 목표는 어디까지나 법적 안정성을 저해하지 않는 범위 내에서 구체적 타당성을 찾는 데에 두어야 할 것이다. 그리고 그 과정에서 가능한 한 법률에 사용된 문언의

6. 소결

모든 사회현상을 성문법으로 규율하는 것은 사실상 불가능하다고 할 것이므로 입법당시 고려하지 못했던 사실관계를 이미 형성된 법규정의 해석을 통해 규율하려는 경우에는, 법관이 법형성 작용으로서 유추해석 및 목적론적 축소해석을 하는 것은 허용될 수밖에 없을 것이다. 나아가 우리 세법은 세법의 해석과 적용에 있어서 국세기본법 제18조[39]에서 합목적적 해석의 필요성을 언급하고 있다. 단 이러한 유추해석 및 목적론적 축소해석이 무한정 인정될 수는 없는 것이며 일정한 범위 내에서 제한적으로 이루어져야 함은 물론이다.

다만, 여기서 법해석 또는 법발견은 법관의 고유업무에 속하는 것으로서 본래부터 인정되는 것임에 반해, 법형성의 경우에는 권력분립원칙 내지는 법치국가 원칙 등에 따른 법문언에 대한 구속이라는 이슈와 충돌하는 것처럼 보인다는 점에서 (특별한) 정당화가 필요한 영역이라는 평가가 존재하여 왔다.[40]

통상적인 의미에 충실하게 해석하는 것을 원칙으로 하고, 나아가 법률의 입법취지와 목적, 그 제·개정 연혁, 법질서 전체와의 조화, 다른 법령과의 관계 등을 고려하는 체계적·논리적 해석방법을 추가적으로 동원함으로써, 앞서 본 법해석의 요청에 부응하는 타당한 해석이 되도록 하여야 할 것이다.

한편, 법률의 문언 자체가 비교적 명확한 개념으로 구성되어 있다면 원칙적으로 더 이상 다른 해석방법은 활용할 필요가 없거나 제한될 수밖에 없고, 어떠한 법률의 규정에서 사용된 용어에 관하여 그 법률 및 규정의 입법취지와 목적을 중시하여 문언의 통상적 의미와 다르게 해석하려 하더라도 당해 법률 내의 다른 규정들 및 다른 법률과의 체계적 관련성 내지 전체 법체계와의 조화를 무시할 수 없으므로, 거기에는 일정한 한계가 있을 수밖에 없다."

38) 이계일, 우리 법원의 법률해석/법형성에 대한 반성적 고찰, 법학연구 제25권 제4호, 연세대학교 법학연구원, 2015, 315면.

39) 제18조(세법 해석의 기준 및 소급과세의 금지) ① 세법을 해석·적용할 때에는 과세의 형평(衡平)과 해당 조항의 합목적성에 비추어 납세자의 재산권이 부당하게 침해되지 아니하도록 하여야 한다.

40) 박준석, 앞의 논문, 3면.

따라서 법관에게 법문언의 범위를 넘어선 법형성 작용을 허용한다고 하더라도, 헌법상 삼권분립의 원칙이 명시되어 있는 점과 사법부는 민주적 정당성을 확보하고 있지는 못하는 점에 비추어 보면, 법관은 입법자를 대체하거나 새로운 법원(法源)을 창조할 수는 없기 때문에 헌법적 차원에서 법관의 법형성 작용에 한계를 설정하는 것도 가능하다고 할 것이다.[41]

그렇다고 하더라도 그 한계 설정의 범위는 법률에 규정된 개별적인 개념을 어떻게 해석하는지에 따라 다양한 양태로 정해지게 될 것이므로, 일률적으로 특정한 기준에 의하여야 한다고 단언할 수는 없을 것이다. 따라서 이러한 기준은 여러 사례에서의 논증을 통하여 구체화될 수밖에 없다고 본다.

즉, 법문의 범위를 넘어선 법관의 법형성과 관련하여서는 방법적 정당성을 갖추어야만 하는데, 이러한 법관이 시도하는 법형성은 그 출발이 성문법하에서 구체적인 타당성을 추구하기 위한 시도에서 비롯된다고 할 것이어서 결국 개별사건을 판단하는 법관의 개인적인 판단에 의존할 수밖에 없는 구조이므로 그 정당성은 충분한 논증을 통하여 확보될 수밖에 없다고 사료된다.

V. 대상판결의 검토

1. 문제의 정리

앞서 살펴본 법해석과 법형성의 개념을 통하여 대상판결을 살펴보면, 대상판결은 법규정의 문언상 확정개념으로 해석될 수 있는 규정의

41) 이와 관련하여서는 박종희·윤제왕, 앞의 논문, 216면 참조.

의미에 추가적인 요건을 설정하여, 이를 불확정개념[42]으로 보아 문언의 해석 범위를 제한하는 목적론적 축소해석을 시도하고 있는 것으로 평가할 수 있을 것이다. 다만, 대상판결의 판시내용을 살펴보면 문언을 넘어선 법형성을 하고 있음에도 그 판단의 논거를 충실히 제시하지 아니하는 문제점을 확인할 수 있다. 그리고 대상판결이 부여하는 추가적인 요건에도 법적안정성을 침해하는 요소가 포함되어 있다고 판단되므로, 이하에서는 이에 대하여 보다 구체적으로 다루어 보기로 한다.

2. 대상판결의 문제점

가. 법형성시 논증부족(형식 또는 절차적 문제)

사안에서 대법원은 문언상 '비영리법인이 고유목적사업준비금을 손금으로 계상한 경우에는 그 계상일이 속한 사업연도 종료 후 5년이 되는 날까지는 익금에 산입하지 않는다'고 해석되는 대상규정의 사례군 중 일부(비영리내국법인이 고유목적사업준비금을 유예기간(5년) 내에 고유목적사업 이외의 용도에 사용함으로써 더 이상 고유목적사업에 지출할 수 없다는 점이 명백하게 드러난 경우)를 배제하는 형태로 목적론적 축소해석[43]을 시도한 것으로 보인다.[44]

---

42) 류지태/박종수, 행정법신론(제16판), 박영사, 2016, 92면에서는, 법규범을 이루는 구성요건을 그 내용적인 측면에서 특정될 수 있는 것인지 여부에 따라 '확정개념'과 '불확정개념'을 나누어 구분하고 있다. '불확정개념'은 예컨대, '중대한 과실', '중대한 사유' 등 그 자체가 가지는 의미의 불명확성으로 인하여 구성요건이 언제 충족되었는지를 확정할 수 없는 개념이라고 설명하고 있다.

43) 이러한 목적론적 축소해석의 의미에 관하여, 김영환 교수는 한 단어가 의심의 여지없이 적용 가능한 대상을 해당법령의 목적에 입각하여 한 단어가 적용 불가능한 대상으로 만들어 법적용에서 배제하는 해석이라는 취지로 설명하고 있다. 사견으로는 이와 같은 설명에 의하여 목적론적 축소해석의 의미가 보다 명쾌해진다고 판단하였다. 해당 논의에 대해서는 김영환, 한국에서의 법학방법론의 문제점, 법철학연구 제18권 제2호, 한국법철학회, 2015, 155－159면 참조.

44) 한편, 대상조항에 대한 대법원의 해석방법을 확장해석이라고 설명하는 의견이 있으

그러나 대상판결은 위와 같은 목적론적 축소해석을 시도하면서도 그 논거로 “위와 같은 규정들은 비영리내국법인이 고유목적사업준비금으로 계상한 부분에 대하여 고유목적사업 등에 지출하기 전이라도 미리 손금에 산입할 수 있도록 허용하는 대신 고유목적사업준비금을 손금에 계상한 사업연도의 종료일 이후 5년이 되는 날까지는 고유목적사업 등에 지출이 이루어져야 한다는 점을 전제로 하여 위 기간 동안 과세를 이연함으로써 비영리내국법인이 공익사업을 원활하게 수행할 수 있도록 하기 위한 것이다.”라는 입법취지만을 제시하고 있을 뿐이다.

한편, 대상판결의 원심은 비록 대상판결과 결론에 있어서는 입장을 달리하나, 그 설시를 살펴보면, 위 규정의 문언적 의미와 더불어 해당 제도의 취지 · 법규정 내 다른 조항과의 비교·검토를 통하여 보다 논리적이고 상세히 기술하고 있어, 결론에 이르는 논증을 충실히 하고 있음을 확인할 수 있다.

앞서 살핀 바와 같이, 법은 사회의 보편타당한 규범으로서 이를 해석함에 있어서는 가급적 일반 국민의 입장에서 납득 가능할 정도의 일관성을 유지함으로써 법적 안정성을 추구하되, 이를 저해하지 않는 범위에서 구체적 타당성을 고려할 수 있다. 따라서, 만약 개별 세법규정의 문언이 일의적 · 객관적으로 해석 가능한 경우라면 여타의 법령 해석방법은 고려될 필요가 없거나, 그 활용도가 극히 미미할 것이다. 하물며 해당 규정의 입법취지가 문언의 통상적 의미와도 부합하는 경우라면, 위 규정의 해석을 두고 법관들 사이에서 상반된 결론이 도출되는 것은

나, 위 김영환 교수의 논문에서 설명하는 바와 같이, 확장해석은 하나의 단어가 의심의 여지없이 적용 가능한 대상의 의미를 그 단어가 적용될 수도 적용되지 않을 수도 있는 경계에 있는 대상에까지 넓히는 해석방법을 의미하는 것이므로, 위와 같은 주장은 타당하다고 보기 어렵다. 이와 관련하여서는, 박훈·정혜윤·권형기, 고유목적사업준비금에 관한 법령의 해석방법에 대한 소고 – 대법원 2017. 3. 9. 선고 2016두59249 판결에 대한 판례평석 –, 성균관법학 제29권 제2호, 성균관대학교 법학연구원, 2017, 226면 참조.

결국 해당 사건을 담당하는 법관 개인의 주관적인 해석이 개재된 것으로 볼 수 있을 것이다.[45)]

이와 같이 사법부 내부에서 발생하는 해석상 대립을 해소하는 방편은 서로 다른 해석을 내어놓고 있는 상대 법관에 대한 설득일 수밖에 없고, 충실한 논증은 그 설득의 가장 훌륭한 수단이 된다고 할 수 있다. 나아가 조세법률주의를 근간으로 하는 조세법 분야에서는 법규정을 최대한 법문에 맞도록 해석하고 그 의미를 어떻게 구성할 것인지의 문제가 주된 이슈 중 하나임을 감안하면, 법관 개인의 주관적 관념보다는 추론을 통한 법문의 해석이 우선하고 또 강조되어야 할 필요가 있다.[46)]

그러나 대상판결은 원심과 마찬가지로 고유목적사업준비금을 손금에 계상한 사업연도의 종료일 이후 5년이 되는 날까지는 고유목적사업 등에 지출이 이루어져야 한다는 점을 전제로 하여 위 기간 동안 '과세를 이연함으로써 비영리내국법인이 공익사업을 원활하게 수행할 수 있도록 하기 위한 것'이라는 입법취지를 명시적으로 인정하고 있으면서도, 원심과 달리 별다른 근거와 논증을 수반하지 아니한 채 만연히 원심판결의 설시에 위법이 있다고 판단할 뿐이어서 그 해석의 정당성에 의문이 드는 것이 사실이다.

즉, 법형성을 함에 있어서는 보다 특별한 정당화가 필요하다는 일반적인 요청에도 불구하고, 대상판결이 문언적 해석 및 입법취지를 아울러 고려한 원심의 설시에 대하여 별도의 논증이 없이 단순히 그 판단을 번복하여 원심의 판시가 위법하다고 본 것은 정당화되기 어렵다고 생각된다.

---

45) 그리고 이러한 판결은 실제 사례를 대상으로 이루어지므로 판사 개인이 지니고 있는 주관적인 도덕관념이 투영될 가능성이 높다.

46) 장재형, 도덕적 직관이 나타나는 대법원 조세 관련 판결과 조세심판원 결정에 관한 연구, 조세연구 제18권 제1집, 한국조세연구포럼, 2018, 68면.

나. 법률요건 창설 시 불확정개념의 도입(내용적 문제)

한편, 대상판결이 구 법인세법 제29조 제3항 제4호에 따른 과세이연효과를 배제하는 요건으로 설시하는 "더는 고유목적에 사용할 수 없는 것이 명백해진 경우"는 일견 불확정개념에 해당하는 것으로 보인다. 그러나 위 개념은 그 자체로 불명확할 뿐 아니라, 매우 광범위한 적용범위에 해당한다고 보이는바, 납세자의 예측가능성은 물론이고 법적안정성 또한 상당한 정도로 침해하는 요건으로 생각된다.

구체적으로 살펴보면, 대상판결은 위 배제요건의 그 판단시점과 사용가능성에 대해서 언급하지도 아니한 채 단순히 해당 개념을 도입함으로써 도대체 어떠한 경우가 위 요건에 해당하는지를 예측할 수 없도록 한 잘못이 있다.[47] 즉, 대상판결에 의할 경우 다른 전제조건이 없이, 단지 고유목적사업준비금으로 수익사업용 자산을 매입하였다는 사실만으로 곧바로 고유목적사업에 지출할 수 없다는 점이 분명해지는 것으로 볼 수 있는지의 문제가 존재한다.

같은 논리의 연장선상에서, 전출된 고유목적사업준비금의 익금 귀속시기와 관련하여서도 설시의 불명확성이 존재한다.

해당 사건에서 원고는 '설령 (대상판결의 설시대로) 5년의 유예기간이 경과하기 이전에 전출금을 익금 산입가능한 것으로 보더라도, 원고는 이미 2005년에 이 사건 부동산 매각대금으로 정기예금반환채권을 취득하였는바, 이는 고유목적사업용 재산이 아니어서 해당 사업연도에 이미 고유목적사업준비금을 고유목적사업이 아닌 다른 용도로 사용한

---

47) 대상판결의 설시만으로는 원고 학교법인이 고유목적사업준비금을 임의 환입하였다는 사정 때문인지, 내지는 사실관계의 측면에서 보았을 때 5년의 유예기간이 도래하기 전이라도 향후에 같은 법인이 이 사건 전출금을 고유목적사업에 지출하지 못할 명백한 사정이 드러났기 때문인지 등 "더는 고유목적에 사용할 수 없는 것이 명백해지는" 사유에 관하여 도무지 알 수가 없다는 것이 본질적인 문제점이라 생각된다.

것이 명백하므로 2007 사업연도에 고유목적사업준비금을 산입하여서는 안 된다'는 취지로 주장하였다. 그런데 이에 대해 대상판결에 따라 환송된 2심에서는 "예금이나 적금 등은 현금성 자산으로 고유목적사업준비금을 은행에 예금이나 적금 등으로 예치하는 것은 고유목적사업준비금을 운용하는 방법 중의 하나일 뿐"이라는 이유로 원고가 이 사건 토지의 매각대금 등을 정기예금으로 예치한 것이 고유목적사업 이외의 용도로 사용한 것에 해당한다고 할 수 없다고 판시하였다.

허나 이렇게 본다면, 고유목적사업준비금으로 국채, 지방채, 회사채, 주식, 금융상품, 기타 자산 등[48]을 매입하는 경우는 고유목적사업에 지출할 수 없다는 점이 분명해진 것으로 볼 것인지에 대해서는 여전히 해석상 의문이 생길 수박에 없다.[49]

따라서 대상판결은 이처럼 법문언 자체로 그 의미가 명확하게 전달되는 확정개념에 법률에 규정되지 아니한 추가적인 요건을 도입함으로써 이를 불확정개념으로 변경하고 있어 오히려 법규정을 해석함에 있어 혼란을 가중시키고 있으므로, "조세법률주의"에서 파생된 개념인 "과세요건 명확주의"와 배치되는 입장에 있다는 평가 또한 가능할 것이다.[50]

즉, 대상판결이 법형성을 통하여 법률적용의 요건으로 입법부가 설정하지도 아니한 불확정개념을 도입하는 것은 삼권분립에 반할 뿐만 아니라, 법적안정성을 크게 침해하는 행위임과 동시에 납세자의 예측가능성 성립 자체를 불가능하게 만드는 행위라 사료된다.

---

48) 위 언급된 자산의 경우는 환가가 어려운 부동산보다는 환가가 보다 용이한 자산이기는 하다. 그러나 비영리법인이 그 자산을 고유목적사업에 지출하고자 하는 경우(예금이나 적금처럼) 즉시 현금화하여 지출할 수 있는 성격이라고 볼 것인지 및 이러한 형태로 고유목적사업준비금 상당액을 보유하는 경우를 고유목적사업 이외의 용도로 사용한 것에 해당한다고 할 수 없는 것인지에 대한 의문이 있다.

49) 김승호, 2017년 법인세법 판례회고, 조세법연구 제24권 제1호, 한국세법학회, 2018, 336면.

50) 같은 취지로, 박훈·정혜윤·권형기, 앞의 논문, 226면 참조.

3. 고유목적사업준비금 관련 판례의 분석

가. 관련 선행 판결의 분석 목적

법인세법 시행규칙 제76조 제4항 후단은 조세특례제한법 제74조 제1항 제1호 소정의 사립학교법인 등에 대하여는 교육사업을 지원하고자 하는 입법취지에서 이른바 '지출간주' 규정이라는 특혜규정을 두고 있다. 대상판결은 비영리법인, 그 중에서도 학교법인을 그 대상으로 하고 있는바, 학교법인의 고유목적사업준비금을 둘러싼 선행 판결들은 공통적으로 법인세법 제29조의 입법취지 및 위 시행규칙을 언급하면서, 동시에 법령의 규정에 명시된 조세특례의 적용범위를 제한하는 목적론적 축소해석을 할 수 있는 요건을 설시하고 있으므로, 이하에서는 선행 판결들을 소개하고, 대상판결과의 비교를 통해 시사점을 얻고자 한다.

나. 고유목적사업준비금 관련 법원의 태도

서울고등법원 2010. 12. 16. 선고 2010누19449 판결[51)]에서는, 법인세법 제29조의 입법취지가 '비영리법인이 수익사업을 통하여 얻은 소득으로써 고유목적사업을 안정적으로 영위할 수 있도록 함'에 있다고 보았다. 다만 고유목적사업준비금으로 계상하여 손금에 산입한 금원을 환원하여 익금에 산입한 것으로 인정할 수 있으려면, 비영리법인이 위 금원을 실질적으로 수익사업에 지출·전용하는 등 더 이상 고유목적사업에 지출하지 아니하겠다는 사정이 회계처리과정에서 분명히 드러나야 하고, 설령 그러한 경우에 해당하더라도 임의환입을 익금산입사유로 보는 것은 법령에 정한 사유에 해당하지 아니하므로, 이를 조세법률주의 원칙상 허용되지 아니하는 확장·유추해석이라고 보았다[52)53)].

---

51) 해당 사안은 대법원 2011. 5. 13. 선고 2011두1504 판결(심리불속행)로 확정되었다.
52) 과세관청은 익금 산입의 근거로, 단지 법인세법 기본통칙 29−56…5을 제시하였기 때문이다.

한편, **대법원 2013. 3. 28. 선고 2012두690 판결**에서는, 법인세법 제29조의 입법취지에 비추어, 수익사업회계에 속하던 자산을 비영리사업회계로 전출할 당시부터 위 자산을 수익사업에 사용할 목적이었고, 그 후 실제 위 자산을 수익사업에 사용한 경우라면, 수익사업회계에 속하던 자산을 비영리사업회계로 전출하였다는 이유만으로 이를 손금에 산입할 수는 없다고 판시하였다. 비록 위 법인세법 제29조의 입법취지가 무엇인지는 명확하게 설시하지 아니하였으나, 이러한 대법원의 설시는, 법인이 실제로는 수익사업회계에 속하던 자산을 고유목적사업에 지출하지 않으면서도, 오로지 고유목적사업준비금으로 손금 계상함으로써 '지출간주' 규정을 적용받아 조세회피를 하는 것을 방지하고자, 이른바 비수익사업회계에 전출한 사실이 명목에 불과할 경우에는 위 간주규정을 적용하지 않겠다는 입장으로 보여진다.

이후 **대법원 2016. 4. 15. 2015두52784 판결**은 법인세법 제29조 제3항 제4호의 입법취지가 비영리법인의 고유목적사업 수행의 원활한 지원에 있다는 점을 전제하는 한편, '지출간주 규정'은 그 문언에도 불구하고, 비영리법인이 전출금을 실제로 고유목적사업이라는 한정된 용도에 사용하지 않거나, 용도 외에 사용할 경우를 해제조건으로 하는 것이라는 점을 분명히 하면서[54], "전출금을 임의 환입하여 수익사업에 사

53) 한편, 해당 판결에서는 법인이 고유목적사업준비금 차감액을 법정 의무사용기간 내에 사용하지 아니한 사정이 있다고 하더라도, 이는 그 사용기간이 만료된 사업연도의 법인세를 경정하여 과세처분을 할 수 있는 근거가 될 뿐이라고도 설시하였다.

54) 이와 유사한 취지로, 서울고등법원 2015. 12. 9. 선고 2015누49032 판결은 법인세법 제29조의 입법취지가 "법인이 이를 고유목적사업준비금으로 계상하여 5년 이내에 고유목적사업에 사용할 것임을 '약속'하는 경우 이를 손금에 산입하도록 법인세를 면제하되, 추후 고유목적사업에 사용하겠다는 당초 약속을 지키지 아니하는 경우, 그에 관한 법인세 면제를 철회하고 다시 법인세를 부과하도록 규정한 것"이며, "고유목적사업준비금을 실제 고유목적사업 그 자체를 위하여 가급적 조속히 사용하도록 강제"하는데 있다고 설명하면서, 이러한 입법취지에 비추어 '지출간주' 규정 또한 형식상 비영리사업회계에 속해 있다는 이유만으로 실제 용도와는 무관하게 해당 자산을 고유목적사업에 사용한 것으로 의제하기 위한 것으로 해석될 수 없다고

용함으로써 더는 고유목적사업에 사용할 수 없는 것이 분명해진 경우에는 5년의 유예기간을 기다릴 필요 없이 곧바로 해당 사업연도 익금에 산입할 수 있다"고 설시하였다[55].

다. 대상판결과의 비교(검토)

앞서 본 관련 선행 판결들의 판시취지를 고려하여, 이를 대상판결 사안과 비교하여 검토해보면 아래와 같이 정리할 수 있다.

첫째, 각급 법원은 법인세법 제29조와 관련하여서는 '비영리법인이 법에서 명시한 5년의 유예기간 범위 내에서는 고유목적사업을 탄력적으로 운영'할 수 있도록 한다는, 그리고 같은 법 시행규칙 제76조 제4항 후단과 관련하여서는 '전출금을 고유목적사업이라는 한정된 용도 외에 사용할 것을 해제조건[56]으로 한다'는 입법취지를 공통적으로 밝히고 있다. 이 점은 대상판결의 원심에서도 동일하게 설시하고 있으므로, 대상판결 또한 동일한 입법취지를 전제로 하고 있다고 볼 수 있다.

둘째, **2010누19449 판결 및 2015두52784 판결**은 비영리법인이 준비금을 임의 환입하는 회계처리를 한 경우에는 유예기간을 기다릴 필요 없이 곧바로 해당 사업연도 익금에 산입할 수 있다는 취지로 '목적론적 축소해석'을 하였다. 반면 대상판결은 단지 "원고가 이 사건 토지 매각대금으로 이 사건 아파트를 매입하여 고유목적사업이 아닌 임대사업에 사용한 이상, 그때 이미 이 사건 토지 매각대금은 고유목적사업에 지출할 수 없다는 점이 분명해졌다고 할 것이므로 그 사유가 발생한

설시한 바 있다. 해당 판결은 이후 대법원 2016. 4. 12. 선고 2015두60198 판결(심리불속행)로 확정되었다.

55) 서울고등법원 2016. 3. 18. 선고 2015누48862 판결[대법원 2016. 7. 7. 선고 2016두36154 판결(심리불속행)로 확정] 또한 이와 같은 취지로 판시하였다.

56) 법률상 '조건'이라 함은 법률행위 효력의 발생 또는 소멸을 장래의 불확실한 사실에 의존하게 하는 법률행위의 부관을 의미하며, '해제조건'은 이미 발생한 법률행위의 효력이 일정한 조건의 성취에 따라 소멸하는 것을 의미한다(민법 제147조 참조).

2007 사업연도의 익금에 산입할 수 있다"고만 설시하여, 위 설시만으로는 익금산입의 사유가 원고의 임의 환입 회계처리에 기인한 것인지 등을 대략적으로도 예측하기가 어렵다.

셋째, **2012두690 판결**에서는 "구 법인세법 제29조의 입법취지에 비추어 볼 때 수익사업회계에 속하던 자산을 비영리사업회계로 전출하였다는 이유만으로 이를 손금에 산입할 수는 없다고 할 것"이라는 단순한 판단이유만을 설시하여, 대상판결과 마찬가지로 '목적론적 축소해석'을 시도하면서도 충분한 논증을 거치지 아니하는 모습을 보이고 있다.[57] 다시 말해, 대상판결과 위 2012두690판결은 법문언의 범위를 넘어선 법형성 작용을 시도하면서도 구체적인 근거나 논거를 제시하지 아니한 나머지, 각급 법원의 판단에 혼란을 초래할 가능성 내지는 법원의 판단내용에 대한 정당성 시비가 발생할 수밖에 없는 여지를 제공하고 말았다.

요컨대, 대상판결은 기존 판결들을 통해 확인할 수 있는 법인세법 제29조의 '고유목적사업의 탄력적 운영'이라는 입법취지를 명시적으로 인정하고 있으면서도, i) 왜 '(5년의 유예기간이 도래하기 전이라도) 고유목적사업에 지출할 수 없다는 점이 분명할 경우'라는 법문언에 없는 추가적인 법률효과 배제요건을 부가하였는지, ii) 또한 '분명할 경우'가 어떠한 경우인지, iii) 만약 설시와 같이 '비영리사업회계에 전출한 자금이 다시 수익사업에 사용된 경우'를 '분명할 경우'에 해당한다고 보았다면 이를 익금에 산입할 수 있는 근거는 무엇인지[58] 등에 관하여 전반적으로 이유 설시를

57) 이와 관련하여서는, 법령에 구체적인 '간주규정'이 존재함에도 대법원이 이에 대한 구체적이고 납득가능한 요건도 설시하지 아니한 채 만연히 입법취지를 언급하며, 그에 따라 부인이 가능하다는 판단을 한다면, 과세관청과 법원은 일관되지 못한 행정을 하게 될 우려가 있다는 비판이 존재한다. 정지선·김정국·권형기, 조세법상 가장행위와 고유목적사업준비금 전출행위 – 대법원 2013. 3. 23. 선고 2012두690 판결을 중심으로 –, 조세연구 제15권 제3집, 한국조세연구포럼, 2015, 49면.

58) 즉, 이를 앞서 본 '임의 환입'에 준하는 것으로 구성하여 익금에 산입할 수 있다는 것인지(물론 '임의 환입'에 해당할 경우로 보더라도 2010누19449 판결의 취지에 따

부족하게 하였다는 느낌을 지울 수가 없다. 더 나아가서는 법원이 판단을 위해 필요한 논증을 회피한 것이라는 생각마저 들게 한다.

이렇듯 법원이 문언상 일견 명확히 해석되는 규정에 대하여 실질과세원칙을 앞세워 충분한 논증이나 논거를 설시하지 않은 채 임의로 목적론적 축소해석을 할 경우에는, 납세자는 명문 규정에도 불구하고 그 규정의 숨은 의미를 파악해야하는 노력을 기울여야 하는 부담이 존재한다. 또 그렇게 파악한 내용이 불명확한 이유 설시에 부합하기를 기대하기도 어려우므로, 결국 납세자의 예측가능성이 침해됨은 물론이고, 후행판결 역시 그 판단 기준을 설정하기가 곤란하게 되는 문제점 또한 발생할 우려가 있다.

4. 소결

대상판결은 법형성 작용인 '목적론적 축소해석'을 시도하면서 문언상 법적용의 대상임이 명백한 행위에 대하여 법률효과를 배제하고 있다. 그러나 입법취지[59]를 들어 목적론적 축소해석을 하고 있음에도 불구하고 이를 정당화할 수 있는, 설득력 있는 논거를 제시하지 못하고

라 곧바로 익금 산입이 가능하다고 보는 것이 조세법률주의에 위배될 소지가 있지만 이를 차치하더라도)에 관하여도 의문이 존재한다. 만약 그러하다고 볼 경우, 2012두690 판결의 원심에서 "비영리사업회계에 전입된 자금이 다시 수익사업에 사용된 경우에는 고유목적사업준비금을 임의환급한 경우에 준하여 손금 산입에 대한 반대조정(익금 산입)을 할 수 있는 장치가 확보되어야 한다"고 지적한 바와 같이, 조세법률주의에 입각한 명시적인 법적근거 제시가 필요할 것으로 생각된다.

59) 이와 관련하여 대상판결은 적용법령의 입법취지에 대해 "~위 기간 동안 과세를 이연함으로써 비영리내국법인이 공익사업을 원활하게 수행할 수 있도록 하기 위한 것이다."라고 판시하고 있는데, 해당 내용은 원심이 설시한 "~'5년이 되는 날까지'라는 제한은 5년의 범위 내에서는 고유목적사업을 탄력적으로 운영할 수 있도록 한 것으로 볼 수 있다"라는 내용과 사실상 동일한 의미로 보인다. 그럼에도 불구하고 대상판결은 별다른 이유를 제시하지 않고 있는데, 이는 대법원 스스로 대상판결이 결론에 이르는 논리적 근거가 빈약하다는 사실을 드러내는 단면이라 할 수 있다.

있다.[60] 오히려 대상판결의 원심은 대법원이 기존에 천명한 법해석방법과 관련된 입장을 반영하여 보다 충실한 논증을 거쳐 대상판결의 입장과 다른 해석을 내어놓고 있는 것으로 보인다.

물론 법해석의 범위와 관련한 기존 대법원의 판시내용[61]에 의하더라도 그 내용은 다분히 형식적인 것이어서, 결국은 사건을 판단하는 법관의 개인적인 판단에 의존할 수밖에 없는 것이 현실이다.[62] 그렇다면 더더욱 개별사건의 판단에 있어서 법형성 작용을 시도하는 경우에는 그것을 정당화할 수 있는 논증의 중요성이 커질 수밖에 없는 구조라 생각된다.

특히 대법원이 특정 법률적 쟁점에 대해서 해석을 내놓게 되면, 당해 사건뿐만 아니라 해당 쟁점을 다루는 하급심의 해석기준으로 작용하게 되므로 추후 하급심 법원은 그러한 대법원 판결의 해석을 따를 수밖에 없게 된다.[63] 따라서 이러한 측면을 고려할 때에도 단정할 수 없는 모호한 개념인 입법취지[64]만을 그 근거로 제시하면서 유추해석 또는

60) 한편, 대상판결을 지지하는 입장으로서 5년의 유예기간은 비영리법인이 그 기간 동안 고유목적사업준비금을 수익사업에 활용할 수 있는 기회를 허용한 것으로 볼 수는 없고, 이를 고유목적사업 등에 사용하여야 하는 기간을 말하는 것이라고 하면서, '고유목적사업준비금으로 수익사업용 자산을 취득 및 이를 실제로 수익사업에 사용하는 경우라면, 이러한 수익사업용 자산은 위 준비금과 같다고 할 수는 없는 것이고, 그 수익사업용 자산의 매각대금 또한 위 준비금과 동일하게 평가할 수는 없다'는 취지의 옹호의견도 존재한다. 이와 관련하여서는 김승호, 앞의 논문, 336면 참조.

61) 각주 37의 대법원 2009. 4. 23. 선고 2006다81035 판결 내용 참조.

62) 이와 관련하여서는 김영환, 한국에서의 법학방법론의 문제점 - 법발견과 법형성: 확장해석과 유추, 축소해석과 목적론적 축소 간의 관계를 중심으로 -, 법철학연구 제18권 제2호, 한국법철학회, 2015, 154면 참조.

63) 하급심 법원은 대법원의 법률해석에 대하여 다른 입장을 개진할 수는 있으나, 일반적으로는 기존 대법원 판례를 따르면서 이를 바탕으로 관련 법리를 판단하게 된다.

64) 나아가 이러한 입법취지조차도 무엇인지 분명하지 않다고 할 것인데, 법의 목적을 전제하고 있다는 점을 차치하더라도, 그것이 입법자의 사실적인 의사를 의미하는지 아니면 법적용시 법관이 상정하는 법의 목적을 의미하는지가 불분명하다. 이와 관련하여서는 김영환, 한국에서의 법학방법론의 문제점 - 법발견과 법형성: 확장해

목적론적 축소해석을 시도하는 것은 법적안정성과 예측가능성 보호라는 측면에서 바람직하지 아니하다고 할 것이다.[65)]

한편, 법원은 고유목적사업준비금에 관련 선행 판결들과 그 이후에 나온 대상판결에서도 이처럼 법문언 자체로 그 의미가 명확하게 전달되는 경우에 있어서까지 목적론적 축소해석에 따른 법형성 작용을 하고 있다.

하지만 일정한 법률행위가 존재하면 특정한 법률효과가 발생한다는 것이 명확하게 규정되어 있는 법률조항을 해석함에 있어, 법원이 특정사안에 적용되어야 할 법률규정의 문언이 미비하여 입법부의 입법형성권을 보충하는 역할을 하는 것과는 달리, 명백히 형성되어 있는 법문언에 대해 충실한 논증을 거치지 않고서 단지 입법취지를 근거로 해당 규정을 축소·확대해석하는 행위는 바람직하다고 보기 어렵다.

이와 함께 최근 대법원이 국세기본법 제18조 제1항에 대한 재판규범성을 직접적으로 인정[66)]하면서, 납세자의 이익을 위한 합목적적 해석의 필요성 또한 별도로 강조되는 경향성이 생긴 점[67)]에 비추어 보면, 사법부가 조세법의 규정을 해석함에 있어 납세자의 이익을 침해하는 방향으로 법형성 작용을 할 경우에는 그 행위가 정당화될 수 있는지에 대

석과 유추, 축소해석과 목적론적 축소 간의 관계를 중심으로 –, 법철학연구 제18권 제2호, 한국법철학회, 2015, 153면 참조.

65) 그리고 이러한 예측가능성은 납세자뿐만 아니라 조세법률규정에 근거하여 처분을 하는 과세관청 입장에서도 확보될 필요가 있는 것이다.

66) 곽태훈, 국세기본법 제18조 제1항의 재판규범성 – 대법원 2016. 12. 29. 선고 2010두3138 판결을 중심으로 –, 조세법연구 제25권 제1호, 한국세법학회, 2019, 26면.

67) 최근 하급심법원에서도 "원고들이 이 사건 건물을 보유하던 중 하나의 매매단위로 양도하게 되었는데, 용도변경으로 인하여 공동주택에서 다가구주택으로 변경되어 다가구주택의 보유기간이 3년이 되지 않는다면, 1세대 1주택 이외의 자산에 적용되는 구 소득세법 제95조 제2항 <표 1>에서 정한 장기보유특별공제율이 적용된다고 보는 것이 국세기본법 제18조 제1항에서 정한 세법의 해석기준에 부합한다"고 판시하는 등 이러한 경향을 이어가고 있는 것이 확인된다. 이와 관련하여서는, 서울행정법원 2021. 11. 24. 선고 2020구단65886 판결 참조.

한 보다 신중한 접근이 요구된다고 할 것이다.

Ⅵ. 마치며

이 글에서는 법인세법상 고유목적사업준비금 개념과 그 내용을 살펴보고, 대상판결을 통하여 대법원이 법형성(목적론적 축소해석)을 시도함에 있어 나타나는 문제점에 대하여 살펴본 후 이를 바탕으로 대상판결에 내재된 문제점을 다루었다.

대상판결은 "5년내 사용하지 아니한 잔액에 한한다."라는 일의적이고 객관적으로 해석 가능한 문구에 관하여, 법해석 원칙상의 한계를 초과한 해석을 하였으나 이에 대해 충분한 논증을 제시하지 못하고 있다. 또한 판결을 통해 제시하고 있는 과세처분의 기준(법률효과 배제요건) 또한 명확성을 현저히 결여하고 있어 과세요건 명확주의에도 정면으로 배치되는 해석을 행하였다.[68]

더 나아가 대상판결과 같은 설시는 납세자로 하여금 과세행정 및 법원판결에 대한 예측가능성을 저해할 뿐 아니라, 불명확한 불확정개념의 도입으로 인해 과세관청으로 하여금 자칫 기준이 일관되지 않은 과세를 하도록 함으로써 부실과세 및 불필요한 행정비용의 상승마저 초래할 우려가 있다.

장래 입법이 필요한 이익형량 작용을 사전에 예측하여 법령에 모든 사정을 반영하는 것이 사실상 불가능한 이상, 사법부의 법형성 작용은 어느 정도 인정될 수밖에 없다고 할 것이다. 다만 그러한 법형성은

---

68) 만약 대상판결의 구체적 사실관계에 비추어, '추후에도 확정적으로 고유목적사업에 지출할 수 없다는 점이 명백하게 확인된 사정'이 드러났다면 위 판결의 결론에는 찬동할 수 있겠으나, 이유 설시의 불충분, 불명확성으로 인해 이러한 결론을 동일 쟁점 사안에 관하여 보편적으로 적용하기에는 곤란할 것이라 사료된다.

필연적으로 법적안정성과 예측가능성을 저해하는 결과를 초래하므로, 이를 어떠한 절차와 방식에 의하여야 하며 '어느 정도'까지 허용할 것인가가 문제된다. 그리고 이 글에서는 그러한 문제에 대한 보완책으로서 '충실한 논증'의 필요성을 제시하였다.

즉, 법원이 법형성적 해석을 시도하였다고 하더라도 이것이 허용되는 범위는 충실한 논증이 수반된 경우에 한하여야 할 것이다. 특히 판례가 입법부가 규정하지도 아니한 불확정개념을 설정하여 조세특례에 해당하는 법률규정의 요건으로 끌어들이는 것은 헌법상 삼권분립의 원칙에 위배될 소지가 크다고 할 것이므로, 개별사안의 구체적 타당성을 도모하는 법관이 의도하는 해결책이 충실한 논증에 의하여 뒷받침되지 않는다면 그 해결책은 허용되는 법형성의 범위에서 배제될 필요가 있다고 할 것이다.

이러한 측면을 고려하여 향후 법원이 법형성 작용을 하는 경우에는 다양한 법해석방법론을 고려하여, 보다 상세하고 충실한 논증이 수반되기를 기대하는 바이다.[69] 나아가, 향후 법 제·개정 시 보다 상세히 각 조문별로 입법이유서를 작성하여 이후에 발생할 수 있는 법원의 해석의 척도로서 기능할 수 있도록 하는 방안도 필요하다고 본다.

---

69) 한편 대상판결의 취지가, 비영리법인이 손익 귀속시기를 임의로 조정하기 위한 수단으로서 법인세법 제29조 및 같은 법 시행규칙 제76조 제4항을 편법으로 운용할 가능성을 방지하고자 하는 것이라면, 대상판결에서 설시한 '법률효과 배제요건'을 법령에 명시하는 등으로 향후 입법개선을 통하여 해결할 여지도 있다고 사료된다. 예컨대, 현행 법인세법에 제29조 제5항 제5호를 신설하여 '4호에 따른 5년의 유예기간이 경과하기 전이라도 고유목적사업준비금을 고유목적사업 등이 아닌 다른 용도에 사용하여 더 이상 고유목적사업에 지출할 수 없다는 점이 관련 서류 등으로 분명하게 확인되는 경우.'로 개정하는 안을 상정해볼 수 있을 것이다. 이와 같은 입법개선이 이루어진다면, 적어도 본 논문에서 지적하는 바와 같이 '법관의 자의에 의한 목적론적 축소해석'이라는 비판은 해소될 수 있을 것이라 생각된다. 그럼에도 '분명'한 경우가 어떠한 경우인지가 여전히 불명확하다는 지적이 있을 수 있겠으나, 이는 실질과세원칙을 통해 보완하거나, 향후 시행령에 유형적 포괄주의 방식 등으로 구체화하여 규정함으로써 해결이 가능할 것이라 본다.

참고문헌

단행본

김영환, 법철학의 근본문제, 홍문사, 2008

임승순, 조세법(2016년판), 박영사, 2016

류지태/박종수, 행정법신론(제16판), 박영사, 2016

논문

곽태훈, 국세기본법 제18조 제1항의 재판규범성 – 대법원 2016. 12. 29. 선고 2010두3138 판결을 중심으로 –, 조세법연구 제25권 제1호, 한국세법학회, 2019

김승호, 2017년 법인세법 판례회고, 조세법연구 제24권 제1호, 한국세법학회, 2018

김영환, 법학방법론의 의의와 그 전반적인 체계, 법학논총 제24집 제2호, 한양대 법학연구소, 2007

김영환, 한국에서의 법학방법론의 문제점, 법철학연구 제18권 제2호, 한국법철학회, 2015

박준석, 법률문언의 구속성에 대하여, 법학연구 제57집, 전북대학교 법학연구소, 2018

박훈·정혜윤·권형기, 고유목적사업준비금에 관한 법령의 해석방법에 대한 소고 – 대법원 2017. 3. 9. 선고 2016두59249 판결에 대한 판례평석 –, 성균관법학 제29권 제2호, 성균관대학교 법학연구원, 2017

서보국, 조세법상 법관의 법발견과 법형성, 법학연구 제26권 제3호, 충남대학교 법학연구소, 2015

이계일, 우리 법원의 법률해석/법형성에 대한 반성적 고찰, 법학연구 제25권 제4호, 연세대학교 법학연구원, 2015

이계일, 법관의 법형성의 체계구성에 대한 탐구, 법과사회 25권 제4호, 법학연구, 연세대학교 법학연구원, 2015

이진수, 지방자치법상 '주민'(住民)의 개념 : 지방자치법 제138조의 분담금 부과·징수대상이 되는 주민 개념과 관련하여, 행정법연구 제56호, 행정법이론실무학회, 2019

박종희·윤제왕, 판례의 법형성적 기능과 한계 – 서울행정법원 2012. 11. 01. 선고 2011구합20239, 2011구합26770판결(병합)에 대한 비판적 검토 –, 고려법학 제70호, 고려대학교 법학연구원, 2013

이재호, 비영리법인의 법인세 과세체계에 대한 입법론적 고찰, 조세법연구 제14권 제2호, 한국세법학회, 2008

이재호, 세법상 유추의 可否에 관하여, 조세법연구 제17권 제1호, 한국세법학회, 2011

이창희, 조세법 연구 방법론, 서울대학교 법학 제46권 제2호(통권 135호), 서울대학교 법학연구소, 2005

장재형, 도덕적 직관이 나타나는 대법원 조세 관련 판결과 조세심판원 결정에 관한 연구, 조세연구 제18권 제1집, 한국조세연구포럼, 2018

정지선·김정국·권형기, 조세법상 가장행위와 고유목적사업준비금 전출행위 – 대법원 2013. 3. 23. 선고 2012두690 판결을 중심으로 –, 조세연구 제15권 제3집, 한국조세연구포럼, 2015

허완중, 법형성이 아닌 법발견(법해석)인 합헌적 법률해석, 사법 제41호, 사법발전재단, 2017

국문초록

우리나라 법원이 취하고 있는 다양한 해석방법을 살펴보면, 법규정에서 부여하고 있는 문언적 의미를 넘어 유추·확대하여 규정을 적용하거나, 법문에도 불구하고 그 요건의 의미를 축소하여 제한적으로 적용하는 등 법해석의 범위를 넘어선 판결이 다수 존재함을 확인할 수 있다.

대법원 2017. 3. 9. 선고 2016두59249 판결은 비영리내국법인에 대한 조세특례규정에 해당하는 구 법인세법 제29조 제3항 제4호의 문언에도 불구하고, 법형성 작용인 '목적론적 축소해석'을 시도하면서 문언상 법적용의 대상임이 명백한 행위에 대하여 법률효과를 배제하고 있다. 그러나 위 판결은 입법취지를 들어 목적론적 축소해석을 하고 있음에도 불구하고 이를 정당화할 수 있는 설득력 있는 논거를 제시하지 못하고 있다.

입법과정에서 필요한 이익형량 작용을 사전에 예측하여 법령에 모든 사정을 반영하는 것은 사실상 불가능하기 때문에 사법부의 법형성 작용은 어느 정도 인정될 수밖에 없다고 할 것이다. 다만 그러한 법형성은 필연적으로 법적안정성과 예측가능성을 저해하는 결과를 초래하므로, 이를 어떠한 절차와 방식에 의해 '어느 정도'까지 허용할 것인가가 중요하다.

조세법률주의를 근간으로 하는 조세법 분야에서는 법규정을 최대한 법문에 맞도록 해석하고 그 의미를 어떻게 구성할 것인지의 문제가 큰 이슈 중 하나임을 감안하면, 법관 개인의 주관적 관념보다는 추론을 통한 법문의 해석이 우선하고 또 강조되어야 할 필요가 있다.

법원이 법형성적 해석을 시도하였다고 하더라도 이것이 허용되는 범위는 충실한 논증이 수반된 경우에 한하여야 할 것이다. 특히 법원이 입법부가 규정하지도 아니한 불확정개념을 설정하여 법률규정의 요건으로 끌어들이는 것은 헌법상 삼권분립의 원칙에 위배될 소지가 크다고 할 것이므로, 개별사안의 구체적 타당성을 도모하기 위해 법관이 의도하는 해결책은 그것이 충실한 논증에 의하여 뒷받침되지 않는다면 그 해결책은 허용되는 법형성의 범위에서 배제될 필요가 있다.

주제어: 고유목적사업준비금, 목적론적 축소해석, 법형성, 입법취지, 충실한 논증

Abstract

Formation of law by the Court about Reserve Fund for Essential Business
− Review on the Supreme Court 2017. 3. 9. 2016Du59249 Decision −

Ryu yeonho*, Kang sangwoo**

When reviewing the various interpretation methods adopted by the Korean court, there are many judgments that go beyond the scope of legal interpretation through applying regulations. And the Korean courts make those judgments by analogy and expansion beyond the literal meaning given by the regulation of laws, or reducing the meaning of the requirements and applying it in a limited way notwithstanding the legal wording.

Despite the legal wording of Article 29 paragraph 3, item 4 of the former Corporate Tax Act, which corresponds to special tax provisions for non-profit domestic corporations, the Supreme Court rendered a decision(2016Du59249, "Subject Decison") on March 9th, 2017. And the Subject Decision excludes the legal effect which is literally subject to legal application on the act, attempting a 'teleological reduction'. While using the legislative purpose to provide 'teleological reduction', the

* Attorney at Law, NTS Seoul Regional Office, Korea University Law Department Doctoral Course, yhryu17@kakao.com, First Author

** Attorney at Law, NTS Seoul Regional Office, Korea University Law Department Doctoral Course, kangsw1990@naver.com, Second Author

Subject Decision does not provide a convincing argument to justify it.

It is virtually impossible to predict in advance the effect of the interest−balancing required in the legislative process and reflect all circumstances in the statutes. So, 'the formation of law' by the judiciary is bound to be allowed to some extent. However, such formation of law inevitably results in impairing legal stability and predictability. Therefore, it is important that what extent the formation of law is allowed to and that what procedures and methods are needed to allow this.

In the field of tax law based on 'principle of no taxation without law', the question of how to interpret laws and regulations to suit the legal text as much as possible and how to construct their meaning is one of big issues. Considering that, it is necessary to prioritize and emphasize the interpretation of the law through reasoning rather than the subjective concept of individual judges.

Even if the court attempted a interpretation with formation of law, the extent to which this is allowed should be limited to cases involving reasonable argument. Especially, establishing'indeterminate concept'which is not even prescribed by the legislature and introducing it as a requirement of legal regulations can highly violate the principle of 'separation of powers under the Constitution'. Thus the solution intended by judges to promote the specific validity of individual issues needs to be excluded from permitted formation of law, if the solution is not supported by a reasonable argument.

keywords: Reserve Fund for Essential Business, Teleological reduction, Formation of law, The legislative purpose, Reasonable argument

투고일 2021. 12. 6.
심사일 2021. 12. 22.
게재확정일 2021. 12. 27.

附　　錄

研究倫理委員會 規程

제1장 총 칙

제 1 조 (목적)

이 규정은 사단법인 한국행정판례연구회(이하 "학회"라 한다) 정관 제26조에 의하여 연구의 진실성을 확보하기 위하여 설치하는 연구윤리위원회(이하 "위원회"라 한다)의 구성 및 운영에 관한 기본적인 사항을 정함을 목적으로 한다.

제 2 조 (적용대상)

이 규정은 학회의 정회원·준회원 및 특별회원(이하 "회원"이라 한다)에 대하여 적용한다.

제 3 조 (적용범위)

연구윤리의 확립 및 연구진실성의 검증과 관련하여 다른 특별한 규정이 없는 한 이 규정에 따른다.

제 4 조 (용어의 정의)

이 규정에서 사용하는 용어의 정의는 다음과 같다.

1. "연구부정행위"는 연구를 제안, 수행, 발표하는 과정에서 연구목적과 무관하게 고의 또는 중대한 과실로 행하여진 위조·변조·표절·부당한 저자표시 등 연구의 진실성을 심각하게 해치는 행위를 말한다.
2. "위조"는 존재하지 않는 자료나 연구결과를 허위로 만들고 이를 기록하거나 보고하는 행위를 말한다.
3. "변조"는 연구와 관련된 자료, 과정, 결과를 사실과 다르게

변경하거나 누락시켜 연구가 진실에 부합하지 않도록 하는 행위를 말한다.

4. "표절"은 타인의 아이디어, 연구 과정 및 연구결과 등을 정당한 승인 또는 적절한 인용표시 없이 연구에 사용하는 행위를 말한다.
5. "부당한 저자 표시"는 연구내용 또는 결과에 대하여 학술적 공헌 또는 기여를 한 자에게 정당한 이유 없이 저자 자격을 부여하지 않거나, 학술적 공헌 또는 기여를 하지 않은 자에게 감사의 표시 또는 예우 등을 이유로 저자 자격을 부여하는 행위를 말한다.

제 2 장 연구윤리위원회의 구성 및 운영

제 5 조 (기능)

위원회는 학회 회원의 연구윤리와 관련된 다음 각 호의 사항을 심의 · 의결한다.

1. 연구윤리 · 진실성 관련 제도의 수립 및 운영 등 연구윤리확립에 관한 사항
2. 연구윤리 · 진실성 관련 규정의 제·개정에 관한 사항
3. 연구부정행위의 예방 · 조사에 관한 사항
4. 제보자 및 피조사자 보호에 관한 사항
5. 연구진실성의 검증·결과처리 및 후속조치에 관한 사항
6. 기타 위원장이 부의하는 사항

제 6 조 (구성)

① 위원회는 위원장과 부위원장 각 1인을 포함하여 7인 이내의 위원으로 구성한다.

② 위원장은 부회장 중에서, 부위원장은 위원 중에서 회장이 지명

한다.

③ 부위원장은 위원장을 보좌하고 위원장의 유고시에 위원장의 직무를 대행한다.

④ 위원은 정회원 중에서 회장이 위촉한다.

⑤ 위원장과 부위원장 및 위원의 임기는 1년으로 하되 연임할 수 있다.

⑥ 위원회의 제반업무를 처리하기 위해 위원장이 위원 중에서 지명하는 간사 1인을 둘 수 있다.

⑦ 위원장은 위원회의 의견을 들어 전문위원을 위촉할 수 있다.

제 7 조 (회의)

① 위원장은 필요한 경우 위원회의 회의를 소집하고 그 의장이 된다.

② 회의는 재적위원 과반수 출석과 출석위원 과반수 찬성으로 의결한다. 단 위임장은 위원회의 성립에 있어 출석으로 인정하되 의결권은 부여하지 않는다.

③ 회의는 비공개를 원칙으로 하되, 필요한 경우에는 위원이 아닌 자를 참석시켜 의견을 진술하게 할 수 있다.

제 3 장 연구진실성의 검증

제 8 조 (연구부정행위의 조사)

① 위원회는 구체적인 제보가 있거나 상당한 의혹이 있는 경우에는 연구부정행위의 존재 여부를 조사하여야 한다.

② 위원회는 조사과정에서 제보자 · 피조사자 · 증인 및 참고인에 대하여 진술을 위한 출석과 자료의 제출을 요구할 수 있다.

③ 위원회는 연구기록이나 증거의 멸실, 파손, 은닉 또는 변조 등을 방지하기 위하여 상당한 조치를 취할 수 있다.

제 9 조 (제보자와 피조사자의 권리 보호)

① 위원회는 어떠한 경우에도 제보자의 신원을 직·간접적으로 노출시켜서는 안 된다. 다만, 제보 내용이 허위인 줄 알았거나 알 수 있었음에도 불구하고 이를 신고한 경우에는 보호 대상에 포함되지 않는다.

② 위원회는 연구부정행위 여부에 대한 검증과정이 종료될 때까지 피조사자의 명예나 권리가 침해되지 않도록 노력하여야 한다.

제10조 (비밀엄수)

① 위원회의 위원은 연구부정행위의 조사, 판정 및 제재조치의 건의 등과 관련한 일체의 사항을 비밀로 하며, 검증과정에 직·간접적으로 참여한 자는 검증과정에서 취득한 정보를 누설하여서는 아니 된다.

② 위원장은 제 1 항에 규정된 사항으로서 합당한 공개의 필요성이 있는 때에는 위원회의 의결을 거쳐 공개할 수 있다. 다만, 제보자 · 조사위원 · 증인 · 참고인 · 자문에 참여한 자의 명단 등 신원과 관련된 정보가 당사자에게 부당한 불이익을 줄 가능성이 있는 때에는 공개하지 아니한다.

제11조 (제척 · 기피 · 회피)

① 위원은 검증사건과 직접적인 이해관계가 있는 때에는 당해 사건의 조사 · 심의 및 의결에 관여하지 못한다. ② 제보자 또는 피조사자는 위원에게 공정성을 기대하기 어려운 사정이 있는 때에는 그 이유를 밝혀 당해 위원의 기피를 신청할 수 있다. 위원회에서 기피 신청이 인용된 때에는 기피 신청된 위원은 당해 사건의 조사 · 심의 및 의결에 관여하지 못한다.

③ 위원은 제 1 항 또는 제 2 항의 사유가 있다고 판단하는 때에는 회피하여야 한다.

④ 위원장은 위원이 검증사건과 직접적인 이해관계가 있다고 인정하는 때에는 당해 검증사건과 관련하여 위원의 자격을 정지할 수 있다.

제12조 (의견진술, 이의제기 및 변론기회의 보장)

위원회는 제보자와 피조사자에게 관련 절차를 사전에 알려주어야 하며, 의견진술, 이의제기 및 변론의 기회를 동등하게 보장하여야 한다.

제13조 (판정)

① 위원회는 위원들의 조사와 심의 결과, 제보자와 피조사자의 의견진술, 이의제기 및 변론의 내용을 토대로 검증대상행위의 연구부정행위 해당 여부를 판정한다.

② 위원회가 검증대상행위의 연구부정행위 해당을 확인하는 판정을 하는 경우에는 재적위원 과반수 출석과 출석위원 3분의 2 이상의 찬성으로 한다.

제 4 장 검증에 따른 조치

제14조 (판정에 따른 조치)

① 위원장은 제13조 제1항의 규정에 의한 판정결과를 회장에게 통보하고, 검증대상행위가 연구부정행위에 해당한다고 판정된 경우에는 위원회의 심의를 거쳐 그 판정결과에 따라 필요한 조치를 건의할 수 있다.

② 회장은 제 1 항의 건의가 있는 경우에는 다음 각 호 중 어느 하나의 제재조치를 하거나 이를 병과할 수 있다.

1. 연구부정논문의 게재취소
2. 연구부정논문의 게재취소사실의 공지
3. 회원의 제명절차에의 회부

4. 관계 기관에의 통보
5. 기타 적절한 조치

③ 전항 제 2 호의 공지는 저자명, 논문명, 논문의 수록 권·호수, 취소일자, 취소이유 등이 포함되어야 한다.

④ 회장은 학회의 연구윤리와 관련하여 고의 또는 중대한 과실로 진실과 다른 제보를 하거나 허위의 사실을 유포한 자가 회원인 경우 이를 제명절차에 회부할 수 있다.

제15조 (조사결과 및 제재조치의 통지)

회장은 위원회의 조사결과 및 제재조치에 대하여 제보자 및 피조사자 등에게 지체없이 서면으로 통지한다.

제16조 (재심의)

피조사자 또는 제보자가 판정결과 및 제재조치에 대해 불복할 경우 제15조의 통지를 받은 날부터 20일 이내에 이유를 기재한 서면으로 재심의를 요청할 수 있다.

제17조 (명예회복 등 후속조치)

검증대상행위가 연구부정행위에 해당하지 아니한다고 판정된 경우에는 학회 및 위원회는 피조사자의 명예회복을 위해 노력하여야 하며 적절한 후속조치를 취하여야한다.

제18조 (기록의 보관) ① 학회는 조사와 관련된 기록은 조사 종료 시점을 기준으로 5년간 보관하여야 한다.

부 칙

제 1 조 (시행일) 이 규정은 2007년 11월 29일부터 시행한다.

研究論集 刊行 및 編輯規則

제정: 1999. 08. 20.
제1차 개정: 2003. 08. 22.
제2차 개정: 2004. 04. 16.
제3차 개정: 2005. 03. 18.
전문개정: 2008. 05. 26.
제5차 개정: 2009. 12. 18.
제6차 개정: 2018. 12. 24.
제7차 개정: 2019. 04. 25.

제1장 총　칙

제1조 (目的)

이 규칙은 사단법인 한국행정판례연구회(이하 "학회"라 한다)의 정관 제27조의 규정에 따라 연구논집(이하 '논집'이라 한다)을 간행 및 편집함에 있어서 필요한 사항을 정함을 목적으로 한다.

제2조 (題號)

논집의 제호는 '行政判例研究'(Studies on Public Administration Cases)라 한다.

제3조 (刊行週期)

① 논집은 연 2회 정기적으로 매년 6월 30일, 12월 31일에 간행함을 원칙으로 한다.

② 전항의 정기간행 이외에 필요한 경우는 특별호를 간행할 수

있다.

제 4 조 (刊行形式)

논집의 간행형식은 다음 각 호의 어느 하나에 의한다.

1. 등록된 출판사와의 출판권 설정의 형식
2. 자비출판의 형식

제 5 조 (收錄對象)

① 논집에 수록할 논문은 다음과 같다.

1. 발표논문: 학회의 연구발표회에서 발표하고 제출한 논문으로서 편집위원회의 심사절차를 거쳐 게재확정된 논문
2. 제출논문: 회원 또는 비회원이 논집게재를 위하여 따로 제출한 논문으로서 편집위원회의 심사절차를 거쳐 게재확정된 논문
3. 그 밖에 편집위원회의 심사절차와 간행위원회의 의결을 거쳐 수록하기로 한 논문 등

② 논집에는 부록으로서 다음의 문건을 수록할 수 있다.

1. 학회의 정관, 회칙 및 각종 규칙
2. 학회의 역사 또는 활동상황
3. 학회의 각종 통계

③ 논집에는 간행비용의 조달을 위하여 광고를 게재할 수 있다.

제 6 조 (收錄論文要件)

논집에 수록할 논문은 다음 각호의 요건을 갖춘 것이어야 한다.

1. 행정판례의 평석 또는 연구에 관한 논문일 것
2. 다른 학술지 등에 발표한 일이 없는 논문일 것
3. 이 규정 또는 별도의 공고에 의한 원고작성요령 및 심사기준에 부합하는 학술연구로서의 형식과 품격을 갖춘 논문일 것

제 7 조 (著作權)

① 논집의 편자는 학회의 명의로 하고, 논집의 개별 논문에는 집필자(저작자)를 명기한다.

② 학회는 논집의 편집저작권을 보유한다.

③ 집필자는 논문 투고 시 학회에서 정하는 양식에 따라 논문사용권, 편집저작권 및 복제·전송권을 학회에 위임하는 것에 동의하는 내용의 동의서를 제출하여야 한다.

제 2 장 刊行委員會와 編輯委員會

제 8 조 (刊行 및 編輯主管)

① 논집의 간행 및 편집에 관한 업무를 관장하기 위하여 학회에 간행위원회와 편집위원회를 둔다.

② 간행위원회는 논집의 간행에 관한 중요한 사항을 심의·의결한다.

③ 편집위원회는 간행위원회의 결정에 따라 논집의 편집에 관한 업무를 행한다.

제 9 조 (刊行委員會의 構成과 職務 등)

① 간행위원회는 편집위원을 포함하여 회장이 위촉하는 적정한 수의 위원으로 구성하고 임기는 1년으로 하되 연임할 수 있다.

② 간행위원회는 위원장, 부위원장 및 간사 각 1인을 둔다.

③ 간행위원장은 위원 중에서 호선하고, 부위원장은 학회의 출판담당 상임이사로 하고, 간사는 위원 중에서 위원장이 위촉한다.

④ 간행위원회는 다음의 사항을 심의·의결한다.

1. 논집의 간행계획에 관한 사항
2. 논집의 특별호의 기획 등에 관한 사항
3. 이 규칙의 개정에 관한 사항
4. 출판권을 설정할 출판사의 선정에 관한 사항

5. 그 밖에 논집의 간행과 관련된 중요한 사항

⑤ 간행위원회는 다음 각 호의 경우에 위원장이 소집하고, 간행위원회는 위원 과반수의 출석과 출석위원 과반수의 찬성으로 의결한다.

1. 회장 또는 위원장이 필요하다고 판단하는 경우
2. 위원 과반수의 요구가 있는 경우

제10조 (編輯委員會의 構成과 職務 등)

① 편집위원회는 학회의 출판담당 상임이사를 포함하여 회장이 이사회의 승인을 얻어 선임하는 10인 내외의 위원으로 구성하고 임기는 3년으로 한다.

② 편집위원회는 위원장, 부위원장 및 간사 각 1인을 둔다.

③ 편집위원장은 위원 중에서 호선하고 임기는 3년으로 하며, 부위원장은 학회의 출판담당 상임이사로 하고, 간사는 위원 중에서 위원장이 위촉한다.

④ 편집위원회는 다음의 사항을 행한다.

1. 이 규칙에 의하는 외에 논집에 수록할 논문의 원고작성요령 및 심사기준에 관한 세칙의 제정 및 개정
2. 논문심사위원의 위촉
3. 논문심사의 의뢰 및 취합, 종합판정, 수정요청 및 수정후재심사, 논집에의 게재확정 또는 거부 등 논문심사절차의 진행
4. 논집의 편집 및 교정
5. 그 밖에 논집의 편집과 관련된 사항

⑤ 편집위원회는 다음 각 호의 경우에 위원장이 소집하고, 위원 과반수의 출석과 출석위원 과반수의 찬성으로 의결한다.

1. 회장 또는 위원장이 필요하다고 판단하는 경우
2. 위원 과반수의 요구가 있는 경우

제3장 論文의 提出과 審査節次 등

제11조 (論文提出의 基準)

① 논문원고의 분량은 A4용지 20매(200자 원고지 150매) 내외로 한다.

② 논문의 원고는 (주)한글과 컴퓨터의 "문서파일(HWP)"로 작성하고 한글사용을 원칙으로 하되, 필요한 경우 국한문혼용 또는 외국어를 사용할 수 있다.

③ 논문원고의 구성은 다음 각 호의 순서에 의한다.

1. 제목
2. 목차
3. 본문
4. 한글초록·주제어
5. 외국어초록·주제어
6. 참고문헌
7. 부록(필요한 경우)

④ 논문은 제1항 내지 제3항 이외에 편집위원회가 따로 정하는 원고작성요령 또는 심사기준에 관한 세칙을 준수하고, 원고는 편집위원회가 정하여 공고하는 기한 내에 출판간사를 통하여 출판담당 상임이사에게 제출하여야 한다.

제12조 (論文審査節次의 開始)

① 논문접수가 완료되면 출판담당 상임이사는 심사절차에 필요한 서류를 작성하여 편집위원장에게 보고하여야 한다.

② 편집위원장은 전항의 보고를 받으면 편집위원회를 소집하여 논문심사절차를 진행하여야 한다.

第13조 (論文審査委員의 委囑과 審査 依賴 등)

① 편집위원회는 간행위원, 편집위원 기타 해당 분야의 전문가 중에서 심사대상 논문 한 편당 3인의 논문심사위원을 위촉하여 심사를 의뢰한다.

② 제 1 항의 규정에 의하여 위촉되어 심사를 의뢰받는 논문심사위원이 심사대상 논문 또는 그 제출자와 특별한 관계가 명백하게 있어 논문심사의 공정성을 해할 우려가 있는 사람이어서는 안 된다.

第14조 (秘密維持) ① 편집위원장은 논문심사위원의 선정 및 심사의 진행에 관한 사항이 외부로 누설되지 않도록 필요한 조치를 취하여야 한다.

② 편집위원 및 논문심사위원은 논문심사에 관한 사항을 외부로 누설해서는 안 된다.

第15조 (論文審査의 基準) 논문심사위원이 논집에 수록할 논문을 심사함에 있어서는 다음 각 호의 기준을 종합적으로 고려하여 심사의견을 제출하여야 한다.

1. 제 6 조에 정한 수록요건
2. 제11조에 정한 논문제출기준
3. 연구내용의 전문성과 창의성 및 논리적 체계성
4. 연구내용의 근거제시의 적절성 및 객관성

第16조 (論文審査委員別 論文審査의 判定) ① 논문심사위원은 제15조의 논문심사기준에 따라 [별표 1]의 [논문심사서](서식)에 심사의견을 기술하여 제출하여야 한다.

② 논문심사위원은 심사대상 논문에 대하여 다음 각호에 따라 '판정의견'을 제출한다.

1. '게재적합': 논집에의 게재가 적합하다고 판단하는 경우
2. '게재부적합': 논집에의 게재가 부적합하다고 판단하는 경우

3. '수정후게재': 논문내용의 수정·보완 후 논집에의 게재가 적합하다고 판단하는 경우

③ 전항 제 1 호에 의한 '게재적합' 판정의 경우에도 논문심사위원은 수정·보완이 필요한 경미한 사항을 기술할 수 있다.

④ 제 2 항 제 2 호에 의한 '게재부적합' 판정 및 제 3 호에 의한 '수정후게재' 판정의 경우에는 각각 부적합사유와 논문내용의 수정·보완할 점을 구체적으로 명기하여야 한다.

제17조 (編輯委員會의 綜合判定 및 再審査) 편집위원회는 논문심사위원 3인의 논문심사서가 접수되면 [별표 2]의 종합판정기준에 의하여 '게재확정', '수정후게재', '수정후재심사' 또는 '불게재'로 종합판정을 하고, 그 결과 및 논문심사위원의 심사의견을 논문제출자에게 통보한다.

제18조 (修正要請 등)

① 편집위원장은 제17조의 규정에 의해 '수정후게재 판정을 받은 논문에 대하여 수정을 요청하여야 한다.

② 편집위원장은 제17조의 규정에 의해 '게재확정'으로 판정된 논문에 대하여도 편집위원회의 판단에 따라 수정이 필요하다고 인정하는 때에는 내용상 수정을 요청할 수 있다.

③ 편집위원회는 집필자가 전항의 수정요청에 따르지 않거나 재심사를 위해 고지된 기한 내에 수정된 논문을 제출하지 않을 때에는 처음 제출된 논문을 '불게재'로 최종 판정한다.

제4장 기 타

제19조 (審査謝禮費의 支給) 논문심사위원에게 논집의 간행·편집을 위한 예산의 범위 안에서 심사사례비를 지급할 수 있다.

第20条(輔助要員) 학회는 논집의 간행·편집을 위하여 필요하다고 인정하는 때에는 원고의 편집, 인쇄본의 교정, 부록의 작성 등에 관한 보조요원을 고용할 수 있다.

第21조 (刊行·編輯財源) ① 논집의 간행·편집에 필요한 재원은 다음 각호에 의한다.

1. 출판수입
2. 광고수입
3. 판매수입
4. 논문게재료
5. 외부 지원금
6. 기타 학회의 재원

② 논문 집필자에 대한 원고료는 따로 지급하지 아니한다.

第22조 (論集의 配布) ① 간행된 논집은 회원에게 배포한다.

② 논문의 집필자에게는 전항의 배포본 외에 일정한 부수의 증정본을 교부할 수 있다.

附　　則 (1999. 8. 20. 제정)

이 규칙은 1999년 8월 20일부터 시행한다.

附　　則

이 규칙은 2003년 8월 22일부터 시행한다.

附　　則

이 규칙은 2004년 4월 17일부터 시행한다.

附　　則

이 규칙은 2005년 3월 19일부터 시행한다.

附　　則

이 규칙은 2008년 5월 26일부터 시행한다.

附　　則

이 규칙은 2009년 12월 18일부터 시행한다.

附　　則

이 규칙은 2018년 12월 24일부터 시행한다.

附　　則

이 규칙은 2019년 4월 25일부터 시행한다.

[별표 1 : 논문심사서(서식)]

「行政判例研究」 게재신청논문 심사서

社團法人 韓國行政判例硏究會

<table>
<tr><td>게재논집</td><td colspan="2">行政判例硏究 제15-2집</td><td>심사일</td><td>2010. . .</td></tr>
<tr><td rowspan="2">심사위원</td><td rowspan="2">소속</td><td rowspan="2"></td><td>직위</td><td></td></tr>
<tr><td>성명</td><td>(인)</td></tr>
<tr><td>게재신청논문
[심사대상논문]</td><td colspan="4"></td></tr>
<tr><td>판정의견</td><td colspan="4">1. 게재적합 ( ): 논집의 게재가 가능하다고 판단하는 경우
2. 게재부적합 ( ): 논집의 게재가 불가능하다고 판단하는 경우
3. 수정후게재 ( ): 논문내용의 수정·보완 후 논집의 게재가 가능하다고 판단하는 경우</td></tr>
<tr><td>심사의견</td><td colspan="4"></td></tr>
<tr><td>심사기준</td><td colspan="4">• 행정판례의 평석 또는 연구에 관한 논문일 것
• 다른 학술지 등에 발표한 일이 없는 논문일 것
• 연구내용의 전문성과 창의성 및 논리적 체계성이 인정되는 논문일 것
• 연구내용의 근거제시가 적절성과 객관성을 갖춘 논문일 것</td></tr>
</table>

※ 심사의견 작성시 유의사항 ※

▷ '게재적합' 판정의 경우에도 수정·보완이 필요한 사항을 기술할 수 있습니다.

▷ '게재부적합' 및 '수정후게재' 판정의 경우에는 각각 부적합사유와 논문내용의 수정·보완할 점을 구체적으로 명기하여 주십시오.

▷ 표 안의 공간이 부족하면 별지를 이용해 주십시오.

[별표 2: 종합판정기준]

	심사위원의 판정	편집위원회 종합판정
1	○ ○ ○	게재확정
2	○ ○ △	
3	○ △ △	수정후게재
4	△ △ △	
5	○ ○ ×	
6	○ △ ×	불게재
7	△ △ ×	
8	○ × ×	
9	△ × ×	
10	× × ×	

○ = "게재적합" △ = "수정후게재" × = "게재부적합"

「行政判例研究」 原稿作成要領

I. 원고작성기준

1. 원고는 워드프로세서 프로그램인 [한글]로 작성하여 전자우편을 통해 출판간사에게 제출한다.
2. 원고분량은 도표, 사진, 참고문헌 포함하여 200자 원고지 150매 내외로 한다.
3. 원고는 「원고표지 – 제목 – 저자 – 목차(로마자표시와 아라비아숫자까지) – 본문 – 참고문헌 – 국문 초록 – 국문 주제어(5개 내외) – 외국문 초록 – 외국문 주제어(5개 내외)」의 순으로 작성한다.
4. 원고의 표지에는 논문제목, 저자명, 소속기관과 직책, 주소, 전화번호(사무실, 핸드폰)와 e–mail주소를 기재하여야 한다.
5. 외국문 초록(논문제목, 저자명, 소속 및 직위 포함)은 영어를 사용하는 것이 원칙이지만, 논문의 내용에 따라서 독일어, 프랑스어, 중국어, 일본어를 사용할 수도 있다.
6. 논문의 저자가 2인 이상인 경우 주저자(First Author)와 공동저자(Corresponding Author)를 구분하고, 주저자·공동저자의 순서로 표기하여야 한다. 특별한 표시가 없는 경우에는 제일 앞에 기재된 자를 주저자로 본다.
7. 목차는 로마숫자(보기 : Ⅰ, Ⅱ), 아라비아숫자(보기 : 1, 2), 괄호숫자(보기: (1), (2)), 반괄호숫자(보기 : 1), 2), 원숫자(보기 : ①, ②)의 순으로 한다. 그 이후의 목차번호는 논문제출자가 임의로 정하여 사용할 수 있다.

II. 각주작성기준

1. 기본원칙

(1) 본문과 관련한 저술을 소개하거나 부연이 필요한 경우 각주로 처리한다. 각주는 일련번호를 사용하여 작성한다.

(2) 각주의 인명, 서명, 논문명 등은 원어대로 씀을 원칙으로 한다.

(3) 외국 잡지의 경우 처음 인용시 잡지명을 전부 기재하고 그 이후 각 주에서는 약어로 표시한다.

2. 처음 인용할 경우의 각주 표기 방법

(1) 저서: 저자명, 서명, 출판사, 출판년도, 면수.

번역서의 경우 저자명은 본래의 이름으로 표기하고, 저자명과 서명 사이에 옮긴이의 이름을 쓰고 "옮김"을 덧붙인다.

엮은 책의 경우 저자명과 서명 사이에 엮은이의 이름을 쓰고 "엮음"을 덧붙인다. 저자와 엮은이가 같은 경우 엮은이를 생략할 수 있다.

(2) 정기간행물: 저자명, "논문제목", 「잡지명」, 제00권 제00호, 출판연도, 면수.

번역문헌의 경우 저자명과 논문제목 사이에 역자명을 쓰고 "옮김"을 덧붙인다.

(3) 기념논문집: 저자명, "논문제목", 기념논문집명(000선생00기념논문집), 출판사, 출판년도, 면수.

(4) 판결 인용: 다음과 같이 대법원과 헌법재판소의 양식에 준하여 작성한다.

판결 : 대법원 2000. 00. 00. 선고 00두0000 판결.

결정 : 대법원 2000. 00. 00.자 00아0000 결정.

헌법재판소 결정 : 헌법재판소 2000. 00. 00. 선고 00헌가00

결정.

(5) 외국문헌 : 그 나라의 표준표기방식에 의한다.

(6) 외국판결 : 그 나라의 표준표기방식에 의한다.

(7) 신문기사는 기사면수를 따로 밝히지 않는다(신문명 0000. 00. 00.자). 다만, 필요한 경우 글쓴이와 글제목을 밝힐 수 있다.

(8) 인터넷에서의 자료인용은 원칙적으로 다음과 같이 표기한다. 저자 혹은 서버관리주체, 자료명, 해당 URL(검색일자)

(9) 국문 또는 한자로 표기되는 저서나 논문을 인용할 때는 면으로(120면, 120면-122면), 로마자로 표기되는 저서나 논문을 인용할 때는 p.(p. 120, pp. 121-135) 또는 S.(S. 120, S. 121 ff.)로 인용면수를 표기한다.

3. 앞의 각주 혹은 각주에서 제시된 문헌을 다시 인용할 경우 다음과 같이 표기한다. 국내문헌, 외국문헌 모두 같다. 다만, 저자나 문헌 혹은 양자 모두가 여럿인 경우 이에 따르지 않고 각각 필요한 저자명, 문헌명 등을 덧붙여 표기함으로써 구별한다.

(1) 바로 위의 각주가 아닌 앞의 각주의 문헌을 다시 인용할 경우

1) 저서인용: 저자명, 앞의 책, 면수

2) 논문인용: 저자명, 앞의 글, 면수

3) 논문 이외의 글 인용: 저자명, 앞의 글, 면수

(2) 바로 위의 각주에 인용된 문헌을 다시 인용할 경우에는 "위의 책, 면수", "위의 글, 면수"로 표시한다.

(3) 하나의 각주에서 앞서 인용한 문헌을 다시 인용할 경우에는 "같은 책, 면수", "같은 글, 면수"로 표시한다.

4. 기타

(1) 3인 공저까지는 저자명을 모두 표기하되, 저자간의 표시는 "/"

로 구분하고 "/" 이후에는 한 칸을 띄어 쓴다. 4인 이상의 경우 성을 온전히 표기하되, 중간이름은 첫글자만을 표기한다.

(2) 부제의 표기가 필요한 경우 원래 문헌의 표기양식과 관계없이 원칙적으로 콜론으로 연결한다.

(3) 글의 성격상 전거만을 밝히는 각주가 너무 많을 경우 약자를 사용하여 본문에서 그 전거를 밝힐 수 있다.

(4) 여러 문헌의 소개는 세미콜론(;)으로 하고, 재인용의 경우 원전과 재인용출처 사이를 콜론(:)으로 연결한다.

III. 참고문헌작성기준

1. 순서

국문, 외국문헌 순으로 정리하되, 단행본, 논문, 자료의 순으로 정리한다.

2. 국내문헌

(1) 단행본: 저자, 서명, 출판사, 출판연도.

(2) 논문: 저자명, "논문제목", 잡지명 제00권 제00호, 출판연도.

3. 외국문헌

그 나라의 표준적인 인용방법과 순서에 따라 정리한다.

歷代 任員 名單

■ 초대(1984. 10. 29.)

회　　장　金道昶
부 회 장　徐元宇·崔光律(1987. 11. 27.부터)

■ 제 2 대(1988. 12. 9.)

회　　장　金道昶
부 회 장　徐元宇·崔光律
감　　사　李尙圭
상임이사　李鴻薰(총무), 金南辰(연구), 朴鈗炘(출판), 梁承斗(섭외)
이　　사　金東熙, 金斗千, 金英勳, 金元主, 金伊烈, 金鐵容, 石琮顯, 芮鍾德, 李康爀, 李升煥, 趙慶根, 崔松和, 韓昌奎, 黃祐呂

■ 제 3 대(1990. 2. 23.)

회　　장　金道昶
부 회 장　徐元宇·崔光律
감　　사　金鐵容
상임이사　李鴻薰(총무), 黃祐呂(총무), 金南辰(연구), 朴鈗炘(출판), 梁承斗(섭외)
이　　사　金東熙, 金斗千, 金英勳, 金元主, 金伊烈, 石琮顯, 芮鍾德, 李康爀, 李升煥, 李鴻薰
(1991. 1. 25.부터) 趙慶根, 崔松和, 韓昌奎, 黃祐呂

■ 제 4 대(1993. 2. 23.)

회　　장　金道昶
부 회 장　徐元宇·崔光律
감　　사　金鐵容
상임이사　李鴻薰(총무), 金南辰(연구), 朴鈗炘(출판), 梁承斗(섭외)
이　　사　金東熙, 金英勳, 金元主, 朴松圭, 卞在玉, 石琮顯, 孫智烈, 芮鍾德, 李康國, 李康爀, 李京運, 李淳容, 李重光, 李鴻薰, 趙慶根, 趙憲銖, 千柄泰, 崔松和, 韓昌奎, 黃祐呂

■ 제 5 대(1996. 2. 23.)

명예회장　金道昶
고　　문　徐元宇·金鐵容
회　　장　崔光律
부 회 장　金南辰·徐廷友
감　　사　韓昌奎
상임이사　金東熙(총무), 金元主(연구), 李康國(출판), 梁承斗(섭외)
이　　사　金英勳, 朴松圭, 朴鈗炘, 卞在玉, 石琮顯, 李康爀, 李京運, 李淳容, 李升煥, 李重光, 李鴻薰, 趙慶根, 趙憲銖, 千柄泰, 崔松和, 黃祐呂

■ 제 6 대(1999. 2. 19.)

명예회장　金道昶
고　　문　徐元宇, 金鐵容, 金南辰, 徐廷友, 韓昌奎
회　　장　崔光律
부 회 장　梁承斗, 李康國
감　　사　金元主
상임이사　李鴻薰(총무), 金東熙(연구), 崔松和(출판), 金善旭(섭외)

이　　사　金東建, 金英勳, 南勝吉, 朴松圭, 朴鈗炘, 白潤基, 卞海喆, 石琮顯, 李京運, 李光潤, 李升煥, 李重光, 鄭然彧, 趙憲銖, 洪準亨, 黃祐呂

■ 제 7 대(2002. 2. 15.)

명예회장　金道昶
고　　문　金南辰, 金元主, 徐元宇, 徐廷友, 梁承斗, 李康國, 崔光律, 韓昌奎
회　　장　金鐵容
부 회 장　金東建, 崔松和
감　　사　金東熙
상임이사　金善旭(총무), 朴正勳(연구), 李光潤(출판), 李京運(섭외)
이　　사　金英勳, 金海龍, 南勝吉, 朴均省, 朴鈗炘, 白潤基, 卞海喆, 石琮顯, 李東洽, 李範柱, 李重光, 李鴻薰, 鄭夏重, 趙憲銖, 洪準亨, 黃祐呂

■ 제 8 대(2005. 2. 21. / 2008. 2. 20.) *

명예회장　金道昶(2005. 7. 17. 별세)
고　　문　金南辰, 金元主, 徐元宇(2005. 10. 16. 별세), 徐廷友, 梁承斗, 李康國, 崔光律, 韓昌奎, 金鐵容, 金英勳, 朴鈗炘, 金東熙
회　　장　崔松和
부 회 장　李鴻薰, 鄭夏重
감　　사　金東建, 李京運,
상임이사　李光潤(총무), 安哲相(기획), 洪準亨/吳峻根(연구), 金性洙(출판), 徐基錫(섭외)
이　　사　金善旭, 金海龍, 南勝吉, 朴均省, 朴秀赫, 朴正勳, 白潤基, 卞海喆, 石琮顯, 石鎬哲, 蘇淳茂, 柳至泰, 尹炯漢, 李東洽, 李範柱, 李殷祈, 李重光, 趙龍鎬, 趙憲銖, 崔正一, 黃祐呂,

金香基, 裵柄皓, 劉南碩

간　　사　李元雨 / 金鐘甫(총무), 李賢修(연구), 金重權(재무), 宣正源 / 李熙貞(출판), 권은민(섭외)

* 위 '회장', '부회장', '상임이사', '이사'는 2007. 4. 20. 제정된 사단법인 한국행정판례연구회 정관 제13조, 제14조, 제15조의 '이사장 겸 회장', '이사 겸 부회장', '이사 겸 상임이사', '운영이사'임.

■제 9 대(2008. 2. 15. / 2011. 2. 14.)

고　　문　金南辰, 金東熙, 金英勳, 金元主, 金鐵容, 朴鈗炘, 徐廷友, 梁承斗, 李康國, 李鴻薰, 鄭夏重, 崔光律, 韓昌奎

회　　장　崔松和

부 회 장　李京運, 徐基錫

감　　사　金東建, 金善旭

이사 겸 상임이사　慶　健(총무), 安哲相(기획), 朴均省(연구), 韓堅愚(출판), 權純一(섭외/연구)

운영이사　具旭書, 권은민, 金光洙, 金性洙, 金連泰, 金容燮, 金容贊, 金裕煥, 金義煥, 金重權, 金敞祚, 金海龍, 金香基, 金鉉峻, 朴正勳, 朴海植, 裵柄皓, 白潤基, 卞海喆, 石琮顯, 石鎬哲, 成百玹, 蘇淳茂, 申東昇, 辛奉起, 吳峻根, 劉南碩, 俞珍式, 尹炯漢, 李光潤, 李承寧, 李元雨, 李殷祈, 李重光, 鄭鍾錧, 鄭準鉉, 趙龍鎬, 曺海鉉, 趙憲銖, 崔正一, 洪準亨

간　　사　張暻源 · 李殷相·安東寅(총무), 鄭亨植 · 장상균(기획), 金泰昊(기획/연구), 金聖泰·崔善雄·鄭南哲(연구), 李熙貞 · 河明鎬·崔桂暎(출판), 林聖勳(섭외), 박재윤(총무)

■제 10 대(2011. 2. 15. /2014. 2. 14)

명예회장　金鐵容, 崔光律

고　문　金南辰, 金東建, 金東熙, 金英勳, 金元主, 朴鈗炘, 徐廷友, 梁承斗, 李康國, 李京運, 鄭夏重, 崔松和, 韓昌奎

회　장　李鴻薰

부 회 장　徐基錫, 李光潤

감　사　金善旭, 蘇淳茂

이사 겸 상임이사　金重權(총무), 安哲相(기획), 劉南碩, 金容燮(연구), 金鐘甫(출판), 金敞祚, 金義煥(섭외/연구)

운영이사　姜錫勳, 慶　健, 具旭書, 權純一, 權殷旼, 琴泰煥, 金光洙, 金性洙, 金連泰, 金容燮, 金容贊, 金海龍, 金香基, 金鉉峻, 朴均省, 朴正勳, 朴海植, 裵柄皓, 白潤基, 卞海喆, 石琮顯, 石鎬哲, 宣正源, 成百玹, 申東昇, 辛奉起, 呂相薰, 吳峻根, 俞珍式, 尹炯漢, 李承寧, 李元雨, 李殷祈, 李重光, 李賢修, 李熙貞, 林永浩, 鄭南哲, 鄭鍾錧, 鄭準鉉, 鄭亨植, 趙龍鎬, 曺海鉉, 趙憲銖, 崔正一, 洪準亨, 韓堅愚, 河明鎬

간　사　安東寅, 李羲俊(총무), 蔣尙均(기획), 金泰昊, 朴在胤(연구), 朴玄廷, 姜知恩(출판), 李殷相(섭외)

■제 11 대(2014. 2. 15./2017. 2. 14.)

명예회장　金鐵容, 崔光律

고　문　金南辰, 金東建, 金東熙, 金英勳, 金元主, 朴鈗炘, 徐廷友, 梁承斗, 李康國, 李京運, 崔松和, 韓昌奎 李光潤, 徐基錫

회　장　鄭夏重

부 회 장　安哲相, 朴正勳

감　사　蘇淳茂, 白潤基

상임이사　李熙貞(총무), 鄭鎬庚(연구), 李承寧, 康鉉浩(기획) 金義煥, 鄭夏明(섭외), 鄭南哲(출판)

운영이사　姜錫勳, 慶　健, 具旭書, 權殷旼, 琴泰煥, 金光洙, 金國鉉,

金南撤, 金炳圻, 金性洙, 金聖泰, 金秀珍, 金連泰, 金容燮, 金容贊, 金裕煥, 金重權, 金鐘甫, 金敞祚, 金致煥, 金海龍, 金香基, 金鉉峻, 文尙德, 朴均省, 朴海植, 裵柄皓, 卞海喆, 石鎬哲, 宣正源, 宋鎭賢, 成百玹, 申東昇, 辛奉起, 呂相薰, 吳峻根, 俞珍式, 柳哲馨, 尹炯漢, 李東植, 李元雨, 李殷祈, 李重光, 李賢修, 林永浩, 張暻源, 藏尙均, 田聖銖, 田　勳, 鄭鍾錧, 鄭準鉉, 鄭亨植, 趙成奎, 趙龍鎬, 曺海鉉, 趙憲銖, 趙弘植, 朱한길, 崔峰碩, 崔善雄, 崔正一, 洪準亨, 韓堅愚, 河明鎬, 河宗大, 黃彰根

간　　사 房東熙, 崔允寧(총무), 崔桂暎, 張承爀(연구), 洪先基(기획) 桂仁國, 李惠診(출판)

■제12 대(2017. 2. 17./2020. 2. 16.)

명예회장 金鐵容, 崔光律

고　　문 金南辰, 金東熙, 金英勳, 朴銳炘, 徐基錫, 徐廷友, 蘇淳茂, 李康國, 李京運, 李光潤, 李鴻薰, 鄭夏重, 崔松和, 韓昌奎

회　　장 金東建

부 회 장 朴正勳, 李承寧, 金重權

감　　사 李殷祈, 孫台浩

상임이사 金敞祚/李鎭萬(기획), 俞珍式/徐圭永(섭외), 李熙貞/張暻源(총무), 李賢修/河明鎬(연구), 崔瑨修(출판)

운영이사 姜基弘, 姜錫勳, 康鉉浩, 慶　健, 具旭書, 權殷旼, 琴泰煥, 金光洙, 金國鉉, 金南撤, 金炳圻, 金聲培, 金性洙, 金聖泰, 金秀珍, 金連泰, 金容燮, 金容贊, 金裕煥, 金義煥, 金鐘甫, 金致煥, 金海龍, 金香基, 金鉉峻, 文尙德, 朴均省, 朴海植, 房東熙, 裵柄皓, 白潤基, 石鎬哲, 宣正源, 成百玹, 成重卓, 宋鎭賢, 申東昇, 辛奉起, 安東寅, 呂相薰, 吳峻根, 柳哲馨,

尹炯漢, 李東植, 李元雨, 李重光, 林永浩, 張暻源, 藏尙均, 田聖銖, 田 勳, 鄭南哲, 鄭鍾錧, 鄭準鉉, 鄭夏明, 鄭亨植, 鄭鎬庚, 趙成奎, 趙龍鎬, 曺海鉉, 趙憲銖, 朱한길, 崔桂暎, 崔峰碩, 崔善雄, 崔允寧, 崔正一, 河宗大, 韓堅愚, 洪準亨

간　　사 禹美亨/朴祐慶/金讃喜/金厚信(총무), 金判基(연구), 李眞洙/桂仁國/李在勳/李采鍈(출판)

■제13 대(2020. 3. 20./2022. 3. 19.)

명예회장 金鐵容, 崔光律

고　　문 金南辰, 金東建, 金東熙, 金英勳, 朴鈗炘, 徐基錫, 徐廷友, 蘇淳茂, 李康國, 李京運, 李光潤, 李鴻薰, 鄭夏重, 韓昌奎

회　　장 金善旭

부 회 장 朴正勳, 金國鉉, 金秀珍

감　　사 金重權, 金義煥

특임이사 金敞祚/俞珍式

상임이사 金大仁(총무), 李眞洙/桂仁國(출판), 林 賢/朴玄廷(연구), 徐輔國/朴修貞/金亨洙(기획), 房東熙/李相悳(섭외)

운영이사 姜基弘, 姜錫勳, 康鉉浩, 慶 健, 具旭書, 權殷旼, 琴泰煥, 金光洙, 金南撤, 金炳圻, 金聲培, 金性洙, 金聖泰, 金連泰, 金容燮, 金容贊, 金裕煥, 金義煥, 金鐘甫, 金致煥, 金海龍, 金香基, 金鉉峻, 文尙德, 朴均省, 朴海植, 裵柄皓, 白潤基, 徐圭永, 石鎬哲, 宣正源, 成百玹, 成重卓, 孫台浩, 宋鎭賢, 申東昇, 辛奉起, 安東寅, 呂相薰, 吳峻根, 柳哲馨, 尹炯漢, 李東植, 李承寧, 李元雨, 李殷祈, 李重光, 李鎭萬, 李賢修, 李熙貞, 林永浩, 張暻源, 藏尙均, 田聖銖, 田 勳, 鄭南哲, 鄭鍾錧, 鄭準鉉, 鄭夏明, 鄭亨植, 鄭鎬庚, 趙成奎, 趙龍鎬, 曺海鉉, 趙憲銖, 朱한길, 崔桂暎, 崔峰碩, 崔善雄, 崔允寧,

崔正一, 崔瑨修, 河明鎬, 河宗大, 韓堅愚, 洪準亨

간사 朴祐慶/朴乾嵎/河敏貞(총무), 李在勳/李采鍈/姜相宇(출판),
張允瑛/金在仙(연구)

月例 集會 記錄

〈2021. 12. 현재〉

순번	연월일	발표자	발 표 제 목
1-1	84.12.11.	金南辰	聽問을 결한 行政處分의 違法性
-2		李鴻薰	都市計劃과 行政拒否處分
2-1	85.2.22.	崔世英	行政規則의 法規性 認定 與否
-2		崔光律	實地讓渡價額을 넘는 讓渡差益의 인정여부
3-1	3.29.	石琮顯	都市計劃決定의 法的 性質
-2		金東建	違法한 旅館建物의 건축과 營業許可의 취소
4-1	4.26.	徐元宇	當然無效의 行政訴訟과 事情判決
-2		黃祐呂	아파트地區내의 土地와 空閑地稅
5-1	5.31.	朴銳炘	林産物團束에관한法律 제７조에 대한 違法性 認定의 與否
-2		姜求哲	行政訴訟에 있어서의 立證責任의 문제
6-1	6.28.	金鐵容	酒類販賣業 免許處分 撤回의 근거와 撤回權 留保의 한계
-2		盧瑩保	國稅基本法 제42조 소정의 讓度擔保財産의 의미
7-1	9.27.	金道昶	信賴保護에 관한 行政判例의 최근 동향
-2		金東熙	自動車運輸事業法 제31조 등에 관한 處分要

순번	연월일	발표자	발 표 제 목
			領의 성질
8-1	10.25.	李尙圭	入札參加資格 制限行爲의 법적 성질
-2		李相敦	公有水面埋立에 따른 不動産所有權 國家歸屬의 무효확인
9-1	11.22.	梁承斗	抗告訴訟의 提起要件
-2		韓昌奎	地目變更 拒否의 성질
10	86.1.31.	李相赫	行政訴訟에 있어서의 訴의 利益의 문제
11	2.28	崔松和	運轉免許 缺格者에 대한 면허의 효력
12	3.28	金道昶	憲法上의 違憲審査權의 所在
13	4.25.	趙慶根	美聯邦情報公開法에 대한 약간의 고찰
14	5.30.	張台柱	西獨에 있어서 隣人保護에 관한 判例의 최근동향
15	6.27.	金斗千	僞裝事業者와 買入稅額 控除
外1	9.30.	藤田宙靖	日本의 最近行政判例 동향
16	10.31.	金英勳	注油所 許可와 瑕疵의 承繼
17	11.28.	芮鍾德	漁業免許의 취소와 裁量權의 濫用
外2	87.3.21.	鹽野宏	日本 行政法學界의 現況
		園部逸夫	새 行政訴訟法 시행 1년을 보고
18	4.25.	金道昶	知的財産權의 문제들
19-1	4.22.	李升煥	商標法에 관한 최근판례의 동향
-2			工場登錄 拒否處分과 소의 이익
20	5.29.	金南辰	執行停止의 요건과 本案理由와의 관계
21	9.25.	崔光律	日本公法學會 總會參觀 등에 관한 보고
22-1	10.30.	金道昶	地方自治權의 강화와 行政權限의 위임에 관한 문제
-2			
23	11.27.	金鐵容	不作爲를 구하는 訴의 가부

순번	연월일	발표자	발 표 제 목
24	88.2.26.	金時秀	租稅賦課處分에 있어서의 當初處分과 更正拒否處分의 법률관계
25-1	3.25.	徐元宇	최근 日本公法學界의 동향
-2		朴鈗炘	平澤港 漁業補償 문제
外3	4.29.	成田賴明	日本 行政法學과 行政判例의 최근 동향
26	5.27.	李尙圭	防衛稅 過誤納 還給拒否處分의 취소
27	6.24.	徐元宇	運輸事業計劃 변경인가처분의 취소
28	8.26.	金完燮	처분후의 事情變更과 소의 이익
29	10.7.	石琮顯	行政處分(訓令)의 법적 성질
30	10.28.	李鴻薰	土地收用裁決處分의 취소
31	11.17.	朴鈗炘	行政計劃의 법적 성질
32	89.1.27.	金東熙	載量行爲에 대한 司法的統制의 한계
33	2.24.	李碩祐	國稅還給申請權의 인정 여부
34	3.24.	朴松圭	國産新技術製品 保護決定處分의 일부취소
35-1	4.28.	金鐵容	독일 行政法學界의 최근동향
-2		千柄泰	제3자의 行政審判前置節次 이행 여부
36	5.26.	金善旭	公務員의 團體行動의 違法性
37	6.30.	金元主	租稅行政과 信義誠實의 원칙
38	8.25.	趙憲銖	國稅還給拒否處分의 법적 성질
39	9.29.	鄭準鉉	刑事訴追와 行政處分의 효력
40	10.27.	韓堅愚	行政規則(訓令)의 성질
41	11.24.	金斗千	相續稅法 제32조의2의 違憲 여부
外4	12.27.	小早川光朗	日本 行政法學界의 최근 동향
42	90.1.19.	金鐵容	豫防的 不作爲訴訟의 許容 여부
43	2.23.	李光潤	營造物行爲의 법적 성질
44	3.30.	南勝吉	行政刑罰의 범위

순번	연월일	발표자	발 표 제 목
45	4.27.	黃祐呂	法律의 遡及效
46	5.25.	朴均省	行政訴訟과 訴의 이익
47	6.29.	卞在玉	軍檢察官의 公訴權行使에 관한 憲法訴願
48	8.31.	成樂寅	結社의 自由의 事前制限
49	9.28.	辛奉起	憲法訴願과 辯護士 强制主義
50	10.26.	朴圭河	行政官廳의 權限의 委任·再委任
51	11.30.	朴國洙	行政行爲의 公定力과 國家賠償責任
52	91.1.25.	梁承斗	土地去來許可의 법적 성질
53	2.22.	徐元宇	建築許可 保留의 위법성 문제
外5-1	3.29.	南博方	處分取消訴訟과 裁決取消訴訟
-2		藤田宙靖	日本 土地法制의 현황과 課題
54	4.26.	吳峻根	遺傳子工學的 施設 設置許可와 法律留保
55	5.31.	金南辰	拒否行爲의 行政處分性과 "법률상 이익 있는 자"의 의미
56	6.28.	鄭然彧	無效確認訴訟과 訴의 이익
57	8.30.	金性洙	主觀的公權과 基本權
58	9.27.	金英勳	運轉免許 取消處分의 취소
59	10.25.	石琮顯	基準地價告示地域 내의 收用補償額 算定基準에 관한 판례동향
60	11.29.	朴銳炘	工事中止處分의 취소
61	92.1.31.	卞海喆	公物에 대한 强制執行
62	2.28.	李康國	違憲法律의 효력－그 遡及效의 범위와 관련하여
63	3.27	金善旭	公勤務에 관한 女性支援指針과 憲法上의 平等原則
64	4.24.	全光錫	不合致決定의 허용 여부
65	5.29.	崔正一	行政規則의 법적성질 및 효력

순번	연월일	발표자	발 표 제 목
66	6.26.	李琦雨	獨逸 Műnster 高等行政裁判所 1964.1.8. 판결
67	8.28.	朴鈗炘	地方自治團體의 자주적인 條例制定權과 規律문제
68	9.18.	金元主	讓渡所得稅 등 賦課處分의 취소
69	10.16.	洪準亨	結果除去請求權과 行政介入請求權
70	11.20.	金時秀	土地收用裁決處分의 취소
71	93.1.15.	金海龍	環境技術관계 行政決定에 대한 司法的 統制의 범위
72	2.19.	李重光	租稅法上 不當利得 返還請求權
73	3.19.	高永訓	行政規則에 의한 行政府의 立法行爲外
外6	4.16.	J.Anouil	EC法의 現在와 將來
74	5.21.	柳至泰	行政訴訟에서의 行政行爲 根據變更에 관한 판례분석
75	6.18.	徐元宇	原處分主義와 被告適格
76	8.20.	朴均省	國家의 公務員에 대한 求償權
77	9.17.	金東熙	教員任用義務不履行 違法確認訴訟
78	10.15.	盧永錄	建設業免許 取消處分의 취소
79	94.1.21.	徐廷友	無效確認을 구하는 의미의 租稅取消訴訟과 租稅還給金 消滅時效의 起算點
80	2.18.	洪準亨	判斷餘地의 한계
81	3.18.	裵輔允	憲法訴願 審判請求 却下決定에 대한 헌법소원
82	4.15.	金善旭	舊東獨判事의 獨逸判事任用에 관한 決定과 그 不服에 대한 管轄權
83	5.20.	李京運	學則의 법적 성질
84	6.17.	朴松圭	任用行爲取消處分의 취소
85	8.19.	金鐵容	公務員 個人의 不法行爲責任

순번	연월일	발표자	발 표 제 목
86	9.30.	卞在玉	日本 家永教科書檢定 第一次訴訟 上告審 判決의 評釋
87	10.21.	金香基	無名抗告訴訟의 可否
88	11.18.	李康國	行政行爲의 瑕疵의 治癒
89	95.1.20.	趙憲銖	取消判決의 遡及效
90	2.17.	朴秀赫	獨逸 統一條約과 補償法上의 原狀回復 排除規定의 合憲 여부
外7	3.17.	小高剛	損失補償에 관한 日本 最高裁判所 判決의 분석
91	4.21.	崔松和	行政處分의 理由明示義務에 관한 판례
92	5.19.	崔正一	石油販賣業의 양도와 歸責事由의 승계
93	6.16.	鄭夏重	國家賠償法 제5조에 의한 배상책임의 성격
94	8.18.	吳振煥	無效인 條例에 근거한 行政處分의 효력
95	9.15.	金敞祚	日本 長良川 安八水害 賠償判決
96	10.20.	黃祐呂	非常高等軍法會議 判決의 破棄와 還送法院
97	11.17.	白潤基	地方自治法 제98조 및 제159조에 의한 訴訟
98	96.1.19.	徐元宇	營業停止期間徒過後의 取消訴訟과 訴의 이익
99	2.23.	金海龍	計劃變更 내지 保障請求權의 성립요건
外8	3.19.	鹽野宏	日本 行政法 判例의 近年動向 - 行政訴訟을 중심으로
100	4.19.	金東熙	國家賠償과 公務員에 대한 求償
101	5.17.	梁承斗	教員懲戒와 그 救濟制度
102	6.28.	金容燮	運轉免許取消·停止處分의 法的 性質 및 그 한계
103	8.16.	李京運	轉補發令의 處分性
104	9.20.	盧永錄	申告納稅方式의 租稅와 그 瑕疵의 판단기준
105	10.18.	金敞祚	道路公害와 道路設置·管理者의 賠償責任

순번	연월일	발표자	발 표 제 목
106	11.15.	金裕煥	形式的 拒否處分에 대한 取消訴訟의 審理범위
107	97.1.17.	裵柄皓	北韓國籍住民에 대한 强制退去命令의 적법성
108	2.21.	趙龍鎬	公衆保健醫師 採用契約解止에 대한 爭訟
109	3.21.	金鐵容	行政節次法의 내용
110	4.18.	趙憲銖	建築物臺帳 職權訂正行爲의 처분성
111	5.16.	鄭夏重	交通標識板의 법적성격
112	6.20.	裵輔允	違憲決定과 行政處分의 효력
113	8.22.	吳峻根	聽聞의 실시요건
114	9.19.	金善旭	옴부즈만條例案 再議決 無效確認判決의 문제점
115	10.17.	李光潤	機關訴訟의 성질
116	11.21.	朴正勳	教授再任用拒否의 처분성
117	98.1.16.	白潤基	當事者訴訟의 대상
118	2.20.	辛奉起	機關訴訟 주문의 형식
119	3.20.	洪準亨	行政法院 出帆의 意義와 행정법원의 課題
120	4.17.	宣正源	오스트리아와 독일의 不作爲訴訟에 관한 고찰
121	5.16.	李東洽	刑事記錄 열람·등사 거부처분
122	6.19.	金東建	環境行政訴訟과 地域住民의 原告適格
123	98.8.21.	金南辰	法規命令과 行政規則의 구별
124	9.18.	金敞祚	河川 管理 責任
125	10.16.	金容燮	行政審判의 裁決에 대한 取消訴訟
126	11.20.	徐廷友	垈地造成事業計劃 승인처분의 재량행위
127	99.1.15.	南勝吉	處分의 기준을 규정한 施行規則(部令)의 성격
128	2.19.	金裕煥	違憲法律에 根據한 行政處分의 效力
129	3.19.	鄭夏重	多段階行政節次에 있어서 事前決定과 部分許可의 意味

순번	연월일	발표자	발 표 제 목
130	4.16.	裵輔允	南北交流協力 등 統一에 관한 법적 문제
131	5.21.	康鉉浩	計劃承認과 司法的 統制
132	6.18.	兪珍式	行政指導와 違法性阻却事由
133	8.20.	朴正勳	侵益的 行政行爲의 公定力과 刑事裁判
134	9.17.	金東熙	建築許可신청서 返戾처분취소
		金南澈	行政審判法 제37조 제2항에 의한 自治權侵害의 가능성
135	10.15.	金炳圻	條例에 대한 再議要求事由와 大法院提訴
		權殷玟	公賣決定·通知의 처분성 및 소송상 문제점
136	11.19.	石鎬哲	羈束力의 범위로서의 처분사유의 동일
		金珉昊	직무와 관련된 不法行爲에 있어 공무원 개인의 책임
137	00.1.21.	尹炯漢	任用缺格과 退職給與
		裵柄皓	還買權소송의 管轄문제
138	2.18.	趙憲銖	個人事業의 法人轉換과 租稅減免
		金連泰	조세행정에 있어서 경정처분의 효력
139	3.17.	兪珍式	自動車運輸事業 면허처분에 있어서 競業, 競願의 범위
		慶 健	情報公開請求權의 憲法的 根據와 그 制限
140	4.21.	朴正勳	拒否處分 取消訴訟에 있어 違法判斷의 基準時와 訴의 利益
		金柄圻	行政訴訟上 執行停止의 要件으로서의 '回復하기 어려운 損害'와 그 立證責任
141	5.19.	洪準亨	不可變力, 信賴保護, 그리고 行政上 二重危險의 禁止
		康鉉浩	建築變更許可와 附款

순번	연월일	발표자	발 표 제 목
142	6.16.	趙龍鎬	寄附金品募集許可의 法的性質
		金容燮	行政上 公表
143	8.18.	朴松圭	盜難당한 自動車에 대한 自動車稅와 免許稅
		權殷玟	廢棄物處理業 許可權者가 한 '不適正通報'의 法的性質
144	9.22.	石鎬哲	公法的 側面에서 본 日照權 保護
145	10.20.	蘇淳茂	後發的 事由에 의한 更正請求權을 條理上 인정할 수 있는지 與否
		金光洙	土地形質變更許可와 信賴保護原則
146	11.17.	朴鈗炘	慣行漁業權
		宣正源	複合民願과 認·許可擬制
147	01.1.19.	崔松和	판례에 있어서 공익
		李光潤	도로가 행정재산이 되기 위한 요건 및 잡종재산에 대한 시효취득
148	2.16.	金鐵容	개발제한 구역의 시정과 손실 보상
		鄭夏重	부관에 대한 행정소송
149	3. 8.	金性洙	독일연방헌재의 폐기물법에 대한 결정과 환경법상 협력의 원칙
		李東植	중소기업에 대한 조세 특례와 종업원의 전출. 파견
150	4.20.	李京運	주택건설사업계획 사전결정의 구속력
		裵輔允	2000년 미국대통령 선거 소송 사건
151	5. 9.	李東洽	위헌법률에 근거한 처분에 대한 집행력 허용 여부
		金珉昊	상속세 및 증여세법상 증여의 의미
152	6.15.	李元雨	정부투자기관의 부정당업자 제재조치의 법적

순번	연월일	발표자	발 표 제 목
			성질
		朴榮萬	군사시설보호법상의 협의와 항고소송
153	8.17.	崔正一	법규명령형식의 재량준칙의 법적성질 및 효력
		趙憲銖	유적발굴허가와 행정청의 재량
154	9.21.	金東熙	국가배상법 제5조상의 영조물의 설치·관리상 하자의 관념
		金東建	대법원 판례상의 재량행위
155	10.10.	吳峻根	행정절차법 시행이후의 행정절차 관련 주요 행정판례 동향분석
		柳至泰	공물법의 체계에 관한 판례 검토
156	11. 7.	白潤基	행정소송에 있어서 건축주와 인근주민의 이익의 충돌과 그 조화
		徐廷範	국가배상에 있어서 위법성과 과실의 일원화에 관하여
157	02.1.18.	金善旭	독일헌법상의 직업공무원제도와 시간제공무원
		朴正勳	처분사유의 추가·변경－제재철회와 공익상 철회
158	2.15.	辛奉起	일본의 기관소송 법제와 판례
		權殷玟	원천징수행위의 처분성과 원천징수의무자의 불복방법
159	3.15.	朴均省	환경영향평가의 하자와 사업계획승인처분의 효력
		金鐘甫	관리처분계획의 처분성과 그 공정력의 범위
160	4.19.	崔光律	농지전용에 관한 위임명령의 한계
		俞珍式	건축법상 일조보호규정의 私法上의 의미
161	5.17.	朴鈗炘	국가배상법 제2조 제1항 단서에 대한 헌법재

순번	연월일	발표자	발 표 제 목
			판소의 한정위헌결정 및 관련 대법원판례에 대한 평석
		宣正源	행정의 공증에 대한 사법적 통제의 의미와 기능의 명확화
162	6.21.	金元主	도로배연에 의한 대기오염과 인과관계
		康鉉浩	재량준칙의 법적 성격
163	7.19.	裵柄皓	회의록과 정보공개법상 비공개대상정보
		慶 健	공문서관리의 잘못과 국가배상책임
164	8.16.	金容燮	거부처분취소판결의 기속력
		金炳圻	보완요구의 '부작위'성과 재결의 기속력
165	9.13.	尹炯漢	기납부 택지초과소유부담금 환급청구권의 성질과 환급가산금의 이자율
		鄭夏明	미국연방대법원의 이른바 임시규제적 수용에 관한 새로운 판결례
166	10.18.	李鴻薰	공용지하사용과 간접손실보상
		金光洙	국가배상소송과 헌법소원심판의 관계
167	11.15.	徐元宇	행정법규위반행위의 사법적 효력
		李康國	조세채무의 성립과 확정
168	12.20.	蘇淳茂	인텔리전트빌딩에 대한 재산세중과시행규칙의 유효성 여부
169	03.1.17.	金敞祚	정보공개제도상의 비공개사유와 본인개시청구
		金聖泰	운전면허수시적성검사와 개인 정보보호
170	2.21.	金東熙	기속재량행위와 관련된 몇 가지 논점 또는 의문점
		曺海鉉	행정처분의 근거 및 이유제시의 정도
171	3.21.	白潤基	불합격처분에 대한 효력정지결정에 대한 고찰

순번	연월일	발표자	발 표 제 목
		宣正源	행정입법에 대한 부수적 통제
172	5.16.	李元雨	한국증권업협회의 협회등록취소결정의 법적 성질
		金容贊	정보공개청구사건에서의 몇 가지 쟁점
173	6.20.	金重權	이른바 "수리를 요하는 신고"의 문제점에 관한 소고
		洪準亨	평생교육시설 설치자 지위승계와 설치자 변경 신청서 반려처분의 적법 여부
174	7.18.	金鐵容	학교법인임원취임승인취소처분과 행정절차법
		金秀珍	성별에 따른 상이한 창업지원금신청기간설정과 국가의 평등보장의무
175	8.22.	鄭夏重	법관의 재판작용에 대한 국가배상책임
		金鐘甫	정비조합(재건축, 재개발조합) 인가의 법적 성격
176	9.19.	金炳圻	수익적 행정행위의 철회의 법적 성질과 철회사유
		朴榮萬	군사시설보호구역설정행위의 법적 성격
177	10. 9	朴正勳	취소판결의 기판력과 기속력
		李東植	구 소득세법 제101조 제2항에 따른 양도소득세부과와 이중과세 문제
178	11.21.	李東洽	최근 행정소송의 주요사례
		慶 健	하천구역으로 편입된 토지에 대한 손실보상
179	12.19.	朴均省	거부처분취소판결의 기속력과 간접강제
180	04.1.16.	李光潤	광역지방자치단체와 기초지방자치단체의 성격
		朴海植	행정소송법상 간접강제결정에 기한 배상금의 성질
181	2.20.	金海龍	행정계획에 대한 사법심사에 있어서 법원의

순번	연월일	발표자	발 표 제 목
			석명권행사 한계와 입증책임
		李賢修	영업양도와 공법상 지위의 승계
182	3.19.	俞珍式	기부채납부관을 둘러싼 법률문제
		鄭泰學	매입세액의 공제와 세금계산서의 작성·교부시기
183	4.16.	柳至泰	행정행위의 취소의 취소
		金致煥	통지의 법적 성질
184	5.21.	鄭準鉉	단순하자 있는 행정명령을 위반한 행위의 가벌성
		權殷玟	압류처분취소소송에서 부과처분의 근거법률이 위헌이라는 주장이 허용되는지 여부
185	6.18.	趙憲銖	사업양도와 제2차 납세의무
		金連泰	과징금 부과처분에 대한 집행정지결정의 효력
186	7.16.	金容燮	보조금 교부결정을 둘러싼 법적 문제
		林聖勳	영내 구타·가혹 행위로 인한 자살에 대한 배상과 보상
187	8.20.	李京運	교수재임용거부처분취소
		曺媛卿	국가공무원법 제69조 위헌제청
188	9.17.	鄭成太	법규명령의 처분성
		金敞祚	원자로 설치허가 무효확인소송
189	04.10.15.	崔正一	법령보충적행정규칙의 법적 성질 및 효력
		李湖暎	독점규제법상 특수관계인에 대한 부당지원행위의 규제
190	11.19.	金香基	재결에 대한 취소소송
		劉南碩	집행정지의 요건으로서 "회복하기 어려운 손해를 예방하기 위한 긴급한 필요"와 그 고려

순번	연월일	발표자	발 표 제 목
			사항으로서의 '승소가능성'
191	12.17.	尹炯漢	사전통지의 대상과 흠결의 효과
192	05.1.31.	鄭鎬慶	행정소송의 협의의 소의 이익과 헌법소원의 보충성
		金重權	국토이용계획변경신청권의 예외적 인정의 문제점에 관한 소고
193	2.18.	宣正源	하자승계론에 몇 가지 쟁점에 관한 검토
		李熙貞	공법상 계약의 해지와 의견청취절차
194	3.18.	安哲相	취소소송 사이의 소의 변경과 새로운 소의 제소기간
		康鉉浩	민간투자법제에 따른 우선협상대상자지정의 법적 제문제
195	4.15.	吳峻根	재량행위의 판단기준과 재량행위 투명화를 위한 법제정비
		李根壽	대집행의 법적 성격
196	5.20.	河宗大	금산법에 기한 계약이전결정 등의 처분과 주주의 원고적격
		金鐘甫	토지형질변경의 법적 성격
197	6.17.	朴海植	제재적 행정처분의 효력기간 경과와 법률상 이익
		李桂洙	공무원의 정치적 자유와 정치운동금지의무
198	8.19.	金容燮	재결의 기속력의 주관적 범위를 둘러싼 논의
		徐正旭	공시지가와 하자의 승계
199	9.16.	金鉉峻	용도지역 지정 · 변경행위의 법적 성질과 그에 대한 사법심사
		趙成奎	직접민주주의와 조례제정권의 한계

순번	연월일	발표자	발 표 제 목
200	10.21.	金光洙	공직선거법과 행정형벌
		崔桂暎	용도폐지된 공공시설에 대한 무상양도신청거부의 처분성
201	11.12.	鄭夏重	행정판례의 발전과 전망
		朴正勳	행정판례의 발전과 전망
		尹炯漢	행정재판제도의 발전과 행정판례
		朴海植	행정재판제도의 발전과 행정판례
202	12.16.	鄭泰容	행정심판청구인적격에 관한 몇 가지 사례
203	06. 1.20	朴均省	행정상 즉시강제의 통제 — 비례원칙, 영장주의, 적법절차의 원칙과 관련하여 —
		權殷玟	기본행위인 영업권 양도계약이 무효라고 주장하는 경우에 행정청이 한 변경신고수리처분에 대한 불복방법 등
204	2.17.	曺海鉉	민주화운동관련자명예회복및보상등에관한법률에 기한 행정소송의 형태
		金重權	사권형성적 행정행위와 그 폐지의 문제점에 관한 소고
205	06.3.17.	朴正勳	불확정개념과 재량 — 법규의 적용에 관한 행정의 우선권
		李相悳	한국지역난방공사 공급규정 변경신고를 산업자원부장관이 수리한 행위의 법적 성질
206	4.21.	俞珍式	공유수면매립법상 사정변경에 의한 매립면허의 취소신청
		林永浩	채석허가기간의 만료와 채석허가취소처분에 대한 소의 이익
207	5.19	嚴基燮	공정거래법상 사업자단체의 부당제한행위의

순번	연월일	발표자	발 표 제 목
			성립요건
		李賢修	납입고지에 의한 변상금부과처분의 취소와 소멸시효의 중단
208	6.16.	金鐘甫	재건축 창립총회의 이중기능
		鄭夏明	미국 연방대법원의 행정입법재량통제
209	8.17.	裵柄皓	개정 하천법 부칙 제2조의 손실보상과 당사자 소송
		金裕煥	공공갈등의 사법적 해결 — 의미와 한계
210	9.15.	金容燮	텔레비전 수신료와 관련된 행정법적 쟁점
		崔桂暎	행정처분과 형벌
211	10.20.	金海龍	처분기간이 경과된 행정처분을 다툴 법률상 이익(행정소송법 제12조 후문 관련)과 제재적
		石鎬哲	처분기준을 정한 부령의 법규성 인정 문제
212	11.17.	宣正源	입헌주의적 지방자치와 조직고권
		李熙貞	주민투표권 침해에 대한 사법심사
213	06.12.8.-		법제처 · 한국행정판례연구회 공동주관 관학협동워크샵
	9.	朴 仁	법령보충적 성격의 행정규칙의 현황과 문제점
		林永浩	법령보충적 성격의 행정규칙에 대한 판례분석
		鄭南哲	법령보충적 성격의 행정규칙의 정비방향과 위임사항의 한계
		金重權	민주적 법치국가에서 의회와 행정의 공관적 법정립에 따른 법제처의 역할에 관한 소고
		金海龍	국토계획 관련법제의 문제점과 개선방안
214	07.1.19.	張暻源	독일 맥주순수령 판결을 통해 본 유럽과 독일의 경제행정법

순번	연월일	발표자	발 표 제 목
		權純一	재정경제부령에 의한 덤핑방지관세부과조치의 처분성 재론-기능적 관점에서-
215	2.23.	鄭準鉉	소위 '공익사업법'상 협의취득의 법적 성질
		裵輔允	구 농어촌정비법 제93조 제1항의 국공유지양증여의 창설환지 등의 문제점
216	3.16.	朴榮萬	법령의 개정과 신뢰보호의 원칙
		金重權	행정입법적 고시의 처분성인정과 관련한 문제점에 관한 소고
217	4.20.	金容贊	국가지정문화재현상변경허가처분의 재량행위성
		李湖暎	합의추정된 가격담합의 과징금산정
218	5.18	金敞祚	공인중개사시험불합격처분 취소소송
		李宣憙	행정청의 고시와 원고적격
219	6.15.	李光潤	제재적 처분기준의 성격과 제재기간 경과후의 소익
		金暎賢	행정소송의 피고적격
220	07.8.17.	金義煥	정보공개법상의 공공기관 및 정보공개청구와 권리남용
		金秀珍	행정서류의 외국으로의 송달
221	9.21.	蘇淳茂	명의신탁 주식에 대한 증여의제에 있어서 조세회피목적의 해석
		慶 健	관계기관과의 협의를 거치지 아니한 조례의 효력
222	10.19.	成百玹	공특법상 '이주대책'과 공급규칙상 '특별공급'과의 관계
		金南澈	건축허가의 법적 성질에 대한 판례의 검토
223	11.16.	金性洙	민간투자사업의 성격과 사업자 선정의 법적

순번	연월일	발표자	발 표 제 목
			과제
224	12.21.	趙憲銖	병역의무 이행과 불이익 처우 금지의 관계
225	08.1.18.	金南辰	국가의 경찰법, 질서법상의 책임
		李殷祈	폐기물관리법제와 폐기물처리조치명령취소처분
		鄭成太	대형국책사업에 대한 사법심사(일명 새만금사건을 중심으로)
226	2.15.	辛奉起	한국 행정판례에 있어서 형량하자론의 도입과 평가
		鄭鍾錧	하천법상의 손실보상
227	3.21.	鄭夏重	사립학교법상의 임시이사의 이사선임권한
		林聖勳	행정입법 부작위에 관한 몇가지 문제점
228	4.18.	金光洙	자치사무에 대한 국가감독의 한계
		金熙喆	토지수용으로 인한 손실보상금 산정
229	5.16.	申東昇	행정행위 하자승계와 선결문제
		趙成奎	과징금의 법적 성질과 부과기준
230	6.20.	姜錫勳	위임입법의 방식 및 해석론에 관한 고찰
		鄭南哲	명확성원칙의 판단기준과 사법심사의 한계
231	8.22.	鄭泰學	조세통칙과 신의성실의 원칙
		李京運	부관으로서의 기한
232	9.19.	朴尙勳	시간강사의 근로자성
		金善旭	지방자치단체장의 소속공무원에 대한 징계권과 직무유기
233	10.17.	趙允熙	정보통신부 장관의 위성망국제등록신청과 항고소송의 대상
		金鉉峻	환경사법 액세스권 보장을 위한 "법률상 이익"의 해석

순번	연월일	발표자	발 표 제 목
234	11.21.	裵輔允	권한쟁의심판의 제3자 소송담당
		李賢修	공물의 성립요건
235	12.19.	金鐵容	행정청의 처분근거·이유제시의무와 처분근거·이유제시의 정도
236	09.1.16.	金炳圻	행정법상 신뢰보호원칙
		劉慶才	원인자부담금
237	2.20.	金聖泰	도로교통법 제58조 위헌확인
		林永浩	공매 통지의 법적 성격
238	3.20.	崔桂暎	위헌결정의 효력과 취소소송의 제소기간
		金尙煥	법규명령에 대한 헌법소원의 적법요건
239	4.17.	朴均省	직무상 의무위반으로 인한 국가배상책임
		金國鉉	사망자의 법규위반으로 인한 제재사유의 승계
240	5.15.	金容燮	택지개발업무처리지침 위반과 영업소 폐쇄
		金炅蘭	개발제한구역의 해제와 원고적격
241	6.19.	朴正勳	무효확인소송의 보충성
		曺海鉉	민주화운동관련자 명예회복 및 보상 등에 관한 법률에 의한 보상금의 지급을 구하는 소송의 형태
242	8.21.	鄭泰容	행정심판 재결 확정력의 의미
		安哲相	지방계약직 공무원의 징계
243	9.18.	金鐘甫	「도시 및 주거환경정비법」상 정비기반시설의 귀속 관계
		徐基錫	국회의 입법행위 또는 입법부작위로 인한 국가배상책임
244	10.16.	河明鎬	법인에 대한 양벌규정의 위헌여부
		趙龍鎬	표준지공시지가 하자의 승계

순번	연월일	발표자	발 표 제 목
245	11.20.	金連泰	한국마사회의 조교사 및 기수의 면허부여 또는 취소의 처분성
		金義煥	행정상 법률관계에 있어서의 소멸시효의 원용과 신의성실의 원칙
246	12.18.	朴鈗炘	주거이전비 보상의 법적 절차, 성격 및 소송법적 쟁점
247	10.1.15	林宰洪	출입국관리법상 난민인정행위의 법적 성격과 난민인정요건
		金泰昊	하자있는 수익적 행정처분의 직권취소
248	2.19	金南澈	국가기관의 지방자치단체에 대한 감독·감사권한
		權殷玟	미국산 쇠고기 수입 고시의 법적 문제
249	3.19	金聲培	수용재결과 헌법상 정교분리원칙
		姜相旭	건축물대장 용도변경신청 거부의 처분성
250	4.16	李宣憙	공정거래법상 시정조치로서 정보교환 금지명령
		金鍾泌	이주대책대상자제외처분 취소소송의 쟁점
251	5.14	鄭夏重	공법상 부당이득반환청구권의 독자성
		魯坰泌	관리처분계획안에 대한 총회결의 무효확인을 다투는 소송방법
252	6.18	金秀珍	합의제 행정기관의 설치에 관한 조례 제정의 허용 여부
		白濟欽	과세처분에 대한 증액경정처분과 행정소송
253	8.20	崔正一	경원자 소송에서의 원고적격과 사정판결제도의 위헌 여부
		蔣尙均	승진임용신청에 대한 부작위위법확인소송
254	9.17	金敞祚	강의전담교원제와 해직처분
		河宗大	행정처분으로서의 통보 및 신고의 수리

순번	연월일	발표자	발 표 제 목
255	10.15	최진수	징발매수재산의 환매권
		朴海植	주민등록전입신고 수리 여부에 대한 심사범위와 대상
256	11.12	金容燮	부당결부금지원칙과 부관
		朴尙勳	공무원에 대한 불이익한 전보인사 조치와 손해배상
257	12.10	金東熙	제재적 재량처분의 기준을 정한 부령
258	11.1.14	成智鏞	위임입법의 한계와 행정입법에 대한 사법심사
		安東寅	법령의 개정과 신뢰보호원칙 — 신뢰보호원칙의 적극적 활용에 대한 관견 —
259	2.18	崔桂暎	민간기업에 의한 수용
		金泰昊	사전환경성검토와 사법심사
260	3.18	金鉉峻	규제권한 불행사에 의한 국가배상책임의 구조와 위법성 판단기준
		朴在胤	지방자치단체 자치감사의 범위와 한계
261	4.15	金重權	민간투자사업의 법적 절차와 처분하자
		徐輔國	행정입법의 부작위에 대한 헌법소원과 행정소송
262	5.20	李熙貞	귀화허가의 법적 성질
		尹仁聖	독점규제 및 공정거래에 관한 법률 제3조의2 제1항 제5호 후단에 규정된 "부당하게 소비자의 이익을 현저히 저해할 우려가 있는 행위"에 관한 소고
263	6.17	朴均省	납골당설치신고 수리거부의 법적 성질 및 적법성 판단
		姜錫勳	재조사결정의 법적 성격과 제소기간의 기산점
264	8.19	金光洙	임시이사의법적 지원

순번	연월일	발표자	발 표 제 목
		趙允熙	불복절차 도중의 과세처분 취소와 재처분금지
265	9.16	鄭準鉉	개인택시사업면허 양도시 하자의 승계
		김용하	잔여지 수용청구권의 행사방법 및 불복수단
266	10.21	崔峰碩	과징금 부과처분의 재량권 일탈·남용
		朴榮萬	군인공무원관계와 기본권 보장
267	11.11	俞珍式	정보공개법상 비공개사유
		주한길	행정소송법상 집행정지의 요건
268	12.16	琴泰煥	최근 외국 행정판례의 동향 및 분석
		金致煥	미국, 일본, 프랑스, 독일
		田勳	
		李殷相	
		李鴻薰	사회발전과 행정판결
269	12.1.27	裵炳皓	재개발조합설립인가 등에 관한 소송의 방법
		河明鎬	사회보장행정에서 권리의 체계와 구제
270	2.17	朴玄廷	건축법 위반과 이행강제금
		金善娥	출퇴근 재해의 인정범위
271	3.16	金重權	국가배상법상 중과실의 의미
		徐泰煥	행정소송법상 직권심리주의의 의미와 범위
272	4.20	李湖暎	시장지배적사업자의 기술적 보호조치와 공정거래법
		李玩憙	공정거래법상 신고자 감면제도
273	5.18	李東植	세무조사 결정통지의 처분성
		鄭基相	조세소송에서 실의성실원칙
274	6.15	許康茂	생활대책대상자선정거부의 처분성과 신청권의 존부
		朴貞杹	기대권의 법리와 교원재임용거부 및 부당한 근로계약 갱신 거절의 효력
275	8.17	金敞祚	정보공개법상 비공개사유로서 법인 등의 경

순번	연월일	발표자	발 표 제 목
			영·영업상 비밀에 관한 사항
		成承桓	경찰권 발동의 한계와 기본권
276	9.21	金宣希	도시정비법상 조합설립인가처분과 변경인가처분
		李相憙	국가와 지방자치단체의 보조금 지원과 지원거부의 처분성
277	10.19	康鉉浩	건축법상 인허가의제의 효과를 수반하는 신고
		尹景雅	결손처분과 그 취소 및 공매통지의 처분성
278	11.16	金容燮	원격평생교육시설 신고 및 그 수리거부
		李義俊	사업시행자의 생활기본시설 설치 의무
279	12.21	琴泰煥	미국, 일본, 프랑스, 독일의 최근 행정판례동향
		金致煥	
		田 勳	
		李殷相	
		崔松和	행정판례의 회고와 전망
280	13.1.18	崔桂暎	행정처분의 위법성과 국가배상책임
		金泰昊	정보공개법상 비공개사유로서 '진행 중인 재판에 관련된 정보'
281	2.15	金致煥	주민소송의 대상
		朴在胤	체육시설을 위한 수용
282	3.15	金聲培	국가유공자요건비해당결정처분
		金東國	해임처분무효
283	4.19	徐輔國	압류등처분무효확인
		崔柄律	자동차운전면허취소처분취소
284	5.24	裵柄皓	국가배상청구권의 소멸시효
		朴海植	감면불인정처분등취소
285	6.21	朴均省	국방·군사시설사업실시계획승인처분무효확인등

순번	연월일	발표자	발 표 제 목
		金慧眞	형의 집행 및 수용자의 처우에 관한 법률 제45조 제1항 위헌확인
286	8.16	兪珍式	여객자동차운수사업법 제14조 등 위헌확인 등
		김필용	증여세부과처분취소
287	9.27	慶建	정보공개청구거부처분취소
		이산해	과징금부과처분취소·부당이득환수처분취소
288	10.18	金裕煥	직권면직취소
		許盛旭	관리처분계획무효확인
289	11.15	金炳圻	완충녹지지정의 해제신청거부처분의 취소
		成重卓	조합설립인가처분무효확인
290	12.20	金聲培 金致煥 吳丞奎 桂仁國	미국, 일본, 프랑스, 독일의 최근 행정판례 동향
		鄭夏重	행정판례에 있어서 몇 가지 쟁점에 관한 소고
291	14. 1. 17	金相贊	국가공무원 복무규정 제3조 제2항 등 위헌확인
		金容河	사업시행승인처분취소
292	2.21	姜知恩	주택건설사업승인불허가처분 취소 등
		金世鉉	소득금액변동통지와 하자의 승계 판례변경에 따른 신뢰성 보호 문제
293	3.21	金重權	지방자치단체의 구역관할결정의 제 문제에 관한 소고
		李相悳	체납자 출국금지처분의 요건과 재량통제
294	4.18	兪珍式	정보공개거부처분취소
		金惠眞	백두대간보호에관한법률 제7조 제1항 제6호 위헌소원

순번	연월일	발표자	발 표 제 목
295	5.16	安東寅	토지대장의 직권말소 및 기재사항 변경거부의 처분성
		河泰興	증액경정처분의 취소를 구하는 항고소송에서 납세의무자가 다툴 수 있는 불복사유의 범위
296	6.20	金容燮	독립유공자법적용배제결정 - 처분취소소송에 있어 선행처분의 위법성승계
		李承勳	조합설립추진위원회 설립승인 무효 확인
297	8.22	鄭鎬庚	不利益處分原狀回復 등 要求處分取消
		이병희	解任處分取消決定取消
298	9.19	崔峰碩	職務履行命令取消
		文俊弼	還買代金增減
299	10.17	朴均省	行政判例 30年의 回顧와 展望: 행정법총론 I
		金重權	行政判例의 回顧와 展望-행정절차, 정보공개, 행정조사, 행정의 실효성확보의 분야
		洪準亨	行政判例 30年의 回顧와 展望-행정구제법: 한국행정판례의 정체성을 찾아서
300	11.21	康鉉浩	不正當業者制裁處分取消
		李承寧	讓受金
301	12.19	金聲培	美國의 最近 行政判例動向
		吳丞奎	프랑스의 最近 行政判例動向
		桂仁國	獨逸의 最近 行政判例動向
		咸仁善	日本의 最近 行政判例動向
		朴鈗炘	온실가스 배출거래권 제도 도입에 즈음하여
302	15. 1.23	金泰昊	수정명령 취소
		李羲俊	손해배상(기)
303	2.27	朴玄廷	정비사업조합설립과 토지 또는 건축물을 소유

순번	연월일	발표자	발 표 제 목
			한 국가·지방자치단체의 지위
		李義俊	건축허가처분취소
304	3.20	俞珍式	공공감사법의 재심의신청과 행정심판에 관한 제소기간의 특례
		金世鉉	명의신탁과 양도소득세의 납세의무자
305	4.17	朴均省	노동조합설립신고반려처분취소
		金海磨中	국세부과취소
306	5.15	崔峰碩	직무이행명령취소청구
		박준희	지역균형개발 및 지방중소기업 육성에 관한 법률 제16조 제1항 제4호 등 위헌소원
307	6.19	裵柄皓	인신보호법 제2조 제1항 위헌확인
		金東柱	생태자연도등급조정처분무효확인
		裵柄皓	인신보호법 제2조 제1항 위헌확인
		김동주	생태자연도등급조정처분무효확인
308	8.29		牧村 金道昶 박사 10주기 기념 학술대회
309	9.18	崔桂暎	정보비공개결정처분취소
		정지영	부당이득금반환
310	10.16	鄭夏明	예방접종으로 인한 장애인정거부처분취소
		郭相鉉	급여제한및 환수처분취소
311		鄭鎬庚	독립유공자서훈취소결정무효확인등
		김혜성	직위해제처분취소
312		金聲培	최근(2014/2015) 미국 행정판례의 동향 및 분석 연구
		咸仁善	일본의 최근(2014) 행정판례의 동향 및 분석
		吳丞奎	2014년 프랑스 행정판례의 동향 연구
		桂仁國	국가의 종교적·윤리적 중립성과 윤리과목

순번	연월일	발표자	발 표 제 목
			편성 요구권
		金海龍	행정재판과 법치주의 확립
313	16. 1.22	金泰昊	주민소송(부당이득 반환)
		朴淵昱	건축협의취소처분취소
314	2.26	李熙貞	보상금환수처분취소
		李羲俊	변상금부과처분취소
315	3.18	成重卓	영업시간제한등처분취소
		임지영	조정반지정거부처분
316	4.15	裵柄皓	하천공사시행계획취소청구
		李用雨	세무조사결정행정처분취소
317	5.20	金南澈	과징금납부명령등취소청구의소
		李煌熙	홍▽군과 태△군 등 간의 권한쟁의
318	6.11	金重權	환경기술개발사업중단처분취소
		崔瑨修	관리처분계획안에대한총회결의효력정지가처분
		강주영	시설개수명령처분취소
		角松生史	일본 행정소송법개정의 성과와 한계
319	8.19	咸仁善	조례안의결무효확인 <학생인권조례안 사건>
		金世鉉	교육세경정거부처분취소
320	9.23	金容燮	독립유공자서훈취소처분의 취소
		李殷相	주유소운영사업자불선정처분취소
321	10.21	李光潤	부당이득금등
		이승민	형식적 불법과 실질적 불법
322	11.25	俞珍式	학칙개정처분무효확인
		윤진규	부당이득금
			채무부존재확인
323	12.15	李京運	교육판례의 회고와 전망

순번	연월일	발표자	발 표 제 목
		朴均省	사법의 기능과 행정판례
		咸仁善	일본의 최근 행정판례
		金聲培	미국의 최근 행정판례
		桂仁國	독일의 최근 행정판례
		吳丞奎	프랑스의 최근 행정판례
324	17. 1.20.	成奉根	취급거부명령처분취소
		尹焌碩	취득세등부과처분취소
325	2.17.	鄭永哲	도시계획시설결정폐지신청거부처분취소
		이희준	손해배상(기)
326	3.17.	朴在胤	직무이행명령취소
		정은영	습지보전법 제20조의2 제1항 위헌소원
327	4.21.	金容燮	시정명령처분취소
		장승혁	산재법 제37조 위헌소원
328	5.19.	박정훈	감차명령처분취소
		金世鉉	법인세등부과처분취소
329	6.16.	裵柄皓	조례안재의결무효확인
		송시강	개발부담금환급거부취소
330	8.8.	함인선	부당이득금반환
		김형수	개발부담금환급거부취소
331	9.15.	성중탁	출입국관리법 제63조 제1항 위헌소원
		이은상	보험료채무부존재확인
332	10.20.	유진식	정보공개청구기각처분취소
		김상찬	영업정지처분취소
333	11.24.	안동인	치과의사 안면보톡스시술사건
		김선욱	부가가치세경정거부처분취소
334	12.14.	김동희	행정판례를 둘러싼 학계와 법조계의 대화에

순번	연월일	발표자	발 표 제 목
			관한 몇 가지 생각
		정태용	행정부 공무원의 시각에서 본 행정판례
		함인선	일본의 최근 행정판례
		김성배	미국의 최근 행정판례
		계인국	독일의 최근 행정판례
		김혜진	프랑스의 최근 행정판례
335	18. 1.19.	성봉근	민사사건에 있어 공법적 영향
		박호경	조례무효확인
336	3.16.	김치환	산재보험적용사업장변경불승인처분취소
		신철순	폐업처분무효확인등
337	4.20.	박정훈	입찰참가자격제한처분취소
		신상민	건축허가철회신청거부처분취소의소
338	5.18.	최봉석	직권취소처분취소청구의소
		윤준석	증여세부과처분취소
339	6.15.	김대인	직권취소처분취소청구의소
		문중흠	증여세부과처분취소
340	8.17.	이혜진	정직처분취소
		김형수	이동통신단말장치 유통구조 개선에 관한 법률 제4조 제1항 등 위헌확인
341	9.28.	김현준	재직기간합산불승인처분취소
		김세현	양도소득세부과처분취소
342	10.19.	김창조	주민등록번호변경신청거부처분취소
		장현철	청산금
343	11.16	강현호	손해배상
		임성훈	부당이득반환등
344	12.21	김재선	미국의 최근 행정판례

순번	연월일	발표자	발 표 제 목
		계인국	독일의 최근 행정판례
		박현정	프랑스의 최근 행정판례
345	19. 2.15	박재윤	숙박업영업신고증교부의무부작위위법확인
		이은상	사업시행계획인가처분취소
346	3.15	정영철	입찰참가자격제한처분취소청구의소
		이승훈	부작위위법확인
347	4.19	박균성	사업계획승인취소처분취소등
		김혜성	종합쇼핑몰거래정지처분취소
348	5.17	김중권	전역처분등취소
		고소영	임용제청거부처분취소등
349	6.21	김판기	생활폐기물수집운반및가로청소대행용역비반납처분취소
		윤준석	증여세부과처분취소
350	8.23	배병호	지방자치단체를 당사자로 하는 계약에 관한 법률 시행령 제30조 제5항 등 위헌확인
		신상민	퇴교처분취소
351	9.20	김성배	사증발급거부처분취소
		박건우	보상금증액
352	10.18	김병기	교원소청심사위원회결정취소
		오에스데	징계처분등
353	11.15	강현호	의료기관개설신고불수리처분취소
		이수안	손실보상금증액등
354	12.19	신원일	일본의 최근 행정판례
		김재선	미국의 최근 행정판례
		계인국	독일의 최근 행정판례
		박우경	프랑스의 최근 행정판례

순번	연월일	발표자	발 표 제 목
355	20.2.21.	성중탁	변호인 접견 불허처분 등 위헌확인
		김근호	입찰참가자격제한처분취소청구
356	5.22	김태호	학원설립운영등록신청 반려처분취소
		이희준	수용재결취소등
357	6.19	김유환	도로점용허가처분무효확인등
		황용남	기타이행강제금부과처분취소
358	8.21	박재윤	제재조치명령의 취소
		주동진	급수공사비등부과처분취소청구의 소
359	9.18	김치환	도로점용료부과처분취소·도로점용료부과처분취소
		김후신	장해등급결정처분취소
360	10.16	정호경	고용노동부 고시 제2017-42호 위헌확인
		이용우	건축신고반려처분취소
361	11.20	김창조	사업대상자선정처분취소
		정은영	부당이득금부과처분취소등
362	12.17	손호영	일본의 최근 행정판례
		김재선	미국의 최근 행정판례
		계인국	독일의 최근 행정판례
363	20.2.19.	박우경	프랑스의 최근 행정판례
		이현수	대법원 2019. 7. 11. 선고 2017두38874 판결
		이산해	대법원 2019. 2. 28. 선고 2017두71031 판결
364	3.19.	이은상	대법원 2019. 10. 31. 선고 2016두50907 판결
		김근호	대법원 2019. 6. 27. 선고 2018두49130 판결
365	4.16.	하명호	대법원 2020. 12. 24. 선고 2018두45633 판결
		박호경	대법원 2020. 6. 25. 선고 2018두34732 판결
366	5.21.	김중권	대법원 2020. 6. 25. 선고 2019두52980 판결

순번	연월일	발표자	발 표 제 목
		맹주한	대법원 2020. 7. 9. 선고 2017두39785 판결
367	6.18.	김대인	대법원 2020. 7. 29. 선고 2017두63467 판결
		박정훈	대법원 2020. 9. 3. 선고 2020두34070 판결
368	8.20.	이윤정	부당해고구제재심판정취소
		이국현	물이용부담금과 재정책임
369	9.17.	서보국	종합소득세경정거부처분취소
		윤진규	관세등부과처분취소
370	10.15.	김유환	공급자등록취소무효확인등청구
		최명지	업무정지처분 취소청구
371	11.19.	김현준	이사회결의무효확인의소
		황정현	세무대리업무등록취소처분취소등
372	12.16.	이혜진	일본의 최근 행정판례
		김재선	미국의 최근 행정판례
		계인국	독일의 최근 행정판례
		박우경	프랑스의 최근 행정판례

行政判例研究 I~ XXVI-2 總目次

行政判例研究 Ⅰ～XXVI-2 總目次

[第 Ⅰ 卷]

Ⅰ. 行政上立法

Ⅱ. 行政裁量

Ⅲ. 行政行爲의 附款

Ⅳ. 行政行爲의 取消

Ⅴ. 行政節次

Ⅵ. 行政計劃

Ⅶ. 行政訴訟의 對象

Ⅷ. 行政訴訟에 있어서의 訴의 利益

Ⅸ. 行政訴訟의 執行停止

Ⅹ. 行政權限의 委任

Ⅺ. 公務員法

Ⅻ. 營造物法

XIII. 知的所有權 · 遺傳工學

XIV. 租 稅

XV. 違憲審査

[第 II 卷]

I. 個人的 公權

II. 行政上立法

III. 行政行爲

[第 Ⅲ 卷]

Ⅵ. 行政上爭訟 一般

Ⅶ. 行政訴訟의 類型

Ⅷ. 損害塡補

Ⅸ. 地方自治

Ⅹ. 違憲審査

[第 Ⅳ 卷]

Ⅰ. 行政行爲

Ⅱ. 行政計劃

Ⅲ. 行政節次

Ⅳ. 行政爭訟 一般

Ⅴ. 行政訴訟의 對象과 權利保護 必要性

VI. 行政訴訟의 類型

VII. 損害塡補

VIII. 地方自治法

IX. 秩序行政法

[第 V 卷]

I. 行政立法

Ⅱ. 行政行爲

Ⅲ. 行政計劃

Ⅳ. 行政節次

Ⅴ. 行政訴訟

Ⅵ. 損害塡補

Ⅶ. 公務員法

Ⅷ. 地方自治法

Ⅸ. 秩序行政法

Ⅹ. 租 稅

[第 VI 卷]

Ⅰ. 行政法의 基本概念

Ⅱ. 行政行爲

Ⅲ. 行政訴訟

Ⅳ. 給付行政 · 環境行政

Ⅴ. 租 稅

Ⅵ. 外國判例研究

[第 Ⅶ 卷]

Ⅰ. 行政行爲

Ⅱ. 行政行爲

Ⅲ. 行政節次

Ⅳ. 行政上 損害塡補

Ⅴ. 行政訴訟

Ⅵ. 建築行政法

Ⅶ. 環境行政法

Ⅷ. 文化行政法

Ⅸ. 外國行政法判例研究

[第 Ⅷ 卷]

Ⅰ. 行政立法

Ⅱ. 行政行爲

Ⅲ. 情報公開

Ⅳ. 行政의 實效性確保手段

Ⅴ. 行政上 損害塡補

Ⅵ. 行政訴訟

Ⅶ. 土地行政法

Ⅷ. 租稅行政法

Ⅸ. 外國行政判例研究

Ⅹ. 韓·日行政訴訟法制의 改正과 向後方向(國際學術會議)

[第 Ⅸ 卷]

Ⅰ. 行政行爲

Ⅱ. 行政節次

Ⅲ. 行政訴訟

Ⅳ. 地方自治法

Ⅴ. 租稅行政法

Ⅵ. 최근 行政訴訟判決의 主要動向

[第 X 卷]

Ⅰ. 行政立法

Ⅱ. 行政行爲

Ⅲ. 行政節次

Ⅳ. 行政上 損害塡補

Ⅴ. 行政訴訟

Ⅵ. 租稅行政法

[第XI卷]

Ⅰ. 韓國行政判例研究會 200회 特輯 紀念論文

Ⅱ. 行政行爲

Ⅲ. 行政의 實效性確保手段

Ⅳ. 行政訴訟

Ⅴ. 地方自治法

Ⅳ. 經濟行政法

Ⅴ. 租稅行政法

[第 XIII 卷]

Ⅰ. 行政立法

Ⅱ. 行政行爲

Ⅲ. 行政計劃

Ⅳ. 行政節次法

Ⅴ. 行政上 損害塡補

[第XIV卷]

Ⅱ. 行政行爲의 附款

Ⅲ. 行政行爲의 瑕疵

Ⅳ. 行政의 實效性確保手段

Ⅴ. 行政上 損害塡補

Ⅵ. 公務員法

Ⅶ. 外國判例 및 外國法制 研究

[第 XV-1卷]

Ⅰ. 行政法의 基本原理

Ⅱ. 行政行爲의 槪念과 種類

Ⅲ. 行政行爲의 職權取消·撤回

Ⅳ. 取消訴訟의 對象

Ⅴ. 行政上 損害塡補

Ⅵ. 公務員法

Ⅶ. 地方自治法

Ⅷ. 經濟行政法

Ⅸ. 建築行政法

[第XV-2卷]

Ⅰ. 認·許可 擬制 制度의 效果와 立法의 方向

Ⅱ. 行政立法

Ⅲ. 行政行爲

Ⅳ. 行政訴訟

Ⅴ. 地方自治法

Ⅵ. 外國判例 및 外國法制 硏究

[第ⅩⅥ-1卷]

Ⅰ. 行政法의 基本原理

Ⅱ. 行政立法

Ⅲ. 行政行爲

Ⅳ. 損害塡補

Ⅴ. 地方自治法

Ⅵ. 租稅行政法

[第 XVI－2卷]

Ⅰ.行政行爲의 瑕疵

Ⅱ. 行政訴訟一般

Ⅲ. 行政訴訟의 類型

Ⅳ. 經濟行政法

Ⅴ. 外國判例 및 外國法制 硏究

[第 XVII -1卷]

Ⅰ. 行政行爲의 附款

Ⅱ. 行政計劃

Ⅲ. 行政의 實效性 確保手段

Ⅳ. 取消訴訟의 對象

Ⅴ. 行政訴訟의 類型

Ⅵ. 地方自治法

Ⅶ. 經濟行政法

[第 XVII －2卷]

Ⅵ. 勞動行政法

Ⅶ. 外國判例 및 外國法制 硏究

[第 ⅩⅧ -1卷]

Ⅰ. 行政行爲의 瑕疵

Ⅱ. 行政節次 및 情報公開

Ⅲ. 取消訴訟의 對象

[第 XVIII -2卷]

[第 XIX-1卷]

Ⅱ. 取消訴訟의 對象

Ⅲ. 地方自治法

Ⅳ. 建築行政法

Ⅴ. 外國判例 및 外國法制 研究

Ⅵ. 특집논문: 행정판례연구회 30주년 특별기념논문

[第XX-1卷]

Ⅰ. 行政立法

[第XX-2卷]

[第 XXI－1 卷]

Ⅰ. 行政行爲의 槪念과 種類

Ⅱ. 損害塡補

Ⅲ. 地方自治法

Ⅳ. 經濟行政法

Ⅴ. 外國判例 및 外國法制硏究

Ⅵ. [특별기고] 行政法硏究資料

[第XXI-2卷]

[第 XXII－1 卷]

[第 XXII－2 卷](第1卷)

[第XXII-2卷](第2卷)

[第 XXIII-1 卷]

Ⅳ. 公務員法

Ⅴ. 環境行政法

Ⅵ. 經濟行政法

Ⅶ. 建築行政法

[第 XXIV-1 卷]

Ⅰ. 행정법의 의의 및 기본원리(일반론)

Ⅱ. 행정의 행위형식

Ⅴ. **行政爭訟一般**

Ⅵ. **取消訴訟의 對象**

Ⅶ. **行政訴訟에 있어서의 訴의 利益**

Ⅷ. **損害塡補**

Ⅸ. **地方自治法**

Ⅹ. **憲法裁判**

Ⅺ. **外國判例 및 外國法制 研究**

[第ⅩⅩⅤ-1卷]

Ⅰ. 行政法의 基本原理

Ⅱ. 行政行爲의 槪念과 種類

Ⅲ. 行政行爲의 瑕疵

Ⅳ. 行政節次 및 情報公開

Ⅴ. 行政爭訟一般

Ⅵ. 取消訴訟의 對象

Ⅶ. 憲法裁判

Ⅴ. 損害塡補

Ⅵ. 行政組織法

Ⅶ. 建築行政法

Ⅷ. 行政行爲의 職權取消·撤回

[第 XXVI-1 卷]

Ⅰ. 行政行爲의 槪念과 種類

Ⅱ. 行政行爲의 效力

Ⅳ. 行政訴訟의 審理

Ⅴ. 行政訴訟과 假救濟

Ⅵ. 行政組織法

Ⅶ. 租稅行政法

主題別 總目次(行政判例硏究 Ⅰ~ⅩⅩⅥ-2)

行政法의 基本原理

個人的 公權

行政立法

行政行爲의 槪念과 種類

行政行爲의 附款

行政行爲의 類型

行政行爲의 效力

行政行爲의 瑕疵

行政行爲의 職權取消·撤回

行政計劃

行政節次 및 情報公開

行政의 實效性確保手段

行政爭訟一般

取消訴訟의 對象

行政訴訟에 있어서의 訴의 利益

行政訴訟의 審理

行政訴訟과 假救濟

行政訴訟의 類型

損害塡補

行政組織法

公務員法

地方自治法

秩序行政法

公物·營造物法

環境行政法

助成行政法

經濟行政法

租稅行政法

建築行政法

土地行政法

教育行政法

文化行政法

勞動行政法

憲法裁判

外國判例 및 外國法制 研究

行政訴訟判決의 主要動向

紀念論文

[特別寄稿] 行政法研究資料

研究判例 總目次
(行政判例研究 Ⅰ~XXVI-2)

〔대 법 원〕

〔서울고등법원〕

〔부산고등법원〕

〔대전고등법원〕

〔광주고등법원〕

〔의정부지방법원〕

2015. 4. 7. 선고 2014구합1609 XXVI-2-197
2017. 9.27. 선고 2016구단6083 XXV-2-39

〔수원지방법원〕

2001. 3.21. 선고 2000구7582 판결 VII-165
2015.12. 9. 선고 2014구합61225 XXVVI-2-164

〔대전지방법원〕

2016.10.12. 선고 2015구합105055 XXV-2-112

〔광주지방법원〕

2015.11.26. 선고 2015구합10773 XXV-2-406
2018.10.11. 선고 2018구합10682 XXVI-2-4

〔부산지방법원〕

2016.11.24. 선고 2015구합 22685 XXV-2-354

〔서울북부지방법원〕

2016.12.21. 선고 2016가합22251 XXVI-2-82

〔서울행정법원〕

2000. 6. 2. 선고 99두24030 판결 VI-175
2001. 8.30. 선고 2001구18236 판결 VII-165
2001. 3. 9. 선고 2000구32242 판결 VII-165
2003. 1.14. 선고 2003아95 판결 VIII-279
2010.11. 5. 선고 2010구합27110 XXV-2-71
2014. 8.28. 선고 2013구합28954 XXV-2-170
2014. 9.18. 선고 2014구합9257 XXV-2-178
2015. 1.22. 선고 2014구합62449 XXV-2-177
2015. 2. 5. 선고 2014구합64940 XXV-2-177
2015. 6. 5. 선고 2014구합11021 XXV-2-177
2017. 2.10. 선고 2016구합71447 XXVI-2-48
2017. 5.18. 선고 2016구합78271 XXV-2-214

〔헌법재판소〕

〔EU판례〕

〔독일판례〕

연방행정법원 2010. 5.27. 판결 – 5 C 8/09 XVI–2–345
연방행정법원 2010. 6.3. 판결 – 9 C 3/09 XVI–2–352
연방행정법원 2010. 6.24. 판결 – 7 C 16/09 XVI–2–332
연방행정법원 2010. 6.24. 판결 – 3 C 14/09 XVI–2–335
연방행정법원 2010. 6.30. 판결 – 5 C 3.09 XVI–2–353
연방행정법원 2010. 8.19. 판결 – 2 C 5/10 und 13/10 XVI–2–350
연방행정법원 2010. 9.23. 판결 – 3 C 32.09 XVI–2–336
연방행정법원 2010. 9.29. 판결 – 5 C 20/09 XVI–2–343
연방행정법원 2010. 10.27. 판결 – 6 C 12/09, 17/09 und 21/09 XVI–2–338
연방행정법원 2010. 10.28. 판결 – 2 C 10/09, 21/09, 47/09, 52/09 und 56/09 XVI–2–346
연방행정법원 2010. 11.4. 판결 – 2 C 16/09 XVI–2–348
연방행정법원 2010. 11.16. 판결 – 1 C 20/09 und 21/09 XVI–2–340
연방행정법원 2010. 11.18. 판결 – 4 C 10/09 XVI–2–326
연방행정법원 2010. 11.24. 판결 – 9 A 13/09 und 14/09 XVI–2–326
연방행정법원 2010. 11.24. 판결 – 8 C 13/09, 14/09 und 15/09 XVI–2–330
BVerwG, Urteile vom 13. Oktober 2011-4 A 4000.10 und 4001.10 XVII-2-593
BVerwG, Urteil vom 28. Juli 2011-7 C 7.10 XVII-2-595
BVerwG, Urteil vom 22. Juli 2011-4 CN 4.10 XVII-2-598
BVerwG, Urteil vom 23. Februar 2011-8 C 50.09 und 51.09 XVII-2-600
BVerwG, Urteile vom 17. August 2011-6 C 9.10 XVII-2-602
BVerwG, Urteile vom 31. August 2011-8 C 8.10 und 9.10 XVII-2-604
BVerwG, Urteile vom 25. August 2011-3 C 25.10, 28.10 und 9.11 XVII-2-606
BVerwG, Urteile vom 26. Mai 2011-3 C 21.10 und 22.10 XVII-2-608
BVerwG, Urteil vom 30. November 2011-6 C 20.10 XVII-2-610
BVerwG, Urteil vom 24. November 2011-7 C 12.10 XVII-2-611
BVerwG, Urteile vom 3. November 2011-7 C 3.11 und 4.11 XVII-2-613

BVerwG 3. C 15. 12 - Urteil vom 19. September 2013 XIX-2-343

BVerwG 6 C 11. 13 - Urteil v. 6. April 2014 XX-2-369

BVerwG 1 C 22. 14 - Urteil vom 16. Juli. 2015 XXI-2-407

BVerwG 1 C 32.14 - Urteil vom 27. Okt. 2015 XXI-2-410

BVerwG 1 C 4.15 - Urteil vom 16. Nov. 2015 XXI-2-415

BVerwG 7 C 1.14, 2.14 - Urteile vom 25. Juni 2015 XXI-2-416

BVerwG 7 C 10.13 - Urteil vom 23. Juli 2015 XXI-2-419

BVerwG 2 C 13.14, 15.14, 18.14, 27.14, 28.14, 5.15-7.15, 12.15 - Urteile vom 17. Sep. 2015 XXI-2-422

BVerwG 1 C 3. 15 – Urteil vom Apr. 2016 XXIII–1–443/439

BVerwG 2 C 4.15 – Urteil vom 21. Apr. 2016 XXIII –1–447/439

BVerwG 2 C 11.15 – Urteil vom 11. Okt. 2016 XXIII–1–448/439

BVerwG 3.C 10.14 – Urteil vom 6. Apr. 2016 XXIII–1–450/439

BVerwG 3 C 10.15 – Urteil vom 6. Apr. 2016 XXIII–1–451/439

BVerwG 3 C 16.15 – Urteil vom 8. Sep. 2016 XXIII–1–454/439

BVerwG 4 C 6.15 und 2.16 – Urteile vom 22.Sep. 2016 XXIII–1–455/439

BVerwG 6 C 65.14 und 66.14 – Urteile vom 16. März. 2016 XXIII–1–457/439

BverwG 7 C 4.15 – Urteil vom 30. Jun. 2016 XXIII–1–458/439

BVerwG 6 A 7.14 – Urteil vom 15. Jun. 2016 XXIII–1–459/439

BVerwG 2 C 59. 16 - Urteil vom 19. April 2018 XXIV-2-581

BVerwG 9 C 2.17 - Urteil vom 21. Juni 2018 XXIV-2-581

BVerwG 9 C 5.17 - Urteil vom 6. September 2018 XXIV-2-581

BVerwG 8 CN 1.17 - Urteil vom 12. Dezember 2018 XXIV-2-581

BVerwG 5 C 9.16 - Urteil vom 9. August 2018 XXIV-2-581

BVerwG 3 C 25.16 - Urteil vom 24. Mai 2018 XXIV-2-581

BVerwG 2 WD 10. 18 - Urteil vom 5. Juni 2018 XXIV-2-581

BVerwG 3 C 19.15 - Urteil vom 2. März 2017 XXIV-2-581

BVerfGE 139, 19 Rn. 57 XXV-2-482

BVerfG, 2 BvF 1/15 - Urteil vom 19. September 2018 XXV-2-483

BVerwG, Urteil vom 16. April 2015 - 4 CN 2.14. XXVI-2-26

BVerwGE, ZUR 2016, 120 XXVI-2-26

VGH München NJOZ 2014, 1392 Rn. 19 XXVI-2-98

OVG Berlin NVwZ-RR 1990, 195 XXVI-2-99

BVerwG NVwZ 1988, 184 XXVI-2-99

BVerwG NVwZ 2012, 1547 Rn. 39 f XXVI-2-99

〔프랑스판례〕

국참사원(Conseil d'État) 1951. 7.28. 판결(Laruelle et Delville, Rec. 464) Ⅱ-243

국참사원 1957. 3.22. 판결(Jeannier, Rec. 196) Ⅱ-243

국참사원 1954. 1.29. 판결(노트르담 뒤 크레스커 학교 사건)(Institution Norte Dame du Kreisker, Rec. 64) Ⅰ-23

헌법위원회(Conseil constitutionnel) 1971. 7.16. 결정(J. O., 1971. 7. 18., p. 7114; Recueil des decisions du Conseil constitutionnel 1971, p. 29) Ⅰ-305

관할재판소(Tribunal de conflits) 1984.11.12. 판결(Interfrost회사 對 F.I.O.M 사건) Ⅰ-239

파훼원(Cour de cassation) 1987.12.21. 판결(지질 및 광물연구소 對 로이드콘티넨탈회사 사건)(Bureau des Recherches Geologiques et Minie res(B.R.G.M.)C/S.A. Lloyd Continental) Ⅱ-55

국참사원 2005. 3.16. 판결(Ministre de l'Outre-mer c/ Gouvernement de la Polynésie française, n°265560, 10ème et 9ème sous-section réunies) XIV-505

국참사원 2006. 3.24. 판결(Société KPMG et autres, n°288460, 288465, 288474 et 28885) XIV-508

국참사원 2006. 5.31. 판결(이민자 정보와 지지단체 사건, n°273638, 27369) XIV-510

국참사원 2006. 7.10. 판결(Association pour l'interdiction des véhicule inutilement

XVI－2－386
꽁세이데타 2011. 7.11. 판결(꼬뮌 Trélazé 사건, n°308544) XVII-2-474
꽁세이데타 2011. 7.19. 판결(론지역자유사상과사회행동연합 사건, n°308817) XVII-2-475
꽁세이데타 2011. 7.19. 판결(망스도시공동체 사건, n°309161) XVII-2-476
꽁세이데타 2011. 7.19. 판결(꼬뮌 Montpellier 사건, n°313518) XVII-2-477
꽁세이데타 2011. 7.19. 판결(마담 Vayssiere 사건, n°320796) XVII-2-479
꽁세이데타 2011. 2.24. 판결(축구클럽연맹사건, n°340122) XVII-2-481
꽁세이데타 2011. 2. 2. 판결(Le Ralse씨 전보조치사건, n°326768) XVII-2-482
꽁세이데타 2011. 3.16. 판결(TF1(SociétéTélévision francaise I 사건, n°334289) XVII-2-484
꽁세이데타 2011.11.16. 판결(포룸데알지구재개발공사중기긴급가처분사건, n°353172, n°353173) XVII-2-486
꽁세이데타 2011.12.23. 판결(시장영업시간규칙사건, n°323309) XVII-2-489
꽁세이데타 2012.6.20. 판결(R. et autres, n° 344646) XVIII－2－491
꽁세이데타 2012.7.13. 판결(Communauté de communes de Endre et Gesvres, Les Verts des Pays de la Loire et autres, association Acipa et autres, nos 347073 et 350925) XVIII－2－485
꽁세이데타 2012.7.10. 판결(SA GDF Suez et Anode, Les Verts des Pays de la Loire et autres, association Acipa et autres, nos 347073 et 350925) XVIII－2－487
꽁세이데타 2012.7.27 판결(Mme L. épouse B., n° 347114) XVIII－2－482
꽁세이데타 2012.11.26. 판결(Ademe, n° 344379) XVIII－2－489
꽁세이데타 2012.12.21 판결(Sociétés groupe Canal Plus et Vivendi Universal, n° 353856; CE, Ass., 21 décembre 2012, Sociétés group Canal Plus et Vivendi Universal, n° 362347, Société Parabole Réunion, n° 363542, Société Numericable, n° 363703) XVIII－2－477
꽁세이데타 assemblée, 12 avril 2013, *Fédération Force ouvrière énergie et mines et autres* n° 329570, 329683, 330539 et 330847. XIX－2－323

꽁세이데타 13 août 2013, *Ministre de l'intérieur c/ commune de Saint-Leu*, n° 370902. XIX－2－323

꽁세이데타 1er août 2013, *Association générale des producteurs de maïs (AGPM) et autres, nos 358103, 358615 et 359078.* XIX－2－323

꽁세이데타 Sec. 6 décembre 2013, *M. T., no 363290.* XIX－2－323

꽁세이데타 assemblée, 12 avril 2013, *Association coordination interrégionale Stop THT et autres*, nos 342409 et autres. XIX－2－323

꽁세이데타 16 décembre 2013, *Escota et sécurité Arcour*, nos 369304 et 369384. XIX－2－323

꽁세이데타 CE 8 novembre 2013, *Olympique lyonnais et autres*, nos 373129 et 373170. XIX－2－323

꽁세이데타, 15 janvier 2014, *La Poste SA*, n° 362495, A. XX-2-351

꽁세이데타, ssemblée, 4 avril 2014, *Département du Tarn-et-Garonne*, n° 358994, A. XX-2-351

꽁세이데타, assemblée, 14 février et 24 juin 2014, Mme F...I... *et autres, nos 375081, 375090, 375091.* XX-2-351

꽁세이데타, 29 décembre 2014, *Société Bouygues Télécom, no 368773.* XX-2-351

꽁세이데타, section, 28 avril 2014, *Commune de Val-d'Isère*, n° 349420. XX-2-351

꽁세이데타, section, 5 novembre 2014, *Commune de Ners et autres*, n° 379843. XX-2-351

꽁세이데타 CE, 17 juin 2015, socieéen commandite simple La Chaîe Info(LCI), n° 384826 ; CE, 17 juin 2015, socieéParis Premièe n° 385474. XXI-2-395

꽁세이데타 CE, 19 juin 2015, societe «Grands magasins de la Samaritaine-Maison Ernest Cognacq» et Ville de Paris, nos 387061, 387768. XXI-2-392

꽁세이데타 CE, 27 mars 2015, Commission nationale des comptes de campagnes et des financements politiques c/Mme C. et socieééitrice de Méiapart, n° 382083. XXI-2-394

꽁세이데타 CE, 13 mai 2015, Association de déense et d'assistance juridique des intéêets des supporters et autres, nos 389816, 389861, 389866, 389899. XXI-2-393
꽁세이데타 CE, 5 octobre 2015, Association des amis des intermittents et precaires et autres, nos 383956, 383957, 383958. XXI-2-391
꽁세이데타 CE, 9 novembre 2015, SAS Constructions metalliques de Normandie, n° 342468. XXI-2-388
꽁세이데타 CE, 9 novembre 2015, MAIF et association Centre lyrique d'Auvergne, n° 359548. XXI-2-388
꽁세이데타 CE, section, 11 decembre 2015, n° 395002. XXI－2－383
꽁세유데타, CE 5 mai 2017, req. n 388902 XXⅢ －1－469/467
꽁세유데타, CE 30 juin 2017, req. n 398445 XXⅢ －1－471/467
꽁세유데타, CE Ass. 19 juillet 2017, req. n 370321 XXⅢ －1－474/467
꽁세유데타, CE 31 juillet 2017, req. n 412125 XXⅢ －1－477/467
꽁세유데타, CE 16 octobre 2017, req. nos 408374, 408344 XXⅢ －1－479/467
꽁세유데타, CE 25 octobre 2017, req. n 392578 XXⅢ －1－482/467
꽁세유데타, CE 6 décembre 2017, UNAFTC, req. n°403944 XXⅣ－1－357
꽁세유데타, CE, avis, 26 juillet 2018, M. B..., req. n°419204 XXⅣ－1－367
꽁세유데타, CE, ass., 18 mai 2018, CFDT Finances req. n°414583 XXⅣ－1－377
Cons. Const., décision n° 2018-5581 AN du 18 mai 2018 XXⅤ-2-499
CE, 28 février 2020, n° 429646, 431499 XXⅤ-2-501
CE, 28 février 2020, n° 433886 XXⅤ-2-501
Conseil d'État, "Le Conseil d'État annule partiellement les lignes directrices de la CNIL relatives aux cookies et autres traceurs de connexion", Actualités, 19 juin 2020 XXⅤ-2-503
CE, 18 décembre 2019, n° 428811, 428812 XXⅤ-2-509
CE, 18 décembre 2019, n° 419898, 420016, 420100 XXⅤ-2-509
CE, 18 décembre 2019, n° 419897, 420024, 420098 XXⅤ-2-509

〔미국판례〕

XVIII-2-352

연방대법원 Millbrook v. United States, 133 S.Ct. 1441 (March 27, 2013) XVIII-2-383

연방대법원 Hollingsworth v. Perry, 3 S.Ct. 2652 (June 26, 2013) XVIII-2-385

연방항소법원 Patricia STEPHENS v. COUNTY OF ALBEMARLE, VIRGINIA 524 F.3d 485, 486(4th Cir. 2008), cert. denied, 129 S. Ct. 404(2008) XIV-2-271

연방항소법원 Humane Society v. Locke, 626 F. 3d 1040(9th Cir. 2010) XVI-2-245

연방항소법원 Sacora v. Thomas, 628 F. 3d 1059(9th Cir. 2010) XVI-2-251

연방항소법원 Johnson v. Astrue 628 F. 3d. 991(8th Cir. 2011) XVI-2-248

연방항소법원 General Electric Company v. Jackson, 610 F. 3d 110 (D.C.Cir. 2010), 131 S. Ct 2959(2011) XVI 2-258

연방항소법원 Arkema v. E.P.A., 618 F. 3d 1(D.C.Cir. 2010) XVI-2-255

연방항소법원 Nnebe v, Daus, 644 F, 3d 147(2d Cir. 2011) XVII-2-554

연방항소법원 American Bottom Conservancy v. U. S. Army Corps of Engineers, 650 F. 3d 652(7th Cir. 2011) XVII-2-565

연방항소법원 Electronic Privacy Information Center v. U. S. Department of Home Land Securities, 653 F. 3d 1(D.C.Cir.2011) XVII-2-577

플로리다州대법원 2000. 12. 8. 판결(Supreme Court of Florida, No. SC00-2431) VI-395

오하이오州대법원City of Norwood v. Horney 853 N.E.2d 1115(Ohio 2006) XIV-391

연방대법원 Scialabba v. Cuellar de Osorio, 134 S. Ct. 2191 (2014) XIX-2-229

연방대법원 U.S. v. Apel, 134 S. Ct. 1144, 186 L. Ed. 2d 75 (2014) XIX-2-229

연방대법원 Plumhoff v. Rickard, 134 S. Ct. 2012 (2014) XIX-2-229

연방대법원 lmbrook School Dist. v. Doe, 134 S. Ct. 2283 (2014) XIX-2-229

연방대법원 Utility Air Regulatory Group v. E.P.A., 134 S. Ct. 2427 (2014) XIX-2-229

연방대법원 Town of Chester, N.Y. v. Laroe Estates, Inc., 137 S.Ct. 1645 XXIII －1 - 378/371
연방대법원 Perry v. Merit Systems Protection Bd., 137 S.Ct. 1975 XXIII －1－381/371
연방대법원 State Farm Fire and Cas. Co. v. U.S ex rel. Rigsby, 137 S.Ct. 436 XXIII －1－384/371
연방대법원 Coventry Health Care of Missouri, Inc. v. Nevils, 137 S. Ct. 1190, 197 L. Ed. 2d 572 XXIII －1－388/371
연방대법원 Trump v. Hawaii, 138 S. Ct. 2392 XXIV－1－398
연방대법원 Sessions v. Dimaya, 584 U.S.___ XXIV－1－402
연방대법원 Jennings v. Rodriguez, 583 U.S.___ XXIV－1－404
연방대법원 South Dakota v. Wayfair, 585 U.S.___ XXIV－1－406
연방대법원 Carpenter v. United States, 585 U.S.___ XXIV－1－412
연방대법원 Weyerhaeuser Company v. United States Fish and Wildlife Service, 586 U.S.___ XXIV－1－416
연방대법원 Murphy v. National Collegiate Athletic Association, 584 U.S.___ XXIV －1－418
연방대법원 Murphy v. National Collegiate Athletic Association, 584 U.S.___ XXIV－1 －419
연방대법원 Masterpiece Cakeshop v. Colorado Civil Rights Commission, 584 U.S.___ XXIV－1－420
연방대법원 Mount Lemmon Fire District v. Guido 585 U.S.___ XXIV－1－421
연방대법원 Husted v. A. Philip Randolph Institute XXIV－1－422
연방 제9항소법원 Washington v. Trump, 847 F.3d 1151 XXIV－1－399
연방대법원 2019. 6. 21. 선고 139 S. Ct. 2162 (2019) XXIV-2-517
연방대법원 Hernández v. Mesa, 140 S. Ct. 735 (2020) XXV-2-321, 322, 325
연방제1심법원 Hernández v. United States, 802 F. Supp. 2d 834, 838 (W.D. Tex. 2011)

403 U.S. 388 (1971) XXV-2-332
연방대법원 Davis v. Passman, 442 U.S. 228, 248-249 (1979) XXV-2-334
연방대법원 Carlson v. Green, 446 U.S. 14, 16-18 (1980) XXV-2-334
연방대법원 Ashcroft v. Iqbal, 129 S. Ct. 1937 (2009) XXV-2-334
연방대법원 Ashcroft v. Iqbal, 129 S. Ct. 1949 (2009) XXV-2-335
연방대법원 Ashcroft v. Iqbal, 129 S. Ct. 1948 (2009) XXV-2-335
연방대법원 Hui v. Castaneda, 130 S. Ct. 1845 (2010) XXV-2-336
연방대법원 Ziglar v. Abbasi, 137 S. Ct. 1843 (2017) XXV-2-337, 340
연방대법원 Hernández v. Mesa, 140 S. Ct. 735 (2020) XXV-2-339
연방대법원 Carlson v. Green, 446 U.S. 14, 17-18 (1980) XXV-2-339
연방대법원 SEC. v. Cherney 332 U.S. 194(1947) XXVI-1-87
연방대법원 Morton v. Ruiz 415 U.S. 199(1974) XXVI-1-88
연방대법원 Trump v. Mzars USA, LLP, 591 U.S. (2020) - XXVI-1-245
연방대법원 Watkins v. United States, 354 U.S. 178 (1957) XXVI-1-247, 248
연방대법원 Kilbourn v. Thompson, 103 U.S. 168 (1880) XXVI-1-247
연방대법원 McGrain v. Daugherty, 273 U.S. 135 (1927) XXVI-1-248
연방대법원 Quinn v. U.S., 349 U.S. 155 (1955) XXVI-1-248
연방대법원 United States v. Nixon, 418 U.S. 683 XXVI-1-248
연방대법원 Chiafalo v. Washington, 591 U.S. (2020) XXVI-1-250, 252
연방대법원 Department of Homeland Security v. Regents of the University of California, 591 U.S. (2020) XXVI-1-257
연방대법원 Hecker v. Chaney, 470 U. S. 821 (1985) XXVI-1-259
연방대법원 Department of Homeland Security. v. Regents of University of California XXVI-1-259, 263
연방대법원 Rodriguez, 583 U.S. XXVI-1-260
연방대법원 Moda Health Plan, Inc. v. United States (2020) XXVI-1-264
연방대법원 Bostock v. Clayton County, 590 U.S. (2020) XXVI-1-265, 266

〔일본판례〕

최고재판소 2008.12. 7. 판결(判例時報1992号 43면) XIV-2-300
최고재판소 2008.11.14. 결정(判例時報1989号 160면) XIV-2-304
최고재판소 2009. 4.17. 判決(判例時報2055号 35면) XV-2-423
최고재판소 2009. 4.28. 判決(判例時報2045号 118면) XV-2-423
최고재판소 2009. 6. 5. 判決(判例時報2053号 41면) XV-2-423
최고재판소 2009. 7. 9. 判決(判例時報2057号 3면) XV-2-423
최고재판소 2009. 7.10. 判決(判例時報2058号 53면) XV-2-423
최고재판소 2009.10.15. 判決(判例タイムズ 1315号 68면) XV-2-423
최고재판소 2009.10.23. 判決(求償金請求事件) XV-2-423
최고재판소 2010. 3. 23. 제3소법정 판결(平21行ヒ) 214号) XVI-2-310
최고재판소 2010. 6. 3. 제1소법정판결(平21 (受) 1338号) XVII-2-289
최고재판소 2000. 7. 16. 제2소법정판결(平20 (行ヒ) 304号) XVI-2-304
최고재판소 2011. 6. 7. 판결(平21 (行ヒ) 91号) XVII-2-500
최고재판소 2011. 6.14. 판결(平22 (行ヒ) 124号) XVII-2-516
최고재판소 2011. 7.27. 결정(平23 (行フ) 1号) XVII-2-525
최고재판소 2011.10.14 판결(平20 (行ヒ) 67号) XVII-2-508
최고재판소 2011.12.15 판결(平22年 (行ツ) 300号, 301号, 平22年 (行ヒ) 308号) XVII-2-531
최고재판소 2012.2.3. 제2소법정판결(平23(行ヒ) 18号) XVIII-2-405
최고재판소 2012.2.9. 제1소법정판결(平23(行ツ) 第177号, 平23(行ツ) 第178号, 平23 (行ヒ) 第182号) XVIII-2-412
최고재판소 2012.2.28. 제3소법정판결(平22(行ツ) 392号, 平22(行ヒ) 第416号) XVIII-2-397
최고재판소 2012.4.2. 제2소법정판결(平22(行ヒ) 367号) XVIII-2-397
최고재판소 2012.4.20. 제2소법정판결(平22(行ヒ) 102号) XVIII-2-423
최고재판소 2012.4.23. 제2소법정판결(平22(行ヒ) 136号) XVIII-2-423
동경고등재판소 2010. 2. 18. 판결(平20(ネ) 2955号) XVI-2-285

최고재판소 第二小法廷 平成26(2014).7.14. 平成24年(行ヒ)第33号, 判例タイムズ 1407号, 52면. XX-2-311

최고재판소 第二小法廷 平成26(2014).8.19. 平成26年(行ト)第55号, 判例タイムズ 1406号, 50면. XX-2-311

최고재판소 第一小法廷 平成26(2014).10.9. 平成26年(受)第771号, 判例タイムズ 1408号, 32면. XX-2-311

최고재판소 第一小法廷 平成26(2014).10.9. 平成23年(受)第2455号, 判例タイムズ 1408号, 44면. XX-2-311

최고재판소 第三小法廷 平成26(2014).5.27. 平成24年(オ)第888号, 判例タイムズ 1405号, 83면. XX-2-311

최고재판소 第二小法廷決定 平成27(2015).1.22. 平成26年(許)第17号 判例タイムズ1410号 55頁. XXI-2-350

최고재판소 第二小法廷決定 平成27(2015).1.22. 平成26年(許)第26号 判例タイムズ1410号 58頁. XXI-2-350

최고재판소 第三小法廷 平成27(2015).3.3. 平成26年(行ヒ)第225号 民集69巻2号143頁. XXI-2-343

최고재판소 第二小法廷 平成27(2015).3.27. 平成25年(オ)第1655号 判例タイムズ1414号 131頁. XXI-2-356

최고재판소 第三小法廷 平成27(2015).9.8. 平成26年(行ヒ)第406号 民集69巻6号1607頁. XXI-2-347

최고재판소 大法廷判決 平成27(2015).12.16. 平成25年(オ)第1079号 判例タイムズ1421号 61頁. XXI-2-367

최고재판소 大法廷判決 平成27(2015).12.16. 平成26年(オ)第1023号 判例タイムズ1421号 84頁. XXI-2-360

최고재판소 最高裁判所第一小法廷 平成28年4月21日, 判例タイムズ1425号 122면 XXIII -1-414/407

최고재판소 最高裁判所第三小法廷 平成28年4月12日, 判例タイムズ1427号 63면

新潟地判 平16. 3. 26. 訟月50, 12, 3444 [平成11年 (ワ) 第543号] XXV-2-571
東京高判 平17. 7. 19 訟月53, 1, 138 [平成14年 (ネ) 第4815号] XXV-2-571
長野地判 平18. 3. 10. 判時1931, 109 [平成9年 (ワ) 第352号] XXV-2-571
東京高判 平19. 3. 13. 訟月53, 8, 2251 [平成15年 (ネ) 第3248号] XXV-2-571
東京地判 平15. 9. 29. 判時1843, 90 [平成８年 (ワ) 第24230号] XXV-2-571
神戸地判 令1. 10. 8. 判例集未登載 [平成29年 (ワ) 第1051号] XXV-2-573
東京高判 平19. 5. 31 判時1982, 48 [平成18年 (行コ) 第267号] XXV-2-574
東京地判 平30. 9. 19. 判例タイムズ1477, 147 [平29年 (ワ) 第21485号] XXV-2-576
東京高判 平31. 3. 20. [平成30年 (ネ) 第4640号] XXV-2-576
最決 令1. 9. 25. [令1年 (オ) 第1057号] XXV-2-576
最判 平25. 12. 10. 判時 2211, 3 [平24年 (受) 第1311号] XXV-2-2-576, 577
最判 平30. 7. 19. 裁判所ウェブサイト [平成28年 (受) 第563号] XXV-2-578
最判 平23. 6. 6. [平成22年 (オ) 第951号] XXV-2-579
最判 平23. 5. 30. 判時 2123, 2 [平成22年 (行ツ) 第54号] XXV-2-579
最判 平24. 1. 16. 判時2147, 127 [平成23年 (行ツ) 第263号] XXV-2-579

行政判例研究 XXVI-2

2021년 12월 25일 초판인쇄
2021년 12월 31일 초판발행

편저자 사단법인 한국행정판례연구회
대 표 김 선 욱

발행인 안종만 · 안상준

발행처 (주)박영사
서울특별시 금천구 가산디지털2로 53, 210호
(가산동, 한라시그마밸리)
전화 (733) 6771 FAX (736) 4818
등록 1959. 3. 11. 제300-1959-1호(倫)

편저자와 협의하여 인지를 생략함

www.pybook.co.kr e-mail: pys@pybook.co.kr

정 가 45,000원

ISBN 979-11-303-4137-8
ISBN 978-89-6454-600-0(세트)
ISSN 1599-7413 39